给变革一个空间
《经济社会体制比较》创刊30周年纪念丛书

丛书主编：周红云
丛书副主编：刘 英

Finance Market and
Financial System Reform

金融市场与金融体制改革

丁开杰 ◎ 主编

中央编译出版社
Central Compilation & Translation Press

目　录
Contents

序一：《经济社会体制比较》创刊回顾　荣敬本 / 1

序二：比较经济学的过去与未来　［匈牙利］雅诺什·科尔奈 / 7

前　言　丁开杰 / 1

第一辑　通货膨胀与金融监管

社会主义经济中的停滞膨胀问题
　　哈·比奇托尔德　安·赫尔弗　著　孙惠英　齐明华　译 / 3

通货膨胀对不发达国家的影响　［美］W·A. 刘易斯　著　肖　遥　译 / 11

关系型融资制度及其在竞争中的可行性
　　［日］青木昌彦　瑟达尔·丁克　著　王　信　译 / 18

金融市场中的披露管制：现代金融理论与信号传递理论的意义
　　［美］斯蒂芬·A. 罗斯　著　袁增霆　译 / 39

金融自由化的利弊
　　［美］格·卡普里奥　詹·A. 汉森　帕·郝诺汉　著　丁　慧　译 / 56

法律、执法与金融监管

——介绍"法律的不完备性"理论　许成钢 / 71

第二辑　证券管理与金融稳定

各国证券管理体制比较　高西庆 / 93

证券市场失败的教训：私有化、少数股东权利保护和投资者信心

　　[美] 小约翰·科菲　著　张华薇　译 / 103

美国证券市场的强制披露与投资者保护

　　[美] 弗·伊斯特布鲁克　丹·费雪　著　雨廷　译 / 127

金融稳健与亚洲的可持续发展

　　[美] 约瑟夫·斯蒂格利茨　著　黄金老　译 / 146

东亚美元本位、浮动恐惧和原罪　[美] 麦金农　著　王宇　译 / 167

金融自由化、危机和救助：拉美和东亚对中国的启示

　　[美] 芭芭拉·斯托林斯　著　黄佳　胡雪琴　曹雪锋　贾润军　译 / 196

第三辑　金融市场与企业融资

我国金融市场形成的两个问题：金融抑制与经济气泡　吴敬琏 / 215

中国的通货膨胀和经济改革　[美] 贝瑞·诺顿　著　高新军　译 / 223

论中国的"经济过热"与通货膨胀　[日] 小宫隆太郎 / 235

中国国有银行的坏账及其处置办法　[美] 约翰·伯宁　黄益平 / 245

中国民营企业的融资问题

　　尼尔·格雷戈里　斯托伊安·塔涅夫　著　赵红军　黄烨青　译 / 259

入世后中国应对国际资本流动的政策选择　张晓朴　著　王武龙　译 / 269

第四辑　金融改革与金融深化

中国的金融体系何时能满足其需要？
　　[美] 尼古拉斯·拉迪　著　钟　科　编译 / 305
中国的金融深化：顺序性与难题
　　[美] 麦金农　著　吴晓灵　谢　平　李　飞　译 / 321
国家目标、政府信用、市场运作
　　——我国政策性金融机构改革探讨　李　扬 / 327
关于中国的银行与企业财务改革的建议　刘遵义　钱颖一 / 338
关于设置货币政策委员会的构想与建议　魏加宁 / 350
中国应对国际金融危机的评价与体制机制优势的比较　胡鞍钢　王大鹏 / 360
进一步加强中国金融系统的稳定性　黄海洲　王水林　著　蒲宇飞　译 / 372

序 一

《经济社会体制比较》创刊回顾[*]

荣敬本[**]

一、《经济社会体制比较》杂志创办的缘由

《经济社会体制比较》杂志创办于 1985 年，到现在正好 30 年。在杂志创办的前一年，正好中共中央通过决议，肯定了以公有制为基础的有计划的商品经济，这个决议在当时意义非常重大。是否发展商品经济，新中国成立以来在理论界一直存有争议。因此，1984 年党的十二届三中全会通过了被邓小平同志称为马克思主义基本原理和中国社会主义实践相结合的《中共中央关于经济体制改革的决定》，对当时的经济体制比较研究起到了关键作用。

新中国成立后，我们大都怀着革命的理想，从事马克思主义政治经济学的研究。但现实中，却出现了实践和理论相背离的现象。作为以翻译《马克思恩格斯全集》为己任的中央编译局，最早是从事马克思恩格斯著作翻译的。

---

[*] 为纪念《经济社会体制比较》创刊 30 周年，杂志社对荣敬本教授进行了访谈，本序是根据访谈录音整理而成，原载于《经济社会体制比较》，2015 年第 5 期。

[**] 荣敬本，中央编译局世界发展战略研究部研究员，《经济社会体制比较》创刊主编之一。

但从建局伊始，中央编译局的领导就强调理论和实践相结合，翻译和研究相结合，并于1985年成立了专门研究马克思主义的研究所，即当代马克思主义研究所。时任中央编译局局长的王惠德同志多次指出，马克思主义的生命力在于不断创新，对传统的社会主义理论需要重新认识，局领导们也认为中央编译局的发展在于"走出36号院"。因此，中央编译局的领导派我到中国社会科学院经济研究所做访问学者，从事经济体制改革的研究工作。当时经济研究所的刘国光所长和董辅礽等同志给了很大的支持，吴敬琏、赵人伟老师提出研究比较经济学，首先要搜集一些比较经济学方面的研究资料。我记得我最早搜集的资料是一本关于比较经济学的书，书里面有一个明确的提法："主义"的比较已经过时，应该用比较的方法来研究体制。因此，在经济体制的比较研究中，应该摒弃"主义"的简单对立方法，对发达国家和发展中国家的经济体制采取比较借鉴的方法，去探索适合我国经济发展的经济体制。在开展经济体制比较研究时，我们把一些比较经济学的重要文献翻译过来，汇编成册，供大家研究。与此同时，经济研究所也邀请了一些东欧国家最早主张对苏联计划经济体制进行改革的经济学家到中国访问讲学。这些讲学材料和有关著作，依靠中央编译局的翻译力量很快译成中文，并向中央有关部门作了报告。

在比较研究中，我们发现，经济体制的差异归根到底是资源配置方式的差异，也就是说，是按市场配置资源还是按行政命令配置资源。在经济所访学期间，我们曾到深圳去调研，那时刚刚改革开放，火车站内全是从香港运来的产品。根本问题在哪？在于我们的企业没有自主权，只是按照行政命令而不是市场需求来确定生产的产品和数量，企业缺乏激励和动力，提供的产品不是消费者所需要的。

因此，在中央经济体制改革决定的大背景下，当时分管中央编译局研究工作的副局长林基洲同志和常务副局长顾锦屏同志建议我们主办一个刊物，以便开展更广泛系统的比较研究，探索中国的经济体制改革，丰富和发展马克思主义。林基洲同志多次主持召开座谈会研究办刊的问题，刊物的名称也是经过多次反复的讨论。大家都赞成要突出"比较"，但在刊物名称上，当时提出了两种方案：一个是"比较社会主义"，另一个是"经济社会体制比较"。前一个名称容易陷入"主义"的比较，后一个名称虽然太长，不容易为人们所理解，但考虑到经济社会体制是经济社会形态的具体组织形式，通常包括经济体制、政治体制和文化体制。我们相信，随着时间的推移，我国经济社会体制改革必将成为时代的主流，成为推动我国经济、社会、政治和文化发展的动力。因此，经过讨论，大家同意采用"经济社会体制比较"这个刊名，现在回想，这个刊物的名称不仅具有前瞻性，而且经受住了考验。

在确定刊物名称后，就进入了紧张的筹备工作。在当时，办刊物本身就存在很多困难，主要有三大困难，或者说是三大风险：一是政治上的风险，万一犯错误怎么办？二是经济上的风险，如果办刊物亏损怎么办，谁来承担这个风险呢？三是工作风险，谁来做，谁来编，如果自己做，那么意味着编者要额外承担很多工作，翻译、编辑、出版、发行等，纷繁复杂。但是，回头一想，我们为发展商品经济已经冒了很大的风险，现在中央给了很好的有利条件，我们要相信党。经济困难虽然有，但是如果能得到社会资助，困难可以克服。至于工作风险，一些青年人表示他们会大力支持。吴敬琏老师当时也很支持，说任何报酬都不要，要把杂志办好。因此，在中央编译局领导和社会各方的大力支持下，《经济社会体制比较》于1985年面世了。

二、比较杂志的办刊宗旨——理论联系实际

杂志在创刊之初目标就很明确，不搞"主义"的比较，不去评论社会主义好还是资本主义好，而是要作体制的比较研究，通过各个体制的比较来吸取经验，探索中国如何从计划经济走向商品经济、市场经济，也就是说怎样从原来的计划经济过渡到市场经济。

《经济社会体制比较》杂志创刊时以经济体制改革的总体思想为基础开展研究，系统介绍了东亚新兴工业化国家和地区、拉丁美洲国家从管制经济向市场经济转轨过程中的经验和教训，同时还翻译和刊载了以这些经验教训为蓝本的经济学重要文献。在比较研究的基础上，杂志当时围绕我国的经济体制改革组织刊发了一系列文章，提出我国的经济体制改革是一项复杂的系统

工程，包括价格、金融、财税、外贸、劳动、企业等方方面面的改革。同时，改革也会涉及各方面的利益调整，必然会引起社会各方面的波动，因此维持社会稳定对改革顺利进行意义重大。要保持社会稳定，需要注意三个方面的问题：控制总需求，防止通货膨胀；加强法制建设，惩治腐败；调整收入分配政策，防止收入不合理扩大，等等。

这些论文在当时影响很大，也引起了体改委领导的重视，时任体改委副主任的安志文同志曾召开座谈会，并把《经济社会体制比较》杂志推荐给其他相关部门。我们在座谈会上主张财税、价格联动改革。但是改革并不是一帆风顺的，后来大家主张价格改革，在讨论价格改革怎么改的时候，有的学者主张实行价格双轨制，但这样又产生了寻租现象。因此，从1988年起，我们就组织了关于寻租问题的讨论，把"寻租"这个概念引入到国内来，并指出"寻租"是我国改革进程中某些官员腐败的根源。当年关于寻租问题的讨论引起了社会的关注，有关寻租问题的文章和资料于1989年汇编成《腐败：权力和金钱的交换》一书出版，成为研究腐败问题的重要参考文献。

企业改革是《经济社会体制比较》杂志在20世纪80年代关注的又一个焦点问题。杂志当年曾刊登过一篇文章，问："中国有企业吗？"答案是否定的。不久，杂志又在国内首先发表了科斯的著名论文《论企业的性质》，由此引入对企业性质的探讨。构成企业最重要的因素是产权明晰，而我们的国企名义上产权属于国家，但实际上产权是模糊不清的。关于企业改革，当时各方意见不一。有人提倡承包制，因为农村实行承包制取得了成功，那么是不是承包制进城，就能取得成效？但企业的承包远非那么简单。因为企业的承包关系到企业包给谁，如何监督，在缺乏监督的情况下会造成更严重的腐败。所以我们一开始就反对搞承包，因为"承包制"解决不了产权明晰问题，不是国企改革的方向。那时的青年学者周小川发表了很多文章讲法人资本主义，提出对资本主义的企业管理，不要关注它姓资姓社，西方国家的企业管理形式是可以研究的。我们当年对企业管理形式的讨论是很有意义的，还多次专门召开了企业家座谈会。参会的不仅有学者，还有各类企业如国企、乡镇企业和民营企业的代表。

1988年的企业座谈会在江门召开，与会学者指出，不改变原来的所有制形态，很难推行面向市场竞争的企业改革。那时有人提出搞企业承包制，但搞企业承包，负面作用很大，也许暂时会收到效果，但长远不行。周小川提倡法人资本主义，研究现代化的企业管理。当时国内很多有名的企业领导都来参加江门会议。我们讨论了一个问题，中国有企业家吗？当时得出的结论是中国没有企业家。没有企业创新，何来企业家呢？没有企业家，又如何能办好企业呢？企业都是依指令定生产，缺乏创新精神。所以杂志主张，真正地实行现代化的、科学的、产权明晰的、有科学管理的企业制度。这个议题我们当时讨论了很多很多，认为不能说姓资姓社，对计划经济和市场经济不能评判姓资姓社，股份制企业不能说它姓资还是姓社，更不能否定西方的企业管理制度，要好好学习借鉴。

1988年在庐山召开的企业家座谈会更明确地指出，企业改革的方向应该是产权明晰，建立有利于资产保值增值的现代股份公司，只有把企业改造成为现代股份公司，才能使企业真正成为在市场经济中展翅的雄鹰。杂志后来还曾在苏州召开座谈会，陈清泰和楼继伟都参加了会议。会后我们到了上海，时任市长的朱镕基接见了我们，他明确地告诉我们，有些人不懂经济，你们可以大胆地搞。碰巧的是，我们这次上海之行还见到了上海前市长汪道涵同志，他看了我为杂志出版的《腐败：权力和金钱的交换》一书所做的序言，说写得很好。在诸位领导的肯定和鼓励下，我们《经济社会体制比较》杂志此后放心地在市场经济的道路上继续前行。

三、开展政治体制改革研究

随着经济体制改革的深入，我们预感到政治体制改革也必将提上日程，因此有必要对中国的政治行政体制的改革展开深入研究。1996年初，在福特基金会的支持下，我们以杂志为中心，组织了中央编译局当代马克思主义研究所的一些研究精英，成立了"县乡人大运行机制研究"课题组。考虑到研究的问题在当时比较敏感，因此，在反复讨论后，我们决定从县乡两级政府入手。课题组的调研选择在河南省的新密市进行，除了在新密市走访市级党政部门外，课题组还分别去当地的一些乡镇作实地调查。在新密的调查中，当地官员经常提到三句话："加压驱动"、"热锅理论"（形容官员是热锅里的蚂蚁，必须不断运动来避免被灼伤），"一手乌纱帽、一手高指标"。显然，这三句话形象地描绘出基层政府运行的基本模式。上级给下级施压，制定各种指标，完成指标就可以提拔，但如果没有完成指标就要被降级、处罚，实行一票否决制。我们在《经济社会体制比较》1997 年第 4 期上发表了课题的研究报告之一：《县乡两级的政治体制改革：如何建立民主的合作新体制》，提出了"压力型体制"这一概念，并将其定义为"一级政治组织（县、乡）为了实现经济赶超，完成上级下达的各项指标而采取的数量化任务分解的管理方式和物质化的评价体系"。课题组的总报告又对"压力型体制"的运行过程展开了分析，认为"压力型体制"是中国计划经济中的动员体制在现代化和市场化压力下的延续，是经济转轨过程的产物。1998 年，课题组将其研究报告汇编成书，以"从压力型体制向民主合作体制的转变"为书名，由中央编译出版社出版。"压力型体制"这一概念出来以后，在当时获得了学术界，尤其是刚刚兴起的农村问题研究领域学者的认可。

四、寄语未来

与以往相比，杂志现在所处的境况要好得多，领导也非常重视。尽管也存在一些困难，但机会和机遇也很多。因此，在杂志未来的发展中，比较研究的视野可以更开阔些，不仅要研究分析发达国家的经验，也要研究分析发展中国家的经验和教训，比如阿拉伯世界和伊斯兰文化，很多问题都非常值得研究。此外，我们国家农业人口占比很大，农村地域广阔，三农问题的解决与否关系到我国未来的发展，因此，要理论联系实际，从经济、政治、社会和文化等角度加强对农业和农村问题的比较研究。

总之，希望杂志在回顾发展历史、总结以往经验的同时，在未来能把《经济社会体制比较》杂志办得更精彩、更有影响。

序 二
比较经济学的过去与未来*

[匈牙利] 雅诺什·科尔奈**

在《经济社会体制比较》杂志创刊30周年之际，我对杂志的编辑和读者表达真挚的祝贺。《经济社会体制比较》杂志在中国过去几十年发生的伟大变革中发挥了巨大作用，对精神生活的复兴，以及源自全球社会科学新思想的传播都作出了贡献。关于此，我还想说：鄙人与《经济社会体制比较》杂志有直接联系，杂志曾发表过我的多项研究成果。这使我感到荣幸，因为《经济社会体制比较》杂志使中国同仁了解了我的思想。

在以下内容中，我力图回答两个问题，它们看起来与此次庆典相吻合，

---

* 本序为科尔奈教授为纪念《经济社会体制比较》杂志创刊30周年提供的稿件。科尔奈教授是《经济社会体制比较》杂志的老朋友。早在《经济社会体制比较》杂志1985年的创刊号上，杂志就介绍了科尔奈教授的著作《短缺经济学》和他关于社会主义经济体制改革的思想。此后，杂志还介绍过科尔奈教授的《匈牙利经济改革的若干经验教训》（1986年第4期）、《经济改革设想和现实的对照》（1986年第6期）、《匈牙利经济学家眼中的中国经济改革——访问随笔》（1987年第5期）等文章。本文原载于《经济社会体制比较》，2015年第5期。

** [匈牙利] 雅诺什·科尔奈（János Kornai），哈佛大学经济学教授，匈牙利布达佩斯高级研究所终身研究员。科尔奈教授在20世纪80年代初对中国等传统社会主义国家如何由计划经济向市场经济转轨提出改革理论，曾多次获得诺贝尔经济学奖提名。译者张定淮，深圳大学当代中国政治研究所教授。

即两者都是展望未来的。一是大家熟悉的"比较经济研究"的前景如何？二是由比较经济研究衍生出的分支学科有什么样的前景？我想借此机会对这两个问题的讨论发表一点拙见。

一、"比较研究"的过去与未来

詹科夫等人在2013年曾撰写过一篇关于新比较经济学的文章（Djankov et al., 2013）。他们提出了一个有趣的新方法，引起很大关注并激发了一场生动的辩论。在导论中，该文为将比较经济学研究的历史划分为新旧两个阶段提供了依据。在"旧阶段"中，只要社会主义经济仍在发挥作用，对资本主义与社会主义的比较始终是比较经济学研究的主题。但随着一些社会主义经济崩溃，世界面临贫穷、低效和大规模杀戮，对"主义"进行比较的研究就不再是"比较研究"关注的议题。在"新阶段"中，唯一的论题是对如今胜利凯旋的不同类型的资本主义进行比较。[1] 在那些不相信这种划分法的人中，我是持中立场的。

首先，在20世纪80年代末的制度巨变之前，学者们已经对各种社会主义和资本主义制度进行了比较。几十年来，围绕社会主义制度改革的争论从主题上看可以概括为如下内容：是否只有双手沾满血腥的极端集权的、让大众饥肠辘辘的斯大林主义是社会主义唯一可能的形式？我们是否可以描绘出另外一些社会主义？在经济领域，能否实行某种形式的市场社会主义？在政治意识形态领域，能否实行某种形式的"更像样的"的民主社会主义？

从时期来看，对不同类型的资本主义进行白热化的比较，与对社会主义改革的争论是同步进行的。事实上，早在20世纪70—80年代，日本的经济处在巅峰之时，美国和西欧的许多人士就以极大的兴趣关注过日本经济奇迹。

---

[1] 我在此处和本文其他地方所使用的"资本主义不同类型"和"社会主义不同类型"的术语与霍尔（P. S. Hall）和索斯凯斯（D. Soskice）所著的那具有影响力的著作《资本主义的多样性：比较优势的制度基础》以及其具有开创性的工作之后出现的文本中对该术语的运用，是同样的意思。

他们试图理解：政府的产业政策在其中发挥什么作用；经济部门对经济过程进行积极干预的程度如何，以及最重要的问题：投资是如何分配的。① 多年来，无数的学者倾向于将日本奉为典范，这种倾向直到日本经济下滑并开始出现长期的停滞，才戛然而止。

尽管存在成王败寇的事实，但仍然有人雄辩地支持继续聚焦于对社会主义和资本主义"大制度"进行比较：

1. 如果我们将资本主义与社会主义进行对照，那么资本主义的属性就更好理解。严格的二分法（sharp dichotomy）能提供海量信息，并非唯独我们的研究领域如此。例如，自然科学对这种"大"的分类进行界定和比较：有机物质与非有机物质，活生物与死生物的比较，尤其是在有生命的世界中，对新近进化有机物族群与其他族群，如脊椎动物与非脊椎动物的比较，哺乳动物与其他脊椎动物之间的比较，等等。我的研究工作就是对"大体制"（great systems）进行比较。拙著《动力、竞争与过剩经济》（*Dynamism, Rivalry and the Surplus Economy*）对具有社会主义特点的短缺经济和具有资本主义特点的过剩经济作过比较。这种比较有助于我们理解特定制度因素的作用。两种制度在体制框架、动机和行为规律性上都彼此迥异，其中，一种制度存在普遍、长期和严重的短缺现象，而另一种制度则具有普遍、长期和严重的过剩现象。

2. 在资本主义经济中，不时存在着与某些社会主义特性相像的"岛屿"。公有制而非私有制在其中居于支配地位；是官僚机构而不是市场在协调着人们的活动。比如许多国家的公费医疗。在这些"岛屿"上，由于实行免费和行政开支大幅削减的缘故，大量事例可以证明短缺经济现象，也就是众所周知的社会主义症状存在，比如排队、漫长等待、买方（在这种情况下即患者）任由卖方（卫生当局）摆布。如果我们知道，类似的安排不只是被插入"岛上"，而是把社会主义作为主导的社会经济形式时的真实情况，我们就能更好地理解"岛屿"的运作。

---

① 日本经验比较研究的开创者是青木昌彦（Masahiko Aoki）。在其后期的著作中，他将日本和中国的体制分析用于制度比较的综合研究之中（参见 Aoki, 1988, 1994, 1996, 2007）。

3. 苏联、东欧的社会主义虽然在历史现实中失败了，但它继续存活于许多人的脑海中。有关调查令人信服地表明，一部分人念念不忘变制之前的那段时间，他们相信那时的生活更加美好。国家与国家之间的怀旧程度不一，俄罗斯是怀旧情绪最浓的国家之一。经济问题愈多，怀旧情绪也就愈浓。用马克思主义的话来说，这些人用一种"虚假意识"来评价社会主义，是毫无意义可言的；我们不得不承认，这种对变制之前阶段的珍视，是一种心理事实（psychological fact）。不同的"新左派"政治思潮可以建立在这种扭曲了的集体记忆之上。与其说这些思潮建立在对过去的理想化记忆之上，还不如说它们试图窥见想象的、新的、更好的社会主义愿景。他们的推理基于这样的想法："不错，在列宁、斯大林、勃列日涅夫和其他形式的专治社会主义时代，的确存在着严重的问题。让我们重新开始，从错误中吸取教训，采用新的、更好的领导。"如果我们恰如其分地理解社会主义特性，如果我们能够解释这些严重的溃败及可怕的后果不是由个人属性或是由这个或那个领导人的错误决定所造成的，而是制度本身的基本属性所造成的，那么，我们就可以有力地对这种观点进行回击。

因此，在我看来，我会强调"比较经济研究"的连续性，而非强调与1989—1990年间的体制发生巨变有关的断裂性。不同层次的学者之间有着连续性，而且新生代学者不断加入其中。研究项目的组织机构的参与者和出版机构之间也有着连续性，新的机构从开始就一直在形成，其名称都与"转型"相关。由此，让我们转向第二个论题。

二、"转型经济学"的未来

1987 年，有 28 个国家归共产党统治。① 1991 年苏联解体后，这 28 个国

---

① 这个数字是从我的专著《社会主义体制》中提出的。其他很多学者也引用了其中公开发表的列表，值得注意的是，这个数字可能是一种共识。

家演变为48个继承国。① 在28个国家当中，唯独朝鲜可以十分肯定地说保留了社会主义制度的主要属性，古巴也可能是这样，但是古巴已经隐隐约约发出转型的信号。在其他国家，经济体制已经发生了巨大改变，它们现在带有资本主义经济的主要属性。这在曾经的社会主义的中东欧国家是一个不争的事实，苏联的继承国家更是如此。

我了解国企在中国和越南有巨大力量和影响，不过我敢断言，整个后社会主义国家的经济领域"转型"期已经完成。但是，政治领域的转变与此大相径庭。保罗·亨廷顿（Paul Huntington）在其经典研究，即1991年的文章和当年的著作中，用"第三波浪潮"来命名1974年至1991年间众多国家从专制独裁政权向民主政权的转变，以及政府政治形式的巨变。第三波浪潮的最后阶段席卷了后期的苏联以及共产党统治下的中东欧，但是从未波及越南。亨廷顿警告说，新的民主政权很脆弱，我们无法排除这些民主政权最终不能长治久安的可能。

这就是发生在俄罗斯的情况。当历史学家划分历史阶段时，他们喜欢将该阶段的起止与日历上的日期加以联系。记住了这一点，我们就可以说，俄罗斯历史上短暂的民主阶段始于叶利钦1991年就任总统，终于2000年叶利钦卸任总统。不论那时的经济政策多么动荡、多么暧昧，那几年俄罗斯的政治形式具有民主的所有基本标志。在普京2000年掌权后，俄罗斯的形势发生了变化。独断专行的政治体制从那时起就形成了。

亨廷顿的危险意识在匈牙利也得到了证实。自2010年以来，匈牙利的政治领域发生了大逆转，在1989年至2010年的20多年间——在众多严重的失败、失误、磨难和经济问题中，仍然自行确立了民主制度。但是自维克托·欧尔班（Viktor Orban）和他领导的政党掌权以来，几种民主体制被陆续废止，新的独裁制度涌现出来并已相当稳定。②

---

① 这个总数只包括国际法所承认的国家。它不包括前任国家塞尔维亚所不承认的科索沃，以及从苏联领土涌现出来的阿布哈兹、南奥塞梯、纳卡地区。摩尔多瓦是包括在内的。

② 参见：Kornai, 2012, 2014b; Magyar, 2013, 2014; Scheppele, 2014。这五部著作提供了许多进一步参考的资料。可惜的是大部分的研究只有在匈牙利进行。

这种倒退与亨廷顿所用的视觉比喻"浪潮"意象是极为吻合的。坐在海滩上，我们可以看到一浪又一浪冲上岸，而第三波浪可能甩脱许多泡沫，抽身而退。

从政治领域来看，我们将这些处于后社会主义国家区域的所有国家划分为三类：

A类：民主国家

这里，我会列出以下国家：阿尔巴尼亚、波斯尼亚和黑塞哥维那、保加利亚、捷克共和国、爱沙尼亚、克罗地亚、拉脱维亚、立陶宛、马其顿、波兰、罗马尼亚、塞尔维亚、斯洛伐克、斯洛文尼亚。

C类：专制国家（the dictatorships）

越南属于此类。[①] 这个国家已经发生很多变化，不仅在经济领域，而且在政治领域发生了很多变化。在胡志明当政的时代，共产党掌权，其政治纲领是消灭资本主义。这不仅可以从共产党的辞令中窥见一斑，也体现在其行动上：消灭私有制，根据中央的命令引入协调机制。后来，共产党开始了与经济改革并行的改变。它保留了名称，并且仍然提到共产主义和社会主义等词。党的最高层与企业部门有着千丝万缕的联系。如果我们将这些变化与早期的恐惧作比较，压制已经放松。

B类：独裁国家（the autocracies）

这类国家居于A类和C类国家之间。独裁国家的重要特征是它具有居中

[①] 我已经在属于A类的国家名单中作出了说明。爱沙尼亚、拉脱维亚和立陶宛这三个波罗的海国家曾经是苏联的共和国，已被列入民主国家。属于苏联的其他继承国没有在此列出。其中哪个国家应当被列为专制国家，哪个应当被列为独裁国家，我心中没底。那些熟悉这些国家政府体制和政治领域状况的人在作出这种判断上是唯一具有发言权的。不过，现在已经明了，我将苏联最大的继承国俄罗斯置于独裁国家而不是专制国家之列，这在以后还要进行讨论。可惜我对许多的非欧洲国家的政治发展情况不太了解，而这些国家在1987年的28个国家的列表中是处于突出位置的。

性。它不是民主国家，也不是专制国家。这里强调两个"不是"，就是要充分理解其性质。①

普京的俄罗斯和欧尔班的匈牙利，由于清除了许多基本的民主制度，所以不是民主国家。让我列举几个事实：权力部门之间持续分离，议会对于政府进行有效控制，法院的各个方面完全独立，包括独立的宪法法院，有一套针对权力争夺的有效制衡制度，从法律角度来看，相互竞争的政党在选举中机会均等。当权的政治力量"强化"自己，在自由的议会选举中不能被解散。

同时，有一点必须指出，独裁（autocracy）并不是专制（dictatorship）。有些绝对重要的属性可以将"独裁"与"专制"加以区分。多党制保持下来，反对派势力可以自由组织，反对派政党在议会中有代表。让我们思考一下俄罗斯的例子。在俄罗斯，抗议被压制，但抗议不是不可能的；抗议者会被大批送进监狱或在人群中被枪杀。基于虚假的指控作出判决，几个重要的反对派政治家被长时间囚禁。这具有一种威慑效果。然而，摆样子的公开审判、古拉格集中营、将数百万人推向死亡的运动的那个时代所特有的死亡恐惧，并未征服现在的俄罗斯社会。

总而言之，独裁不是专制，但我没有在"不是"（not）之前加上一个"还"（still）字。我们不能说，独裁变成专制只是一个时间问题。独裁统治的政治条件可能是稳定的，且持续很长一段时间，也可能由于某种历史性"地震"而寿终正寝。

一个类似的公开问题是，后社会主义专制政体的政治领域有着什么样的未来？专制的较弱形式会被更为强硬、更为残忍的镇压手段所取代吗？抑或一种反方向的进程得以开启，政体（不论快慢）将转变成独裁或民主？

---

① 在政治学和政治的日常语言中，其他具有中间性质的名称也广为流传，如，"咨善的民主制"（Fareed Rafiq Zakaria, 1997）。在匈牙利的版本中，受到卡尔·施米特著作［Schmitt, 1923 (1985); 1928 (2008)］的启示，"Führer-democracy"这个词出现在了Körösényi (2003) 的研究成果中。不仅在名字上没有形成一致，在标准的区分上也没有形成共识，而区分一个民主国家和一个非民主国家是需要一种标准的。这段短篇幅的引言不足以使作者加入到涉及介于民主与非民主之间的政府形式的概念性和重大性讨论之中。

我从自身的经历，尤其是通过学习世界历史认识到，对重大转变不可能作出牢靠的预测。相似情形的数量太少了，不足以使负责任的学者做出在统计学上"生效"的结论。历史上的每一次重大变化，尤其是质变，都是由一系列不可复制的不同政治、经济、地方和国际性的一次性因素造成的。我们可以解释法国革命的不同系列因素，但不能把它们用来解释1917年俄国革命或者1956年匈牙利革命；"利比亚之春"既不同于"突尼斯之春"，也不同于2013—2014年的乌克兰事件。

作为一名经济学家，我将后社会主义故事的政治并发症前置，是出于多种动机。我不敢苟同许多从事"比较研究"的学者普遍的做法——他们试图固守专业界限。比较经济学家们只关注中国、俄罗斯和波兰的GDP和预算，结果他们无力对与经济变革并行的其他生活领域正在发生的改变作出判断。比较政治学者只关注政治事件，而不愿操心经济变化。实际上，跨学科方法是不可或缺的。

现在，且让我回到引言中所提到的问题："转型经济"的未来。在一个基于经验研究和现实变化观察的研究项目中，这个问题既与观察和分析对象不可分，也与曾经的社会主义国家的未来相连。这种"转型"在经济领域已经完成。这同样适用于以上三类国家，而这三类国家的政治结构有所不同。不论它们之间的差异何等明显，它们的经济是不可逆转的市场经济。

相比较而言，这些政治上多样化的三类国家未来的政治发展却不可预见。在一类国家中，从共产党专制向西方式民主的转变已经完成，它们已经从C类跨越到A类。但俄罗斯和匈牙利的例子显示，这种变化并非不可逆转，这些国家中的任何一个都存在着从A类转向B类的危险。

那些现在处于B类或C类的国家可能在相当长的一段时间内无法动弹，但它们也的确存在着脱身的机会。存在着这样一种紧迫的危险，即一个或另一个B类独裁国家的政府形式退变为C类专制政体，或在C类国家里，目前尚弱的专制形式会被一种更为残酷的形式所取代。作为一个民主政体的支持者，我希望处于B类（独裁）成员国甚或C类（专制）的这个或那个成员国会朝着 A 类（民主）国家方向发展。如果发生这种情况，特别是在大国，如俄罗斯，那就不可能构成亨廷顿言之凿凿的第三波民主浪潮，而是一种新的第四波。

上述讨论并不隐含着任何的历史预测。它只是展现可能出现的图景的全貌。即使我们无法预言，但仍然有许多令人振奋的研究课题可做，仅列举如下几个。

第一，就整个后社会主义区域而言，上述国家中是否存在着某种特定的共性，明显有别于区域以外的国家，如，没有共产主义过去的国家？民主体制的脆弱、腐败，经济政策上的无能——这些不是后社会主义国家所特有的属性，这在那些没有社会主义历史经验的国家同样明显。我认为，很多人的思维方式有着不少明显的特殊性，如对国家父爱式角色的顺从。这些曾经的社会主义社会的残留物，有没有可能显见于社会不同领域的实际运作中？

第二，朝向资本主义的经济发展如何受到政治领域的政府形式的影响？压制性的非民主国家（上述 B 类国家和 C 类国家）发展更快，是一种众所周知的断言。[①] 另一种观点则与此相反：从长远来看，那些努力走向包容性民主的国家会减少歧视，实行人权，从长远的历史角度来看，会确保自身更快的发展（Acemoglu and Robinson, 2012）。对后社会主义区域的 48 个国家所作的研究，运用比较社会科学的工具，为不愿意改变观点的学者提供了一流的实验室。

第三，在从事"比较经济学"研究的学者当中，许多人出道时是马克思主义者，如今却没有一个人自称马克思主义者。对后社会主义变化的经验所作出的一些分析，在重新思考马克思主义的主要观点方面提供了基本事实。现在，我只想强调其中一点。马克思主义理论区分了经济基础和上层建筑，并表示历史上经济基础的变化最终决定上层建筑的运动。后社会主义经验却与这一理论命题相悖。用马克思主义者的表述来说，各种情形下的巨变均始

[①] 这种观点反映在匈牙利总理维克托·欧尔班的一次演讲中。

于上层建筑。后来，具有很大相似度的（经济）基础，以资本主义生产关系、私有制和市场调节为特征，却能与三种全然不同的上层建筑——民主政府形式、专制政体和独裁政体长久共存。

第四，在本文中，我并未提到这样一个不言自明的事实，即每一个后社会主义国家都处于国际环境之中，这对所有国家都具有重要影响，不论它们是一体化的超国家成员（欧盟、北约）或是由普京发起成立的欧亚联盟成员。这个国家和其睦邻国家的关系如何？这个国家与其他国家之间形成了何种形式的政治、经济相互依赖关系（如在能源部门之间）？在相关国家的执政和反对派政治势力中，民族主义、反欧、反美情绪的浓烈程度如何，在政治辞令以及实际的外交和国内事务中的表达强度如何？这可能对政府形式的活力及经济改革产生影响。

第五，在引言部分，特别是在脚注中，我告诉读者，我对许多国家（主要是亚洲和非洲）的国情孤陋寡闻，而鉴于1987年对这些国家情况的评估，我又将这些国家归为社会主义国家。当然，其他一些同事对这些国家更加了解，有些甚至是研究这些国家的专家。我深信，本文的分类（完成转型而产生的资本主义经济以及三种类型的政府形式）具有适应性生命力，可以被用来描述现实，不论一个国家属于哪个类别。当我把曾经忽略的国家考虑在内，检验一下这种信念是否入情入理，以及这些分类是否具有充分的适用性，是不错的。如果答案是正面的，我们该如何归类每一个国家，我们又期待它朝哪个方向进一步发展呢？

且让我用两句话总结我给《经济社会体制比较》杂志的作者和读者发出的信息：后社会主义经济的"转型"（从该词的原义来看）已经完结；从事"比较社会研究"的必要性比以往任何时候都来得更加迫切。

参考文献

Aoki, M., 1988. *Information, Incentives and Bargaining in the Japanese Economy*. Cambridge, UK and New York: Cambridge University Press.

Aoki, M. and Dore, R. eds. , 1994. *The Japanese Firm.* Oxford: Clarendon Press.

Aoki, M. , Kim, H-K. and Okuno-Fujiwara, M. eds. , 1996. *The Role of Government in East Asian Economic Development.* Oxford: Clarendon Press.

Aoki, M. , Jackson, G. and Miyajima, H. eds. , 2007. *Corporate Governance in Japan: Institutional Change and Organizational Diversity.* Oxford: Oxford University Press.

Djankov, S. , Glaeser, E. L. , La Porta, R. , Lopez-de-Silanes, F. and Shleifer, A. , 2003. "The New Comparative Economics." *National Bureau of Economic Research Working Paper 9608*, Cambridge MA.

Hall, P. S. and Soskice, D. eds. , 2001. *Varieties of Capitalism: The Institutional Foundations of Comparative Advantage.* Oxford: Oxford University Press.

Huntington, S. P. , 1991a. "Democracy's Third Wave." *Journal of Democracy.* Vol. 2 No. 2: 12 – 34.

——1991b. *The Third Wave: Democratization in the Late Twentieth Century.* Norman and London: University of Oklahoma Press.

Kornai, J. , 1992. *The Socialist System: The Political Economy of Communism.* Princeton: Princeton University Press and Oxford: Oxford University Press.

——2012. "Taking Stock." *CES-IFO Forum.* Vol. 12 No. 2: 63 – 72.

——2014a. *Dynamism, Rivalry, and the Surplus Economy.* New York: Oxford University Press.

——2014b. "Threatening Dangers." http://www.kornai-janos.hu/Kornai2014%20Threatening%20dangers.pdf.

Körösényi, A. , 2003. "Politikai Képviselet a Vezérdemokráciában (Political Representation in the Führer-democracy) ." *Politikatudományi Szemle.* 12 (4): 5 – 22.

Levitsky, S. and Way, L. A. , 2002. "Elections without Democracy: The Rise of Competitive Authoritarianism." *Journal of Democracy.* Vol. 13, No. 2: 51 – 65.

——2014. "Autocracy by Democratic Rules: The Dynamics of Autocratic Coercive Capacity after the Cold War." *Communist and Post-Communist Studies.*

Magyar, B. eds. , 2013, 2014. *Magyar Polip: A Posztkommunista Maffiaállam (The Hungarian Polyp: The Post-Communist Maffia State)* . Budapest: Noran Libro.

Scheppele, K. L. , 2014. "Hungary and the End of Politics." *The Nation.* May 6, 2014.

Schmitt, C., 1923 [1985]. *The Crisis of Parliamentary Democracy* (trans. by E. Kennedy). Cambridge/MA: MIT Press.

——1928 [2008]. *Constitutional Theory* (trans. by Seitzer, J.). Durham: Duke University Press.

Zakaria, F. R., 1997. "The Rise of Liberal Democracy at Home and Abroad." *Foreign Affairs*. Vol. 76, No. 5: 22 - 43.

前　言

丁开杰

　　金融是经济的核心与命脉，中国经济的进一步繁荣需要更为完善的金融市场。有鉴于此，自1985年创刊起，《经济社会体制比较》杂志的历任主编和编辑就始终关注金融市场和金融体制改革问题，刊发了不少优秀作品。为帮助国内学界和政策研究部门更好地了解中国金融市场与金融体制改革在过去30年里的理论探讨和实践发展情况，我们专门精选了25篇文献，编辑成《金融市场与金融体制改革》一书。

　　在本书的主编过程中，我们主要遵循了四个原则：一是时间原则，所选文章力图反映出金融市场和改革在过去30年里的发展脉络；二是权威原则，入选文章的作者均是金融领域的权威人士，并且他们的文章发表后产生较大社会影响，尤其是推动了具体的金融实践。例如，诺贝尔经济学奖获得者斯蒂格利茨、麦金农，本刊创刊主编之一吴敬琏、已故国际经济学家青木昌彦等等均是国际权威专家，他们发表在比较杂志上的金融研究文章被收入在文集中；三是比较原则，杂志创刊的宗旨就是立足于体制比较开展理论研究，本书的编辑工作也坚持中外比较，希望能扩大我们的研究视野、开阔我们的理论思维；四是重要性原则，所选文章在编辑过程中按照当前最为重要的议题来进行了归类，设置了"通货膨胀与金融监管"、"证券管理与金融稳定"、"金融市场与企业融资"、"金融改革与金融深化"等栏目。

简要概括来看，《金融市场与金融体制改革》一书所选的文章主要涵盖了如下内容：

一、通货膨胀与金融监管

通货膨胀是世界所有国家都要面临的经济问题，加强金融监管是内在要求的政策选择。在通货膨胀与金融监管方面，本书收入了6篇文章，分别讨论了通货膨胀、融资制度、披露管制和金融市场自由化的利弊等问题。其中，哈·比奇托尔德和安·赫尔弗的文章讨论社会主义经济中的停滞膨胀问题，他们指出，"社会主义理论把经济危机看做是资本主义的一个特征。然而，实际上，由于稀缺性不断变化，世界市场出现了新格局，西方市场的需求不断改变，社会主义国家也发生了严重的经济危机"。W. A. 刘易斯的文章分析了通货膨胀对不发达国家的影响。该文值得借鉴的一个观点是，刘易斯指出"采用通货膨胀动员资源比税收手段动员资源在政治上更易行的想法，是十分荒唐的。因为一个能够聪明地利用通货膨胀的政府，很可能同样具有利用税收手段动员资源的能力"。青木昌彦教授是著名国际经济学家，在比较制度分析上是集大成者。他的文章研究了关系型融资制度及其在竞争中的可行性。而斯蒂芬·A. 罗斯的文章关注金融市场中的披露管制，讨论了现代金融理论与信号传递理论的意义。格·卡普里奥和詹·A. 汉森，帕·郝诺汉辨析了金融自由化的利弊，许成钢教授的文章则从法律、执法和金融监管的角度介绍了"法律的不完备性"理论。

二、证券管理与金融稳定

证券市场是金融系统的重要组成部分，其管理直接关系到金融市场的稳定。在"证券管理与金融稳定"栏目中，本书收入的6篇文章讨论了证券管理体制比较、证券市场失败的教训、金融稳健、金融危机救助,等等问题。上个世纪90年代初,中国的证券行业还处在发展的初期,对证券行业如何进行有效管理还十分缺乏经验。在此背景下,高西庆撰文对各国证券管理体制进行了比较。通过比较各种模式,他认为"最适合中国的模式可能会介于法国和意大利两种模式之间"。美国哥伦比亚大学法学院法学教授小约翰·科菲对证券市场和公司治理结构的研究颇有建树,其文章分析了证券市场失败的教训,强调"不同的法律体系鼓励不同的所有权模式和不同的公司治理结构"。而伊斯特布鲁克和费雪的文章探讨美国证券监管的反欺诈和强制披露法规的一些功能,并由此认为这些反欺诈和强制披露法规在实际实施过程中并没有达到预期目标。他们提出,正确的比较方法不是规制与市场的比较,而是一种管制与另一种管制之间的比较。世界银行前副行长斯蒂格利茨的文章对金融稳健与亚洲的可持续发展进行讨论,强调深化、高效和健全的金融体系对经济的增长与稳定非常重要,同时又认为若离开稳定和增长,深化、高效和健全的金融体系也不可能形成。当代金融发展和金融压抑理论的奠基人麦金农在《东亚美元本位、浮动恐惧和原罪》一文中则对亚洲金融危机进行了反思,从"原罪"(original sin)理论出发认为,亚洲新兴市场经济国家对浮动汇率制度的恐惧是一种理性行为。虽然日本依然置身其外,但选择钉住美元的汇率制度的确有益于作为整体的东亚美元集团(East Asian Dollar Bloc)。而芭芭拉·斯托林斯讨论了拉美和东亚国家的金融自由化问题,其文章认为这些国家多数存在金融抑制问题,它们在发展过程中普遍开始进行金融自由化。中国应吸取拉美和东亚邻国在金融自由化和危机处置方面的经验教训,从而在金融自由化过程中保持稳定。以上讨论不仅丰富了金融研究,也推动了金融实践。

三、金融市场与企业融资

企业是经济活动的主体,而金融市场是服务于企业发展的,金融市场的好坏直接关系到企业能否顺利融资。本书"金融市场与企业融资"栏目收入的文章，对金融抑制、银行坏账、民营企业融资、国际资本流动进行了讨论。其中，本刊创刊主编之一吴敬琏教授的文章讨论了我国金融市场形成的两个问题：金融抑制与经济气泡。他指出，在发展中国家，金融市场的形成必须克服金融抑制，实现金融深化。而在发达的市场经济国家，金融市场面临最大的问题则是金融发展脱离了实质经济基础而急剧膨胀，出现了所谓的"气泡"现象。这些观点即使到今天也依然令人振聋发聩。美国经济学家贝瑞·诺顿、日本经济学家小宫隆太郎等关注中国在20世纪80年代末的通货膨胀问题。贝瑞·诺顿从结构问题和经济政策两个方面分析中国1988年遭遇的经济状况，小宫隆太郎则在1989年发表文章《论中国的"经济过热"与通货膨胀》指出，1984年底以来中国的经济形势陷入了严重的不正常状态。也就是说，中国的经济陷入了过热状态，物价猛涨，国际贸易收支将近三年期间处于入超很大的状态。进入20世纪90年代后，国有银行改革被认为是中国经济改革中比较不成功的领域之一。约翰·伯宁和黄益平的文章通过对中国坏账的形成机制以及国际经验进行分析，初步回答了"资产管理公司将如何保证员工们以不良资产的最大回收率为目标？"、"不良贷款出售以及'债转股'的改革究竟是否适用于中国？"、"如何才能防止道德风险以杜绝坏账的持续产生？"等问题。尼尔·格雷戈里和斯托伊安·塔涅夫的研究将重点投向中国民营企业的融资问题。他们指出，民营企业外源性融资能力的提高，是一个漫长的过程，它需要全社会的一致努力，从企业的角度来说，提高其管理透明度，明晰其所有权归属至关重要；从政府的角度来看，则需要建立和保证一个公平的经营场所。而张晓朴的文章《入世后中国应对国际资本流动的政策选择》是一篇非常扎实的政策性研究文章。在分析中国金融体系和宏观经济条件以及短期资本流动风险的基础上，他论证提出中国应该继续实行资本项目管制，特别要加强对短期资本流动的控制。为适应入世需要，中国应采取以市场为基础的一种规范的、有序的、渐进的方式逐步放开其资本项目管制。

四、金融改革与金融深化

金融改革是中国金融深化的动力，而金融深化则是金融改革的目标。本书专门设置了"金融改革与金融深化"栏目，并将其放在最后位置。最后但并非最不重要，恰恰相反，金融改革与金融深化是我国当前推动金融市场发展的核心命题。本栏目收入的文章，从金融体系、金融深化顺序、政策性金融机构改革、货币政策委员会设置、金融系统稳定性等等方面展开了讨论。其中，尼古拉斯·拉迪提出了一个命题：中国的金融体系何时能满足其需要？他认为，中国金融体系的效率低下，给生产领域和金融部门自身带来了深刻的消极影响，而当时的金融改革方案在财政上具有不可持续性，发展商业信用文化十分必要，但政策对商业信用文化的形成具有破坏作用。李扬的文章从国家目标、政府信用、市场运作等角度讨论了我国政策性金融机构的改革。通过比较分析政策性金融体系的四大构成要素，他指出政策性金融和政策性金融机构也需要按照市场的规则运作。魏加宁的文章《关于设置货币政策委员会的构想与建议》发表于20世纪90年代，对设置货币政策委员会的必要性、紧迫性和可能性进行讨论，并提出了设置我国货币政策委员会的几个备选方案。如今，货币政策委员会已经建立并对完善中国金融市场发挥了作用。不可否认，这种进步是与魏加宁等人当时的倡议和努力分不开的。刘遵义、钱颖一在《关于中国的银行与企业财务改革的建议》一文中对1994年1月以来的中国外汇改革和财税改革进行了肯定，但同时也指出这些成就使银行改革和企业改革显得滞后，成为整个改革过程的主要障碍。为了解决中国的经济政策决策者当时关心的一些问题，他们提出了当时可以实施的银行与企业改革方案。黄海洲、王水林在《进一步加强中国金融系统的稳定性》一文中指出，1978年以来中国的金融体系发展迅速，在中央政府的领导下，中国实行了稳健的宏观经济政策，为抵御金融风险提供了强大保障。但是，中国金融体系依然面临着巨大的风险和挑战。为此，他们从国际和历史经验的角度分析金融体系普遍存在的弱点以及中国特有的问题，提出了旨在进一步提高金融稳定性的政策建议。而胡鞍钢、王大鹏的文章《中国应对国际金融危机的评价与体制机制优势的比较》是最新的文献。他们回顾了中国应对2008年国际金融危机的全过程，并通过目标一致法的评估显示：中国直面这场由美国所引发的金融危机挑战，在与世界各国同时面对的这场"大考"中，率先复苏，实现稳定增长，实现了主要宏观经济目标，交出了一份令世人瞩目和惊奇的"答卷"。

　　三十而立，《经济社会体制比较》已经创刊30年。杂志创刊于改革之初，成长于改革之中，今后还将继续服务于改革。通过以上简要的梳理，我们可以清楚看到，金融市场的不断完善既是中国经济在改革开放以后取得大发展的原因，也是中国经济大发展的结果。我们坚信，改革与深化是金融市场不断发展的动力，中国金融市场将在进一步的改革中不断成熟。希望本书的编辑工作能够有助于推动这个进程。由于编者水平所限，本书编辑肯定仍有一些疏漏，敬请读者朋友们批评指正。

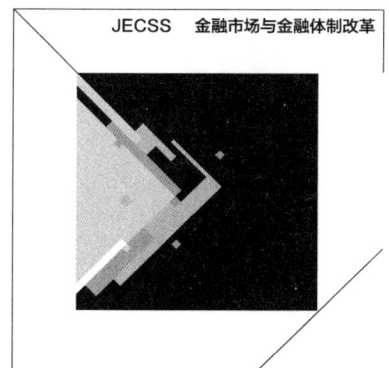

JECSS 金融市场与金融体制改革

第一辑

通货膨胀与金融监管

社会主义经济中的停滞膨胀问题*

哈·比奇托尔德　安·赫尔弗　著　　孙惠英　齐明华　译

匈牙利和南斯拉夫面临着经济和技术发展的长期停滞和通货膨胀这个问题。匈牙利的经济学家涅尔什和塔图斯始终把匈牙利改革了的体制称为"卖方市场",甚至在经济衰退时期,卖方仍然保持着在市场上的优势。这种情况似乎不符合通过改革来抑制停滞的设想。正如下图所示,这同西方经济理论创造的"停滞膨胀"这一术语所描述的处境很相似。

社会主义经济中出现的停滞膨胀

匈牙利	1976	1977	1978	1979	1980	1981	1982	1983	1984	1985
国民收入的年增长率	3.0	8.0	4.2	1.9	-0.8	1.8	1.5	0.5	2.9	-1.0
消费价格的年增长率	5.0	3.9	4.6	8.9	9.1	4.6	6.9	7.3	8.3	7.0
南斯拉夫	1976	1977	1978	1979	1980	1981	1982	1983	1984	
国内生产总值年增长率	4	8	7	2.2	2.2	1.4	0.7	-1.3	1.7	
生活费用年增长率	12	15	20.4	30.3	40.7	31.7	40.9	53.4		

＊ 本文原载于《经济社会体制比较》1987年第5期。本文是西德1986年底召开的《八十年代社会主义国家改革》国际讨论会的论文摘要。

本文将首先讨论20世纪70年代西方市场经济中的停滞膨胀现象,然后将考察改革后的和苏联模式的社会主义经济中类似的现象。最后对如何克服改革后的社会主义经济中的停滞膨胀问题提出建议。

西方经济中的停滞膨胀

20世纪70年代,西方工业国家面临了20世纪30年代的大萧条以来最严重的经济危机。老的生产部门(如造船业、纺织业、钢铁和其他工业)达到了它们增长的极限。新兴工业国家日益增强的竞争改变了国际贸易的格局。石油输出国组织的价格政策造成了经济调整的需要。但是有些因素延迟了这一进度:一方面是高度集中的企业,另一方面是在三十多年的稳定时期中聚积起来的政治和经济的联合。

熊彼特对这种现象作过一些解释:庞大的老机构适应新条件的速度比年轻的企业要慢,而环境提供了按老规矩办事的先决条件,新生事物则缺乏、甚至没有成长的条件。此外,多数人缺乏创新精神。

因为对多数人和机构来说,模仿和改进现有的发明要容易得多。新的发明者首先必须减轻来自旧企业和机构的阻力。由于发明毕竟不是轻而易举的事情,所以只有发明所带来的高利润才能刺激发明者。

除了来自生产要素市场的阻力之外,发明者们还面临着更加明显的商品市场的惰性问题。对一种新的商品的需求有其生命的周期。一种新产品的推广过程本身是一个试销的过程。发明是无法被纳入计划的。通常是局外人引进一种产品或生产过程。如果他们成功了,他们的产品会被市场接受,需求就会随之产生。

在增长周期的初期,新企业在新的工业部门中占有优势。它们不受自己等级制的行政机构的限制,因此很有创新精神。在市场发展的后期阶段产生了集中。机构的规章制度变得僵硬,最成功的年轻企业可能会发展为大公司,但同时失去了创新能力。结果,大企业普遍地是由于那些正在扩大的年轻公司的日益剧烈的竞争而被迫去搞发明的。当市场达到它的增长极限时,有些大公司无力改变原料来源，去适应新的发明。

在一个稳定的环境中，这种缓慢的反应并不十分严重。但是，经济状况是在不断发生变化的。消费者兴趣的变化、新资源的发现，以及世界市场上稀有产品的变化等等导致了价格关系的改变，需要对生产活动进行调整。资源配置的变化是依赖于发明的。有资料表明，大多数重要的发明都是由创建不久的公司在危机时期作出的。根据熊彼特和奥尔森的说法，这一事实有以下几个原因：随着时间的推移，每一个有活力的体制都会呈现出一个自我更新的趋势，以避免根本的变化和调整。熊彼特指出，发明"一般都来自一些新企业，这些企业普遍不是从旧企业中产生的，而是在这些旧企业之外开始生产的……一般说来，旧式公共马车的主人不是建造铁道的人"。

由于上述原因，克服停滞膨胀就意味着鼓励灵活性和创新，以指导投资从低生产率转向不断增长。要素越不灵活，货币与生产消费者所希望的差额就越大。

从停滞到停滞膨胀

70年代，旧的生产部门显然缺乏经济活力，无力将资源从旧的生产线转到新的生产线上。政府的经济政策（如对受到危机威胁的工业的补贴和税率，增加就业机会的计划，专利权和政府调节）减缓了结构变化的过程，使那些结构薄弱的工业免去了竞争的压力。政府的这些做法阻碍了新兴的现代工业的发展。稀缺资本流入了旧的工业部门，那些比旧工业更依赖于资本市场的年轻工业却被排除在外；这样由于旧工业部门的衰退而造成的经济损失却不能由新的部门加以补偿。凯恩斯主义的财政政策破坏了资本市场的功能，阻碍了经济转向新的生产结构。

根据流行的经济理论，经济决策者们必须将那些靠贷款维持的公共支出充塞到国民经济中去。然而，凯恩斯的这一政策并没有能够克服危机，因为实际效益的增加大大低于人们所预期的目标。赤字支出对老的工业企业几乎没有什么好处，而且增加了财政预算赤字，并使利息率猛涨，在一段时间内利息率甚至高于生产投资的收益。于是生产率下降了，而消费物价指数却上涨了。凯恩斯主义远非拯救西方经济的良药，它已成为西方经济的又一疾患。"完全有理由认为，生产率趋势、边际利润、有利的投资机会以及投资倾向等方面的问题都是与 70 年代经济决策的失误有机地联系在一起的。"（林德贝格）

货币主义者坚持认为，贷款和增税排挤了私人消费，同时吸引了那些可能被用作私人生产资本投资的资源。这一方面迫使利率上涨，另一方面，如弥尔顿·弗里德曼所说，扩大了货币的发行量，从而导致了通货膨胀。由于政府的巨额开支减少了人们投资的积极性，也排挤了私人投资，所以经济的增长受到影响，停滞膨胀也因之发生。

按照熊彼特经济循环理论，停滞的后果是不足为奇的：由于买者不愿购买卖者提供的产品，而卖者又不能及时地调整他们的产品结构，因而便出现了停滞。于是政府（如果仍然按照凯恩斯的经济思想）通过国家订货增加一批有效需求。政府的补贴和付款增加了总需求，但却没能生产出用以补偿的产品。收入虽然增加了，然而人们仍然不愿购买市场上所提供的某些产品。这样，通货膨胀和停滞便成了一对孪生兄弟。

然而，经济的真正的进一步增长要求结构的变化。稀缺资源必须从经济的一个部门转移到另一个更具有生产能力的部门。这种调整过程的速度及效率取决于资本、劳动力以及企业家的经营能力等诸种投入要素的变化。因此，降低资本灵活性的政策加剧了停滞膨胀。

社会主义经济中的停滞膨胀

社会主义理论把经济危机看作是资本主义的一个特征。然而，实际上，由于稀缺性不断变化，世界市场出现了新格局，西方市场的需求不断改变，社会主义国家也发生了严重的经济危机。如果新技术的发展在西方是这个问题的部分解决办法，那么它在社会主义国家却使问题更为严重。社会主义国家在当前进行创新的世界各国中几乎不占任何地位。在社会主义国家中，经济增长率下降，债务增加，对外贸易形势无论在数量和质量上都恶化，呈现出一幅明显的停滞局面。

不仅旧式的苏联型的经济出现了这种情况，而且至少从原则上说，匈牙利和南斯拉夫改革后的社会主义体制也是如此。官僚机构的行为和大企业等造成西方经济停滞的原因显然也存在于社会主义国家中。而且，由于社会主义国家中官僚和经济集中状况比大多数资本主义国家更有过之而无不及，所以它们对经济形势的影响也就更为严重。

即使在改革后的匈牙利，企业家的经营也只存在于小企业和农业合作社。大中型工程项目一般都是由中央倡议决定的。尽管进行了种种改革的尝试，但这些限制对于供给和需求的影响是十分明显的。据统计资料 7 分析，匈牙利仍是一个卖方市场，匈牙利企业的投入量几乎是其产出量的 8 倍；而在西方国家买方市场的情况下，产出量一般高于投入量。

南斯拉夫的情况基本相同，所不同的是，同市场协调并存的自治是南斯拉夫经济体制的主要支柱。基本决策是由工人委员会制定的，经理的挑选和企业分红也是由工人委员会决定的。

南斯拉夫的这种市场型的社会主义经验更增加了我们已经讨论过的匈牙利社会主义市场经济的困难。同时，这些经验也告诉人们，造成这些困难的原因在于缺乏有效的资本市场。我们认为，政府对投资和储蓄决定的干预不仅造成了经济停滞，而且造成了通货膨胀的压力。我们把这种情况称为"迴避"资本市场。改革后的社会主义经济中的企业只是初看起来与资本主义经济中的企业一样热衷于获取最大限度的利润。利润成了测量经济成功与否的基本标准。为了保证对利润的追求是工人和企业管理的动力，他们的收入也被直接与企业的利润联系在一起。

但是，正如科尔奈所指出的那样，匈牙利企业的"预算约束"是很软的。这意味着，增加企业赢利，不仅可以用降低成本、生产更多的尖端产品及改善销售策略来达到，而且也可以用与上级机关讨价还价的办法来达到。集中分配的救济金、投资资金和软银行贷款决定了现金的流动，从而决定了企业的行为方式以及企业的扩大机会。

在匈牙利新的经济体制中，重新分配企业财政收入特别重要，最常使用的办法是大量发放补助金。对出口、工资物价等的补贴削弱了企业管理所运用的物质刺激与经济行为之间的联系。匈牙利存在着种类繁多、纷乱复杂的税收制度。由于有几十种不同的收入流转渠道，并且由不同机构控制着各种税收和补助金，匈牙利无法创造一种可以反映边际成本的合理价格体系。

在一定程度上，甚至国家财政的重新分配也成了讨价还价的目标。科尔奈把重新分配前的利润和重新分配后的利润作了对比，得出了令人惊讶的结果：财政部门从企业抽走和拨给企业的款项是原有利润的两倍；补贴金额几乎高于利润的百分之十。这样不同企业间赢利能力的区别几乎就全部被拉平了。

由于这种重新分配，不论是企业内部的投资基金，还是中央银行发给企业的贷款都无法与赢利能力紧密地联系在一起。这就再度要求企业，为了获取外部资源必须接近上级决策机构并取得进行讨价还价的政治权力。结果，本来在企业内部完成的投资活动，实际上就不依赖于重新分配前的赢利能力。由政府决定银行贷款发放的办法以及广泛采用的补贴和收缴各种不同税款的做法不仅破坏了旨在刺激积极性赢利方针的执行，同时成了弥补预算赤字的一种方法。

在南斯拉夫，由于自治的企业对资本的需求极度胀膨，因而投资和储蓄的决定变得更加具有倾向性。能够通过自己的手段去满足自身投资需求的企业非常少见。这样投资也就只有极少的一部分出自企业自己（在百分之五十以下），同时也就不得不用银行贷款代替它们的资源。工资和物价螺旋式地上涨和软银行贷款投资的猛烈增加使得南斯拉夫出现了欧洲最高的通货膨胀率。

在南斯拉夫，资本也十分缺乏，然而却没有人注意到了这一点。事实上，在那里资本几乎是一种免税货物。在这种情况下，企业倾向于去利用一切可以利用的资本而不考虑投资能带来多大的利润。一方面是资本的浪费，另一方面是企业在规定价格和决定收入分配方面不断扩大的权限，这两点都导致了需求和供给之间的通货膨胀差额。20世纪70年代，由于短期贷款的利率通常低于通货膨胀率，这种情况更是急剧地恶化。通货膨胀的差额使那些老牌企业获得了垄断的地位。资本市场的长期不平衡导致了商品市场的长期不平衡。

在南斯拉夫成为目前欧洲最高的通货膨胀率国家之时，匈牙利的通货膨胀则始终低于某些西方国家。但是，尽管如此，这个问题对匈牙利社会的经济和政治平衡来说也已经是个十分严重的问题。1968年以后，当事实证明不可能在不妨害经济改革的同时，保持前些年对工资的严格控制，通货膨胀也加剧了。

克服停滞膨胀需要有效的资本市场

实践证明，在促进技术进步方面，实行既有某些商品市场又给企业以一定限制的自主权的一种混合的经济，比完全照搬苏联模式的经济效果要好些。显然匈牙利和南斯拉夫企业从某些方面来说在采用新的生产方法或引进新产品方面更为灵活，而且在打入外国市场方面也更加成功。

然而，创新是以获得资源的权力为先决条件的。那些希望进行"新的结合"的成功的企业家们不能靠投资所得利润来为自己提供资本，而只能依靠资本市场（自由的金融活动、集资活动、股票交易）在发明家和资本拥有者之间起着调节作用。

熊彼特特别强调了一套运行良好的金融体制的必要性，因为它可以将稀少的资金重新分配给那些有创新精神的企业家。这不是件容易的工作。奉行熊彼特理论的银行家，应该知道并且应该有能力判断他们的贷款用于何处。他应该独立于政府，也独立于那些得到他的贷款的企业家。他只应以核查可能得到的获利机会来进行估价，而不是以别的什么东西进行估价。屈从政府和大众的意见会使金融体制瓦解。

匈牙利和南斯拉夫金融体制的情况很糟糕。匈牙利的银行或多或少地听命于政府，而南斯拉夫的银行则受控于寻求贷款的公司本身。然而在过去的几年中，这两个国家都为了扩大商企银行的作用而进行了各种尝试。匈牙利将国家银行的货币职能与它的商业职能分离开。南斯拉夫也要求投资者为获得贷款和可变利息率而竞争,以此保证按照经济效益来分配资本。然而这些办法并没有达到它们的目的。由于没有一套对那些不履行贷款合同义务的企业进行制裁的有效措施,所以投资者也不太关心利息率和风险的问题。根本不能指望一个工厂会由于无力偿还到期贷款而倒闭。

这一财政政策也自然与引起通货膨胀的货币政策相互联系。假如某个企业无力偿还债务,那么为了提供"支持"就给予追加贷款。这项政策基本上不考虑银行是否会提供不可靠的追加贷款。南斯拉夫的情况便是这样(他们之所以能这样做,是因为没有一个货币政策来有效地约束他们);或者也不考虑政府是否会用补贴的办法来直接进行干涉,这就像匈牙利的情况。这两种政策都不仅破坏了发明创新的积极性,而且也增加了通货膨胀的压力,在所有的社会主义国家中,造成通货膨胀的主要技术原因在于中央银行不明智地为企业提供短期贷款,而那些企业却不偿还这些贷款。

结论

看来解决改革后的社会主义经济中的停滞膨胀问题的唯一途径是引入资本市场:事实证明,集中配置投资资源不能有效地把资本提供给经济中创新的部门。

通货膨胀对不发达国家的影响[*]

[美] W·A. 刘易斯 著　肖　遥 译[**]

由于增加赋税会遇到政治上的抵抗，各国政府就不免受通过印刷钞票或创造信用获得资源的诱惑。至于这样做的后果如何，取决于创造了多少货币，通货膨胀持续多长时间，这些货币用来做什么，居民有什么反应，以及经济管理得如何。

与资源的状况相适应

如果货币供应的增长处于与产出的增长或货币需求的增长相适应的范围内，就不会引起价格上涨。

这又可分为两种情况。首先，可与货币交换的商品和劳务的数量不断增加。在这种情况下，人口在增长，生产率在提高，国民经济中货币化的部门在不断代替自给性部门，由于这些原因，货币供应量可以在10年中增加

---

[*] 本文原载于《经济社会体制比较》1988年第4期。原文摘自刘易斯：《发展计划化》（伦敦，1966年），第130—138页。

[**] 威廉·阿瑟·刘易斯（William Arthur Lewis，1915年—1991年）：美国普林斯顿大学教授。发展经济学的成就者，是研究发展中国家经济问题的领导者和先驱。

30%—40%而不致带来价格的上升。

其次，如果存在用来增产货币增量所购买的那种商品的闲置资源，那么，货币数量的增加也不会带来价格上升。光有闲置的劳动力是不够的，还必须有能生产更多消费品的闲置的工厂和土地，以便对需求立即作出反应。这种情况在工业国家经济萧条时期存在，在不发达国家却不存在，因而同后者的问题不相干。

在某些不发达国家（特别在亚洲和中东）中，存在着失业大军，用不着过多挪用其他正在使用的资源，就可以将它们投入生产性使用。由于没有闲置的工厂，失业劳动力无法在工厂工作，由于只有极少量闲置的可耕地，失业劳动力也无法用于生产农产品。但是，可以利用失业的劳动力修筑道路，排干沼泽地的水，开掘灌溉渠，恢复平整受侵蚀的土地，利用当地的木头或黏土建房造屋，如此等等。这些方法只利用当地可以提供的原材料而不需要机器（甚至从法老时代，人们就知道建筑只需要极少量的物质资本）。这些工程能够增加国家的生产能力，特别是能够耕种更多的土地。主要的障碍在于，工人们取得劳动报酬后，将其中的大部分花费在消费品上。他们生产的是资本品，需要的却是消费品。因此，消费品的价格将上升。如果他们生产自己需要的消费品，价格就不会上涨。但更多地生产这些消费品所需要的资源（工业设备、可耕地）却不存在。

在这种情况下，通货膨胀的后果是消费品的重新分配。先前的就业者得到的消费品将会减少，而先前的失业者得到了比以前多的消费品。结果，通货膨胀代替了税收，在缺乏自愿储蓄的条件下，为投资筹措了资金。

对投资的影响

有些经济学家似乎否认通货膨胀能增加投资，但这种观点是站不住脚的。为了正确地分析问题，必须区别通货膨胀的初始目的和次级效应。如果创造货币是为了用于投资项目，投资果然有所增长，意味着初始目的正常地实现了。前述作者所要否定的是：如果创造货币的初始目的不是投资，其次级效应也能带来投资的增加。

通货膨胀大都发生在战争期间，使政府能够得到更多的资源以赢得战争。这个目标是可以达到的。和平时期通货膨胀的通常目的，是使政府比单靠税收收益时能雇佣更多的文职人员或军人，这个目的也可以正常地达到。在罕有的情况下，政府运用通货膨胀来创造生产能力，即建立工厂或者开垦农用土地（苏联20世纪30年代就是如此）。另一方面，商业银行创造信用，使私人资本家能够筹集投资资金的情况则相当普遍。如果创造货币的目的是为了创造生产能力，那么，没有任何理由怀疑这个目的也能实现。

为其他目的创造的货币不具有增加投资的初始效应。但是否存在增加投资的次级效应呢？如果价格上涨引致的收入再分配特别有利于热衷于储蓄和投资的人，创造货币对投资就会有次级效应；否则，则不会出现这种效应。因此对投资产生次级效应的争论势必要求进一步分析价格上涨对收入再分配的影响。

既然价格上涨快于成本上升，通货膨胀的直接效应就表现为利润增加，但最终的结果并非必然如此。工资收入者和消费者抱怨价格上涨，采取行动努力使货币收入的增长赶上价格的上升。他们或许成功，也可能失败。如果他们不能使收入增加与价格上涨保持同步，国民收入中的利润份额就会增加。按正常的情况预期，投资也会增加。可是，投资能否真正增加，还取决于得到利润的那部分人的心理状态。在成本会计师的影响下，进行储蓄和在工厂设备上投资的资本家倾向于实行保守的价格政策。大部分通货膨胀的利润落入从事商品投机和外汇投机的那类"发财快"的资本家手中。所以，如果投资不是通货膨胀的初始目的，通货膨胀就不一定导致投资的大量增加。

由于价格上涨的预期，使获得耐用资产有利可图，通货膨胀通常对投资有一些积极的影响。但是，与价格的扭曲相适应，投资结构也会严重扭曲。通货膨胀使国内价格与国际价格的比价上升，从而阻碍出口和进口替代。这样，投资就从这些重要的部门转向不受国际竞争影响的行业，能够改善国际收支的投资因之下降，而商业性豪华建筑上的投资却变得有利可图。要避免这种结果，要么对投资进行严格控制、对出口实行补贴，要么频繁地使本币贬值。

对价格的影响

假定政府印刷钞票并用它筹集资金，促使资本形成，通货膨胀会持续多久？以下两种情况，只要有一种存在，价格都会停止上升。一是通货膨胀改变了收入分配，使政府不用印刷更多的钞票也能继续筹集资本形成所需的资金；另一种情况是，资本形成使消费品产量的增加开始赶上货币流通的增加。

通货膨胀对收入再分配的影响取决于公众的反应。起初，消费品价格的上涨快于工资上涨，从而增加了利润。先考虑第一种最简单的情况。假定公众默认了这种变化，即假定收入再分配长时期地向利润倾斜。部分收入通过收税的形式自动流入政府手中。如果利润的占有者用其余的利润购买新发行的政府债券，由于政府可以靠发更多的债券，继续为资本形成筹集资金，价格将停止上涨，因而用不着印刷更多的钞票。实际上，这种简单的结果是不可能出现的。利润占有者只用净利润的一部分购买政府债券，所以政府还得发行更多的货币。无论如何，公众不会轻易地默认价格的上涨，不会不去争取得到更高的收入。结果，工资开始以螺旋式上涨的方式追赶物价。

通货膨胀的过程还取决于新资本形成生产性资本的速度有多快，生产能力是怎样形成的。如果货币已经用于开发土地，安置农民，当货币进入市场时，农民增加的产量将会阻止价格的上涨。同样，公众很可能接受被人均实际消费收入的增加所抵销的不利的收入再分配。创造货币支付给政府雇员，同运用这些货币开发可以增加商品产量的新资源，两者之间存在非常重要的差别。

从理论上说，由于通货膨胀持续地有利于税收和储蓄，而后者又流向最初的投资者，使得在不追加新货币的条件下保持新的投资水平成为可能，或者由于消费品产量的增长赶上货币的增长，这两者都会使通货膨胀逐渐消失。如果这两种情况都不能达到目的，价格会继续上涨。那么，公众的反应将取决于这一切发生作用的时间。如果把货币龙头打开两年，为某些特定项目筹集资金，在公众还没有充分组织起来采取防范性措施以前，就关上货币龙头，这样价格就会停止上涨。这就是银行创造信用，为私人投资筹措资金引起通货膨胀时的情景：把货币龙头打开两至三年，但在公众还没有机会相信价格将持续上涨以前，货币当局就介入并将货币龙头关闭了。

如果不关闭货币龙头，价格继续上涨，公众的反应还取决于政府抑制较明显的通货膨胀的有效性。计入一般群众生活费成本的商品价格比其他商品的价格更为重要，如果能够抑制这些价格的上涨，提高工资的要求就会缓解。价格上涨导致外币短缺。如果能够有效地控制外币的使用，避免外汇流失，就能满足优先项目的需要。通货膨胀使投资发生扭曲，出口工业受到阻碍，鼓励资金投向预期价格能上升最快的地方，包括存货和房地产。如果要避免经济结构的严重扭曲，有效的投资许可证制度虽然很难实施，但又非此不可。各国政府在行使这种行政控制职能时效率各不相同，民众在合作的意愿上也存在很大差别。

螺旋式通货膨胀

不论政府多么有效率，如果通货膨胀的程度足够严重（假定价格上涨率每年超过5%），持续的时间足够长（假定超过四年），就很可能是螺旋式的通货膨胀。公众突然间明白了正在发生的事，而且坚持采取保护性措施。工资收入者极力做出安排，使他们的收入增长跟上价格上涨。每一轮价格上涨紧跟着工资增加，这反过来又提高了成本，价格再度上升。最后价格与收入轮番交替上升。如果通货膨胀率保持稳定，这个过程会无限期地延续下去。有些国家价格每年平均上涨20%，持续了50年以上。

然而，这种"均衡"的通货膨胀没有任何好处。只有生活成本的上升快于平均消费支出，通货膨胀才是有用的，因为正是生活成本与平均消费支出的差额能促使资本形成。一旦到了工资与物价同步上涨的阶段，通货膨胀就不再是有利的。如果政府坚持通过货币扩张转移资源，就不得不以加速度扩大货币供给，价格的上升越来越快。这就是恶性通货膨胀。由于没有一个国家的居民能够长期忍受恶性通货膨胀，这种情况不可能持续很长时间。

螺旋式通货膨胀不仅没有任何用处，而且难以制止。工资收入者已经习惯于收入的周期性增长，以赶上物价的上涨速度。即使在某些时点采取了制止通货膨胀的措施，一些收入还得上升。如果工资收入者的工资得不到提高，就会发生骚乱；如果他们确实使收入增长了，却会因雇主不愿增加支出而导致失业的出现。投资者也习惯于从不断扩大的货币供应量中获取利润。一旦货币供应稳定下来，许多企业将不再盈利，就业就要减少。因此，没有暂时的投资和就业危机，就不能制止通货膨胀。危机用不着持续很长时间，一般为6个月到18个月。但那些可能遭受损失的人反对采取措施制止通货膨胀，如果他们足够强大，就能够阻止政府去结束通货膨胀。一些拉丁美洲国家通货膨胀持续了几十年了，除非政治力量的平衡发生重大变化，这些国家现在找不到根治通货膨胀的任何其他办法。

对税收的代替作用

不了解通货膨胀的来龙去脉，即货币用于什么目的、向利润的持久偏移是否可能、政府能否保持有效的控制、公众舆论如何反应等，就不能预测通货膨胀的过程和影响。人们立即会说，由于大部分不发达国家根本不能控制通货膨胀过程，发动通货膨胀是不明智的。但是人们不能排除这样的可能性，即组织良好的社会可以靠创造货币安全地为资本形成筹措资金。

假定出于加速资本形成的愿望，创造货币的实际抉择是征收更高的赋税。这样做也可能有通货膨胀的影响。任何降低国民收入中消费份额的企图，任何以多数人的利益为代价重新分配消费的企图，无论是通过增加货币供应的方法，还是通过增税的办法实现，都肯定是不受欢迎的。通货膨胀和间接税的增加有同样的直接影响——价格上涨。直接税更令人生厌。不论采用什么样的集资办法，公众最可能的反应是要求提高工资或收入，所以任何方法都能够引发价格—工资螺旋上升的过程。

实际上，国民收入中资本形成比率的提高，总是伴随着价格的某些上涨，虽然这有利于筹集资金。即使资本形成率的提高来自真正的储蓄提供的资金，盈利性工业中工资的上升也可能导致整个经济中价格的综合上涨，或者经济扩张遇到致命的瓶颈。如果由税收提供资本形成的资金，由于公众会反对消费结构的变化，导致成本推动的螺旋式膨胀。价格水平的上涨并不总能加速资本的形成，但在大多数资本形成率高速提高的经济社会中，价格趋于上涨却是无可置疑的事实（资本形成率高或低不是关键，重点在于速度的加快）。

虽然税收也会提高价格，但从经济观点来看，作为资本形成筹措资金的来源，仍然大大优于通货膨胀。第一，税收对价格的影响小得多。第二，如果政府不把通货膨胀作为获取资源的手段，就很容易保持对货币供应的控制和约束。一旦放松传统的货币纪律，政府就会毫无困难地搞通货膨胀，金融控制也会随之消失。第三，税收与通货膨胀相比，其最终影响能得到更全面、更有效的控制。第四，通货膨胀对国际收支平衡的威胁、对投资结构的扭曲，虽然没有通常所说的那么严重，但持续地使国内成本背离国际价格的通货膨胀，却是经济停滞的主要根源。

采用通货膨胀动员资源比税收手段动员资源在政治上更易行的想法，是十分荒唐的。因为一个能够聪明地利用通货膨胀的政府，很可能同样具有利用税收手段动员资源的能力。既然政府能全面地、勇敢地、有效地实施控制通货膨胀的措施（在通货膨胀成为螺旋式以前，就制止它），政府也就能征集必要的赋税。情况可能是这样，能够安全利用通货膨胀的国家反倒不需要这样做，而需要通货膨胀的国家若果真这样做，却一定会惹出非同小可的麻烦！当然，政治分析家们也许能找到某些介于两者之中的情况。

关系型融资制度及其在竞争中的可行性[*]

[日] 青木昌彦 瑟达尔·丁克 著 王 信 译[**]

一、导言

直至20世纪70年代中期,日本主银行制度为经济快速增长作出了贡献。主银行制度包括三个相互补充的部分:银行和企业订立关系型契约,银行之间形成特殊关系(相互委托监督),以及监管当局采取一整套特别的管制手段,如市场准入管制、"金融约束"(financial restraint)、存款担保及对市场融资的限制等(Aoki, Patrick & Sheard, 1994)。70年代末,日本开始放松对外汇等领域的管制,企业部门越来越依赖债券融资。但直到最近,银行和证券业分业管理的格局仍未被触动,这导致该体制的内在凝聚力渐渐消失。

90年代后半期,似乎日本金融体制最终进入大规模放松管制时期,部分原因是有必要消除泡沫经济的后果,但更根本的,是对不断加剧的全球市场竞争作出的反应。可能放松管制最重要的一个后果是,禁止银行和证券公司

---

[*] 本文原载于《经济社会体制比较》1997年第6期,1998年第1期。
[**] 青木昌彦(1938年—2015年7月16日),原国际经济学会主席、斯坦福大学经济学教授,日本一桥大学大学院客座教授。王信,教授,中国人民银行南昌中心支行行长。

进入彼此业务领域的管制壁垒被打破了（所谓"大爆炸"式的改革）。这种局面，加上金融体制近期的演变，使人们就竞争对主银行制度的影响提出一系列有趣的问题。如果没有上述管制手段，日本的主银行制度能够延续下来吗？80年代末的泡沫经济是否真的标志主银行制度的终结，或者它只是这种制度在向更富有竞争性的关系型融资（relational financing）制度转轨的漫漫长路（可能太长了）中的一支插曲？①

我们并不马上回答这些问题，而是从提出更有普遍性的问题入手。即：什么是关系型融资的必备特征，在何种条件下它能成为经济中主流的——如果不是单一的——融资形式。这样的考察能使我们掌握产生以下现象的根本原因，即关系型融资在竞争日益激烈的环境中仍继续有效，即使其实际形式可能会根据环境的变化而发展或进行自我修正。正如我们将要看到的，在历史、技术、管制和竞争环境等诸多方面有较大差异的美国经济中，一些公司融资的重要手段实际上与日本有某种共性，这些手段可被看作是关系型融资的变种。理解这些共性对预测任何关系型融资制度，尤其是日本银行体系中的关系型融资制度的未来发展是很有用的。

在以下小节，我们给出关系型融资一个新的、一般性的概念，描述其制度化的基本特征。第3节我们讨论使关系型融资制度化的各种激励因素。第4节概述有关研究成果，即金融部门日益加剧的竞争是怎样影响这些激励因素，进而影响关系型融资制度的可行性。在这些小节，我们继续抽象的讨论，但也列举一些不同类别的融资形式，如鼎盛时期的日本主银行制度、美国银行对小企业的贷款、向硅谷的开拓型企业提供风险资本融资等。第5节探讨日本的金融体制，并预测其未来。为此，我们运用前面理论分析的结论，并考察可能导致银行在公司治理结构中的作用发生变化的公司组织的同步变迁。

---

① 这些问题和 Rajan（1996）在对 Aoki 和 Patrick（1994）富有洞察力的评论中提出的问题是一样的："是否持续的金融压抑（与战后为了重新补充银行体系的资本金而在一开始采取的抑制不同），特别是直接限制市场融资和管制利率对该体系的成功是必要的？这个问题很重要，因为银行自由化以后，管制性贷款（disciplined lending）于近期消失了，表明其间可能有联系"（第1364页）。

二、关系型融资制度的一般性概念

我们初步对关系型融资作如下定义：关系型融资是这样一种融资形式，出资者在一系列事先未明确的情况下，为了将来不断获得租金而增加融资。我们把非关系型融资称为保持距离型融资（arm's length financing）。

出资者的额外融资及相关的未明确事项有不同种类。额外融资可能是风险资本家逐步向开拓型企业提供的融资，视后者开发的项目收益稳定状况而定。① 在这种情况下，风险资本家将来可能获得的好处是企业首次公开募股时的资本收益（企业家租金）。或者，额外融资是美国银行在掌握流动资金短缺的小企业的内部信息后，向其提供的融资。在此情况下，银行将来可能获得的收益是垄断租金或信息租金。② 再者，额外融资是主银行根据财务困难企业是否可能恢复元气而继续向其提供的融资。此时，主银行将来可能获得的收益要么是垄断租金、声誉租金和政策性租金，要么是三者兼而有之（下文将讨论这些租金）。

以上定义并不排除出资者在其他一些未明确的（或明确的）情况下，采取不利于借款人的行动。例如，清算企业，银行安排收购财务困难的企业，或风险资本家解雇企业的创办者。该定义也不限定金融关系的期限。主银行和借款人的关系无时间限制，而风险资本家的融资一般在企业首次公开募股时终止，尽管有许多例子表明在此之后风险资本家仍是企业董事会的成员。最后，该定义不排除借款人同时从不同的出资者那里获得保持距离型融资和关系型融资，甚至一个借款人可能有多个关系型融资渠道的情形，例如一些日本公司就有多个主银行（核心银行）。风险资本家也可能组成银团共同投资，但通常情况下其中一家将发挥主导作用。

---

① 风险资本家只承诺提供开发整个项目所需的一部分资本，后续融资与事先难以明确的项目收益挂钩。关于风险资本融资的一般性描述，参见 Bygraves 和 Timmons（1992），Fenn, Liang 和 Prowse（1995）。

② 参见 Petersen 和 Rajan（1994），Berger 和 Udell（1995）。

当关系型融资在公司财务的某个领域成为自我实施、居主导地位的（如果不是唯一的）融资形式时，我们就说关系型融资制度化了。归根结底，非分散的市场制度（non-atomistic-market institutions）——如本文非保持距离型制度的例子——的出现，及其后来的演变可说是对市场失灵的反应。"若市场不存在，则长期关系取而代之……无论如何，实际期货和偶发的价格将被未来价格和数量的预期所取代。预期在性质上可被认为带有个人心理的成分，但实际上社会制度在引导和形成预期方面发挥主要作用。人们存在着某种共识，即他人不会穷尽每个可能导致短期盈利的机会，并且健全的金融服务网络可提供预测和克服暂时的困难。"（Arrow，1997：6）确实，在我们给关系型融资下的粗浅定义中，预期发挥着显著的、不可或缺的作用。

预期在两个层面上发挥作用：首先是第一次偶然提供融资时的相互预期，接着是出资者继续提供融资时对将来获得租金的预期。如果第一层面的预期成立，企业家和小业主或者进行单靠其自有资金无法完成的项目开发，或者进行专有的（人力和非人力）资产投资，因为它们预期，遇到轻微的财务困难时将得到救助。

然而，预期是怎样产生和延续的？这是包含在关系型融资定义中的承诺问题，迈耶（Mayer，1988）和哈尔维（Hellwig，1991）最早对这个问题进行讨论。对声誉的关注、拥有信息垄断地位、缺乏竞争导致在借款人未来融资时具有市场优势以及可能受到政府的惩罚等等，使出资者必须顺应环境，信守承诺。逆推可知，借款人也会预期出资者可能继续提供某种相机性融资。因此，为了预测关系型融资制度的演变及其可行性，关键是弄清在偶然出现的特殊情况下，出资者是否还有动力提供融资。下面两节将探讨这一问题。在本节的后半部分，我们将介绍与预算软约束、监督和治理相关的其他一些问题。

A. 监督的特征。经济制度取代缺失的完全市场，导致特殊的资源配置问题。如果关系型融资制度使人预期出资者"心慈手软"（例如他们对大范围内的偶然事件都采取救助行动），则高风险项目的逆向选择和借款人的道德风险行为都可能产生。与统计推断理论中的概念相似，这种资源配置结果可被归为第二类谬误，即过多的无效率项目得到融资（被接受）和再融资。主银行制度下日本大企业破产比率相对较低，表明了这一点。风险资本家也被类似问题所困扰。投资后发现项目不成功，但仍有挽救的余地，他们就有动力从不知情的局外人处筹集更多的资金（Admati & Pfleiderer，1994）。相反，如果出资者通常不愿在不利情况下增加融资，保持距离型融资就会更普遍，第一类谬误将大量出现，即根据正式的破产程序，更多的可能还有效益的项目遭到清算（否决）。

除非关系型出资者因其"心慈手软"得到他人或第三方（例如监管当局）的补偿，否则他们将不得不自行承担大部分第二类谬误的成本。因此，关系型出资者不但要对借款人进行监督，以弄清需要增加融资的未明确情况是否真的发生（事后监督），而且有动力收集信息，减少信息不对称可能产生的成本。也就是说，为了不受逆向选择问题的影响，他们应在第一次融资之前，就摸清借款人项目的风险特征（事前监督）。此外，为了把在不确定情况下履行承诺可能产生的成本降到最小，他们应在第一次融资之后仔细监督借款人的行为（事中监督）。这样，由于信息传递困难，关系型出资者倾向于把事前、事中和事后监督结合起来。因此，在三个监督阶段存在很强互补性的交易领域，可能出现关系型融资制度（Aoki，1994）。例如，处于鼎盛时期的主银行事前监督的主要目的是缓解信息不对称问题，摸清借款企业在吸收和改进现有外国技术方面的管理和组织能力。主银行与借款企业不断进行业务往来（事中监督），确立了信息优势，可听到积极（消极的）反馈，以决定是否继续发放贷款及尽早发现借款人可能存在的问题。对超前项目的事前、事中监督需要掌握专业化的工程技能，而风险资本家可满足这些要求。他们集中扶持特殊产业的公司。另一方面，如果由不同领域的专家处理项目评估、财务分析、企业重构、重组直至危困企业的清算等问题更合适，以及这些业务互补性小，则出现保持距离型融资制度的可能性更大。

B. 治理问题。关系型融资制度使借款企业形成特殊的治理结构，有别于保持距离型制度下的治理结构。产权学派（Hart，1995）认为，"剩余控制权"（residual control right）——在遇到事先未明确的、法庭因而无法证实的事件时的决策权——如果归属资产所有者，则可得到最有效的配置。阿洪和波尔顿（Aghion，Bolton，1992）将这一观点用于分析金融契约。债务契约可导致公司资产的产权从借款人自动转移到贷款人，只要发生法庭能够证实的违约情况。这使公司股东有动力对经理人员（借款人的代理人）进行事中监督。产权理论预先假定，代理人不会因金融交易重复进行而关注其声誉（Kreps，1990），不存在共同所有权（Maskin & Tirole，1995），以及产权的归属是清晰的。然而，在关系型融资制度下，这些条件可能不完全具备。

例如，如果企业面临财务危机但未破产，法律上企业资产的产权仍属于借款人。但关系型出资者可能愿意采取代价高昂的增资行动（救助行动），条件是确保部分或全部的剩余控制权（例如替换或接管管理层）。然而，通常在企业恢复元气之后，管理权又回到内部经理层手中。许多例子表明，剩余控制权转移了，而产权并未大量变更（例如股份转让，进入法律上的破产程序）。剩余权的转让将根据借款人的财务状况而定，但如何定义这种状况事先并未明确。主银行在借款人财务状况平平甚至较严重但仍可恢复元气时，都提供高成本融资进行救助，但它们这么做是基于声誉的考虑。主银行投资树立声誉，将来就能从这些企业或其他企业获得（关系型）租金。下文我们将看到，需要主银行发挥相机性治理的作用。

在风险资本融资的例子中，资产的产权和剩余控制权的安排似乎在创业企业家和风险资本家之间签订的持股和就业契约中得到更明确的规定（Sahlman，1990；Fenn，Liang & Prowse，1995）。然而，契约之间不一定完全相关（这就是为什么存在两个独立的契约），而且包括共同产权和选择权的内容。典型的持股协议允许企业家在达到某种业绩目标时，可以投资者的利益为代价增加其股权份额（通常是普通股）。风险资本家的融资通常采用可转让优先股或享有转让优先权的附属债务的形式，这样风险资本家在企业走下坡路时可避免风险（在项目失败时他们先于普通股股东受偿），而企业家有很强的动力提高企业绩效。企业家和风险资本家之间的就业协议专门规定前者的任期。如果风险资本家觉察创办企业的首席执行官有问题，便通过董事会将其解雇（Hannan，Burton & Baron，1995）。被解雇的企业家放弃对未分配股份的权利。因此，可以认为企业家事先就自愿放弃最终控制权，若他（她）一开始就受到流动性约束（Hellmann，1995），情况就更是如此。但只要项目顺利地向前推进，剩余控制权的分配就会向有利于企业家的方向倾斜。

三、关系型出资者的几种激励因素

出资者提供关系型融资的目的是长期获得租金。租金有许多来源，以下我们讨论其中的几种。

A. 信息优势和信息租金。出资者第一次提供融资后，就能经常获得其他出资者所没有的企业信息。出资者的信息优势使其拥有租金机会。获得信息租金的可能性促使出资者监督企业以获得更准确的信息（Vou Thadden，1995），并向企业提供更多融资，即使其他（外部的）出资者不愿意这样做。青木、帕特里克和施尔德（Aoki，Patrick & Sheard，1994）认为，在日本，主银行管理客户企业的支付、结算账户，使其拥有特别重要的信息优势。通过这一渠道，主银行可观察到客户企业真实的财务状况并评估提供融资以救助企业的风险。类似地，美国银行和小企业间的信贷关系有助于减轻这些企业流动资金不足的问题；与企业保持关系的银行数目越少，企业从同一银行获得额外金融服务的种类越多，这一效果就越明显（参见 Petersen & Rajan，1994，Berger & Udell，1995）。然而，垄断信息不一定总是有益的。项目剩余可能由企业转移给出资者，从而影响了企业投资的积极性（参见 Sharpe，1990；Rajan，1992）。

B. 市场力量和成本的均匀分担。如果出资者拥有市场力量而不是垄断信息，他可望将来获得投资的净收益。因此，出资者可在各个时期均匀分担融资成本。这使他在不太优惠的条件下也有积极性提供融资，因为长期内他可得到补偿（Petersen & Rajan，1995）。然而，出资者的市场力量也可能大打折扣：成熟的企业即使面临税收不利等因素，也可能依靠内部留利来满足资金需求。银行拥有市场力量，因而需要救助因开发无效率项目而陷入财务危机的企业，这就是狄沃特里庞和马斯金（Dewatripont & Maskin，1995）所讨论的"预算软约束问题"。

C. 声誉。在重复进行的交易中，常见的保证参与者信守承诺的一个机制是声誉机制。如果出资者将来能否得到正收益取决于他的声誉状况，他就会不惜血本保持良好声誉（Sharpe，1990；Boot et al.，1993；Dinc，1997a）。例如，银行可能会信守承诺，向陷入困境的借款人提供应急贷款，否则它的声誉受损并失去未来盈利的贷款机会。实际上，未来的融资机会不一定来自同一个借款人，可能还包括其他借款人。然而，声誉机制的有效性可能受信息不对称的影响。例如，如果其他借款人不能判别一个借款人所处的困境是不是暂时的，或清算企业是不是一个更好的选择，那么银行为了保住其声誉，就会解救已经病入膏肓的企业。

D. 特殊关系租金（relation-specific rents）。通过关系型融资，可创造其他情况下不可能实现的经济价值。这种价值的分配取决于关系型出资者和借款人的谈判，关系型出资者占有的那部分价值称为特殊关系租金。为了获得租金反过来促使他们承诺继续提供融资。

青木（Aoki，1994b）建立一个模型来说明关系型出资者和企业之间如何产生特殊关系租金。若出资者在企业治理结构中发挥作用，就可减少某种工作组织特有的道德风险问题。设想企业的内部组织集中了本企业特有的、互补的，而其单个贡献又很难衡量的人力资产。这些资产的所有者（工人）想方设法"搭便车"利用别人的劳动。但如果企业停业，他们将失去其特殊资产的连续性价值。因此，企业陷入财务危机时面临清算的威胁可有效地控制工人的道德风险行为。另一方面，工人资产的连续性价值也需要得到保护，避免受不可控制的外部事件造成企业暂时的财务危机的影响。即使出资者因信息不对称不能区分道德风险的影响和外部风险因素的影响，为了将来获得关系型租金，他也会对陷入困境的企业采取代价高昂的救助行动，除非企业的状况已明显低于某种水平线，才会选择清算。如果企业运营良好，银行不会直接介入企业治理。我们将这种治理结构称为相机性治理，即银行的干预程度视企业的财务状况而定。

E. 金融约束和政策设定的相机性租金。赫尔曼、穆尔多克和斯蒂格利茨

（Hellmann，Murdock & Stiglitz，1997a，1997b）引入了政策设定的相机性租金的概念，这在很大程度上受到东亚发展经验的启发。他们认为，政府有能力控制存款利率，使之低于竞争性利率的水平。如果辅以稳定的宏观经济政策，实际利率仍能保持正数。他们将这样的政府行为称为"金融约束"，有别于"金融压抑"。在金融压抑的情况下，由于通货膨胀率较高，实际存款利率是负的，此时财富由家庭部门向政府转移。这一机制创造出来的租金将成为非生产性寻租行为的目标。与此相反，金融约束只为银行部门创造租金机会，租金的实现取决于银行动员存款的竞争力。

租金的实现为银行创造了"特许权价值"（franchise value），其生产性用途包括银行扩充分支机构以吸收更多的存款。如果居民的储蓄倾向对利率不敏感，而且居民在银行的推动下，更多以存款的形式而不是非生产性形式（如卧室柜子中的现金、黄金等）持有其资产，那么金融深化就可以实现，价格扭曲造成的福利损失也可降到最小。因此他们认为，金融约束是政府发挥"市场增进"作用的体现。在日本，似乎银行获得政策性租金的部分先决条件是遵从政府的政策，因为货币当局控制发放成立分支机构的许可证，以此作为一种有效手段来惩罚越轨的银行。显然政府的优先目标是由主银行救助财务困难的企业，避免社会和经济不稳定。① 这项政策可能导致企业出现"软预算约束"倾向，即银行救助那些本该清算的无效率企业。存款管制的另一个后果可能是扭曲了资产价格：由于存在存款利率管制，居民可能偏好实物资产，尤其是房地产，导致房地产大幅度升值，这在20世纪80年代末出现泡沫经济以前就已经表现得很明显了。

---

① 显而易见，20世纪50年代和60年代日本货币的一些监管手段与赫尔曼等人（1997a，1997b）表述的相近：整个60年代存款利率是固定的（如一年期存款利率为5.5%），而对所有在东京证券交易所上市的企业的平均有效贷款利率（经补偿性存款调整）超过14%。尽管这一利差包括贷款违约补偿，及银行从企业部门获得的所有租金，但存款利率限制创造的租金仍相当可观。实际上，70年代中期以后日本银行体制进入存款利率管制阶段，存款利率和有效贷款利率之间的差额大大缩小了（Aoki，1984）。

四、竞争和关系型融资

在前一节，我们讨论了关系型出资者的激励因素。然而，出资者实际收益水平取决于他所面临的竞争。一般而言，这一收益随着竞争的加剧而下降，但激烈的竞争对关系型融资制度的影响不一定就是消极的。实际上，虽然通常人们认为竞争不利于解决关系型融资的承诺问题，但最近的理论分析表明情况未必尽然。因此，我们首先考察日益加剧的竞争是如何影响关系型出资者的激励因素的，在本节的后半部分，我们接着研究关系型融资制度可能对竞争作出何种反应。

A. 竞争对关系型出资者激励因素的影响。银行在各个时期均匀分配成本的能力取决于它们利用其市场力量获取租金的能力。假定银行的市场力量随着银行数量的增加而下降①，皮特森和拉桒（Petersen & Rajan 1995）的研究表明，银行数量增多使之在不同时期分担成本变得越来越困难。由于市场力量下降意味着银行占有项目剩余的份额下降，如果银行的行动只能靠将来分享项目剩余来获得补偿，它们将不太愿意这样做。这两位学者提出的有关美国银行对小企业贷款的经验证据证实了这一点。

乍一看很明显，皮特森和拉桒（1995）的观点也适用于这种情况，即银行承诺采取代价高昂的救助行动是为了保住它们的声誉。但丁克（Dinc，1997b）指出，许多例子表明竞争实际上增加了声誉机制的有效性。虽然竞争可能减少银行从关系型融资中获得的收益，但银行的"外部选择"（outside option）可能降得更低。所谓外部选择，是指如果银行不能维持良好声誉，不得不发放保持距离型贷款而获得的收益。银行外部选择下降幅度越大越使银行更有积极性进行关系型融资。总而言之，竞争是否增强银行提供关系型融

---

① 丁克（1997b）用拍卖理论内生地导出银行的市场力量。市场力量随着参与竞争的银行的增多而下降。然而，这并不意味着借款人的利率都会降低。由于参与竞争的银行越多，均衡利率的信息含量越大，因而实力弱的借款人（就借款人的可信度而言）支付较高的利率，而实力强的借款人的利率较低。

资的动力取决于：a) 新出资者提供的资金与关系型融资的替代程度，以及 b) 参与竞争的银行数目。来自债券市场的竞争比来自新银行的竞争更有可能促进关系型融资，因为与关系型融资相比，债券与保持距离型贷款的替代程度更高。实际上，如果借款人进入债券市场筹资并未大幅度增加当其陷入财务危机时银行实施救助的净成本，则债券市场的竞争使关系型融资变得更为可行。然而，如果银行太多或借款人随意进入债券市场，关系型融资可能就难以为继。另一方面，如果银行太少，它们在未承诺救助企业的情况下即可大规模攫取借款人的租金，则不利于关系型融资的发展。因此，银行数目适中时关系型融资的声誉机制最容易起作用。

然而，如果关系型银行主要的激励因素是凭借其信息优势获取租金，则竞争不太可能对关系型融资产生很大影响。拉柬（1992）的研究表明，这样的租金取决于企业先前选择借款的出资者的数目，而不是有多少银行可能与关系型银行进行竞争。因此，在企业开始融资时就限制出资者的数量，即使出资者面临的竞争越来越激烈，关系型融资也能维持。另一方面，由于银行占有企业的信息租金，企业的投资积极性可能受到影响，而竞争可减轻这种影响（Rajan，1992）。实践中可看到，随着日本企业谈判实力的相对增强，它们主要的支付结算账户并非只由一家主银行来经办，但仍限制在几家之内（所谓的"核心银行"）。

最后，随着金融市场向全球化方向发展，直接或间接控制存款利率的政策将更加难以维持。显然，竞争影响由此产生的政策性租金的稳定性；一旦撤销存款利率管制，政策性租金的源泉将会消失。

B. 关系型融资制度对竞争的反应。前一节讨论竞争对出资者激励因素的影响时，并未区分当出资者面临更大的竞争压力时，关系型融资已经成熟抑或尚处于发展的初级阶段。两种情况下出资者对同样的竞争压力可能作出不同的反应。如同前面小节讨论的，关系型融资需要与保持距离型融资所不同的技能和专业知识。例如，主银行掌握事前、事中和事后监督所必需的互补性技能，而风险资本家向企业家提供多方面的管理型服务（工程设计、财务、人事、商业网络、法律等等）。然而，出资者掌握何种技能常常是一种内部信息，他必须树立经验丰富这种良好声誉。但是，树立声誉常常比保住声誉更难（由直觉可知，一旦声誉受损，重建声誉更难）。因此，如果出资者面临新的竞争时已经树立起声誉，即使在竞争加剧时他们再没有动力这样做，也会有积极性继续进行关系型融资。

丁克（1996）用主银行贷款的例子来正式表述这一观点。主银行提供贷款时，只有具备必要的监督能力才会信守救助企业的承诺。因此，有能力的银行必须使其有别于无能力的银行，以吸引新的借款客户。有资料表明，当有能力的银行自我显示时，促使其信守承诺所需的、得自关系型融资的最低收益将下降。这一结果对金融制度的演变有重要的启示。它表明，如果开始时两个国家对银行准入和债券发行等方面的限制不同，并且这些限制持续足够长的时间，那么不但每个国家流行的融资形式（制度）不同，而且在放松管制后差别仍会存在。这是制度的路径依赖的一个例子。例如，即使日本证券市场的发展使其信贷市场与美国的信贷市场一样有竞争力，两国的金融制度仍可能不同，这不能用法律上的差别来解释。类似地，欧洲共同体监管的协调合作不一定导致各成员国的金融制度都相同。路径依赖的特征说明，限制信贷市场的竞争可能对培育关系型融资是必要的，但一旦关系型融资走向成熟，就不一定还得实施这些限制。

到目前为止，我们排除了银行在竞争加剧时出现兼并的可能性。虽然我们的大部分分析在这一假定下较有说服力，但银行兼并不但是现实存在的，而且在研究不同的金融体制对相似的竞争压力作何种反应时，可能是至关重要的。设想银行面临来自债券市场、在过去流行的关系型融资制度下不那么沉重的竞争压力。如果竞争迫使经营不善的银行退出，关系型融资可能会继续，否则，银行只能发放保持距离型贷款。然而，关系型融资要求银行从一开始就要树立声誉，并且培养与企业的特殊关系以利于收集信息。银行破产或退回到保持距离型融资，都会使已经进行的投资受损，而兼并可能保全投资。因此，金融体制中有过大量关系型融资业务的银行在面临证券市场的竞争时，兼并的积极性更强。

一旦出现竞争，关系型融资在保持其主要功能不变的同时，也将呈现新的特征。例如，如果银行也能承销证券，即使不得不与证券市场竞争，它们也将继续在企业未来的融资需要中占一席之地。从企业的角度看，与银行保持关系型融资可能使之比在其他情况下更早地利用证券市场。虽然这种担心不无道理，即关系型出资者可能借助其信息垄断地位，延缓而不是促使企业利用证券市场。但甘德等人（Gende et al., 1997）利用美国银行承销业务的事实证明，与投资银行相比，对企业有贷款余额的银行可承销规模更小、风险更大的证券。实际上，随着银行拥有更多的技能和更高的声誉，它们承销的小规模证券已越来越多。

总之，理论分析的结论是竞争不一定损害关系型融资，即使造成损害，成熟的关系型融资制度也可能在保留其基本特征的同时，作出适当的调整。然而，需要关系型融资的企业，以及它们所要的关系型融资，可能会有不同。

五、日本放松金融管制后银行的作用

实践中，导致日本主银行制度形成和发展的银行租金包括以下几种：在金融抑制下源自居民储户的政策性租金；市场准入管制、债券发行限制以及金融关联企业走向制度化可能造成的垄断性租金；加上公司客户为了换取银行的信息服务和在相机性公司治理中发挥独特作用而提供的特殊关系租金。日本银行可获得各种各样的租金表明，如果银行能够对租金来源的变化作出灵活调整，则日本关系型融资制度在不断变化的环境中仍可保持旺盛的生命力。让我们来看一看银行是否能够适应竞争日益激烈的国际环境、监管框架的变化、交易和信息技术的创新以及借款人组织的演变。

A. 信息租金和银行兼并日益重要。 20 世纪 90 年代宏观货币政策中的低利率政策有助于银行在出现严重的坏账问题时仍保持盈利。然而，普遍放松外汇管制后，这种政策挽救不了低效率的银行，因为个人储户可以直接和外国金融机构发生业务往来。70 年代末以来，债券市场的竞争使越来越多的垄断性租金消失了，而竞争对较小的金融机构的伤害更大。泡沫经济时期银行的道德风险行为造成主银行作为有能力的监督者的声誉被玷污了。人们怀疑银行是否还有能力和动力解决企业的流动资金不足问题。① 最后，我们相信拟议中"大爆炸"式的放松金融管制将进行得非常彻底，与一些人持有的怀疑态度正相反。

因此很显然，日本的主银行制度不会完全回到 80 年代初，更不用说 60 年代了。需要调整租金的来源以适应日益加剧的竞争环境。如果日本银行体制能保留其关系型融资的特征，那么什么样的企业需要这种融资，银行可能依靠何种租金以信守融资承诺？根据前面小节的理论探讨，似乎要弄清客户企业的规模、寿命、所属产业及组织特征才能做出合理回答。

我们首先讨论中小企业和未成熟的非高技术企业的情况。我们认为，银行提供的关系型融资将继续为这些企业形成价值更高的资产，预计银行也有足够的动力与这些企业保持关系型融资关系。前一节的讨论表明，特别是对这类企业，使银行信守救助承诺的声誉机制不因债券市场日益加剧的竞争而受到消极影响；但银行更难使其在各个时期都有稳定的收入。然而，最近日本放松金融管制，允许银行通过子公司承销证券，银行可能更有积极性向企业提供关系型融资，直至它们走向成熟。

除有无救助承诺以外，大企业还要评估银行证券承销和风险管理方面的服务。主银行试图通过经营证券业务的子公司与新老客户企业发展关系型投资银行业务（Hamao & Hoshi, 1997）。银行有动力这样做可能是因为具有信息优势。此外，如同上一节讨论的，日本银行在证券市场的竞争压力下可能选择合并。这既可以减少银行间可能影响关系型融资的过度竞争，又使主银行为与企业形成特殊关系而付出的努力不致付诸东流。再者，兼并后也可能要关闭一些分支机构，减少存款利率控制时期因分支机构过多带来的低效率现象。无论如何，预计银行在大企业公司治理结构中的作用将有较大变化，银行获得特殊关系租金的机会将减少。原因是，相机性治理结构能够发展和自我维持，是因为这种治理结构与主银行体制鼎盛时期借款企业流行的内部组织存在制度上的互补性。据此可知，当前非金融企业的组织变迁注定要改变银行在公司治

---

① 确实，有证据表明在泡沫破碎之后，低信用等级的主银行大大减少了旨在缓解客户企业流动资金不足的贷款（Gibson, 1995）。

理中所起的作用。我们认为，这是一个非常重要的变化，其对日本经济特征的影响并非微不足道。以下我们集中讨论这个问题及相关问题。

B. 滞后于突如其来的组织和金融创新。有的学者在过去不同的场合（例如，青木昌彦，1990）提出一个观点，即日本企业组织最显著的一个特征是它有能力在信息分享和水平协调的基础上，对工人岗位的协调进行微调。由于内容一致的就业契约对工人实行统一管理，因而有利于信息系统的这一特征有效地发挥作用。该契约规定，工人可在其相对业绩的基础上获得逐级提升的奖赏。我们还指出，主银行可能进行的相机性干预相当于对这种具有同质性的内部组织一种有效的外部制约。在70年代末和80年代，这些组织特征使日本主流企业具有很强的竞争力。

然而，部分是由于日本的挑战，但更根本的原因是飞速发展的数字通讯和信息加工技术的推动，美国产业正在调整其传统的对专业化岗位的层级控制。通讯和信息加工领域的技术创新既不影响专业技能的收益，又大大拓宽单个工作岗位的范围，同时促进组织内和组织间层级色彩不太明显的岗位协调。这两种倾向可被称作是组织单位的"模块化"（modularization）（Pine，1992）。也就是说，每个组织单位自行决定工作内容，而不是实行"功能"上的专业化，而与其他单位灵活的整合和分解通过标准化界面来实现（例如通过界面事实上的标准化自如地与外界联系，建立灵活的商业网络）。模块组织既可采用本身拥有技术力量和市场份额的开拓型小企业形式，也可在现有企业内部设立自我管理、以工作任务为导向的部门。模块化带来的灵活性有助于美国企业在多媒体等新兴市场获得竞争优势。对各组件艺术地进行整合（商业联盟、收购兼并），可实现单个企业所不能做到的产品或体制创新。此外，模块化有助于把高度不确定的技术和市场环境中的风险限制在某个局部，因而有利于开创性试验。

有趣的是，非金融企业的模块化以及灵活的整合得到各种新兴的关系型融资的支持。风险资本融资就是一个明显的例子。另一个例子是，有这样一种趋势，一些投资银行试图与客户企业建立某种"关系"，它们把收购兼并业务看作是主导产业发展潮流的战略性步骤。虽然还不很清楚这一突如其来的风潮是否最终导致华尔街出现新的关系型融资制度，但很显然，投资银行为了帮助客户企业，需要采取有别于 80 年代策划敌意接管时所使用的方式（Chandler，1994）。投资银行可利用它们与客户企业的关系，发挥其信息优势，成为企业的兼并顾问，提高其服务价值。为了发展与企业的关系，据说一些投资银行付出了短期成本，例如回购它们承销的、公开发行的低价股票。[①]

由于各种历史原因，日本企业在这次新的组织变革浪潮中明显落后了。风险资本制度很难发展起来，除了其他原因，主要是因为过去有助于风险资本家激励机制形成的首次公开发行市场发育不足。在许多情况下，负责风险资本运作的机构设在传统的银行和证券公司等金融组织内，作为它们的子公司。但这些金融组织缺乏将风险资本用于关系型融资的必要技能，尤其缺乏掌握新技术的能力（Milhaupt，1997）。

日本制造业大企业可以说已率先在其供货商的（资本）关联企业范围内顺应模块化浪潮，并将边缘的经营单位作为其附属机构。然而，由于法律禁止设立纯粹控股公司，这一趋势中途受阻。根据 1948 年《反垄断法》的有关条款，可允许经营性公司从边缘的经营单位中抽出资本，将其作为子公司，但要保留主要的经营单位。由于水平协调时知识可相互分享和企业受内容一致的激励契约的统一管理，这一成文条款严重限制了日本企业根据环境的变化灵活调整和重新界定其组织结构的能力。日本的组织规模对保留有效的信息来说显得太大了，同时其界面过于特殊，使之不能与关联企业之外的其他企业进行灵活的整合及分解。然而，即将付诸实施的对纯粹控股公司放松管制可能使日本大企业有办法克服这一困难，现在我们将对此进行探讨。

C. 对纯粹控股公司放松管制可能造成的影响。如果像政府建议的那样使纯粹控股公司合法化，则多方位发展的大企业甚至可根据需要从主要的经营单位中抽出资本，使之成为相对独立的子公司。每个子公司的激励机制可以不同，有利于各项技能符合组织目标的需要，进而促进长久以来悬而未决的就业

[①] 参见迈克尔·斯康诺里（Michael Siconolfi）：“一些策划兼并的银行家坚称他们需要'关系'"，《华尔街日报》，1987 – 02 – 26。

契约的多样化。此外，纯粹控股公司可作出可信承诺，惩罚经营混乱的子公司（Itoh & Hayashida, 1995）；而在它们陷入暂时的财务危机时，又可施以援手。纯粹控股公司还可以动用其（金融、信息和技术的）资源扶助刚刚起步的子公司，像美国风险资本家所起的作用那样。换句话说，过去主银行在相机性治理中所起的许多重要作用，以及风险资本融资的新功能，都可以在纯粹控股公司内部得到实现。① 问题是，谁来监督监督者？亦即控股公司或不愿采取纯粹控股公司模式、处于资本关联企业顶端的母公司的管理问题（以下当需要同时提到这两者时，只简单地称之为"母公司"）。正如刚指出的，随着在银行导向的相机性治理和法人企业的内部组织之间出现控股公司，两者制度上的互补性将渐渐消失。此外，由于母公司管理大量的资产，任何单一的金融组织都不可能像主银行那样对母公司发挥相机性治理的作用。这样，对母公司的外部监督可能变得更像监控其他大公司通常都会存在的代理问题（例如，现金不受控制，存在营造企业帝国的倾向）。然而，即使各类出资者之间的竞争已很激烈，在日本出现争夺公司控制权的竞争性市场的可能性也是最小的。

尽管最近有关废除交叉持股的议论已经公开化，但实际上出售关联公司的股份仍局限在财务困难的金融机构和企业出售其边缘公司的股份，并且要有充分的理由。主要公司交叉持股曾被当作有效的工具，防止内部管理层被敌意接管。没有理由认为交叉持股对内部管理层的作用，无论是金融还是非金融方面，应该逐渐消失。保险公司管理着越来越多的养老金和相关资金，它们当然要关注客户企业股票的表现，然而它们为了控制这些企业管理中的代理问题，可能选择"提意见"的方式，而不是退出金融关联企业联合体。看来，需要在关系型融资的范围内寻找一条有效的监督途径。

我们认为，就这一点而言，日本法律规定的以及实际运作的治理结构都存在根本性缺陷。与其他国家相比，日本商法赋予股东大会较大的权力（例

---

① 人们可能会提出这样的问题：当前法律允许经营性控股公司存在，但为什么这些公司不能同样获得对纯粹控股公司放松管制可能带来的好处？这是因为：在经营性控股公司内，人事统一管理，激励契约没有分别，特别是，各主要部门与已经抽资摆脱的"边缘"部门存在地位上的差异。

如，在紧急会议上有权罢免董事，有权规定支付给董事的红利数额）（Fukao，1995），但这产生了自相矛盾的结果。宽松的法律使职业化的捣乱团伙——"总会屋"——对股东大会的威胁变得更加严重。作为防卫，许多大公司的内部管理层及董事会形成一种做法，将股东大会定在同一天（通常是会计年度的最后一天），并以十二分的小心防范任何"不测"——有时还暗中贿赂"总会屋"。另一方面，董事会实际上附属于高层经理人员，并不是一支独立监督内部管理层的力量。过去这个问题的影响还较有限，因为主银行在缺乏有效的董事会代表的情况下，可通过贷款和支付结算账户对企业进行监督。然而，母公司的借款不太可能依赖银行，这个问题将日渐重要。

我们相信，在关系型融资继续发挥重要作用以及缺乏一个公司控制的有效市场的情况下，必须改革公司法以加强董事会的（事中）监督职能。例如，明文规定外部董事在董事会中占三分之一以上的席位，可能是朝这个方向迈出的很小然而却是重要的一步。或许有人担心这一条款将不起作用，因为这些席位将被关系型出资者所占据，随之而来的就是董事会中各种利益相互纠结，使之作为独立的监督力量的前景变得黯淡。但是，如果关系型出资者及其客户为了短期利益串通一气，最终它们将遭到高度竞争的金融和产品市场的惩罚。

六、中国主办银行制试点

我们现在转向另一个东亚国家——中国。在对青木和帕特里克（1994）一书的评论中，拉柬（1996）指出，"尽管该书在传播日本主银行制度的知识方面成效显著"，但他却"不那么信服主银行制度会对发展中和转轨经济有借鉴意义"。一项中国正在进行的有趣试验可能最终会对这一问题做出回答。1996年夏季，中国的中央银行颁布了《主办银行管理暂行规定》，开始在包括北京、上海在内的7个大城市进行关系型融资试点，其对象是300家大型国有企业和4家国有商业银行。[①] 像日本战时的指定银行体制那样，每家银行都作

---

① 即工商银行、农业银行、中国银行和建设银行。

为其中一家国有企业的"主办银行"（有一些重合）。人们希望银行在没有政府干预的情况下向对应的国有企业提供贷款，同时它们共同寻求可能解决企业坏账问题的途径。[①] 转轨经济中，国有企业管理低效率可能不是坏账问题产生的唯一原因。在社会主义传统体制下，国有企业向退休的、在职的工人提供各种福利待遇（养老金、医疗保健、住房、子女保健、娱乐设施等等），也可能导致企业出现坏账。除非在全国范围内配套进行社会保障制度改革，使国有企业摆脱提供职工福利的额外负担，否则，国有企业一次性重新资本化和私有化不可能一劳永逸地解决其坏账问题。相应地，解决改革后的社会福利计划的融资问题不能与解决国有企业的所有权问题截然分开。当今每个国家普遍面临如何向上一代人提供养老金这个问题，在中国，一个孩子的政策和农村人口占绝大多数的事实使该问题变得更加复杂和尖锐。俄罗斯的所有制改革采取大爆炸的方式，很可能导致内部人控制，即在职董事和工人掌握了大部分的所有权（Aoki，1995）。这将使大多数农村人口失去老龄保障，尽管他们在革命后曾为工业资本的形成作出巨大贡献。

然而，尽管存在这些问题，没有理由认为国有企业不能按照当前中国社会主义市场经济的原则进行公司化改造。大量的公司股份可由国营的福利计划持有，但其资产组合应委托竞争性的基金管理公司管理。公司化将有利于出现更加透明的会计方法，减少经理人员选拔过程中的政治色彩，使之更多地遵从盈利原则。然而为了公司化，大型国有企业首先应寻求有效途径解决其坏账问题。否则，外部投资者不会对新出现的基金感兴趣。显然，企业改革和重组不太可能在传统"块块"的行政指导下进行，他们缺乏金融专业知识，并且容易与在职的经理人员串通一气。坏账问题严重的国有企业不可能成为将来可从中渔利的收购目标。经过筛选，只剩下银行有可能作为外部的代理人与国有企业共同努力解决其坏账问题，尽管人们也承认现有银行监督和重组的专业水平特别低。然而，我们不是生活在尽善尽美的世界中，任何解决社会主义遗留问题的手段都应在那个特定的历史环境中寻找。主办银行试点，虽然带有非常明

[①] 到 1996 年 11 月，80% 以上的指定企业与其主办银行达成了新的贷款协议。

显的中国特色，至少值得一试。

在这方面，日本战后的经验有一定的参考价值。① 1946 年夏季，日本政府拒绝履行其对军火公司的银行贷款担保、政府债务和保险义务，以控制不断恶化的通货膨胀。② 此时，每个被波及的金融机构和特定公司都把资产负债表分解为旧账户和新账户；债务和资本放在旧账户，进入新账户的仅限于那些被认为是当前企业运营所必需的资产（如存货和现金）。这些资产记作对旧账户的应付账款。"账户调整背后的想法是，在不干扰企业运营的同时清理（旧账户中的）坏账（选择性债务）。"（Hoshi，1995：305）重组之后两个账户将合并；经过公司和指定银行几年的共同努力，也确实这么做了。星武雄（Hoshi，1995）详细描述了这一过程并指出，在此期间企业和银行（过去的指定银行）发展起来的紧密联系和信息分享机制确实有助于日后主银行制度的形成和发展。

我们还不能断言，中国当前将银行和国有企业连接起来的试点将有助于解决坏账问题。③ 然而，也不应轻易就否定试点。无疑，国有银行可能还没有足够的专业知识和能力解决自身及其国有企业客户的坏账问题。银行可能总想沉溺于预算软约束的安乐窝，希望得到国家的救助。然而，似乎最近中国人民银行保证要加强预算约束。另外，边干边学对于银行是必不可少的一环，它可使银行培养重组的专业技能，收集有关客户企业的专门信息，最终使银行获得信息租金。

然而，我们的一个担心是试点银行太少。正如第 4 节的理论分析表明的，一种关系型融资制度若要成为对社会有益的制度，竞争性银行既不能太多，也不能太少。中国目前每个省只有 4 家从专业化的政策性银行转变而成的国有商业银行在开展业务，至多加上企业参股或省市所属的银行，以及 1 家在合并当地信用合作社基础上新组建的商业银行（如北京城市银行）。此外，工商银

---

① 中国中央银行一些致力于改革的官员仔细研究过这一经验，参见吴晓灵（1995）。
② 据估计，1946 年由于政府拒绝履行债务而导致的损失几乎达到当年 GNP 的 20%。
③ 1997 年 1 月 8 日《人民日报》海外版的一篇报道对这一试点持乐观态度。

行与企业签订的协议在主办银行试点中所占份额过大（300家试点企业中有277家与工商银行签有协议）。可能没有一家银行自愿向国有企业提供关系型融资，如果没有垄断租金作保证，企业的问题将更严重。然而，银行太少将限制竞争，可能不利于健康的关系型融资制度的发展。使银行部门变得更分散，对中国经济成功地向市场经济转轨是绝对必要的。这可通过分解现有的国有商业银行，同时允许银行部门的更多进入来实现。显然，把更大的竞争压力引入银行部门不能完全是自由放任的，需要进行审慎监管。特别是，应要求竞争性银行保留大量的准备金（capital reserve requirement），以便使银行监督有章可循，自动进行（Dewatripont & Tirole，1994）。

七、结论

这篇文章首先给出关系型融资的新定义，指出这一概念涵盖的范围不但包括日本的主银行制度，而且包括美国一些成熟而又相对新颖的金融业务（第2节）；然后讨论关系型融资中出资者的激励因素以及每一类因素的有效性（第3节）；接着，回顾近期有关日益加剧的竞争是如何影响这些激励因素的文献。一个有用的结论是，竞争加剧不一定损害关系型融资（第4节）。之后，文章对两个亚洲国家制度转轨中出现的问题进行理论分析。预计即使全面放松金融管制，日本的金融制度仍将保留某些关系型融资的特征，但银行在公司治理结构中的作用将大大下降（第5节）。最后，我们认为中国正在进行的主办银行试点可能是计划经济向公司经济转轨的一个有效的金融选择，但要注意银行部门更激烈的竞争，以及有章可循的审慎监管，是健康的关系型银行制度形成的必要条件（第6节）。

金融市场中的披露管制：现代金融理论与信号传递理论的意义*

［美］斯蒂芬·A. 罗斯 著　袁增霆 译**

一、引言

  本文试图构建一个经济学框架，用以考察金融市场上的披露问题。作为经济学家们的一个相当新的论题，披露主要指经济系统中的信息处理及其交流。与有关垄断、竞争、汇率和农场津贴之类的问题不一样的是，我们不可能去求助于李嘉图或穆勒的理论或者引用某些精辟的论述。基本上，直到最近，信息问题才不再被忽视。经典经济学分析所处理的情形是人们知道的、已经适应的环境：消费者知道要购买什么样的商品（但诸如产品是否满意、生产厂家提供了哪些保证等问题，却从没有被提起过）；生产者知道决策的结果——但是并不明确——是为最大化收益而生产；投资者知道投资所需要的

---

* 本文原载于《经济社会体制比较》，2004 年第 4 期。原文为：Stephen A. Ross, Disclosure Regulation in Financial Markets: Implications of Modern Finance Theroy and Signaling Theroy, Issues in Financial Regulation, F. Ewards. ed. 1979, 177 – 216.

** 斯蒂芬·罗斯（Stephen A. Ross），耶鲁大学组织、管理和经济学教授。袁增霆，武汉大学商学院。

信息，他们不必要准确的结果，每个人也不会比别人知道得更多。只有天知道德克萨斯东部是否存在石油，但是只要油井的勘探者知道，就假定投资者也知道了。

当然，现实世界没有这么简单，对于同样的经济冒险，人们实际上拥有不同的信息、持有不同的观点。没有明显的理由可以认为人们愿意与他人一起分享自己的信息。相反，很多披露立法似乎恰恰是以相反的观点为动机的。对一些有利害关系的信息个体来说，一般认为，他们不会向市场传递这种信息；在显示信息之前，他们要最大化这种信息的资本化收益。

二、完美信息的世界

为了得到一个参考点，以便于比较分析涉及披露和不确定性的更复杂情形，考虑一个不存在我们所述问题的一个非常简单的世界是很有用的。假设管理者（我们将称之为内部人）和外部人拥有同样的相关信息，因此，对于双方来说，公司及其股票的价值是相同的。

这种情形至少有三种方式可能发生。第一，公司没有生成有价值的新信息。这类公司很可能是那些在市场上与经济保持明确长期关系的公司。重要的是，这里不要混淆稳定性和无变动性。例如，制造业部门的公司，可以发现它们的赢利与商业周期一起剧烈地波动，但在我这里所使用的术语的意义下是稳定的，因为在给定经济的总体运动后，这种波动是可以高度预测的。结果，公司特定的信息在披露后对公司的价值影响甚微，除非它引起了过去结构的突破。

第二，所有的信息可能已经为众人所知，从而披露只有很小的影响。这种观点与经济思想的芝加哥学派是一致的。这种立场的最热心的拥护者认为，与投资者相关的所有信息，不论是否存在信息披露，都将通过内部人释放到市场中去。不管什么时候进行信息发布，市场都已经知道了信息，而且已经进行了折扣。不论这种观点是否正确，我们都应当暂时注意，说这种观点未必正确似乎是一种语意重复；但它的确要求给出一些传向金融市场的一个精心设计的机制，以捍卫这种观点。事实上，后面的部分考察了几种可能的传递机制。

第三，通过简单观察过去公司股票的业绩，市场能同拥有内部信息一样进行预测。第一种情形是没有披露；第二种情形是每个人都知道所有的信息，以致于披露是多余的；最后一种情形是，即使存在内部信息，披露时也不会产生影响。没有必要去深究这种讨论。尽管特定的病理学方面的例子可以用来支持这种观点，但一般地，这种观点是错误的。核心的问题在于对有效市场论证的错误理解。过去对于价格和股息的观察，连同一般的有关公司的财务和技术信息，都确实提供了将来的信息；但并没有提供所有可得到的信息，而只是其中的一部分。对于一个市场，信息越多，对将来的可能性就知道得越多。市场上是不存在信息无效性的。[①]

在这部分，我们将通过考察内部人挖掘信息的一般模式，开始分析内部信息的作用。进行这些讨论最容易的一种方式，是设想存在一个拥有有价值信息的内部人。当然，典型地，是存在着很多内部人，他们自私地利用自己优势的能力受他们之间合作水平的限制。更具体地，每个内部人监督其他内部人活动的程度，以及内部人不能强加任何隐含合约或不能监督任何违约的程度，都决定了他们之间的串谋，以致于他们实际上不可能从他们所拥有的内部信息中获取优势。

内部信息有各种各样的形式。我们所做的要求是它应当不是不相干的信息，也就是说，给定这些信息，市场就会修正它的选择。但是，在这种限制下，还是有很多情形是适合的。关于消费品的信息，如果，比如说，它变成公共的了，那么销售和公司的收益都会受到影响。一项新的供给来源，一项新的发明，一项新的贷款合约的批准——几乎任何一条信息都是有价值的。

---

① 对于那些熟悉有效市场理论的数学表达的人来说，可以用 I_t 表示在时间 t 时的所有可得信息，S_t 是 I_t 的某个子集。对未来 τ 天后股票价格的期望，如果 $P_\tau = E[P_{\tau+t} | I_t]$，就应有 $E(E[P_{\tau+t} | I_t] | S_t) = E[P_{\tau+t} | S_t]$。因此，只要给定 S_t，就可以正确预测出当前价值。下面也是正确的 $E[P_{\tau+t} | I_t] \neq E[P_{\tau+t} | S_t]$。因此，更多的信息 I_t 要优于更少的信息 S_t。

从公司股东，或更一般的，公司所有的权益要求人的观点，根据一个简单的标准——信息的显示是否会增加或减少公司的市场价值，我们可以将信息分成两类：好消息和坏消息（但这样可能会在不同的权益要求人之间存在一些冲突，例如，股东和债权人之间，但我们将忽略这种考虑）。当然，在另一种情形，内部人能够牺牲外部人的利益来获利。

内部人可以得到的最直接的赢利方法是，对自己的账户进行交易。如果信息是好的，他们就会增加所持股份的比例，比如说，从 S 增加到 S′；如果是坏消息，他们将会减少持股，从 S 减少到 S″（甚至也许会做空）。这并没有穷尽自私利用的金融模式。一个行业中某个公司的坏消息（例如，新生产线失败了），可能伴随着其他公司的好消息。这就增加了有利于个人交易的范围。在非金融和消费方面，也存在其他形式的自私利用。一个大食品公司的执行官拒绝让自己的小孩吃公司所生产的谷类食品，这种决定可能就是根据一种外部人没有的信息。

这些活动的赢利性是基于一些关于外部人消极行为的模糊假定。默认地，它也假定了内部人的活动没有与外部人或市场进行交流。就像谷类食品执行官不希望自己的消费选择被显示出来一样，内部交易者也不希望交流他的活动。在类型最简单的世界里，内部人的任何交易——比如说一项购买——都将会向外部人传递信号，使得他们的估值要向上修正。当外部人修正出售价格到了内部人不愿意再购买的程度时，他们才知道市场价格和内部人的估价是一致的；如果这个价格还是很低，内部人会继续购买。

这种情形的一个极端变体就是有效市场假设。该假设认为竞争市场当前的金融价格将充分反映所有可得的信息。如果内部人获得了决定其交易的信息，证券市场新的（均衡）价格将反映这种信息。那么，仅仅通过观察这些价格，外部人就可以知道内部人所拥有的信息，或者至少知道它对于估值的意义。这样，每个人都能拥有信息，在这个限度内，内部人不能通过内部信息交易而获利。

然而，对于价格瞬时传递完美的信息信号的观点，存在几个限制。第一，仅仅看到内部人在出售股份，并不足以作为一个向市场传送的完美信号，表明内部人已经基于坏消息而下调预期。出售的动机有很多，这样就使得这种简单的解释苍白无力。管理者的出售可能是出于生命周期的原因，即可能是为了支付小孩的教育费用、分散自己的组合或者退休用的年金和债券。进而，任何这些活动都可能伴随着管理者预期的向上修正。第二，由于外部人在购买和出售公司股份方面有同样的外生动机，因此，对于管理者来说，将有足够的余地进行交易而不传递他的行动信号。从而，管理者有效地担当了单边交易者的角色，其出售融入了观察到的外部人所生成的超额需求，因此限制了他对价格的短期影响。最后，内部人能够掩饰行动的最明显的方式就是通过第三方来进行。通过"蒂莉大婶"的购买将比通过公司董事长进行购买要传递更少的信息。当然，需求自身也会传递出外部市场信号，但当它不能被识别出是来自于内部人时，影响会更小。

  内部人成功交易的收益来源于外部交易者的损失——非知情的投资者——这也形成了对披露立法的好处进行经济分析的核心。如果强制进行适时的披露，大概就可以消除这些影响。因而，关于内部交易的披露要求，尽管没有消除有关内部人真实动机和市场评估的不确定性，但它的确向市场披露了内部人交易。然而，在健康运行的竞争的证券市场，内部人信息的优势（以及披露管制）可能被夸大了。

  我们已经说明了内部人交易本身就倾向于减少内部人收益的市场交流信息。在实际中，还有另外一种现象削弱了内部人的优势，即使他能匿名交易。尽管外部人不能拥有与内部人同样的信息，但确实知道内部人的存在。因此，外部人可以采取的简单策略，就是限制自己的交易数量。通过"长期"投资，外部人能有效地消除内部人所获得的任何实质性的短期盈余。内部人的市场机会也将仅限于基于生命周期的考虑和外部人也能收到的外生新信息所生成的交易。这种策略也将允许外部人实现长期回报率，基于这种回报率，至少到目前为止，初始投资和初始认识一样的合理。通过短期交易，在短期价格上升时卖出，在短期价格下跌时买入，外部人可以针对内部人进行交易。一般地，他们将遭受损失。外部人可能是不知情的，但他们并不是不会怀疑的，也不是非理性的。

总之，内部人通过自己的信息获取收益的程度依赖于几方面力量的平衡。某种程度上，市场外部人能够观察和领会到内部人的活动。他们也有激励去采取投资策略来进一步减少内部人的收益。然而，这并不是说，这种收益机会可以被机警的外部人消除。收集内部人活动的信息是昂贵的，这就像采用长期交易策略，而这种策略由于没有充分反映市场的短期改变，因此限制了投资者的流动性。这些成本给内部人带来了显著的收益机会。披露管制既可以增加可以免费交流的信息的数量，又可以降低投资者观察内部人交易的成本。同样，这可以提升市场有效性，增强内部人与外部人之间的公平，这一点常被讨论。

三、市场与信息

就如已经建议的那样，内部人仅仅应当出售信息，而不是通过内部信息进行交易。换言之，会出现一个内部信息市场。这种市场将有重要的优势；它将按照这样一种方式向公众传递信息，投资者需要支付信息的边际价值，信息的供给也将达到边际价值等于提供信息的边际成本的水平。这种策略将是社会最优的。

但是信息市场不同于桔子和鞋子之类的市场。信息存在公共品属性，这一点是私有商品所不具有的。对于个人投资者而言，如果信息能为个人单独所有，能以内部人的方式自私利用，那么它就是有价值的。当信息为公共所有时，它的私有价值就会减弱，尽管它可能有社会价值。一个内部人出售信息的时候，他就创造了一个潜在竞争者，除非他能同作为一个群体的外部人进行议价。很难看到信息市场在这些条件下能够运转。最重要的是，信息市场存在着道德风险。对于假定为无知的购买者，如何去证实他所购买的信息的准确性？在金融市场上，这个问题最为尖锐，在那里，内部人可以通过传达误导性的信息来获利。如果消息是好的，内部人能够使市场确信公司的前景是坏的，那么内部人就能够比未被欺骗的投资者以更低的成本购入股份。另外，不是内部人的个人也有激励去散发错误的信息。只要一个人能够使外部人确信自己拥有了特别信息，那个人就会向市场提供这种信息。提供信息的进入成本一般是相当低的。当然，市场认识到这一点之后，就会使投资建议打折扣。然而，验证真实内部信息的问题仍然存在。

披露立法能够通过对传递错误信息的恰当惩罚来引导个人说真话，但就此认为这可以解决所有的道德风险问题，是过分单纯的。这类立法的实际影响仅仅是将私人部门的监督和证实任务转移到了公共部门，对于经济有效性，并没有明显的好处。而且，这类立法在消除信息的公共品属性方面不起任何作用，通过限制出售者的专用性，它们限制了信息的私有市场。这些考虑都似乎无情地导致了这样一种观点，作为一种公共物品，信息是一种最好交由公共部门予以配置的商品。然而，在下一部分，我们将讨论到目前为止都被忽略的一种强大的竞争力，它可以迫使（真实）信息出现。

四、激励—信号传递分析

上面所描述的情形可能会让人无所适从。为了获取私人收益而进行交易的单一内部人的情况，与大量资本主义企业中所盛行的情形有很大的区别。很久以前加德纳·米恩斯（Gardiner Means）观察到所有权与控制权的分离是现代企业的核心特征。上面的分析并没有做出这种区别。事实上，这些分析最适合于金融市场中孤立个人投资者的情形。公司中内部人——管理者的作用是相当不同的，为了考察他的披露信息的激励，他与公司之间的关系是不能忽略的。

一般地，公司管理层有一个相系于公司的、很长的期限。管理层的经济财富依赖于公司的经济财富。有很多理由可以解释为什么这样。最明显的一个是公司的业绩受管理行为的影响，并用以衡量管理人员的过去表现。因此，依照公司业绩而定的薪酬就是对管理者业绩的一种激励。管理者的薪酬不必直接紧紧联系于赢利或整体的公司业绩。管理者活动对公司业绩的影响，仍将把管理者财富与公司的财富连接起来：如果公司表现不佳，就会被认为，管理层应当承担一定的责任，对他们的管理服务的需求也将会减少。相反，如果公司繁荣，管理层就会分享这份成绩，竞争市场也会驱动他们的薪水上升。

然而，有一个限制。管理者的薪酬在某种程度上是由他们在竞争性的工作中收到的薪水所规定的。如果当前的工资水平是年薪10万美元，公司就不会花费100万美元来雇佣一个管理者。同样的，股东也不会让年薪10万美元的管理者用自己的账户替公司进行交易，去获取百万美元的收益。这些活动可以通过合约予以排除，这并不是出于任何说教的态度。否则，这些活动将形成对公司管理者所提供服务的过分补偿。由于来源于上述交易活动的潜在收益通常会超过管理者的薪酬计划，也由于监督管理者的活动从而限制他的总薪酬的成本是相当高的，最小成本的薪酬形式就可以简单地排除大量的管理者的内部交易。但这并不是说管理者就不会再有动机去使用内部信息来获取私人收益，而是股东认识到这种激励后将会使用合约来惩罚这些活动。①

在没有政府的情况下，私人市场必须建立起一个监督和执行合约的结构。因此，公共部门的一个重要作用，就是提供这种服务。对欺诈和违反合约的司法惩罚可以激励管理者不去违犯在竞争市场中签署的合约中有关非内部人交易的规定。这相当不同于公共部门强制进行披露管制的说法。而且，对于竞争的管理者服务市场，管理者和股东将在合约中达成一致，排除内部交易，法律的作用在于执行合约。

总之，在一个竞争市场（没有强制披露），公司管理者将会找到他们的薪酬，在当前水平上直接地连系于公司的财富，也将排除掉来自内部信息的私人赢利。在这种情形下，他们在向外部市场披露相关信息时，将会有很强的利己主义倾向。

确切地说，管理层将有披露好消息的激励（除非这样做将危及公司价值）。这类披露将提升公司价值，因此也会提升管理者薪酬。披露坏消息将会

---

① 就这些活动被允许的程度而言，它们作为总的管理者薪酬的一个竞争性成分而出现。在竞争的市场中，这个成分应当是很小的，后面的分析都将它忽略不计。而且，从有效性的观点，也没有必要通过立法来反对它。

怎样呢？尽管同样的推理会赞成压制这种消息，但分析并不是对称的。如果假定管理者没有散发误导性信息，那么只有拥有坏消息的管理者才会什么也不说。结果，外部人就观察到一些管理者在散布好消息，另一些在保持沉默，而且他们也不会推断说没有消息就是好消息。相反，没有消息将是确实如此或者就是坏消息。结果，那些没有消息的公司将一同被认为是压制坏消息的公司。相反，如果外部人不能区分没有消息和压制坏消息的公司，那么拥有坏消息的公司将受益。这样，没有坏消息的公司管理者将会有披露的激励。

但是，错误发布好消息的道德风险问题将是什么呢？对于那些没有信息宣布但是合法的公司来说，将面临哪些相关问题呢？我们可以退回到法律机制，宣称错误信息的散发是不合法的，因此应当禁止。但是，还不是很清楚在法律的框架下如何去定义错误的信息（不如说，区别对待前景信心的一般说明和基于特定信息的说明）。幸运地，我们还有正在运转的更自然的机制来验证信息。

假设任何错误信息的散布还不存在法律禁止。拥有真实好消息的管理者所面临的问题是如何将这个信息以某种方式传递给市场，使得它不至于和其他误导性的和错误的信息相混淆。管理者面临的问题与要出售高质量产品的生产者面临的问题相似——后者是一个更好的例子。他必须使机警的大众相信产品的优点。这两个问题自然的解决办法就是提供保证或担保。

具体来说就是，假设一个管理者知道公司已经通过减少成本的创新突破了某些重要的生产瓶颈，从而后面几年内公司收益将上升到更高的新水平。这是一个复杂的信息，尽管详尽地散发该消息是可能的，但外部人将会发现验证信息是很困难的。换言之，尽管它是真的，但它同时也是错误消息的首要嫌疑。显然，没有直接手段来检查信息的外部人将会对信息的正确性打个折扣。

为了传递这个新信息的正确性，可以通过提供个人担保来实现。例如，假设管理者宣布如果收益没有升到他所预测的水平，他将承担20%的责任。这相当于向外部人担保所提供的信息是正确的。通过明确地改变和公告管理者新的薪酬，他就向市场传递了信号，表明他有说真话的激励。进而，拥有好消息的所有管理者，为了区别于他人，都有激励去用这种担保来验证他们的信息。

这种担保是有效的吗？这个问题的答案依赖于管理者不再有好消息时仍然提供担保的激励，即使他们知道自己做不到这一点。在前面的例子里，如果宣布公司的股票价格和管理者薪水将在随后的四年中增至原来的三倍，那么即使后来管理者的薪酬减少了，这种奖励也足以诱导说谎。但这仅仅意味着，必须采用担保来消除他人传递错误信号的激励。一旦这么做了，外部人将会知道不再存在说谎的激励，将认为信息是正确的而加以接受（或接受信号的正确性）。

当然，这种担保的形式不像我们例子中那样直接和简单。它们可能因公司与外部市场之间关系的复杂性而变化。公司的整体财务结构，即债务和权益结构，起到了一种交流手段的作用。例如，一般地，没有支付股息可以看成公司财富的显示符号，因此它可以导致管理者薪酬的降低。一个简单的股息增加的公告可以被公司用来向市场传递收益增加的信号①。这可以有力到验证管理者所说的公司收益将到达一个新的高水平；如果出现了股息支付的食言，相应的惩罚也是很高的②。

对于那些拥有坏消息或者没有消息的管理者，情况又是怎样的呢？就像拥有好消息的管理者有激励向市场传递信号以区别于他人一样，没有信息的管理者也有传递信号的激励。继续我们的例子，如果股息水平在过去已经上升到了最高的持续赢利水平，那么仅仅保持在原有的水平上就相当于一个"没有消息"的信号。大概，预料到某些时期没有显著信息流的公司，将有激励去正好维持当前水平，传递这种信号，将自己与收到不利消息的公司区别

---

① 确切地说，股息公告可以在市场上预料到。然而，这种预料性的信息也是一种信号，这种公告本身也可以提供一些有价值的正式确认。

② 水平的高低依赖于外部人所拥有的外生信息。如果外部市场知道收益不足以分配股息，公告就不可能改变对公司的评估，而且对食言的惩罚与市场价值的下降相比一样小的时候，就不会被物化。简单地说，信息必须与外部信息相一致；管理者不能将一个童车鞭子公司用信号表示成通用汽车公司（GM），仅仅是通过宣布如果他们错了，就将减少支付。

开来。这种"没有消息"的公司恰恰类似于拥有"好消息"公司的情形：必须向市场提供充分的担保，以保证在它们所处的情形下没有收到坏消息。这样，剩下拥有坏消息的公司将无法求助。它们不能将自己与拥有"好消息"和"没有消息"公司所提供的担保相比；因此，它们将被评价为收到了坏消息。

  一般地，基于内部信息公开化后公司价值的相对改变，从最好的公司到最坏的公司，中间存在着很多的等级。激励——信号传递机制提供了一种结构，管理者用它来披露自己的信息，并使市场上的外部人相信这些信息。拥有最好信息的公司将自己区别于下一个最好的公司，依次向下类推。在这个等级的最底层，是那些拥有最坏信息的公司，它们将会压制信息。但由于其他拥有更好一些信息的公司没有激励对这种消息提供担保，这种最坏的消息也将有效地传递出信号。我们已经避开了很多复杂的问题（例如市场时机问题，不同激励信号的强度问题等），但它们并没有改变激励—信号传递机制观点的有效性；它们仅仅影响了这种观点在特定环境下的应用。下面是对上述各步讨论的一个概述。

  ——在开始部分我们已经看到，内部人可以从私自利用他们的私人内部信息中获利。进而，恰恰是信息的本性，又使得通过私人市场来交易这些信息是不可能的。

  ——在竞争性的条件下，评估的困难（成本）和私自利用内部信息的回报监督，导致了可以很大程度上禁止或限制这类活动的管理者薪酬计划的出现。在一个竞争的管理者服务市场，仅有这项合约能够使管理者薪酬维持在当前市场工资的水平上。进而，通过直接构建和间接推断，管理者——内部人竞争性的薪酬计划将使管理者和公司的福利有效地挂起钩来。

  ——给定这样一种薪酬计划：管理者出于自己的利益，将会披露（用信号传递）相关的信息，并在管理者薪酬计划中以自我施加惩罚的形式来为信息的正确性提供担保。这类信号的一种典型形式，是使用公司的金融政策（如债务政策和股息公告）来交流信息。

  这种激励—信号传递方法（即通过激励来传递信息信号）也提供了一种

讨论披露管制和市场中信息作用的新途径。公司与市场之间的筹划和相互作用是一个复杂的网络，这种网络提供了一种公司与市场外部人之间连续的信息交流模式。在这种情景中，法律的作用在于使私下达成协议的合约能够受到尊敬。由于管理者有激励去显示信息，法律立法没有必要去要求必须披露信息。但需要法律立法来强制执行私人合约，并且，股东和管理者在遵守合约的程度上应当是可以论证的；这些合约也适用于构建管理激励计划。在这方面，道德和诚实连同法律一起，发挥着一定的作用。下一部分考察了披露立法的成本和收益，同时也将激励—信号传递观点与更传统的一些观点进行了对比。

评价披露要求

决定任何特别披露立法的收益和成本，都要以对市场中经济信息所持的观点为转移。传统的观点认为内部人决不会显示信息、偏好于直接自私利用信息（或者，他们即使披露信息，外部人也不会相信），这种观点过于简单化了。另一方面，自由市场的论述表明，管理层作为股东的代理机构，将会发布所有的信息直到对股东而言其边际收益等于边际成本的水平，这种观点也是不恰当的。对于自由市场可以导致披露的市场力量，激励—信号传递分析提供了一个更完全的解释，这种分析阐明了显示内部信息的竞争性激励。

然而，这两种自由市场分析是互补的，我们将把这两种理论合并到激励—信号传递的标题下。推测起来，当传递信息的成本超过了收益时，管理者就不再会传递信息信号。边际分析有效地定义了要被披露的信息，而激励—信号传递理论解释了披露的机制。

哪种理论是正确的——传统的观点还是激励—信号传递的观点？理论无所谓绝对的正确和错误，这样的问题本来就是幼稚的。重要的地方在于两种理论的基本假定哪个更多或更少地与现实相一致。换言之，这是一个实证问题。实际上，激励—信号传递理论是传统理论的一个扩展，却有不同的政策含义，因为它的一些假定不同于传统理论。

传统观点认为，不存在阻止压制和私自利用内部信息的市场约束。激励—信号传递方法则认为，这种市场约束的缺乏，与竞争金融市场和竞争管理者服务市场是不相容的。如果金融市场是竞争的，不完美竞争就只能存在于传统方法中的管理者市场（即管理者职业的进入壁垒），反之亦然。如果管理者服务可以在竞争市场中购买，那么市场所促生的薪酬合约就不会允许超额的内部交易（然而，如果高层管理的进入控制在某个群体或阶层手中，这些人可以对其服务进行议价，那么可以认为，内部交易就是这种议价活动的一个特征）。

考虑一下不存在激励—信号传递观点时有关披露政策的争论。传统主义者认为应当授权批准披露立法，因为管理者在自由市场上没有现实信息的激励，也因为信息显示对外部人来说是有价值的。这种信息可以改善外部投资者在金融市场上的决策，而且这样做也增强了市场有效性，改善了内部人与外部人之间的公平性。通常的自由市场观点的反驳是，如果信息是有（净）价值的，就将被显示出来，如果没有价值，它将被保留。因此，强迫披露这类信息，不可避免地造成了对股东而言信息的成本超过了其收益。因此这是不合理的。

激励—信号传递理论也认为，应当披露相关信息。进一步，如果信息没有披露，理论就会查明它的缺陷：缺乏竞争，一个可能的例子就是不完美竞争的管理者市场。就如我们已经看到的，如果管理者有某种垄断能力，他们就可以进行议价，私自利用内部信息。在这种环境下，披露立法能够改善市场上外部人的决策。但很明显，这种立法不能攻击到问题的根本。无效性的大小源于管理者市场上非竞争性的特征。进而应用"科斯"类型的分析，我们可以认为，这种立法对市场是没有影响的。管理层的垄断能力将不会改变，因此披露立法仅仅改变的是管理者与股东之间议价的形式，而没有影响管理者的总体薪酬。附带的市场无效性仍然存在。

另外，金融市场可能不是竞争性的。在这种情况下，公司的所有权就可能被分割。对于信息的竞争需求就可能不会显示出来。在市场价值方面，公司保留信息可能并不会遭受损失。然而，资本市场的进入在竞争方面是实质性的，因此资本市场的缺乏竞争将会阻止相关信息的披露的说法似乎让人怀疑。的确，大金融中介机构的管理者展现了对这种信息的连续性需求，因此，对相关信息披露的失败，似乎主要存在于其他市场。

收益

有效运行的其他相关市场的失灵导致了内部信息披露的失败，在这种情形下，披露立法可以带来一些收益。这些收益通常被分类为有效性和公平的提升。有效性收益是相当明显的。大概，有了更好的信息，外部投资者可以做出更好的金融决策。立法改善了与决策有关信息的散布，从而具有经济价值。但是，信息的定量价值是很难衡量的。大规模股票组合的持有者倾向于对公司披露的信息大打折扣。（例如，已经签署了一项大单的公司公告，表明公司可能增收和欠收1000万美元的几率各占50%，那么这个公告对公司价值是没有什么影响的。）而且特定公司的好消息和坏消息可能会相互冲销，而投资者却不受影响。这类信息的首要经济冲击是间接的——是通过金融投资对实物投资的影响来实现的。对于股东而言，信息连同公司估价问题最终的长期收益是自然增加的。

披露立法的公平性收益——内部人与外部人之间的——更难以鉴定。对这种收益情况的鉴定似乎依赖于传统观点：外部人在内部人的控制之下，需要立法的保护。相反，激励—信号传递观点认为，竞争会迫使内部人披露他们拥有的信息，缺乏这种披露是因为竞争的不充分。特别是，如果内部人足够多，那么就会有足够的信息供给，也就不会再有从内部信息中赚取的超额回报（这并不是说，生成这种信息的能力——比如一项新发明——将不会得到奖励）。如果竞争机制没有起作用，那么缺陷一定在于外部人进入管理职业的人为限制。如果不存在这种进入壁垒，也就不会再有公平性问题。总而言之，将披露立法的论证建立在有效性的基础上，看起来要比公平性更稳妥一些；就如我们上面所观察到的，没有理由可以相信，这种立法会影响到总的管理者薪酬。

成本

披露立法的成本可以归于两大不完全独立的领域。第一，立法对市场的经济冲击存在着直接成本。第二，贯彻这种立法又存在间接成本。让我们先来考虑直接影响。

如果披露立法导致了任何额外的披露，即如果它是有效的，那么公司就会承担成本。成本可能很小，比如简单的公告或者将以前保留的一些信息插入到年报中去。尽管信息散发的成本一般都很小，但收集信息的成本可能会很高。特别是要求公司披露当前内部决策未用到的信息。要求公司披露替代现存资本设备的市场成本就是一个例子，这方面的数据很少甚至没有内部用途，但获取这些数据的成本却是高昂的（当信息对公司而言没有内部使用价值时，披露的收益和成本一样也是非常不清楚的）。

披露对于生成和收集信息的冲击也是同等重要的。当披露威胁到了公司对信息的私自利用时，就不再是代表公司的利益了。交易秘密、新发明的成功试验、新产品的市场营销就是一些内部信息的例子，股东可能会保留这些内部信息直到其潜在的价值得到了担保。但这种意愿还不足以排除披露；如果这些信息导致了垄断的泛滥，外部股东想要保留信息的事实就不是决定性的。然而，披露也能使生成信息的活动回报降低。例如，缺乏专利保护时，对发明的激励就会严重地消减。这种保护还没有将范围扩展到所有形式的创新，在这种意义下，披露立法可能会对这些创新造成不利的冲击。

上面关于披露立法成本的描述隐含地假定了这种立法是有效的。只有考虑到法律的有效性时，才必须要引入隐含成本。除了产生立法的成本之外，一旦法律被通过，还有三方面的成本：颁布、监督和执行。颁布成本就是出版、监督和宣告法律的成本，甚至还要包括那些并不明显的、学习和解释法律的成本。这种学习过程的成本是连续的、又绝不是微不足道的，但由于很难量化这种成本，它在很大程度上被忽视了。为了理解一项新法律的要求，如何测量公司的经济成本呢？（概念性的问题是很简单的——但在实践上却很麻烦了。）对应于政府管制的增加，宣布法律和会计规则的增长是不容忽视的；这代表着一项真实的社会成本，有一定的人力资源要转化为这些努力。对于这些成本的分析，本文没有增加新的观点，虽然它让人感到不舒适，但这的确很重要，没有考虑这些成本的分析是不合理的。近来，英国国会提出了对这些成本的一些认识，它拒绝了一些针对小商业的新的立法，给出的理由是已有的三大宗立法已经构成了足够的负担。

监督和执行成本是容易测量的，至少在总体上可以做到。如果公司被要求披露它们准备压制的信息，那么立法的成功将依赖于两个方面，一个是建立有效的设施以监督公司的遵守情况，另一个是要有一个执行机制，当发现公司违犯法律时可以有效地予以执行。这些成本包括从调查时的官僚成本到使用司法设施时更细微的增量成本等诸多内容。

然而，从激励—信号传递的分析角度，这些活动的净成本可能大大少于总成本：这些活动本来是可以被私人部门或其他领域的公共部门承担的。激励—信号传递理论认为，私人部门愿意直接地或者间接地利用其他公共部门的程序，提供必要的监督和惩罚，以保证内部信息的披露。这样，在监督和执行披露管制的总成本中，必须减去私人部门所做的替代活动，以及其他转化为司法过程的部分活动。即使披露管制所做的仅仅是要求公司披露当前所披露的，也是有益处的！如果签署和执行私人合约的成本（内在地或外在地导致了公司当前的披露）超过了执行披露管制的成本，这种情况就会发生。因此，这将依赖于如下两种成本的比较：与传统的、合约和欺诈方面的法律相比，披露管制过程中专门的官僚主义过程，到底是执行合约的更加昂贵的还是更加低廉的机制？然而，如果披露立法规定了特别的披露格式，就不可能再是对现存私人形式披露的简单替代。在极端情况下，当立法实际上起到了限制披露的作用时，比如新股发行或新投资项目的广告宣传，就可能实际上限制了竞争和阻止了相关数据的披露。这些就是披露立法无意中鼓励的垄断泛滥成本。

总之，激励—信号传递分析的中心内容就是，内部人没有向外部人提供相关真实的信息，是因为在相关市场，特别是管理者服务市场，存在着非竞争因素。给定显著的竞争障碍,长期的解决办法在于反托拉斯立法。披露管制必须被视为这种立法的一个部分。对于垄断的不利因素,只是一种短期的救治。它的长期收益又单独地开启了一个更棘手的问题:管辖私人合约与现存法律所提供的救治相比,是否是一个更有效的手段?

　　本文介绍了一种新的结构,即激励—信号传递模型,用以分析金融市场中的信息问题,也考察了这种结构对于披露管制的意义。虽然确切的结果依赖于现实影响因素的大小,这种新的结构基本上支持这样一种观点:在缺乏披露立法的时候,存在着强大的市场力量趋向于导致充分的披露。这与传统观点形成了鲜明的对比,传统观点认为,由于内部人有很强的动机去保留信息,因此应当有披露立法。但这并没有说,披露立法是不必要的,或总是无效的。这种立法与私人部门的单独作用相比,有时能够提供选择性的、或许更廉价的机制来管辖各种筹划。最后,如果披露是不充分的,激励—信号传递分析就会直接将责任归结为相关市场的非竞争性特征。这样,披露立法就能够被看作是对有效的反托拉斯政策的一种替代。

金融自由化的利弊*

［美］格·卡普里奥　詹·A. 汉森　帕·郝诺汉　著　　丁　慧　译**

几乎没有任何人为金融压抑（financial repression）的消亡感到遗憾。金融压抑在多数国家气数已尽，因为人们越来越意识到，金融压抑导致代价昂贵的扭曲，此外也越来越容易绕过那些低于市场价格的利率上限和其他管制措施。

遗憾的是，多年金融压抑形成的金融体系，往往与自由化体制不相容。世人瞩目的危机，特别是东南亚金融危机，使得某些观察家对金融自由化和资本项目开放的程度和速度问题产生质疑。自由化进程是否能把握得更好一点，怎样才是最佳的目标政策结构呢？

金融压抑和自由化的理由

政府干预金融行业由来已久，这不仅是为了维持金融稳定和保护公众不

---

*　本文原载于《经济社会体制比较》2002 年第 3 期。
**　格·卡普里奥（Gerard Caprio），世界银行金融部门战略与政策局局长；詹·A. 汉森（James A. Hanson），世界银行金融部门战略与政策局高级经济政策顾问；帕·郝诺汉（Patrick Honohan），世界银行发展研究部首席经济学家。丁慧，中国人民银行总行监管一司。

遭受意外损失，而且是为了抑制财富的集中和垄断，增加财政收入来源，并通过金融体系为政策所倾斜的集团提供融资，而不是采用更为透明的公共融资工具。利率上限已经存在上百年的时间而且已经部分地被逃避。很难找到一个没有国有金融机构或金融行业不受干预的国家。

金融压抑的起源

在20世纪的相当长时期，金融压抑骤然加剧。有一段时期，特别是第二次世界大战后，政府试图将利率制定在市场价格水平之下并控制信贷分配，它们大量地通过指导银行业务或持有银行股份来加以控制。然而最近时期，金融自由化取代了金融管制。多数政府由于成本原因放松了金融管制。

金融压抑的兴起是与民粹主义、国家主义和国家至上主义相连的。民粹主义者认为利率管制是收入再分配的一种方式。典型的民粹主义者或国家主义者的目标是将私营银行的贷款投放给大型工商企业或外国人。避免少数几个私营经济权力过分集中，或保证对于国家长期目标较为敏感的国内金融体系不被外国人所控制，这种愿望常常是政治考虑的一个方面。过去认为，如果主要的金融机构不纯粹以赢利为目标，实现这种社会目标就比较容易。[①] 民粹主义还主张从总体上改善债务回收机制，不仅仅是由于政治压力下对国有银行的改善，而且是对法律框架的完善。

在金融管制的扩展上，国家至上主义甚至可能是一个更为重要的因素。在中世纪，国家干预日益成为改善资源分配和刺激经济发展的一种手段。与不发达的税制体系相比，要完成国家扩张的作用，国家就需要动用更多的资源。国家还需要努力在预算外的资源分配上扩大自己的作用，这需要通过干预金融行业、价格体系、投资决策以及与国际市场的连接才能实现。

许多国家的政府在这样的指导思想下大量举债，对银行存款和贷款利率

---

① 缺乏长期信贷同样是个问题，许多国家建立国有和开发金融机构，并且经常是同时进行多边援助来解决这一问题。尽管有一些例外，但这些机构的运作效果不佳。

制定较低的上限，从而降低其借款成本，并且指导银行贷款投向重点行业，如农业、小型工业和出口。通过发行货币和对银行制定低收益的存款准备金制度以及流动性要求（这些都是隐性税收，与货币控制工具的效果一样），预算资金的来源进一步扩大。不可避免的是，制定资本管制政策就是为了抑制资本外逃到高利率国家。同样，银行体系的竞争受到限制，其目的是限制脱媒。在金融管制下，国内信贷比率低，发展地方债券市场又很困难，这样就导致了大量的海外举债。

金融压抑的代价

许多国家的经济状况在金融压抑的情况下进一步恶化。实际利率为负，且当国内存款人寻求渠道将其资金存放在国外时，会导致严重脱媒、资本外逃以及本国对国外资金的过度依赖。比如，剧烈的通货膨胀减少了金融资产（流动负债）与国内生产总值的比率，在玻利维亚该比率是4%，阿根廷是7%。同时还有大量资本外逃。一种宏观经济周期经常包括公共行业赤字，高通货膨胀率，高估的汇率，低利率以及过度的外债而导致的汇率和外债危机，接着是提高实际利率、实施内外部债务重组的稳定计划。

从发展的角度来看，许多国家的经济绩效同样遭受损失。莱文（Levine）等所作的计量经济学研究清楚地表明，实际利率为负的国家，其经济效益和绩效典型地不如实际利率较低或为正的国家。金融压抑的国家不仅可贷资金紧张，同时由于可贷资金投向无效率的国有企业及所倾斜的私营借款人，其信贷资金的分配也是无效率的。利率上限不仅减少了可贷资金的数量，且导致金融行业的无效率[1]。更重要的是，金融管制削弱了信贷分配的有效性，产生租金从而常常恶化收入分配，制造社会成本，使金融压抑的政治连续性得

---

[1] 例如，存款利率的上限使银行利差上升，这样会吸引过多的资源进入行业并导致社会的不经济活动，如过多设立分支机构。这种潜在的利润还能创造对银行执照更多的需求、潜在经济增长的无效率以及无序的近似银行融资。最终，金融管制和宏观经济不稳定将阻碍长期债券市场的发展。

以长久存在。

对于这种无效率的一个主要解释是，采用低于市场的利率必然与非市场的信贷分配机制有关。这种机制不仅意味着信贷减少了，而且也意味着有些信贷投放到那些不给予贷款就要亏损的项目中去了，另外，低利率助长了资本密集型技术的过度使用。同时，高回报的项目被挤出去了，这些项目只能采用自筹资金的办法或放弃有效的技术。指令性信贷，特别是通过国有银行的信贷，使市场导向的金融机构没有动力去调查和筛选那些有可能要承担很高风险回报的项目。指令性信贷同时也减少了收回逾期贷款的动力。

不仅如此，在一段时间内由于分配不合理加剧，指令性信贷分配也给其自身造成了压力。指令性信贷所产生的大量补贴助长了浪费资源的寻租行为。随着政府赤字吸收了大量的可贷资金，政府规定的"黏性"利率更加偏离市场利率，以及余下的"自主贷款"利率不可避免的上升，指令性信贷的压力也将加大。用政治经济学的术语表述，即随着从正常渠道获得的信贷日益稀少并且相对昂贵，投向生产能力弱的借款人的非市场分配信贷压力就会加大。

金融压抑的进程也无助于分配目标的实现。往往是那些富有的和有权势的人（包括银行家）获得了利率上限所产生的大部分的租金。利率上限还助长了资金的潜在滥用和腐败。

最后，经常更具戏剧性的是，贷款决策不当和还贷纪律的恶化反过来又造成了银行破产以及随之而来的存款人和外国贷款人大量的预算救助。这些问题常常又由于指令性的信贷体制而恶化。比如，银行监管常常会由于要确保服从指令性信贷目标而忽略审慎监管，以及迫于国有化压力的增大而要保证银行遵循指令性信贷的规定。

赞成金融管制的观点

有些金融机构完全以市场为基础，然而其信贷分配也不是总能达到有效的社会配置。由于资金的使用者比金融机构更清楚他们自己的经营和他们运用资金的意图，这样，信息不对称就很普遍。破产限制了负债。因此，金融机构不仅面临道德风险，而且还面临着资金分配的逆向选择问题。因此，金融机构可能会以低于市场出清的价格进行信贷配给，以减少风险，从而就给政策干预创造了理由。

因此，尽管在完全信息条件下，传统的供求分析作为一个有价值的一阶近似值，仍然有效，但对整个信贷市场及其扭曲的分析不能离开信息和道德风险问题。有些观点虽然比较含蓄但是很重要，它们认为，某些情况下，设计合理的政府政策对信贷分配和风险承担能起到积极的作用，这一点我们下面将会论述到。当信息和道德风险问题尤其严重时——比如当银行所有者几乎没有什么实际有效资本和有效的监管时，就只能依靠严格的金融管制。

这里需要讨论一下政府失灵的问题。即使从信息的角度说，以市场为基础的信贷分配也具有一些优点。尽管市场力量不能挖掘出完全的信息，但与政府导向信贷运作相比，市场导向的信贷分配使贷款人更有动力去寻求有关借款人的信息。这一点尤为重要，因为信息不是静态的；特别是银行贷款要在与借款人的持续关系的基础上，不断更新信息。

总的来说，基于信息扭曲的分析，有一些行之有效的观点是赞成金融压抑的。这种隐含的政策干预需要加以仔细分析。不管是这些干预操作的动机，还是干预的模式，在金融压抑时期都不会一成不变。特别要指出的是，不能践踏供求之间的简单逻辑。

实践中逃避管制和其他操作上的问题

有关管制的经济理论提醒我们，当试图衡量改变控制措施的成本和收益时，应注意被监管的私营经济部门的反应，这一点是非常重要的。指望被监管者对规章制度的改变无动于衷，这种想法已多次被推翻。私营部门推动了金融历史的发展，它们创造了更加廉价、更加便利的货币替代形式——银行贷款，这不仅仅归功于技术的发展，而且归功于多数国家银行业所付出的监管成本，这种成本是相对于非银行金融渠道而言的。金融管制越严格，即成本越昂贵，金融管制越容易被逃避。

有一些形式的管制措施能部分地采取自我管理的形式。如果政府对存款利率强制制定一个下限——20世纪80年代，几个非洲国家，例如卢旺达，银行就试图逃避最低的存款余额要求或收费对本银行所造成的影响，但往往引起了存款人的反对。逃避贷款利率上限同样会引起类似的反应，但这仅仅是当借款人能找到可以取代贷款的其他渠道的情况下，可是这几乎不可能（假定信息不完全）。暗地里支付存款人或与存款人签订表外合同就使得存款利率上限更容易被逃避，而且存款人也没有动力去揭发。

对于负的实际利率常见的反应就是资本外逃到国外银行或者兑换成美元，即使该国存在资本管制。进口多开发票，出口少开发票，以及通过移民和旅游者走私商品和货币，长期以来成为逃避货币管制以及在管制较宽松的金融中心增加外币持有额的普通做法。直到20世纪80年代，资本外逃抵销了每年许多国家相当大部分的借款。在许多高通胀国家，如20世纪90年代的阿根廷、玻利维亚和俄罗斯，美元可与本国货币同时使用。

就像水往低处流一样，资金通常是寻求最为廉价的融资渠道。自从美国从事批发业务的银行创造了欧洲美元市场从而规避了Q条款以来的40年里，计算和通讯成本下降得如此之低，以致于可以在地球上任何地方，通过蜂窝电话或国际互联网很容易地规避监管。目前监管者的监管力度应该比早期有所放松，因为逃避监管的成本会更高。

因此，政府迫于这些压力，迟早要放弃繁琐的诸如利率控制的管制措施，因为，这些管制措施要么无效（被规避），要么成本太高（副作用）。可见，问题的实质不在于是否要自由化，而是政府是否已经为势不可挡的自由化做好了准备，以及他们将制定一个什么样的监管体制来减少金融的不稳定。

自由化的影响

上个世纪最后的25年中，对金融业的放松管制不是在真空中进行的，而是伴随着更为广泛的国内经济自由化和对外开放。利率自由化，就像其他方面的自由化一样经常伴随着危机的爆发或者引发危机。比如，印度在1991—

1992年的危机后，逐步放开利率，作为其经济整体自由化的一个组成部分。1981年石油收入下降，印度尼西亚放开利率并改革税制。转轨国家在发生宪法危机后放开利率。20世纪80年代中期，拉丁美洲的一些国家，如厄瓜多尔、墨西哥和乌拉圭，债务危机引起了通货膨胀的爆发，财政赤字大量暴露，外部融资削减，于是这些国家就放开了利率以动用国内资源。在其他国家，"危机"已成为一个信号，即政府干预导致总体的信贷分配不当以及人均国民生产总值的停滞或负增长。

自由化初期典型的无序的经济环境与金融的和非金融的政策改革共同构成了自由化的一个插曲，正是鉴于这种情况，实证估计所推导的从金融自由化所能获得的净经济福利水平就很难实现。人们希望的间接反应，即更大程度的金融深化在多数情况下都实现了。同时，尽管储蓄总量没有呈系统性的增加，但计量经济研究表明信贷分配得到了改善。很清楚的一点是，金融自由化本身远比一个过渡时期的影响重要，并随金融业运行的根本因素而不断变化。以下两个因素很关键：

A. 取消利率和其他价格管制，减少政府部门对信贷的行政指导，意味着不仅会减少金融机构的隐性税收、相关租金，而且还会导致更大的短期波动——至少在名义利率范围内如此。

B. 对国有金融机构进行私有化，准许新的市场参与者加入到金融服务行业，减少金融机构介入的行业限制，取消对金融市场垄断的法律保护，这样就会大大地改变风险管理和风险承担以及金融机构治理的激励机制。

更高的利率，租金的侵蚀及信贷分配

自由化不仅使现有的不良资产组合得以暴露，还使借款人面临着借款成本的上升，租金的减少和信贷分配的改变。那些在原有体制下已获得贷款的借款人，现在将以市场决定的更高的价格来偿还，从而蒙受损失。利率的提高和租金的损失所产生的影响将一些债台高筑的借款人推向破产的境地。即使在低通胀国家如印度，其所隐含的利率补贴总额可观，这也是一个重要的考虑因素。

假若长期借款人签订的是固定利率合同，他们将部分地或暂时地不受影响，然而，那些签订了浮动利率贷款合同的，他们所受到的冲击是立竿见影的而且可能是很强烈的。金融机构在两种情况下都会遭受损失，而且常常对利率以及本金作滚动式的处理，从而应付借款人的问题，这种处理机制很可能在以后又产生问题，但是，对该机制的监管还很薄弱。当然，能否进行滚动利率合同安排还取决于金融机构是否有能力动用相关的资源。

当金融机构的贷款合同是长期固定利率合同，而借款合同是短期合同时，金融机构就会立即面临紧张的局面。许多住房融资机构，特别是东欧和拉美国家就面临过这个问题（最终，一系列准财政措施解决了他们的问题）。当然，美国储贷行业开始滑坡时，也出过类似问题。但是即使他们的贷款合同是浮动利率合同，贷款人在利率上涨的时候也不能完全幸免于难：只有一部分利率风险被保值，剩下的利率风险就转化为贷款风险了。关于这一点，1997年韩国和其他东亚国家的情况可以证明。

由此可见，失败者的确包括金融机构，部分是因为其借款人承担不了更高的利率，部分是因为他们失去了从前在有效的存款利率上限中所获得的收益。自由化对金融机构盈利能力的净影响在不同时期不同国家都不同。特别是在工业国家，经常是在自由化以后的早些年，银行盈利能力明显提高，尔后，当现存的银行感到竞争更加激烈并且新的市场进入者让这些银行感到有生存压力时，银行盈利能力最终会降低。不仅如此，随着贷款损失的增加，表面上的盈利能力常常会被证明是泡沫。对于这一点，乌干达有大量资料。乌干达完全自由化后，公开的利差空前扩大，直到现在情况仍没有扭转。墨西哥利差的复杂演变过程也有大量资料；利差也维持在很高的水平。乌干达的案例还表明，挂牌的高利差并没有转化成利润；高利差还表明，借款人是一群不良风险的混合体，他们愿意支付极高的借款利率，特别是支付给新的市场进入者。

如果政府不得不重新以新的利率对负债累累的国内借款人放贷（或者甚至对其所倾斜的借款人拨付预算资金，取代隐性补贴，如乌干达），自由化将对预算赤字产生不良影响，连带地会求助于额外税收政策或国内外的借债。这将使宏观经济的脆弱性和不确定性进一步恶化。

然而，自由化同样有潜能对政府施加市场纪律约束：在欧洲，取消（外部）资本管制是与预算的改善相联系的，尽管国内信贷管制没有取消。的确，国内信贷管制使预算恶化，但是基本上还没有对赤字产生不良影响。

连续地看，利率上限的取消不仅把剩余从借款人（包括政府）转移到贷款人，而且信贷分配也获得了一定的自主权，由此，先前被挤出市场的借款人有更好的机会获得资金。在印度，中型企业获得贷款的渠道更加通畅，并因此获益。在韩国，中型企业也从中获利，并且贷款人确实是低估了这个市场所包含的风险。这些集团获得贷款渠道的增加可能证明具有高度周期性，由于贷款人担心逆向选择问题而继续保留信贷配给，如果难以逃脱信贷配给，这种情况就尤为突出。

在实施结构性改革，包括调整实际汇率和国内相关价格时，这些影响仅仅是资本价值发生巨大变化中的一个组成部分。然而金融机构的杠杆比率较高，使其尤其容易受到未经保值的利率变化的影响。自由化之后，金融活动和实物活动由于实际利率的急剧上升而开始中断，这是一些自由化进程中成本高的表现，这就可能需要通过管制利率向市场出清价格水平进行阶段性的调整来缓解。

波动

利率自由化对利率的水平和动态都会产生影响。这些影响的大小部分地取决于金融系统的竞争状况；这不仅依赖于其他管制措施的变化，在很大程度上还受利率发展程度的影响①。

金融自由化进程可能会加大利率和资产价格的波动，从而减少租金，使

---

① 的确，当没有其他改革时，可以对利率进行"准"放开。管制的准放开可采取多种形式，包括先前委托给中央银行的监管任务在实际上转给主要的国有银行承担。

租金重新分配，以这种形式产生分配效应，并且加剧金融服务业的竞争。当越来越多的国家实现自由化，发展中国家的利率水平和变动趋势就越来越趋同于发达国家。就实际的和名义的货币市场利率而言，自由化的确意味着短期波动的加剧。很明显，国债利率和银行利差是最受压抑的，当自由化向前推进时，它们的上涨幅度是最大的：这使大量的租金从国有行业和政策所倾斜的借款人中转移出来。尽管 20 世纪 90 年代末工业国家公开的银行利差又有些收缩，发展中国家的利差却维持在高水平上，这也许反映了发展中国家贷款的市场力量和高风险。

一方面，金融压抑国家的政策往往导致宏观经济周期，另一方面，自由化进程本身经常引发宏观经济的不稳定，因为金融机构努力抢占市场份额而使自由化初期贷款总量膨胀。其所带来的经济过热不得不通过货币政策降温，或者引发通胀和名义汇率贬值，这反过来又在名义利率上体现。1994 年的墨西哥危机就是一个生动的例子。

如前所述，自由化导致经济不稳定的另一个影响是通过财政渠道实现的，其前提是政府无法通过削减赤字来回应利率的上升：如果情况的确如此，则赤字要么货币化，引发通胀，要么在更高的利率水平上重新贷款，而高利率使私营借款人的挤出效应更加升级，由此又影响到经济增长和稳定。

在自由化国家，利率的有些波动可能是"无效波动"，费勒德（Flood）和罗斯（Rose）把这一概念运用在汇率上。[①] 在一些管制较为宽松，并且管制价格与市场出清利率相差不远的国家，其管制利率的确为资金成本提供了一个相关的信号。由于管制利率比较稳定，该利率盯住预期利率和市场贴现利率，就能潜在地抹平股票、房地产和其他资产的波动因素。如果是这样的话，政策将产生相当可观的收益，体现为消除了"无效波动"，人们不用担心波动会带来风险费，从而实现经济的增长和稳定。

---

① 他们的命题是，固定汇率制度与其他变量的剧烈波动无关。这样，汇率的运动就没有成为缓冲器，来吸收可能在经济的其他领域出现的经济震荡，这一点，与萨缪尔森的 Le Chatelier 原理是一致的。

有些转轨国家，自由化使政府从总体上丧失了一些控制权，由此加大了执行合同的困难，一个独立的不确定因素就在这些国家表现出来。高名义利率和低违约成本的结合，使许多交易出现物物交换。

准入和特许权价值：对金融机构治理结构的影响

允许新的市场参与者，包括外国参与者进入金融服务行业，以及颁布针对合谋定价的反垄断管理办法，对工业国家金融市场自由化起到了很大作用，并且已经开始越来越广泛地为发展中国家所采纳。然而，与现存银行相比，新参与者进入市场时，没有那么多不良债务的挂账和昂贵的劳动力合同。[①]

竞争的加剧直接带来了效率的提高和服务范围的革新。这些好处不容忽视，并且不断增长。但是新的市场准入的自由常常使银行努力保留或抢占市场份额，他们在不熟悉的领域拓展业务，而银行往往会低估那些领域风险。更有甚者，新的进入者可能破坏无效率的现存银行的前景，致使他们承担更大的风险。的确，伴随着自由化而产生的宏观经济波动的加大常常潜伏着新的风险，即使是成熟行业也是如此，如财产抵押贷款。

在实际中，现存银行经常是以有效的运转和重组来对新进入者的威胁作出反应，这就使得后者的业务活动的开展比预期要困难得多。但是即使新的均衡状态下原有的市场参与者保留了大部分市场份额，现在的均衡仍是一个竞争性的和利差较低的均衡，并且不存在信贷指导体制所产生的租金。由于特许权价值的减少，现在的银行尤其没有犯错机会，许多银行受制于风险过高所带来的危险，对于这一综合征，恐怕墨西哥的案例作了最好的诠释。

在其他情况下，市场进入者倾向于较为稳妥但又可赚取高利差/小金额的战略，这样，高成本的现存银行以及背负着不良贷款组合的金融机构仍保留在行业内，其总体利差往往要比自由化之前大——巴基斯坦和乌干达的案例

---

① 昂贵的劳动力合同和冗员是企业寻租趋势的一个体现，这些企业从寻租中得到好处并与雇员分享了这些租金

很好地说明了这一现象。

市场中不仅出现了新的竞争者，金融机构也获准开始拓展新的业务范围。其中，全能性银行业是一个趋势，不仅大的商业银行，而且原有专业金融机构如抵押银行和储蓄银行都朝全能性银行发展。尽管新的市场准入自由给赚取利润创造了新的机会因而某些方面有利于特许权价值，而在不同的金融机构之间打破竞争障碍，以及各国放开行业介入的限制同样加剧了现有行业的激烈竞争，如分支机构的设立，在进入新领域后，其利差要比预期利差低。

从自由化到危机：一个不可避免的次序？

一方面，一种形式的危机导致许多国家实行自由化；另一方面，自由化国家又经常遭受到随之而来的更为有害的危机。形成这种循环，部分是因为自由化的环境使过去信贷分配的无效率和失败得以暴露，部分是因为自由化过程中操作不当，特别是没有改善银行业初始的脆弱状况，以及没有能迅速地建立强有力的法律、制度和监管的框架。

比如，银行发现其现存的贷款组合在新的环境下变得不合理了，因为他们的借款人不再有能力偿还贷款，不管是因为贷款质量差，利息成本上升，还是因为经济自由化的其他并行措施导致相关价格的改变，或由于政府补贴已经取消，或仅仅由于政府对于这些债务的隐性担保不再有效。这种情况下（包括在印度和印尼），自由化使毫无价值的资产组合得以暴露，而不是导致不良资产组合产生的原因。

基于同样的前提，根据德米尔哥－昆特（Demirg-Kunt）和德特拉贾凯（Detragiache）对1980—1995年间50多个国家所做的计量经济学分析，银行危机更容易在自由化的金融系统中爆发，但那些制度环境较为健全的国家例外。

但如果自由化并不必然导致危机，自由化的金融市场常常会减少银行执照的特许权价值。这将对银行的经营业绩起到负面作用。在有关有效工资的文献诞生很久之前，银行界普遍认为，应采取某种方式以保证银行的内部人妥善运作存款人的资金。事实上，19世纪中期，普遍的做法是，高级银行职员需要拿出大量的保证金，而如果他们的资金运作不善，则将会丧失其保证金。最近，卡普里奥（Caprio）、萨默斯（Summers）和凯利（Kelley）等人的研究注意到了特许价值降低和失败风险上升的联系。[①]

目前普遍采用的资本金要求，是加权风险资产的8%的比例，尽管有些武断，但也从一方面坚持了一定程度的特许权价值。目前，多数银行监管者意识到，当资本下降到限度之下时，有必要进行早期干预，以限制银行的管理，但是衡量银行资本的真实价值很难，加之内部人和其他股东可能存在分歧，资本金要求的有效性会被削弱，特别是在银行的盈利能力不断下降的经济环境中就更为明显。

如果在金融自由化进程中竞争更加激烈，银行就会抬高利率，直到审慎的贷款操作不再有利可图为止。存款保险不管是隐性还是显性，都会在银行内部人所接受的贷款组合风险和存款人所意识到的风险之间制造差异。例如，一些人认为这是墨西哥银行失败的一个重要方面，并且也是乌干达银行从事和迅速扩大一系列高风险活动的一个原因。当银行的资产负债状况已经受到质疑时，银行的高风险活动更容易过度，这种情况下，放松管制会很危险。

自由化环境中导致银行脆弱的原因不仅仅在于蓄意从事高风险活动及过去的贷款组合质量低下。应注意的另一个重要原因是经营上的彻底失败。即使那些银行经营者无意将其银行带入岌岌可危的破产境地，给其存款卖出期权赋予任何重要的价值，他们也面临这个问题，因为无论是整个环境，还是他们拓展的新行业，实际上比他们所预料的风险更高。

有时，自由化的弊病会由于放松管制的次序不当而恶化，特别是在自由化不当的情况下，如韩国就是如此。在这些国家，市场放松管制的次序不当引起了短期债权的大幅度增加，特别是在监管不力的由短期外国借款融资的

[①] 然而，在一个变化无常的市场中，对市场准入的保护和利率竞争的管制，还远远不是银行特许价值的唯一来源。查利斯（Charles）和卡米里斯（Calmiris）指出，在过去的20年中，美国在股票市场中价值上升的趋势在这里就是一个潜在的注脚。受保护银行的安逸生活，或信贷指导下的银行业务能够使其他来源萎缩（如评估技术、市场信息和管理效率）。

公司票据市场上更是如此。短期外国借款使金融系统暴露在外国债权人的操纵之下，而正是外国债权人破坏了金融系统。

自由化阶段初始，还会遇到另一个障碍，即监管制度、监管手段和法律体系不适应以市场为基础的环境。在金融压抑体制和政府信贷指导的体制下，一般认为，对风险的监管并不重要，监管的方向是执行信贷指导，而不是实施审慎的监管制度。法律体系典型地保护债务人。即使放松管制的内容之一是法律的修缮，法官和法庭不会立即熟悉法律的内涵。总之，有效市场决策所需要的银行技术、监管机构和法律框架均存在缺陷，这意味着自由化遇到了许多问题。正如本文所论述的，对于自由化改革后产生的危机的许多批评就在于改革之前的环境以及金融改革的速度和次序。利率自由化改革本身能很快、很容易地实现，成本也很低，然而构筑技术、基础设施和激励机制却是耗时、费力的，成本也很高。

在有些情况下，自由化还需要更多的条件。根据郝诺汉（Honohan）和斯蒂格利茨（Stiglitz）的观察，金融自由化所带来的一个普遍做法是，依靠审慎监管的间接方法，即通过调控银行的资本来确保银行具有足够的与所预期的风险相应的资本。但是在金融自由化体系下，监管者很难辨别银行资本的真实价值和银行资产组合的真实风险，这就意味着要保证银行业务的安全和合理性，可能需要实施更加强有力的管制措施。这些措施的特点将是，它们较为容易地证实和推定遵守法规的银行失败的风险较小。

有人描述了银行业是怎样时不时倾向于对政策作出反应的，并且指出，对微调的监管政策的标准建议非常依赖于模型而且脆弱。当一个由有远见的股东控制的银行，被更为注重现实的特征的银行所取代，并且这类机构存在包括自我服务和短视经营的委托代理问题时，上述特征就得到加强。这一点支持了这样一个观点，即需要简单、强有力并且更为直接的措施来保证银行业务的安全，不仅政策要有效，且这些措施能在减少风险程度上达到一个量的飞跃。

然而，哪些法规应加强，在哪些情况下加强呢？郝诺汉和斯蒂格利茨评价了五种不同类型的健康的金融管制中不同情况的相应表现，并且考虑到可能的副作用和实施阻力，明确了各种引发失败而很可能是有效的各种条件，明确了在哪些环境下，副作用可能最严重。他们表明，不同国家的情况是如何实施不同的有效措施的，但或许这些措施不是在所有的情况下都需要。

一些规定，如会计上的最低资本是监管者的一个长期性工具。其他的，如利率上限，作为一个宏观经济或经济发展的政策工具，已经有很长的历史，尽管有些令人怀疑，但它在某些情况下，作为一种审慎的措施发挥了更加有意义的作用，特别是如果只是间歇性地运用利率工具。政策制定者需要把这些强有力的监管工具组合作为政策源泉。

结论

显而易见，对于任何一个希望完全分享经济增长利益的国家，建议一个实质性的金融自由化体系是唯一可行的出路。

在实践中，金融自由化还远远没有实现向均衡的、竞争性利率的平稳过渡。事实上，过去受到补贴的借款人，其租金的静态转移往往可能是体制转变中最不重要的一个因素，并且在某种情况下，已经部分地为显性的预算补贴所替代。然而，特别是当资本账户早早放开，当财政和其他宏观资源不稳定因素非常显著时，利率的波动会导致银行体系脆弱。在极端情况下，强制执行合同而不支持自由化，会导致货币经济自身内部瓦解。在多数国家，即使市场准入是自由的，利差如果加大，则表明市场实际上还缺乏竞争。事实上，银行监管当局经常没有必需的审慎规章来限制市场准入，也没有必需的干预来保证资不抵债的金融机构或管理不善的金融机构的退出。

在金融自由化的道路中，许多国家仍然有很长的路要走。实现自由化次序的这些问题对于他们会有帮助。对于其他的国家，让时间倒流不是一个现实的选择。他们不得不推进制度建设的长期计划，这在目前已经普遍被认为是成功实现金融业自由化的一个先决条件。同时，通过开拓监管的一些新方法，他们会有能力提高监管的有效性。

法律、执法与金融监管[*]
——介绍"法律的不完备性"理论

许成钢[**]

历史的追溯

我们要集中讨论的是关于执法的问题。执法是决定中国改革胜负的重要因素。中国最早为适应市场经济发展的立法司法的变革始于晚清时期的戊戌变法。受明治维新的启发,戊戌变法的核心内容之一是法律制度的变革。实际上,中国最早的商业法、公司法等法律都是在戊戌变法时引入的。变法失败后,颁布的法律被撤回。但是变法失败后不久,慈禧太后又重新颁发了已创立的法律。当时的法律基本上是德国法律的翻版。因为这些法律大体上参照了日本的法律体系,而日本明治维新时的立法又整个照抄了德国的法律。法律在市场经济中具有决定性的作用,因为市场自身的秩序和规则必须要依赖法律。例如,市场经济中最重要的部分是合同和产权(产权其实是一种特殊形式的合同,是关于资产的所有权归属于谁的合同),一个市场经济能否正

---

[*] 本文原载于《经济社会体制比较》2001年第5期。
[**] 许成钢,哈佛大学博士、香港大学《国之基金》经济学讲座教授、清华大学特聘教授、欧洲经济政策研究中心(CEPR)研究员。

常运行的基本条件是：合同是不是可执行的。为了保证合同的可执行性，就有了合同法以及相应的执法机构。执法机构中最基本的部分是法庭，法庭可以用来帮助强制执行合同。比如，合同的一方违反了当初签订的合同，另一方可以向法庭提起诉讼。有了执法机构，才能保证双方有签订合同的意愿，以及合同签订以后的执行。如果没有执行合同的法律，所谓市场经济只能停滞在现买现卖的阶段（spot market），也就是说，在市场经济中有没有长期的交易关系取决于合同能否执行。其次是产权，如上所说，产权是一种特殊形式的合同，产权是否能得到清晰的界定以及界定后的产权能否得到切实的保护（执法）是市场经济发展的一个关键问题。资本主义为什么最早产生于英国，而不是其他地方？比较流行的观点认为，是英国的产业革命，也即强调技术变化导致了社会变化。马克思主义强调经济基础决定上层建筑，而法律是上层建筑的一个部分，技术发展在先，法律发展在后。但英国资本主义的产生表明，技术同法律是一个互动和互补的演进过程。资本主义发展的一个基本条件是私有产权得到保护，因为在私有产权得不到保护的情况下，在合同不能执行的情况下，市场很难发展。在金融市场保护中小投资者利益实际上就是保护私有产权的一个特例。英国早在产业革命以前就有了一系列相应的法律保护私有财产权。在英国这样一个君主国家，"私有产权神圣不可侵犯"意味着即便是君主也不能触犯一个农民的私有产权。这在产业革命前的英国就已经成为了法律，而且是可执行的。可以说，在英国资本主义发展以前，有关合同和产权的法律和司法制度已经形成，有效的执法机构也已经存在。而日本明治维新的成功也是和有效地执行新引入的现代法律相关的。

回过来看看中国的情况，在晚清时期，一系列的法律已经存在，但是执法的情况很差。原因何在？对此问题的讨论很多，一个为大多数人所接受的解释是当时的政治和基本体制不能保证执法。例如，当时的王室（政治）和法庭是不分开的，执法是政治的一部分而非中立的，因而执法不可能是公正的。又如民国时期也颁布了一系列法律，当时的法律基本上也是日本和德国法律的变种。但同时期的中国的执法同日本及德国的执法有很大的差别。因为中国的司法是不独立的，执法的情况仍然很差。建立中华人民共和国以后，中国的司法制度基本上照抄了苏联模式。苏联的司法制度实际上也深受德国法律架构的影响，但是不保护私有产权，没有合同法，没有公司法。改革开放以来，中国开始完善商法典，有了商法、公司法、合同法、破产法，有了与证券市场有关的法律法规。现在我们关心的重要问题是执法，因为在执法得不到很好的保证的情况下，法律的作用很难发挥，可以说，没有执法，法律就形同虚设。

什么是好的执法制度呢？如前所说，近代以来，中国引进的西方法系基本上是德国法系，这同时直接影响了执法方式。德国法系的执法方式与英美法系的执法方式是不一样的。

成文法与不成文法

西方的法律制度大体上可以分为两类：一类是欧洲大陆的成文法系；另一类是以英美为主，实际上是从英国传统上发展出来的不成文法系（在不成文法系中，判例起着很大的作用，因此也称为判例法系）。这两类法律制度的基本差别是：欧洲大陆法系把所有能想象到的问题尽量详细地用条文的方式写入法律，这样的方式不是基于具体的案例，而是基于推理，以推理方式写成的法律条文之间必须保持逻辑上一致，没有冲突，还要保证法律条款足够详细，以使法官在审判案件时能够根据条文推演出判决结果。从历史渊源上，这是承袭了罗马法典的传统，或者是近代的拿破仑法典传统。在理想的状态下，基于推理的法律应该能使法官在面对任何现实的案件时，明确无误地推演出正确的犯案的判断以及对犯案的惩罚，两个不同的法官对同一案件应该推出相同的结果。

以上的所谓理想状态是基于我们的新理论中的一个基本概念——"完备的法律"。所谓完备的法律指的是，面对任何一个案件，任何一个法官甚至是任何一个受过教育的人都能按照法律明确无误、没有偏差地推断出什么是犯法，以及犯法可能受到什么样的惩罚。[①] 现实中，最努力设计法律使之接近所

---

① 法律的不完备性理论是我同哥伦比亚大学法学院的德国法学家皮斯特教授共同发展的。

谓完备法律的就是欧洲大陆法系，即自拿破仑法典以来的所有衍生物，其中尤以法国和德国的法律最具代表性。在执法方面，欧洲大陆成文法系的特点是，法官在法庭上起很重要的作用，法官在法庭上不是完全独立的，他可以直接卷入案件的调查过程，陪审团在法庭中的作用则相对较弱。我们的理论证明，在许多条件下，有意设计更完备的法，反而可能导致法律更不完备。

以英美为主的不成文法系源于英国，美国制度是英国制度的翻版和演化。在英国，不成文法系是一个长期演变的过程，不是在某个时点突然出现的。英国曾经是罗马帝国的一部分，罗马法典也适用于英国。在罗马帝国时期就有陪审团制度，英国人发展了陪审团制度，却淡化了成文法部分。把英美法系称为"不成文法"或"判例法"其实是一种极端的描述。实际上英美也有成文法的部分，但成文部分通常很简单，都是原则性的、概念性的内容。而这样原则性的和概念性的法律不足以供法官确切判断什么是犯法、犯法的程度及怎样惩罚。因此，判例是对基本原则的补充，所有的判例必须与基本原则保持一致。也就是说，成文法的部分只是原则，而由判例来说明原则意味着什么，因为不同的人对原则会有不同的理解，判例则提供了理解原则的依据。用我们的术语，英美法系的成文法部分是高度不完备的。判例的作用是帮助法律更趋完备。

以反垄断法为例，世界上第一部反垄断法是美国1890年制定的谢尔曼反垄断法（The Sherman Anti-Trust Act），该法第一款对违反反垄断法的行为作出了规定，即任何人企图把若干个不同的交易或行业合并在一起用以反对别人的竞争或者意图阴谋反对竞争，都属于违法行为。这是一个非常笼统的原则。由于其高度不完备性，实际这个法自身的可操作性很差。例如，某一个行业在市场中有5000家企业，在这些企业相互竞争的情况下，有3至5家企业联合起来采取某些行动以便与其他企业竞争，这时候绝对没有违反反垄断法，因为在这种情形下，根本谈不上垄断，市场上还有好多其他的企业。但是根据谢尔曼法第一款的规定，上述行为可能是违法的。在这种情况下，完全由法官根据他对谢尔曼法的理解来进行判断，以后出现类似的案件就可以参照第一个法官的判决；如果出现了一个与前一案件完全不同的案件，又会出现新的判例，依此类推，前面所有判例被援作先例成为法律。根据我们的理论概念，不成文法最初建立时是最不完备的，但是它有一个完备的过程，即通过不断产生新的判例使得非常不完备的法律变成了相对比较完备的法律。

在不成文法制度中，执法的法庭必须保证绝对中立，为了保证这种中立性，法官不能卷入对案情的调查。他所能依赖的是原告与被告双方的辩论，法官所起的作用是保证审判程序的正确性，并向陪审团解释已有的相关法律（包括过去的判例），其解释必须是客观的，即独立于本案。由陪审团根据已了解的法律及原告和被告对其论据进行的辩论来投票决定是否犯法。如果根据已有的法律无法断定案件，即已有的法律不完备，此时法官就需要发明法律，也即创造性地解释法律。一旦法官需要出来创造性地解释法律，就衍生出一些以前法律没有的新含义，"新含义"就成为一个新判例。由此可见，在不成文法下，执法过程与立法过程是交互作用的，而在成文法中，执法和立法是相互分离的。换句话说，在成文法中，立法工作严格地由立法者来做的；而在不成文法中，原则性的立法由立法者完成，所有进一步的衍生和演变则都由法官来完成。这就是在法律不完备的情况下不同法律制度所做出的反应。

一个重要的问题是，欧洲大陆的成文法系同英美的不成文法系哪个对经济发展更有利？施莱弗等人近年来运用上百个国家的数据对这两类法律体系进行了大量的经验研究，结果表明，英美的不成文法体系比欧洲大陆的成文法体系更有利于金融市场的发展。但是，从理论的角度看，到底是什么样的机制在引导着法律和金融体系、法律和经济增长之间的相关性？为什么一种法律制度比另一种法律制度更有好处？目前，经济学界和法学界对上述问题几乎没有理论上的解释。我们正在从法律的不完备性的角度建立法律——经济学理论模型来解释这些问题。已有的经验研究表明，成文法与不成文法之间的不同导致了对金融市场作用的不同。然而，这两个法系到底有多大的不同，如果真的有差异，那么是否有可能让大陆法系国家逐渐将其法律体系转变成更接近于不成文法系的法律体系？从整个历史发展看，欧洲大陆法系和英美法系在发达的市场经济中有着趋同发展的趋势。虽然，英美法系从总体上说是不成文法，但是如果我们看看金融法和金融体系监管等一系列问题，就可以发现,在英美尤其是美国,尽管总的法律体系是不成文法,但是在金融体系方面有大量的成文法,远比欧洲大陆详细,而且美国的这部分成文法发展在先,欧洲大陆发展在后。另外,欧洲大陆国家虽然是成文法的司法体系,但实际上它们也使用大量的判例,只不过其判例所起的作用与英美有所不同。在英美,判例本身就是法,然而在欧洲大陆,判例是司法解释,因此其法律效力从表面上看不如英美的判例大,但是法庭在判案的时候,仍然非常依赖判例。其次,法官在学习的过程中使用的也是判例。因此,可以说这两类法系在实际发展中呈现出殊途同归的趋势。

经济学和法学文献的历史演进

19世纪的边沁思想

下面我们就集中讨论执法的问题。这在经济学和法学文献里实际上一直有很大的争论。这方面的讨论一直可以追溯到18世纪末19世纪初的思想家边沁。他当时指出,法律应该制定成最优的,使其明确无误地定义犯法的程度及相应的最优惩罚程度,由法庭执行的最优法律具有对犯罪的最优阻吓作用。这样,所有的老百姓知道犯了法以后会受到怎样的惩罚,他自己会决定是犯法还是不犯法。边沁的思想早在19世纪就已经提出了,但没有受到经济学家足够的重视,虽然边沁这个人是很重要的,马克思在《资本论》中同他有很多争论。

20世纪60年代芝加哥学派的贝克—斯蒂格勒模型

一直到了20世纪60年代后期,芝加哥大学的经济学家加利·贝克第一个把边沁的思想变成一个经济学模型,用严格的经济学方式论述,这篇论文是使他获得诺贝尔奖的主要贡献之一。1968年贝克发表于美国《政治经济学评论》的论文推导了最优法律和最优阻吓作用的条件。由此，贝克的一个基本推论是，当法律设计到最优，由法庭来执法是最优的制度。即，执法只需要法庭，而不需要任何其他的机构，如监管机构。在贝克的论文发表之后几年，另一个诺贝尔奖得主斯蒂格勒再发表了一篇论文，改进了贝克的理论——如今在这个领域里都叫贝克—斯蒂格勒模型（Becker-Stigler）。他们的工作为后来称为法经济学（law and economics）的新兴的领域奠定了基础。奠定这个领域的主要是三个人，其中经济学家是他们两人，另一个重要的奠基人是芝加哥大学法学院的理查德·波斯奈（Posner），他同时又是美国地区法院的法官。他也认为，执法只需要法庭，不需要"监管者"。他说，为什么在现实中会有监管者呢？这实际上都是利益集团造成的。因为利益集团要到立法者那里去游说，从而建立起了"监管"，名义上在执法，实际上是为利益集团做事。有监管者对整个社会比没有监管者效益更差。当"最优的法律"有最优的阻吓作用时，监管有害无益。

同属芝加哥学派的科斯定理

与此紧密相关的另一重要理论文献是科斯的贡献。在国内，人们都很熟悉科斯定理，只是国内基本上把科斯定理只解释为产权问题。实际上，科斯定理本身对法律和执法有非常重要的含义，只不过经济学家往往不从法律方面延伸。其实科斯本人也是一个法学家，他长期是在芝加哥大学法学院任教的。科斯定理法律上的含义是说，如果没有交易成本，只要有法庭来帮助执行合同，根本不需要另外的机构——政府、监管者等等——插手干预。所以原则上他与上面所说的贝克—斯蒂格勒的结论是一致的。科斯定理甚至可以比这走得还远：如果交易成本等于零，人与人之间有合同，连法律都不需要，让法庭帮助执行合同就可以了。其实法律是一个大合同，通常我们说的合同是个人与个人之间的，或法人与法人之间的。法律是社会契约，不是几个人，而是全体国民的社会契约，还不是一代之间，而是很多代、无穷代人之间的契约，这需要稳定。按科斯定理，如果交易成本为零，就不需要社会契约了。

因为社会契约并没有特别的好处。但是，如果交易成本不是零，科斯定理就有问题了。这时就可以找到好的理由，需要一个社会契约来降低交易成本，这时法律就进来了。

以上是对芝加哥学派关于法律与执法方面思想的概述。这里我想强调，芝加哥学派的一个核心的条件是法庭必须是中立的，如果法庭不是中立的，他们所说的一切都不成立。"法庭是中立的"是他们依赖的一个公理，是不需要讨论的。"法庭是中立的"意味着与政府是没有关系的，与任何案例双方都没有关系。对于中国的读者来说，必须要明白这一点。

监管的必要性——反芝加哥学派的两大论点

在介绍反对芝加哥学派的论述之前，让我先介绍我们的新理论中关于什么是监管的基本概念。其实，对于什么是监管在经济学家中看法不尽相同。我们的概念是从对比监管者与法庭的差别来定义监管的。从功能上来说，法庭与监管者的不同在于，法庭的执法方式是被动式的，执法只有在上诉后才进行，监管是一种主动的执法方式，意味着在有害的行为还没有发生的时候，就可以采取行动，去阻挡你采取有害行动。

监管是政府行为，与法庭是不同的。为什么要引入监管？第一个论据是"市场本身并非总是完善的"，在市场失灵时，需要政府干预，监管就这样进入了。这是非常流行的解释。第二个论据是"引入监管和监管者可以解决上诉的成本和信息"等问题。在没有监管和监管者的情况下，法庭执法实际上只能依赖私人上诉，而私人上告会有成本问题，比如案子涉及的人很多，对于每一个上告人来说会有很大的成本，而得益人可能是成百上千，那么谁来上告？再一个是信息问题，由于每一个人之间的信息不一样，得益又是分散的，兴趣也不一样，其间有某种利益上的不一致，使得他们之间更难协调，一起来上诉。总之，仅依赖私人上诉可能使得上诉很困难，于是就有许多案子没有上诉，从而就没有办法解决问题，因此，引入监管者可以帮助解决问题。

第一类论点的代表人物是斯蒂格利茨,他的主要贡献之一就是关于"市场失灵"。虽然这一论点关于市场失灵的论述和观察有相当的道理,但是讨论到监管这个论述的推理就非常不严密了。推理中间有跳跃,有漏洞。是否市场失灵就导致需要监管的结论呢?逻辑上并不一定。就拿斯蒂格利茨关于保险业的市场失灵问题为例,保险业市场失灵是否意味着需要政府进来干预?是否需要监管者?并不一定。理论上证明的保险业市场失灵无非是说需要市场以外的一个力量来帮助找到均衡点,例如强迫所有人买保险,就把问题解决了。但是强迫所有人买保险是否一定需要监管者?不一定。因为完全可以通过立法强迫每个人买保险,然后由法庭执法,这个问题就解决了,根本不需要监管者!其实所有这类问题最后都归结到是否可以通过立法由法庭执法解决的问题。之所以他们的推理是不清楚的,其中一部分原因是把什么叫做"监管"与什么叫做"执法"混为一谈,没有清楚的定义。这就使人们对监管的理解产生问题。一谈市场失灵,就认为需要政府干预,但实际上在许多情况下,完全有可能政府不需要干预,需要的是立法和执法,大量的市场失灵问题可以通过立法和执法解决。因此,从理论上说,除"市场失灵"外一定还有其他的原因使政府干预有重要作用。

第二个论点,有大量分散的私人,会产生成本和信息问题。我们可以找到很好的理由说明这也不一定要引入监管者。实际上,在市场上有律师可以去发动案子和组织案子,可以告诉将来可能的受益者:"案子打不赢你一分钱都不要付,案子打赢了我跟你分钱。"所以对于上诉者来说成本问题就解决了。只要成本可以在将来的分红中得到回报,律师这样的组织方式就可以解决问题,也没有道理要引进政府这样的监管者。

因此,为什么要引进监管者是经济学和法学中的重大问题。这个问题不解决,就无法从理论上回答怎样最优地监管的问题。

最近的理论

最近《经济社会体制比较》杂志发表的施莱弗等人的论文,提出一个

"为什么需要监管者?"的新理论解释:由于在执法的时候要搜寻证据,而搜寻证据本身可能是费时耗力的,当需要执法者付出相当代价的时候,就要为之提供激励。怎么激励执法者?这里马上碰到的问题的是"法庭是中立的"(中国的读者要把这个东西记得很清楚),为了要保持法庭中立,就不能激励法庭,当搜寻证据特别耗时费力时,由于无法激励法庭的执法,因此单纯靠法庭执法不能达到最优。由此,施莱弗就说明引入监管者的理由,监管者是不需要中立的,可以犯错误,可以给他激励机制。政府、警察是这样进到他们的理论来的。比如抓一个贼,奖励1000元,但抓了贼,警察说了不算,法庭说了算,偏了以后,法庭可以纠正,这样就保证了一方面有人有很强的动力去抓贼,另一方面有另一个机构保证公正性,所以在这样的情况下,需要一个监管者。由这个理论他们讨论捷克和波兰的金融市场为什么在转轨以来有重大的差异,这样大的差异非常出乎经济学家预料,经济学家当初都认为捷克一定走在前,波兰一定走在后,结果几年后,情况刚好相反。他们的解释是因为波兰金融市场上有监管者在执法,而捷克是单纯地依赖法庭来执法,其结果是法庭没有很好的执法,金融市场就没有发展。这就是最近他们在理论上的一个贡献。

引入关于"法律的不完备性"理论

现在,我们在上面介绍的一系列文献基础上引入我们的新理论——"法律的内在的不完备性"。实际上,以上所说的文献都有一个非常重要的隐含的基本假设,即法律是完备的。"法律的不完备性"这个概念是我们新提出来的,此前没有这个概念,人们也没有去想这个问题,并没有意识到"法律的完备性"这个隐含假设。

我们来看一下贝克—斯蒂格勒模型——法律有最优的阻吓作用。隐含的假设是,法律要制定得足够清楚,不含糊,使得每一个个人、每一个法官对法律有相同的认识。这个认识不仅仅知道什么是犯法,而且知道犯法后怎么惩罚,在这种情况下,所有聪明的个人都知道犯法以后的后果是什么,从而可以制定出最优阻吓作用的法律,也就可以使得法庭的执法是最优的,那么,就不需要监管者。科斯定理实际上是一个更强的基本假设,所谓的交易成本等于零,意味着合同都是完备的(至少可以按需要设计成完备的),法律作为一个大合同,当然也是完备的。施莱弗与合作者的文章同样也带着这个理论假设,他的意思是,即便法律是完备的,仍然可能需要监管者,因为证据需要费力搜寻。

我们提出,这个非常基本的隐含假设与现实有非常巨大的差别。现实之中任何的法律都是不完备的。为什么任何的法律都是不完备的呢?道理其实相当简单。因为法律是面对全体国民的,是面对无穷代的国民,社会是变化的,而法律具有稳定性,所以立法人怎么可能预料所有将来会发生的事件呢?怎么能把法律定义得无限清楚,用语言准确地、无差异地写出来呢?这是一个不可忽视的因素,现实中法律都是不完备的。

我们的理论出发点是基于这样的假设,即法律是不完备的。由于法律是不完备的,因此根据贝克-斯蒂格勒方法制定最优法律,其结果并不是最优的。原因是在当初制定法律时,有许多事件是无法完全清楚地预见到的,因此只能用近似的描述来替代,这样,当初制定的法律并不能完全反映后来发生的事件。而如果人们知道法律的局限,他们就会钻法律的空子,法律也就丧失了其最优的阻吓作用。贝克—斯蒂格勒模型推理的关键是法律有最优的阻吓作用,而这一作用取决于法律对违法行为的描述,且这一描述要足够精确,覆盖范围要足够宽,没有空子可钻。只要法律不能准确地概括所有可能的违法行为,从而不能明确地对可能的违法行为作出惩罚,法律也就丧失了对违法行为的阻吓作用。而且,如果只有法庭来执法的话,一方面很可能出现阻吓不足的结果;另一个可能的结果是阻吓过度。因为在立法时,立法者由于知道无法对违法行为进行准确的描述,从而给人们的违法行为留下借口,就会采取"一刀切"的方法,把某一大类的活动统统列为被禁止的行为。而实际上,在这些活动中,有些活动是有利于社会发展的。因此在法律不完备的情况下,只依赖法庭执法,其结果或者是阻吓不足或者是阻吓过度。我们可以找到非常多的例子,如19世纪后期的德国,在金融市场出现丑闻后,采取非常严厉的立法措施,几乎扼杀了金融市场的发展,这就是阻吓过度的例子。阻吓不足的例子则更多。

与以往的理论相比,最近施莱弗和他的合作者关于为什么需要监管者的理论说,当搜寻证据耗时费力的时候,需要有监管者。这个道理有他的正确性。在这一部分我们的理论同他是互补的。我们的理论和他的理论的差别是什么?我们的理论是说,即便寻找证据并不费力,甚至当证据确凿无误时,当法律不完备时,法庭执法仍然不能达到最优。原因是,执法中经常发现的困难不是因为证据,而是因为法律的不完备。法学历史上的著名判例是19世纪英国的戴利对皮克(Derry vs. Peek)证券欺诈案。此案的证据问题相当简单,问题或困难出在法律的不完备上。证据表明,在这家公司上市时,公司所有者自己以为可以拿到铺设铁路全程的执照,无意中误导了投资者,致使投资者遭受巨大损失。这是金融市场中"作假"的世界闻名的重大案例。法庭和上议院共同卷入其中,审判的结果是公司没有责任。主要原因是,法律上没有规定过"无意欺骗"怎么判罚。即,法律的不完备导致作案(法律丧失了阻吓功能),也导致了判案的困难。所以我们说,证据清楚经常不是执法者面对的最大的困难,不是执法者面对的最大的挑战。

既然法律的本性是不完备的,那么有什么方法、什么制度可以改善法律的效果呢?

主动式执法和被动式执法

让我们继续以19世纪英国的戴利对皮克证券欺诈案为例,如果当时有执法机构要求皮克在上市前把主要细节弄清楚并向投资者披露,否则不允许上市,即使法律不完备,这个案子也有可能避免。

概要地说,我们认为,当法律不完备时,引入监管机构以主动式执法可以改进法律效果。法律不完备是因为人们的知识不完备。但人们尽管事先并不知道未来可能发生什么事件,他们可以不断地学习,不断地了解。在这种情况下,如果引入主动式执法,执法者就可以在执法过程中不断学习,不断地了解立法者当初制定法律时并不完全知道的情况。学习过程是主动执法与被动执法的关键之所在。

那么,谁是主动执法者,法庭可以成为主动执法者吗?我们的答案是法庭不能成为主动执法者,因为法庭必须是中立的、不偏不倚的(这是一个最基本、最重要的概念),而主动执法意味着执法者必须介入案件,要有自己的立场。因此需要有一个与法庭相分离的机构,我们把这个机构命名为"监管者"。谁是"监管者"?是政府!监管者主要能做些什么呢?我们可以把事件按时间顺序来划分。关键是执法的时间是在违法的后果(或有害后果)产生之前还是之后。在有害后果或事件发生之前,法庭几乎无所作为,它的唯一作用是,可能的受害者可以向法庭提起诉讼要求停止该行为。法庭可以作出一个中间判决,而中间判决不是最终审判,也无法判定谁有罪,谁无罪,它只能要求停止可能有害的行为。例如,甲、乙两人互为邻居,甲正在锯掉园里的树,而此树被锯倒时可能会砸坏乙的房子,因此乙要求甲停止锯树行为,而甲又不同意,乙就可以向法庭起诉,而法庭可以判甲停止锯树行为。此时,如果甲继续锯树就会违法。法庭的判决仍然是被动式的,因为只有乙上法庭状告甲时,法庭才会采取行动。但是,主动式执法可以在有害行为或结果发生之前监督、调查,甚至要求停止某一行为。在有害结果发生后,主动式执法可以惩罚行为者,但是主动式执法的惩罚力度是有限的,如果主动式执法想加大惩罚力度,它就需要诉诸法庭,而一旦向法庭起诉后,主动执法者与被告也就处于平等的地位。法庭可以接受任何起诉,可以是私人的,也可以是主动执法者(监管者)的,法庭的惩罚包括刑法惩罚和民法惩罚两种主要方式。这两种惩罚仅属于法庭,而不属于监管者。

在贝克—斯蒂格勒模型的框架中引入不完备法及主动执法者——监管者,我们可以证明:

在一定的条件下,不完备的法律仍然能够达到最优(first-best)。这些条件包括:一是主动执法者(监管者)能够无成本地、准确地观察到所有发生的事件;二是主动执法者是没有私利地为社会谋福利的。

在现实中,监管者能够满足这两个条件吗?显然不能。因此,我们首先放松了第一个条件,也就是说监管者的监管是有成本的,这时什么是需要监管的,什么是不需要监管,也就成了有条件的了。以金融市场的监管为例,监管者会要求公司和企业提供所有的数据,从而将其监督成本全部分摊到被监管者身上。实际上英美的法律,就是要对方承担监管成本的。所以,立法者在建立监管制度时是有条件的,用经济学的模型来说,监管所带来的成本不应降低社会福利。在不降低社会福利的条件下,假定成本是外生的,可以论证,在什么情况下希望引入或不引入监管者。希望引入监管者是在两种情况下,一是当法律特别不完备的情况,二是有害行为足够大,大到使得你愿意支付监管者加给你的成本的情况,这时就要引入监管。金融市场是这种情况的一个绝好的典型例子,因为金融市场一旦出现有害行为就会拖垮整个经济,对此进行监管而支付的高成本就是值得的。

法律是不那么完备的时候也不需要引入监管的情况,就是在对待刑事案件时,可以说法律是接近完备的,不需要引入监管者。从中国古代到罗马帝国,古今中外对盗窃、谋杀等刑事案件,人们的理解是差不多的,法律制定也是差不多的。相对来说法律比较完备,这时候就不需要监管者。还有,即便法律是不完备的,仍然不一定需要监管,当违法的事件发生的时候,发生的后果相对于成本来说不是特别大,就不值得引入监管者。基本上就是有这样一个推理,我们能够从这样一个理论中找到什么问题需要监管,怎么监管。因为有了这样一个新的想问题的方法、新的想问题的概念的框架,可以帮助我们理解什么时候需要监管,什么问题需要监管以及怎样监管。

说明"法律不完备"的两大类案例

两大类例子与我们的理论是非常一致的,一是金融市场,一是反垄断法。这两个法都是从美国开始的,虽然美国是一个年轻的国家,但是经济方面的重要法规大部分都是从美国开始的。

反垄断法

美国南北战争后，科学技术快速发展，当时的经济极其繁荣，最主要的变化是蒸汽机带来的火车、采油、钢铁和制造业等行业的发展，许多公司迅速扩张，企业兼并极为活跃，垄断开始形成。垄断形成的过程中严重侵害了消费者利益，也侵害了竞争对手的利益。虽然这些垄断者社会地位非常高，非常有权势，但在一个民主社会中，毕竟消费者和竞争对手人数众多，议员假定是要代表消费者和其他企业利益的，那么，在各州议会中因垄断行为引起很大反响就是自然的，这样，许多州就通过了州一级的反垄断法，基本使得大公司串通一气、控制价格成为违法。这是世界法律之先驱，但这种州级法律作用十分有限，因为许多垄断企业或企图垄断的企业是跨州的。1890年联邦通过了世界第一个国家级的反垄断法，即谢尔曼反垄断法。

有趣的是，2000年美国司法部上诉微软公司，最后哥伦比亚地区法庭判微软违反垄断法，违反的是什么法？是1890年的谢尔曼反垄断法！谁都知道计算机是最新的行业，但它依赖的法却是世界上110年前最老的反垄断法。谢尔曼反垄断法与微软有关的条款就是两条：任何公司与别家勾结阻碍竞争是违法的；任何人利用已有的垄断地位加强垄断、阻碍竞争是违法的。但这两款的法律语言都是非常泛泛的，没有办法严格执行，所以这个法一出来就是严重的不完备。从1890年起一个接一个的判例来不断完备该法，即便是逐渐完备仍然发现垄断行为不可阻止，每当技术上有任何变动，花样翻新的变化就会使得法律无法阻止，中国人喜欢说"上有政策，下有对策"，这并不是中国特色，是人类的特色，如果政策是完备的，下边的对策就找不着了，因为政策不是完备的，下面总能找出对策。美国一样，上有政策，下有对策。没完没了的出各种各样的事，即便用判例不断完备。所以到1914年美国的立法者——国会通过新的反垄断法，联邦贸易委员会法案（FTC Act），建立了一个政府机构，监督企业执行反垄断法，这就是监管者，联邦贸易委员会。这个故事同我们的理论是完全一致的：由于法律不完备，即便想尽办法去完备法律，但是完备法律的速度也总是赶不上现实变化的速度，因此只好想办法，除了法庭——被动式执法以外，再设立一个机构去主动式执法。从1914年至今，美国执行反垄断法的专门机构，行政上的安排是白宫下面有司法部，司法部下面就是联邦贸易委员会。功能包括可以到企业去检查，当企业要合并的时候要FTC的批准，由FTC判断企业的合并是否有垄断行为，要有足够证据来保证企业合并后不会形成垄断。这是典型的主动式执法行为。以后，反垄断法随着时间的推移在不断完备，到1976年还通过了新的反垄断法。但是特别有趣的是微软的例子，这么新的案例，面对这么新的技术，却不使用后来通过的那些新的法律，而使用它最古老的法律，这说明后来的新的反垄断法与微软的案例没有关系，因为法律的不完备，只好退回到最原始的基本的原则性的法律中去。微软案另一个有趣的事是在20世纪90年代初，FTC调查微软是否违法，但是逐一对照已有的法律，结论是没有犯法。司法部说，不行，直觉上微软是违法的，所以司法部代表联邦政府19个州，20家一起调查，然后上诉，到2000年4月哥伦比亚区的法官判微软犯法，分拆微软，微软不服上诉，申述法庭不久后驳回，"维持原判"。但是申述法庭认为原判的惩罚不对，因为法官偏袒原告一方，不是中立的，要上另一个地区法庭重判。这是最好的一个关于"法律不完备"理论的例子。法庭关于是否犯法已经判下来了，怎么惩罚却不知道！一个法律完备到贝克—斯蒂格勒模型描述的那样，任何的案子都应该能够明确说出犯了什么法，判什么刑。只有这样才有阻吓作用，而微软案却在判断有罪后不能从法律中推断惩罚！即，法律对于怎么惩罚微软案是不完备的。这个不完备与科学技术的发展和整个经济社会环境的变化都是相关的。

金融市场

我们的研究集中以英国为例。英国的金融市场是世界上第一个大规模的证券市场，所以极其重要。英国的金融市场早在18世纪就有相当规模，但那时不存在针对金融市场的专门的法律法规。当时基本可用的是两类法律：一类是合同法,因为可以把任何的金融交易行为看成是合同行为,金融市场上发生的事情可以根据合同法判断。另一类是侵权法,也许没有违反合同,但因为侵犯他人权利,也要判罚赔偿。当然,这两种法律在金融市场效果极其有限,极其不完备。合同法规定的犯法一定是与合同有关的,但假如把金融市场上任何一个证券当作合同的话,很容易发现证券在金融市场上肯定是要几经易手的,每当易手的时候,怎么应用合同法?一点都不清楚。合同法不好用。而侵权法有一系列详细的规定,什么算侵权,什么不算侵权,也不适用许多金融市场的情况。

因为法律的不完备,人们想方设法去钻空子,各种诡计层出不穷,金融市场才会出现大量问题,直到19世纪后期,才开始有了一些针对金融市场的法律,真正的引入主动式执法时间比较晚。英国的金融市场最主要是伦敦交易所,伦敦交易所建立于17世纪,非常早,但是一直到20世纪30年代经济大危机的时候,在英国政府的要求和威胁下,伦敦证券交易所才变成一个自己管理自己的监管机构。它自己管理自己的方式就是靠管理它的成员——在伦敦交易所上市的成员。伦敦交易所是一个合作社,所有成员加入时都必须同意接受其监督,伦敦交易所可以吊销其成员的资格。相比之下,在几乎相似的时间里,美国通过立法建立了联邦证券监督委员会(SEC)。SEC要求每一个到证券市场上交易的企业都要把足够多的信息公开出来,SEC的执法集中在信息披露法上,监督披露法。为什么披露法需要主动式执法呢?因为什么叫做"披露",什么叫没有披露,法律本身不是很清楚,所以相当一部分权力交到了SEC手中,由它根据情况决定,每一个具体公司是否执行了法律,是否披露了对投资者来说足够的、重要的信息,如果SEC认为你没有披露足够信息,它可以要求你披露,否则你得不到上市资格。如果你不服,可以上法院告SEC。

这样两个案例可以印证我们的理论。经济学是一门科学而不是数学,科学与数学的差别是科学要有证据,所讲的道理与现象相关。所以在学术工作里,案例最重要的作用是为理论提供证据。当然,案例对于人们理解理论也有重要帮助,就是对研究者本人也特别重要,案例对于理论的发展有指导作用。

怎样监管？怎样主动式执法？

关于主动式执法，怎样主动执法，可以说基本上是两大类方式，一大类方式是注册制，监管集中在执行披露法上；另一大类是核准制，监管者审查监管对象的本质，例如看一家企业是否有价值、有优点、会否盈利等。中国的证监会两种方法都用。而美国的证监会是只管披露不管企业素质的，即他们监管的是公司把真相说出来，不得欺骗，是好是坏则让投资者选择。伦敦证券交易所是披露法和核准制都用，因为其合作社性质要保证自己的合作社运行得好。这并不是企业自己管自己，而是接受证券交易所管自己。注册制的好处是可以避免监管者做错事，一般新上市的小企业通常都是不赚钱的，如果用核准制，因为它不赚钱，你就不让它上市，其结果是扼杀了这些企业。第二个好处是注册制容易避免腐败。因为不需要企业来证明自己如何好才能得到批准，企业只要披露自己的真实情况就能得到批准，总的来说，得到批准的机会较大，从而限制了监管者手中的权力，由此减少了腐败的机会。所以强调注册制有这个好处。但是核准制也有其好处。如果投资者不太成熟，核准制有可能帮助避免金融市场的问题。假定市场上大量的都是小投资者，信息知道的很少，判断能力很差，使用核准制可以将不好的企业筛选掉一些（代价是许多好企业也会被筛掉），上市的较多是比较有把握的公司，可以减少金融市场的波动。

为什么美国的 SEC 完全不使用核准制，而伦敦交易所却使用核准制呢？而且很少听说伦敦交易所有多少腐败发生？这里面的道理在于美国的 SEC 是政府部门，政府部门由于自身没有利润上的考虑，所以容易腐败。而伦敦交易所是一个追求利润的机构，腐败和自身追求利润是冲突的。只有使市场透明才能使交易所赚到钱。所以它在意自己的声誉，在意投资者是否信赖其市场。作为一个自律机构，为其自身利益所在，伦敦交易所有动力制定一系列规定和制度来帮助克服其腐败。因此采用核准制导致的腐败问题就不是最严重的了。

如果我们把这些应用到中国，这个问题比较微妙。中国的证监会与美国的 SEC 大体性质相似，都是监管证券市场的政府机构。美国的 SEC 根本不用核准制，本身就挡住了腐败的道路，而中国的证监会在过去主要执行的是核准制（现在在改变），这就为腐败打开了方便之门。跟以前的价格双轨制相似，这种体制把腐败门路都准备在那了，能够不腐败变成了执法者个人的能力（意志、道德）问题。关键是，由政府的监督机构来决定谁可以赚钱，谁不可以赚钱，企业当然要设法买通监管者让自己赚钱。现在中国证监会将其监管重心改变为注册制，除其他好处外，对减少腐败大有帮助。

英国的金融监管在 2000 年有重大改变，眼下人们对改变后的英国体制知道得还不够清楚。

法律不完备性的理论新在哪里？

引进新的概念——法律的完备性和不完备性，主要的贡献是什么？我们目前用这个理论来解释执法制度的问题。理论上、政策上这都是个大的问题。我们认为，"法律的不完备性"影响的不止是执法问题，它影响整个的司法制度，乃至政治制度。所以这个理论是关于分析基本社会制度的理论。

从法学及经济法学的角度来看，我们的理论与已有的文献相比，强调的是执法和立法之间的交互作用。这是现存理论文献中没有认真讨论过的。执法和立法之间的交互作用，我们认为，是监管者关键性的作用。监管者不是单纯去寻找证据的机构，监管者大量的工作内容是在补充完善法律，每一个监管者都在制定法规。比如最近以来中国证监会出台了一系列规定，完善法律正是监管者最基本的功能。为什么完善法律用这种办法，监管者又不是一个立法机构，实际上正好是我们说的这个道理，由于法律是不完备的，是本质性的不完备，意味着每一次要去完善普遍法律是非常费力的，因为法律要持续很久时间，面对所有民众，要稳定，不可以自相矛盾，一系列的条件使得对正规立法上的变化要求很高，相对困难。在一个法治的国家，法律应该是立法人作出的。而监管者往往面对的是对整个经济有重大作用、引起重大后果、变化又非常大、非常复杂的世界。因此监管者制定的法规同正式的立法有许多差别，可以适用时间比较短，可以面对比较专门化的民众，范围可以比较窄，不是普遍法律，因此是在不完备的法律和复杂的现实之间找到的一个折中方案。这些监管者不仅是专家，而且有主动权力却又是有限的，可以见机行事，即相机性。作为监管者的政府机构，不可以给他立法权力，但是必须给他相机性，如果没有相机性，就没有人来对付不完备法律带来的空缺，空缺可以给社会带来灾难。这是我们的基本理论引导出来的东西。没有我们这个概念，就没有办法讨论到为什么需要监管和监管者这一本质问题上来。

从思想角度来讲，哈特的"不完备合同"对我们有很大启发。这从名词上也能看到。但是，我们讨论的是社会经济的不同方面，分析方法也很不同。我们把法律刻画成完备的和不完备的。我们从不完备的法律引申出了执法和立法权的分配。如果没有不完备法律的存在，分配执法权和立法权也不成为基本问题。

我们把这个概念应用到执法问题上，就可以看到，分配给监管者立法权和执法权，是由于法律是不完备的。剩余权力就是指绝大部分立法权不在监管者手中，比如证监会没有权力更改主要宪法的任何部分，但是它有剩余权力，当它面对金融市场范围内的问题时，它有权力更改所有关于金融市场的法规，只要它在原则上符合法律。由于这部分法规是它制定的，它还有权力去执行。这就是由不完备法律引申出的后果。

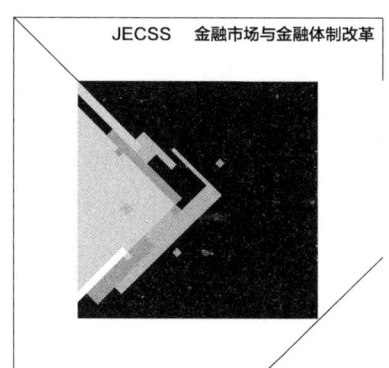

JECSS 金融市场与金融体制改革

第二辑

证券管理与金融稳定

各国证券管理体制比较*

高西庆**

证券管理体制是指一个国家通过立法设立或认可的、对该国证券行业进行制度化管理、控制与协调的整个体系。这包括对证券本身的发行与交易、证券公司的成立与运行、证券交易场所的组成及其活动、证券从业人员的资格与行为规范，以及其他与证券业有关的组织或行为进行管理、控制与协调的所有政府部门与自律性组织机构。由于世界各国经济发展阶段不同，证券业发达程度不同，法律文化传统不同，管理哲学也不同，所以各国证券业的管理体制也必然有所不同。我国目前正处于证券业发展的初期，对于如何有效管理这一行业缺乏经验。更重要的是，我国整个宏观经济管理体制正处于转轨阶段，如何在充分利用证券业理顺社会资源配置、发展我国国民经济的同时处理好各部门之间的利益，协调好各方面的关系，不仅是一个颇具现实性的问题，而且是一个具有相当紧迫性的问题。本文试图通过对世界各国证券管理体制的比较，找出一种或几种较为适合我国当前实际的借鉴体制来。

---

* 本文原载于《经济社会体制比较》1991 年第 6 期。
** 高西庆，清华大学法学院教授，原中国投资有限责任公司总经理。

一、宏观管理构架

世界各国证券业的宏观管理构架主要为一级管理和分级管理两种。其中所谓一级管理，即不分级的管理，通常是指政府部门很少参与或不参与管理，只由证券业的自律机构进行管理。但是也有极个别的情况，例如我国目前的状况，就是政府本身直接进行管理而没有自律机构的管理。分级管理又分为二级管理和三级管理，二级管理又分为政府机构和自律机构的管理，以及中央和地方二级政府部门的管理。三级管理即中央和地方两级政府加上自律机构的管理。以下就各种管理体制的具体形式加以介绍：

1. 分级管理

分级管理分两类，一是政府主管部门与自律机构分别对证券业进行管理，形成官民间的权力分配；另一类是中央和地方各级政府分别对证券业进行管理，形成各级政府间的权力分配。目前世界各国采用最为广泛的管理模式是政府与自律机构分别进行的二级或三级管理制度。其中较为典型的是美国、法国、意大利等国的管理制度。

2. 一级管理

一级管理主要是指英国式的由证券商行业协会进行的、政府不加干预的自律性管理。这种管理模式经1987年底英国证券业的改革"大震动"及同年10月香港证券业"股灾"反省后已逐渐向二级管理的模式靠拢。

我国目前完全由政府主管部门管理的状况，也可称为一级管理，但这种模式在世界上尚属罕见，所以无从比较。而且事实上这种状况也正处于改变的过程中，无论是在实际操作上还是在人们的观念中，都已经开始产生对自律管理层的要求。

二、政府管理模式

各国政府或地区对证券业的管理模式主要分为由独立部门管理、财政部管理和中央银行管理三种。其中以独立的证券管理部门最为普遍。

1. 独立部门

以中央一级的独立政府部门对证券业进行管理主要分为三种类型。第一种类型是以美国证券管理委员会（SEC）为代表的国会立法型，其特征为独立于立法、司法、行政三权之外，又兼有以上三者功能的超级独立性部门。第二种类型是以法国1989年以前的证券交易所管理委员会（COB）为代表的内阁部委型，其特征是隶属于行政部门内阁管理之下，成为相对独立的行业管理部门。第三种类型是以意大利全国公司与证券交易所管理委员会（CONSOB）为代表的多部委协调型，其特征是将所有与证券业多少有联系的政府部门均置于该委员会中，使得看上去人人有发言权，实际上由于各方面利益的冲突而无人有发言权，最终造成不得不依赖于自律机构管理的实际结果。这属于超级协调型。

2. 财政部

财政部对证券业的管理也分为三种类型，一是以日本大藏省证券局为代表的技术官僚管理型，其特征是管理部门被赋予相当大的权威，以"指导"和监督证券业的运行。第二种类型是以荷兰财政部证券司监管下的证券交易所自律机构为代表的自律指导监管型，其特征是财政部门只对证券业自律机构作出一般性的监控管理，而不做实质性的干预。第三种是以台湾财政部属下的证券管理委员会为代表的跨部门管理型，其特征是名义上由财政部管理，实质上则是由财政部负责召集会议、各部门派员参加的跨部门协调机构。

3. 中央银行

由中央银行对证券业进行管理的国家极少，德国万能银行式的管理或许可勉强称为这种管理模式中的一种。它的管理主要是通过联邦银行管理委员会对银行机构进行的特许证式的管理〔因为在德国只有银行可以进行证券的操作〕，各州政府对其辖区内证券交易所的管理，以及中央银行对涉外证券的管理。另一国家牙买加虽然名义上是由中央银行进行管理，但实质上对证券业的管理却是由经它认可的自律性机构来进行的。

4. 财政部与中央银行共管

由财政部与中央银行共同对证券业进行管理的方式并不常见，主要的有以下几种。一是新加坡中央银行下属的货币管理局〔MAS〕与财政部共管的证券管理委员会，但在其实际操作中仍是以证券商的自律性管理为主。二是马来西亚的吉隆坡股票交易所，虽为独立部门，却受到财政部和中央银行的监督。其下属之资本用户管理委员会、外资委员会和资本发行审议会等均须向财政部和中央银行报告。三是葡萄牙股票交易所执行委员会，作为财政部〔主管证券市场〕、中央银行〔主管证券公司〕与证券交易所三家共管的执行机构对证券业进行管理。

二、中国证券管理体制的现状

（一）中央政府管理构架

1. 中国人民银行金融管理司

负责所有证券经营机构的审批；包括企业股票、债券在内的所有证券的流通转让、上市交易的审批；成立证券交易所的审批；各种证券管理法规的制订及其解释等等。

2. 财政部国家债务管理司

负责各种国债的发行与兑付以及与此相关的法规的制订；对财政证券系统的公司的事实上的审批与管理；与人民银行"共同管理"国债的流通。

3. 体改委宏观经济司

负责股份制试点的推行、股份制公司成立的审批、对现有企业进行股份制的改造以及相关法规的制定。

4. 计委财金司证券处

负责证券与计划的协调。

5. 国有资产管理局

负责国有企业进行股份制改造的审批以及与之相关的资产评估等方面法规的制定。

6. 全国证券业协调小组

由体改委召集，人民银行、财政部、计委参加，就包括股票、债券在内的整个中国证券业的交叉、疑难问题进行研究与协调。

7. 全国股票市场办公会议

由人民银行牵头，财政部、体改委、计委、国有资产管理局、税务总局、外汇管理局参加，负责"确定全国股票市场发展的重大方针、政策；审定全国股票发行规模；审定股票市场的管理办法；协调各部门的关系"等等。

(二) 地方政府管理模式

由于缺乏中央一级的完整的法规，各地政府只能根据当地实际情况加上自己的发明创造及对前几年零散法规文件的理解制定出自己的一套管理办法来。

1. 上海

上海证券业最高领导机构为上海证券市场领导小组，由上海市主管副市长挂帅，交通银行董事长、人民银行上海分行行长和上海市体改办主任参加。

2. 深圳

一是证券市场领导小组，由主管副市长任组长，市人行行长任副组长，各有关部门共十几个局级单位参加（包括人行、经发局、工商局、公安局、投资管理公司等），负责管理与深圳证券交易所有关的一切事宜。二是股份制改造联审小组，由体改委牵头，人行、经发局、投资管理公司等组成，负责股份制公司的审批。

3. 沈阳

资本市场领导小组，由主管副市长负责，人行、市财政部、市体改委参加。

4. 其他

其他大多数城市虽然也跃跃欲试，力图搞起自己的证券市场，但一般还没有建立与上述各市类似的市级领导机构，因此基本上由当地人行行使金融管理的职权。

四、各种管理模式比较

1. 一级管理与分级管理的利弊比较

由于分级管理在政治上的可接受性和其在经济上的可操作性较易达到一个适当的平衡，所以这种模式已为世界上绝大多数国家所采用。以行业公会为主的一级自律性管理较易造成行业垄断和庞大利益集团的形成，引起社会投资公众的不满，进而对国家经济发展、吸引外资造成一定的阻碍，所以已逐渐被摒弃不用。英国和香港政府近年来通过种种手段加强对证券业的管理，就是这方面的一个例证。完全以政府行政部门对证券业进行管理的模式极少为人们所采用，其原因是显而易见的。政府管理人员对证券业的了解程度、管理技能、利益相关程度以及财政政府本身预算的限制，均造成政府对证券业管理的局限性，以致无法有效、合理、持续稳定地管理证券业。而克服上述弊病的最佳办法就是利用证券业的自身利益来敦促其实现自律性管理，即所谓"以夷制夷"。

2. 独立部门与财政部、中央银行管理的利弊比较

从世界范围来看，将证券业的管理交给一个独立政府部门已是大势所趋。近十年来许多原来由其他部门管理证券业的如印度、泰国、菲律宾、韩国等纷纷成立美国式或法国式的证券管理委员会，就是明证。证券业是商品经济发展到高级阶段的产物，无论从其专业技术性、对各阶层利益影响的广泛性、还是从对国民经济的重要性上来说，都有着许多与财政、银行截然不同的特定属性。因此，由独立的政府部门管理证券业当是顺理成章之事。

证券业不宜由中央银行管理，不仅也是顺理成章之事，而且还有其更重要的原因：首先，银行业与证券业利益不同，就争夺社会闲散资金而言，属于竞争对手，潜在矛盾很大。目前在我国银行界已经出现的所谓"开放证券市场会造成存款搬家"的理论即在一定程度上反映了这一矛盾。

其次，银行业与证券业对风险的态度不同，不易平衡保护投资者利益与保护实业界积极性之间的关系。由于银行业务的性质以及由此而形成的传统，银行界对风险的态度较为保守。因此，由银行业的管理机构来管理证券业，势必会对实业界证券的发行作出种种限制及过多的要求，以致增加筹资成本，挫伤实业界积极性，从而在一定程度上失去建立证券发行与交易市场的原来意义。

第三，历史的经验证明，如果允许商业银行参加证券交易业务，容易造成混淆长短期资金、将储户的存款投入交易市场的危险局面。一旦证券交易市场发生较大波动，银行立即周转不灵，易对社会公众造成消极的心理压力，进一步加速市场下滑，形成恶性循环。而中央银行一旦成为证券业的管理机构，势必会对其"亲生儿子"网开一面，给商业银行以经营证券业的特权。为此，美、日、英、意等各国不仅将证券业交由中央银行以外的独立部门管理，而且均通过立法将商业银行摒除于证券承销及大部分证券交易业务之外。

证券业也不宜由财政部管理。通常财政部的职责在于对国家整个宏观经济体制中财政政策的制订与管理。在社会主义制度下，财政部更具有以计划经济为其强大后盾及基本运行手段的鲜明特征。在新中国的历史上，财政部一直权力很大，其管理体系完全是中央集权式的计划管理体系。而证券的发行与交易则不论从实践、理论，还是从心理上，都是以市场经济为基本特征，其运行方式与计划体制很难以完全协调。

3. 独立部门中美、法、意三国模式间的比较

美国、法国及意大利三国间证券业管理体制的不同，正反映了其经济文化与法律文化背景的不同。

美国式的超级独立性部门来源于罗斯福新政时期出现的一系列以国会立法方式建立的，集立法、司法、行政三权于一身的所谓"第四权"式的独立委员会。这种独立性部门是美国20世纪30年代大危机后社会矛盾激化，各

种利益在不断交斗、磨合、调整的过程中作出最后妥协的产物，它对其后美国 50 多年来的经济产生了很大的影响。美国证券管理委员会就是这样的一个独立性部门。它的这种特定性质也就决定了它在美国证券业的管理中所起到的与他国类似机构不同的强大的管理、制约作用。由于其权力巨大，全美国的证券业，包括证券发行人、证券经纪商、证券公司和证券交易所等，都在很大程度上听命于证券管理委员会。

法国的证券交易所管理委员会来源于法国的不同经济、法律及文化背景，也就是依照欧洲大陆传统内阁式的管理结构，结合以法国特有的共和制管理方式，来建立这种对总统负责的内阁部委式的管理机构对证券业进行管理，以体现其所谓法国式的制约和平衡。

而意大利的全国公司和证券交易所管理委员会则充分体现了所谓意大利式的超级灵活性。意大利人通常以务实为特点，对于他们自己的立法、规范、制度等没有像德国人那样的严肃拘泥态度。只要能做成生意，别的事情都不那么重要。证券业是一个利益很大的行业，自然人人都想在其中有发言权。大家都不愿意放弃自己的任何一点发言权，谁也不必去考虑总体上的实际效果和逻辑上的合理性。于是就成立了这样一个有 40 多个部委参加的、跨部门的巨大无比的管理委员会，结果在事实上造成了谁也管不了谁的局面。这种意大利模式的好处是，由于多部门利益的相互牵制而造成行政部门对证券业的实质性干预减少，证券业的自律管理由此得以实现。

从以上三者的比较来看，最适合中国的模式可能会介乎于法国和意大利两种模式之间。这是因为第一，中国本来就没有三权分立的传统，更何况独立于三权之外的美国式的超级管理部门。法国式的内阁部委式的管理方式本来应该是合乎逻辑，也符合我国国情的。但是从我国证券业管理体制目前呈现出的发展趋势来看，建立这种独立部委式的管理机构的时机似乎已经失去。这是由于目前各有关部委都表现出一种类似于意大利式的热情，争相进入证券业的管理体系，造成了一种人人都认为自己应该管这件事，人人都认为自己有发言权的局面。上文所谈到的全国证券业协调小组和股票市场办公会议制度的建立都说明了这一点。但是，以上情况的出现并不能排除建立法国式证券管理委员会的可能性。上届全国人民代表大会上 50 多名人民代表联名提案，建议设立全国证券管理委员会，这不仅在一定程度上反映了各界人士对目前管理混乱局面的忧虑，而且也说明目前存在的问题一定会受到我国上层决策部门的重视。

证券市场失败的教训：
私有化、少数股东权利保护和投资者信心[*]

［美］小约翰·科菲 著　　张华薇 译[**]

简介：对公司治理结构的重新认识

　　一个幽灵，在新古典主义的公司理财（Corporate Finance）理论中徘徊。[①]这是一个与法律有关的幽灵——即，关于企业的实证理论如果没有考虑到法律制度这一变量并对其作出解释的话，它就是不完善的。最近关于公司治理结构的研究发现，各国之间在所有权集中度、资本市场的发展、投票权的价值以及利用外部融资等问题上存在具有制度性差异。[②] 更为重要的是，这些差

---

[*]　本文原载于《经济社会体制比较》2001年第2期。文章是1999年9月在密歇根大学法学院召开的题为"公司治理结构：来自转轨经济的教训"国际研讨会的论文之一。

[**]　小约翰·科菲，美国哥伦比亚大学法学院法学教授。

[①]　援引自19世纪并不引人注目的经济学家卡尔·马克思，他于1848年创出此句。见卡尔·马克思和弗里德里希·恩格斯《共产党宣言（1989）》，请注意"一个幽灵——共产主义的幽灵在欧洲徘徊"一句，年轻的学者们可能对此并不熟悉。

[②]　四位财经专家对该项研究贡献了主要力量，他们有时被合称为"四人小组"，但以下将中立地称其为"LLSV"，请见Rafael LaPorta, Florencio Lopez de Silanos 和 Andrei Shleifer, "Corporate Ownership Around the World", 54 J. Fin. 471（1999）；Laporta, Lopez de Silanos, Shleifer 和 Vishny, "Legal Determinants of External Finance", 52 J. Fin. 1131（1997）. 另一部同一风格的引起争议的著作，请见 La Porta, Lopez de Silanos, Shleifer 和 Vishiny, "Investor Protection and Corporate Governance"（1999年6月工作底稿）。

异看起来与对少数股东投资者的法律保护力度密切相关。① 反过来，这种法律保护的水平又似乎依赖于各国法律体系的性质与起源，且随之而改变。特别是在对投资者提供保护方面，普通法（Common Law）体系远远超出了大陆法（Civil Law）体系（尤其是法国大陆法体系）。反过来，这又鼓励了资本市场的成长与所有权的分散。结果，公司中就出现了所有权集中及所有权分散两种相反的体系，而每种体系均有各自不同的公司治理结构。②

如果法律制度确实相关的话，对这种相关性的认识破坏并动摇了新古典主义公司理财理论的基础。大多数现代关于"法律经济学"的著作都假设金融市场的规制（regulation）是不必要的，并且假定公司法的作用仅仅是为投资者提供一种示范的格式合同，以便投资者节省订约成本。关于规制是多余的或认为规制会使情况更糟糕的结论是建立在以下两个前提之上：

（1）有经验的订约方能够针对他们的特定情况，制订出超过任何标准化监管机构所期望的，更为详细、复杂且更灵活的合同。③

（2）企业家们为了使自己的股票价值最大化，他们把自己正在成长中的公司投入到资本市场时，有足够的动力去使代理费用最小化（部分是通过约束自身的行为，不然就是限制自己的酌处权）。④ 简而言之，因为依照 Jensen（和 Meckling）的标准公司模式，企业家们承担代理费用，所以他们有充足理由不去保留剥夺投资者财富的酌处权。因此，规制似乎并无必要。依这种观点，公共选择（Public Chioce）理论中关于利益集团和寻租者的理论是解释为

---

① 最新的 LLSV 对这一问题作出的评述，请见 La Porta, Lopez de Silanos, Shleifer 和 Vishny, "Investor Protection and Corporate Governance"（1999 年 6 月工作底稿）。

② 尽管这些体系可能是固定的，但个别公司可以对此进行更改，主要是通过在"所有权分散"国家的证券交易所上市来实现。我曾指出，这种更改与全球化的需要，正在动摇传统的所有权集中体系，见 John C. Coffee, Jr., "The Future as History: The Prospects for Global"。

③ 文本中的句子主要是对 Easterbrook 法官和 Fischel 系主任发展的关于为何大多数公司和证券的规制是不必要的观点的简明总结。见 Frank Easterbrook 和 Danniel Fischel, "The Economic Structure of Corporate Law"（1991）。关于此观点的早期论述，见 George Stigler, "Public Regulation of Securities Market", 37 J. Bus 117（1964）。

④ 参见 Michael Jensen 和 William Meckling, "Theory of the Firm: Managerial Behavior, Augency Costs and Ownership Structure", 3 J. Fin. Econ. 305（1976）。

什么规制仍然必要的最佳理论。

然而，认为融资合同很大程度上使规制无意义的主张并不能解释为什么某一国家资本市场的发展水平与它的法律体系之间密切相关的原因。更合乎逻辑的结论是，法律确实有必要进行规制，这比仅仅依靠融资合同更能提高经济效率。私人合同并不能产生足以维系活跃的证券市场的信息披露制度。

然而，即使这证明了规制的作用，也并未准确地告诉我们，什么样的规制确实（或为什么）比融资合同更起作用。它也并未告诉我们，最好的法律体系包括哪些因素。其他一些例外现象也使得普通法与大陆法之间的对立变得模糊不清。比如说，认为由于美国与英国的法律体系均源自于普遍法传统，所以他们的体系就是较完善的，这种观点忽略了大量的相关历史事实。

简而言之，如果把注意力只集中于法律体系的共同渊源之上，就会掩盖对两个国家相似的所有权结构和市场特性起更重要的作用的功能机制上的不同。另外，尽管最近关于公司治理结构的比较研究令人印象深刻，但该研究大量集中在企业层面上，只考察了公司法和破产法方面的特点，人们认为这两种法律确立了较高的投资者保护标准。这种讨论虽然很重要，但它忽略证券市场自身的重要性。在英美两国，一个显著的共同特征就是都有发达的证券市场，且具有高度的披露标准和透明度。我们与其把证券市场的成功归于英美两国公司法的共性之上，还不如把它归于英美两国证券法的更明显的共性之上更有意义。① 在产生功能偶合方面（至少对于规模大一些的公司来说），这两国相似的上市、披露及公司治理结构标准比股东个人所能求助的法律救济方式更为重要。这种机制的目的在于创造信誉资本，它实际上能抵押给投资者，从而抵销特定国家法律体系的缺陷。最后，证券市场的功能偶合比公司法中法律形式的偶合要更容易得到实现，这不仅因为大公司可以在不同的市场之间进行选择，而且由于证券市场本身面对全球竞争压力而变革、适应，即使政府抵制这种变革。

---

① 值得关注的是，例如 RNN 年证券法就是以更早的英国立法为范本的，但有意思的是，英国早期立法本身却意图推翻普通法对欺诈的宽容。

最近关于公司治理结构的比较研究显然集中在转轨经济的改革之上。尤其是，先前有许多学者都努力在刚从社会主义外壳中蜕变出来的转轨国家中实施切实可行的公司治理体系，而最近的比较研究似乎恰恰是这些先期努力和失败的自然扩展。先期的实验很快就显示出了两种很强的趋向：第一，证券市场很脆弱且可能会崩溃。第二，经理和控股股东可能会大规模地（而且确实）剥夺财产。学者们对此的反应大多是坚持不懈的呼吁立法改革，采纳"普通法"系的主要制度。改革也许是值得一试的，但对立法改革或正规的法律转变的呼吁经常不能引起人们的关注。在循规蹈矩的世界上，可能仅仅由于政治上的不可能，变革就不能进行。即使大多数人都很清楚这种转轨是有效的（从Kaldor-Hicks的角度上讲），并且会导致经济的大幅增长。

正是由于以上这些原因，人们探求职能并轨的前景就更为明智。与其坚持把英美法移入外国的法律体系之中，不如去界定通过多种多样的法律机制能够获得的职能目标更切实可行（或者是第二种选择）。基于这种思路，本文将简要介绍一下在没有法律准备的转轨国家中，试图引入大规模私有化的失误所在。我们的目的不是要批评这些先期的努力，而是要鉴别出共同的类别。最后，我们建议不移植特定的学理上的原则，而是优先考虑职能的移植，这是在整体采用英美的法律原则是不可行的前提下作出的结论。

罪行与重大错误：大规模私有化简史

1995年，有1716个公司在布拉格证券交易所上市[①]。由于通货膨胀率相对较低，且雇佣率几乎达百分之百，所以这种坚挺的宏观经济地位使得中东欧国家向市场经济转轨好像会很顺利。但事实呢？1999年初，上市公司数量暴跌80%还多，只剩301家了。观测者预计这301家中，至少还有十几家会资不抵债。同时，布拉格证券交易所50种主要股票指数的投资价值也相应下

---

① 参见 Peter s. Green, "Prague exchange's Faied Reform Efforts Leaves Some Predicting Its Demise Int'l Herald Tribune". Mar. 17, 1999 at 16。

跌60%。交易枯竭，布拉格证券交易所自身的存在都受到威胁。1997年，该交易所有1486个经纪人，而1999年中期，只有358个经纪人。总之，这是市场的一次巨大失败。

为什么会这样呢？大部分是由于投资者很大程度上失去了信心，同时分散的小股东目睹了捷克投资基金的广泛剥夺，也目睹了在捷克公司中，一旦任何派别要求占据控制地位，就会自然而然的利用少数股东[①]。结果小股东会彻底失去股份而转向其他形式的投资。捷克共和国刚开始实行大规模私有化时，700多万捷克公民通过认股权证购买了股份，但到1999年，捷克股东的人数下降至"仅存500万人"了。

捷克的经历是法律体系不健全而引起市场失败的范例的开始，投资者开始时还很乐观，但后来就对捷克市场失去了信心。因此尽管基础的宏观经济条件在地区范围内相对很稳定，但市场仍旧下跌了。进一步讲，捷克的明显失败与它的邻国波兰的经历形成了鲜明的对比。在波兰，私有化进程是缓慢进行的，而且作为先决条件，波兰建立了较为完善的披露机制和治理标准。在简要回顾了这些表面的经验之后，本部分将对其他私有化方案进行更具有概括性的评估，并讨论一下亚洲金融危机的影响。

A. 波兰和捷克共和国：私有化的不同方式。从地缘政治学角度讲，波兰和捷克共和国有许多相似性，它们具有相同的斯拉夫文化，作为前斯拉夫集团中的中欧国家成员，它们又具有相同的历史。但它们私有化的方式却相去甚远。捷克共和国在20世纪90年代初就急匆匆地进行私有化，对于一连串危机和谣言只能进行事后的管制。[②] 捷克政府决定把资产尽快转入私有部门之后，在捷克私有化第一次高潮中，就将1491个合营股份公司私有化了，在第

[①] 1998年捷克的国内生产总值缩减2.5%还多（而它的邻国却年增长率达4—5%。评论家们倾向于把这种经济上的下降归因于私有化实施方式上的失败。见 John Nellis, "Time to Rethink Privatization in Transition Economies?" *Finance and Development* (IMF June 1999) at 16—17。

[②] John C. Coffee. Jr., "Inventing a Corporate Monitor for Transitional Economies: The Uncertain Lessons from the Czech and Polish Experience" in K. J. Hopt, H. Kanda. M. Roe. E. Wymeersch 和 S. Prigge, "Comparative Corporate Governance: The State of the Art and Emerging Research" (1998) at 67。

二次高潮中又私有化了861个公司。① 因此，捷克国内生产总值中私有部门的比例从1990年的12%增至1996年的74%。

相反，波兰的私有化就很缓慢且模棱两可，仅私有化了500家公司，且遵循的是国家创立的投资基金作为每个私有化公司控股股东的步骤。另外，波兰既不允许创建私有投资基金（这种私有投资基金在捷克共和国几乎是一夜就涌现出来了），最初时也不允许公民直接对新兴私有化公司的股票进行投资。然而，波兰法律授权公民可以把他们的认股权证投资于国家创设的金融中介，即国有投资基金（NIFS），基金的作用就是作为即将私有化的公司的控股股东。② 开始时只授权成立了15家国有投资基金，每个基金分配到的500家私有化公司的控股权益是33 1/3%。每家公司剩余的股票由其他国有投资基金和国家控制，每个国有投资基金聘请一家管理公司执行类似于西方共同基金中投资顾问所履行的职责。实际上，许多西方的投资银行都受聘来管理国有投资基金，有时会优先考虑波兰的商业银行。当然，在选择管理公司时，说客们会进行激烈的竞争。简而言之，由于捷克政府把国家继续拥有所有权视为很严重的危机，所以它急匆匆地进行了私有化，并且对管理的问题未加注意。而在波兰，国家的改革设计师们进行的是缓慢的私有化，谨慎地执行有限的私有化方案，这个方案有效地用国家创设的监控人（公民可以对其投资）替代了直接由国家控制的所有的形式。

这两种不同方式的结果是可预测的：捷克共和国迅速地建立起活跃的证券市场，而波兰的证券市场则交易量很少，在徘徊中缓慢发展（实际上1994—1996年间交易量是下降的）。在捷克共和国，私有投资基金的产生是证

---

① Saul Estrin, Domenico Nuti 和 Milica Uvalic "The Impact of Privatization Funds on Corporae Governance in Mass Privatization Schemes: the Czech Republic, Poland and Slovenia", In Marko Simoneti, Saul Estrin, Andreja Bohm (eds.), *The Governance of Privatization Funda: Experience of the Czech Republic, Poland and Slovenia* (1999) at 137, 142.

② 对国有投资基金的具体描述，就是它很类似于国家财政部创设的封闭式共同基金，用来控制私有化公司的控股权益。见 Janusa Lewandowski Roman Szyszko, *The Governance of Privatization Funds in Poland*, in Marko Simoneti, Saul Estrin Andreja Bohm "The Governance of Privatization Funds: Experience of the Czech Republic, Poland and Slovenia (1999)"。

券市场发展的自然的、不需进行策划的结果。在捷克两次私有化高潮中，有 600 多个基金形成，自然，这些基金只能在事后才进行监管。相反，在波兰，由于许多问题的政治性纠纷（包括选择运作国有投资基金的管理公司）的不断干扰，私有化进程被拖延了。

两种体系都遇到了很严重的问题，但问题的性质却大不相同。有三个明显存在的问题破坏了捷克的私有化，每个问题归根结底都是由于法律上的失败。另一个问题，也是最值得注意的问题就是捷克的证券市场几乎毫无透明度可言，由于交易不集中，并且布拉格证券交易所场外交易不要求进行同期的价格报告，所以只有那些交易参与者愿意披露的交易价格（在交易所是按价格进行交易的）才会报告出来。事实上，有 97% 的交易在布拉格证券交易所外进行①，而剩余的在所内的小部分交易则广泛地被认为是基于夸大的价格进行的。

只有当交易者想公布价格时（或是为了影响西方的有价证券投资商或是为了使私有化基金的有价证券升值），现行的证券价格才确实会被披露。部分是由于在此期间，缺少任何像证券交易委员会一样的权力机构去对交易进行监管或可以有权要求披露同期的价格，所以外国投资者很快就对布拉格证券交易所报告的价格是否能反映真实价值产生了怀疑。另外，在这个不透明的世界中，事先获得信息的交易比在一个规范有效的市场中的交易要有利可图得多。②

第二个问题迅速出现了，它破坏了重组的努力。在捷克两次私有化高潮中大约形成的 600 多家投资基金，它们进行激烈的竞争，以便说服个人投资者把他们持有的认股权证兑换成投资基金的股份。这些媒介本来有潜力成为有效的公司监控人，因为它们集中了捷克公司的大量权益，有潜力解决由于

---

① Thiel 认为，实际上，只有 1% 的交易在布拉格交易所进行。

② 新兴的市场通常与已成熟高效的市场有很明显的不同特征。尤其是，新兴市场的股票有很强的"势头"，这意味着一个时期的表现可以预测出下一期的表现。尤其是 2034 指数高的股票表现不会超过 2034 指数低的股票。见 K. Geert Rouwenhorst, "Local Return Factors and Turnover in Emerging Markets", 54 J. Fin, 1439 (1999)。

认股权证私有化所必然产生的所有权分散而导致的集团诉讼问题。但是，捷克最大的投资基金是由主要的商业和储蓄银行建立的，它们在说服捷克公司把认股权证存入它们的基金方面有明显的信誉优势。① 但这些银行对自己的投资基金只拥有很少的权益，所以它们没有办法进行耗资巨大的重组活动。反过来，许多银行却利用它们的投资基金对有价证券公司的影响，来维持自己的客户。大多数银行管理的基金不竭力去集中它们拥有的股份（从而使它们影响力达到最大），反而寻求它们拥有的股份的多元化，目的是在尽可能多的公司中拥有权益，其中一部分动机是为它们的母公司吸引银行业务的客户。② 同时，为防止它们的银行母公司免受潜在的敌意收购之威胁，银行运作的基金大量地对银行母公司的普通股进行投资（或者对其他银行的股份投资）。这种交叉持股的不正常的网络关系迅速发展，使得主要的银行不会被敌意收购。最终，大部分私有化基金（与银行无关或有关）发现把注意力放在交易上比去重组效率低下的有价证券公司通常更有利可图。市场的不透明和基金作为知情人的特权地位使得交易有利可图，但经常会使得媒体中充斥了知情交易再次发生的丑闻。

与银行无关联的投资基金甚至会发生更严重的丑闻，尽管捷克法律确实对投资基金的运作进行了规制，但法律并未对投资基金决定撤销登记，或为不受规制的控股公司作出规定。根据民法字面上的狭义意思来解释，捷克法律规定，投资公司与控股公司的区别只是形式上的而不是职能上的。通过放弃投资公司的经营许可，投资基金事实上可以规避所有的管制。因为投资公司的股份所有权完全是分散的，只控制公司10%的有表决权股票的小控股集团通常就可以控制股东大会，从而通过把基金转为控股公司的决定。一旦不

---

① 在捷克第一次私有化高潮时形成的13家最大的投资基金中，11家是由金融机构创建的，见Saul Estrin, Domenico Nuti 和 Milica Uvalic, "The Impact of Privatization Funds on Corporate Governance in Mass Privatization Schemes" in Simoneti, Estrin Bohm supra not, 137 at 151. 这可能是可预见的，因为公众已对支持这些基金的当地储蓄银行、商业银行和邮政银行十分熟悉。

② 其他的动因也可以解释不集中股份的原因（在最初私有化拍卖的同时，二级市场上的交易也是如此）。例如，在市场不透明的情况下，对在证券公司董事会中拥有一席之地的知情者来说，进行新兴私有化公司的股票交易可能利润颇丰。

受到规制，所有形式的自我交易（self-dealing）都可以有效地进行，而且该实体可以在捷克共和国境外重新组建成为公司（有一些控股公司已这样做了）。

这种转换的规模很庞大。就市场份额而言，捷克私有化第一次高潮中28%投资私有化基金和第二次浪潮中21%的基金都转换成了控股公司。虽然看起来好像转换的比例下降了，但第二次高潮中另外有21%的基金归入了"强制管理"的行列，意味着这些基金已经无力还债，这通常是由自我交易引起的。银行运作的主要基金通常不参加转换的竞争，但他们的动机可能是利用基金作为一种工具来维持银行的客户。

这些重复性丑闻的最终结局就是使投资资金的管理成为捷克共和国的一个有争议的政治性问题，促成了 Vaclav 政府的倒台（该政府对市场规制持普遍的反对态度），并导致了1998年证券立法改革议案的通过。但这时候，公众对证券市场的信心已被严重的破坏了。

波兰在许多方面与捷克的经历恰恰相反。由于要求起草进行披露的规章和董事的诚信义务标准，所以私有化一再被拖延。波兰公民只有一个选择：可以决定在哪一家国有投资基金（即在15家最初创建的基金之一）中进行投资，但不允许投资于有价证券公司或私有投资基金。交易集中在华沙证券交易所进行，价格透明度从来没有成为严重的问题。大多数评论家都对波兰的披露程度作出了高度评价，欧洲复兴与开发银行（EBRD）转轨经济报告把波兰和匈牙利列为最接近 IOSCO 标准的两个中欧国家。①

然而，尽管波兰政府仔细为市场改革和私有化设计了结合的方案，但他们在证券市场的发展上到底获得了多大的成功是很值得怀疑的。到1998年末只有253家公司在华沙证券交易所上市②（比波兰要小很多的捷克共和国内公

---

① 见欧洲复兴与开发银行转轨报告，1998年11月（在 LEXIS/NEXIS, news library, curnws file）中可以查到 JK 欧洲复兴与开发银行转轨报告运用普通指数排位系统对许多领域朝自由市场经济转轨的进程做出了评估（例如，银行破产和证券市场改革）。1998年，因为波兰在证券市场改革中所作的努力，它把波兰排为3+（捷克共和国排为3）。

② 见 PAP News SERVICE, December 28. 1998, "Securities Commission Head Displeased with 1998."（available on LEXIS/NEXIS, news library, curnws file）。

司上市的数量都比这多得多)。事实上,波兰大规模私有化仅限于500家企业,只占波兰上市公司国内生产总值的10%。① 尽管政府创设的金融媒介(即国有投资基金)作为监控人是否起作用仍是个未知数,但波兰的国有投资基金确实掌握了集中的权益(因为计划是每个国有投资基金持有每家私有化公司33 1/3%的股份),而大多数捷克的基金却避免权益的集中。②

捷克和波兰经历中最强烈的对比是在市场表现方面:当1998年亚洲发生金融危机时,波兰所受影响相对较少。从1996年末到1998年8月份,波兰股票指数仅下跌13.1%。③ 而捷克市场部分崩溃且还在继续下跌。在华沙证券交易所上市的国有投资基金几乎是以净资产的价值进行交易,而捷克基金经常会在净资产价值基础上打大幅度的折扣(20%—80%)才可能进行交易。④ 虽然波兰的私有化方案很容易受到抨击,认为这只是小规模的,从上而下的改革,没有真正把资产转移到私有部门,但波兰的证券市场却因它的高度透明性和披露程度赢得投资者的极大信任,剥夺也不成为主要问题了。结果可能是,波兰比其他同样进行经济转轨的国家更成功地渡过了1996—1998年的亚洲金融危机。

B. 其他国家私有化的经验:证券市场可以自发地发展起来吗?虽然捷克

---

① 见Mario Simoneti, Saul Estrin 和 Andreja Bohm (eds.), *The Governance of Privatization Funds*: *Experience of the Czech Republic*, *Poland and Slovenia* (199) at p.5。另见欧洲复兴与开发银行转轨报告。1997年,波兰的IPOs发行了价值相当于国内生产总值1%的股票。

② 其他评论家也承认,只有波兰的私有化基金确实获取了足够的权益去进行积极的管理和重组。见Mario Simoneti, Saul Estrin 和 Andreja Bohm (eds.), "The Governance of Privatization Funds" in Simoneti, Estrin 和 Bohm. Supra note-. -. at 163, 166。

③ 见Simon Johnson. Peter BOONE, Alasdair Breach 和 Eric Friedman, supra note 1, at P.48。该文按照1996年年底到1998年8月份,各国股票市场下跌的严重程度将国家分组,波兰被分在了"比较适度"下跌的国家之列。

④ 见Simoneti 和 Bohm, "The Governance of Privatization Funds: Open Issues and Policy Recommendations" in Simoneti, Estrin 和 Bohm, supra note——at 163. 174。另外,最初进行私有化的500家公司中已大约有25%的公司在公开进行交易了。然而,捷克市场大幅度的折扣和波兰市场根本没有折扣之间的对比,是受到一个重要条件制约的:因为捷克市场缺少透明性,所以布拉格证券交易所报出的价格经常是高于实际价值的,因而折扣的数值也是夸大的。

和波兰的经历可能是私有化领域最合乎自然规律的试验,但这些经验并不是唯一的。简要回顾一下早期私有化的成就,就会发现投资者失去信心后,新兴的证券市场就会崩溃的相似例子,其中包括美国。尽管私有化一词是在1979年英国的撒切尔政府努力卖掉国有企业之后才广为流行的,但仍可以找出更早一些的例证。第一次面向公众投资者的大规模私有化可以追溯到1961年,当时联邦德国的阿登纳政府针对德国的小投资者,在一次公开招股中卖出了大众公司的大多数股份。① 紧接着在1965年,政府所有的VEBA有限责任公司(是德国一家采矿业公司)又进行了更大规模的招股活动。这两次招股最初都是成功的,但随后股票价格就急剧下跌,使得政府不得不采取"一种救助措施——旨在保护小股东"。以上经历使得德国或其他欧洲政府都不再实施相似的私有化方案,直到1979年,撒切尔政府掀起了以意识形态为主流的私有化浪潮。

70年代初期,智利的皮诺切特政府把阿连德政府国有化了企业再次私有化。销售价格大打折扣。后来,当智利经济在80年代初受到债务危机的冲击时,又再次国有化了许多已私有化的企业。直到80年代末(与撒切尔政府大约同时期)智利才通过对公众出售国有企业股份成功地执行了私有化方案。② 这次成功的私有化进程中最主要的事件是1990年智利电话公司的私有化,它主要是通过美国存托证券(ADRs)面向美国投资者进行的。90年代墨西哥大规模成功的私有化方案也同样是通过直接在纽约证券交易所上市墨西哥的大国有公司进行的。③

不通过发展完善的交易所进行大规模私有化,这样的进展都不是很顺利。最显著的例子当然就是俄罗斯。俄罗斯私有化与捷克私有化有很大不同,主

---

① 对这两次招股更详细描述,参见:William Negginson Robert Nash Matthias van Randenburgh, "The Financial and Operating Performance of Newly Privatized Firms: An International Empirical Analysis", 49 J. Fin. 403 (1994)。

② 见Pan Yotopoulos, "The (Rip) Tide of Privatization: Lessons from Chile", 17 *World Development* 683 (1989)。

③ 墨西哥私有化的概述,请见:Rafael La Porta Florence Lopez-de Silanos, "Benefits of Privatization-Evidence form Mexico", Private Sector. at 21 – 24 (世界银行1997年6月)。

要是因为俄罗斯把大量股票作为政治任务分派给在职的经理们,这对私有化的实施至关重要。结果很容易预测:私有化后的两三年内,少数股东就已经把股份卖给了公司内部的人,从而产生了所有权高度集中的结构,这在别的国家是司空见惯的。① 虽然有人会认为这种朝着高度所有权集中的运动可以提高效率,但很明显俄罗斯的经济却开始全面崩溃了。1998 年,俄罗斯政府拒绝偿还其到期国内和国际的债务,RTS 股票市场指数几乎比 11 个月前下跌了 90%。② 确实,有关联并不意味着有因果关系。但是,除非新兴私有化公司是在国际证券交易所上市的,否则它们一般都不能使所有权的分散得到维持,这似乎已成为普遍的模式,虽然偶尔也有几个例外情况发生。

C. 所有权集中的再次出现。无论是俄罗斯还是捷克共和国,通过向公众出售或分派私有化认股权证而实施的大规模私有化都不可避免地导致高度分散的所有权结构产生——但仅仅在一个短时期内。随着时间的推移,所有权集中再次出现。考虑到大量的研究认为私有化公司效率提高了③,所以一些研究把效率的提高归功于所有权集中的产生,这不足为奇。比如说,一项十分详尽的研究对 1991—1992 年间私有化的 706 家捷克公司作了抽样调查,考核了它们在 1992—1995 年间的业绩。④ 该项研究的创始人作出总结,认为所有

---

① 见 Joseph Blasi 和 Andrei Shleifer,"Coporate Governance in Russia: An Initial Look" in Roman Frudman et. Al (eds.), *Corporate Governance in Central Europe and Russia* (中欧大学出版社,1996)。46 William Megginson 和 Jeffrey Netter. "From State to Market: A Survey of Empirical Studies on Privatization", *NYSE Working Paper 98 – 05* (Dec. 1998) at p. 16。

② William Negginson 和 Jeffrey Netter,"From State to Market: A Survey of Empirical on Privatization", *NYSE Working Paper 98 – 05* (Dec. 1998) at p. 16。

③ 见 Juliet D'Souza 和 William Negginson, "The Financial and Operating Performance of Privatized Firms During the 1990s", 54 J. Fin. 1397 (1999), (发现利润化和效率性的重要性有所增强): Nicholas Barberis, Maxim Boycko, Andrei Shleifer, 和 Natalia Tsukanova, "How Does Privatization Work? Evidence from the Russian Shops", 104 J. Pol Econ. 764 (1996) (研究了452个零售店): Roman Frydman, Marek Hessel 和 Andrej Rapaczynski, "Why Ownership Matters? Politicization and Entrepreneurship in the Restruring of Enterprise in Central Europe" (C. V. Starr Center Working Paper No. 98 – 14 April 1998) (对其他研究做出总结)。

④ Stign Claessens Simeon Djankov, 和 Pohl, "Ownership and Corporate Governance: Evidence From the Czech Republic" (World Bank Policy Research Paper No. 1937, 1997)。

权越集中，收益率和市价提高得就越多。不幸的是，该项研究考核的日期截至在1995年，而随后的布拉格证券交易所价格水平就开始不受控制的下跌。但研究者们认为股票市场价值过高是由于控股集团在形成和控制股票版块，而且这只是个短期的现象，在这一点上，该项研究可能与现在情形是相符的。

让我们暂且假定，所有权集中的新兴私有化公司最初确实比所有权分散公司表现得好，这就意味着以所有权集中为特征的经济会比以所有权分散为特征的经济——至少是在转轨经济情况下——效率更高吗？这种结论的问题就在于所有权集中所带来的好处只是昙花一现，花费的成本稍后才显现出来。即使所有权集中可以使管理层的监控更有力，但这点好处是以增加控股股东剥夺的危险为代价的。这种剥夺使得证券市场面临崩溃的危险。不但捷克的经历确实如此，而且最近的研究也认为相似的情况在世界各国均有发生。1997—1998的亚洲金融危机对大多数成长中市场的经济发展产生了负面影响，虽然程度有所不同。大多数分析家认为危机是由宏观经济政策和银行业政策引起的，但一项最新的很具有煽动性的研究认为，公司治理结构的法律体系的软弱对亚洲金融危机中汇率和股票市场的下跌有重大影响。①

实质上，该项研究认为，当投资回报率下跌时，剥夺的比率就会上升。简言之，经理和控股股东竭力在经济不景气时窃取的东西比经济情况良好时窃取的东西还要多——对此，投资者预料到了。因此，当某一地区（或世界范围内）的金融体系受到不断的冲击时，在那些法律体系为少数股东提供的保护最软弱的地区经济滑坡是最大的。用最近对外国巨额游资开放的25个新兴市场（因此也最易受到投机的冲击）作为例证，该项研究得出结论认为，在1997—1998年危机中股东和债权人权利的执行不利是决定汇率下跌程度的最重要因素。实际上，法律体系的三项指标，即"司法效率、腐败和法治"——"预计到成长中市场的汇率变化比实施标准的宏观措施要强"。其他一些反映股东权利大小的措施也与金融危机的严重程度密切相关，但只有当

---

① Simon Johnson, Peter Boone. Alasdair Breach Eric Friedman, Corporate Governance in the Asian Financial Crisis, 1997–1998 (1999) at p. 3.

"这些措施反映了股东的权利是怎样实施的时候"才如此。① 总之，法律保护的力度（由实际执行的做法来检验）是一个独立的变量，可以最有效地预测金融危机这个非独立性的变量。

现在，有必要回顾一下捷克的经历。如前所述，一些研究认为私有化的公司由于所有权更集中，利润就更高了。但随着时间的推移，情况还是这样吗？随后布拉格证券交易所股票价格的暴跌表明金融冲击（不论来自何方）使经济不稳固，而且导致投资者突然撤回投资。为什么捷克并未改变主要的宏观经济政策，而市场却骤然暴跌呢？也许是因为投资者虽然知道市场潜在的脆弱性，但认为经理层的剥夺率仍旧像"繁荣时期一样"。然而，一旦嗅到"经济崩溃"的味道，投资者就会为"生存而斗争"（即抛售股票），因为他们预测剥夺率会上涨。

无论人们是否承认一旦投资回报率下跌，剥夺率就会上升这一前提，该理论的核心因素就是投资者一旦认为哪个国家给他提供的保护是最少的，他就会对该国家失去投资的信心。事实上，假定剥夺率和投资回报率之间存在关系，这可能对驱动这个模型并没有必要。所有我们所要做的，只是假设投资者在"繁荣"时期会忽略法律风险和他们易受到控股股东的剥削，经理层和控股股东可能会基于这个假设，不冒风险去打乱对所有人都有利的势头。捷克的经历就从本质上符合这种模式。

虽然我们可以读到一些关于法律的发展对证券市场的生存有决定性影响的资料，但这种模型中真正具有独立性的变量可能是投资者信心，并且投资者信心的程度除了受法律保护力度影响之外，还会受到其他因素的影响。投资者也许会听说每一个地方（或是一个国家或是一个证券交易所）不断有丑闻发生——并决定避开它。即使在美国，也有证据证明这一假定。在 1992 年的时候，美国证券交易所（AMEX）创办了"新兴公司市场"（ECM），进行

---

① Simon Johnson, Peter Boone. Alasdair Breach Eric Friedman, *Corporate Governance in the Asian Financial Crisis*, 1997 – 1998（1999）at p. 3.

高增长的小公司的股票交易。① 到 1995 年，在一系列的丑闻"破坏了新兴公司市场监控上市的公司质量声誉"之后，美国证券交易所被迫关闭了该市场。然而，新兴公司市场中的投资者与纽约证券交易所（NYSE）的投资者具有同样的法律权利。虽然其他一些因素也阻碍了新兴公司市场的成长②，但丑闻的作用是很关键的。投资者们既不是法学家也不是比较学专家；他们主要从经验中汲取教训，而不是理论。进一步说，他们希望有一种明显的模式使得他们能够继续遵循（即使这种模式也仅仅是毫不相关的一系列随机事件的组合）。因此，丑闻预示着将来的丑闻，投资者预期剥夺会加重。这种预期的连续性也许可以解释为什么"成长中公司"或"育婴箱"式的证券交易所失败率都很高的原因。③ 底线是只要发生了大众丑闻事件（包括软弱的法律保护），都会产生负面的外部效应。如果确实发生了这样的事情，要证明旨在保护市场诚信度和维系投资者信心的公共政策是适当的也并非难事，即使这些政策有时会妨碍一些小公司或没有进行欺诈的公司筹集资本的能力。

私有化经验中所得的政策性教训

在早期转轨经济国家的国有企业私有化和发展证券市场的努力中，有几个共同的特征。首先，最近大多数关于私有化进程的研究都报告说许多知名的公司监督者（即机构投资者，尤其是私有化投资基金）对监控并不感兴趣。或者是因为他们显然不具备担当此任的条件，而更常见的是因为他们已经利用自己"知情者"的地位，在不健全的和非透明化的市场上进行知情交易或

---

① 对新兴公司市场（ECM）的详细讨论见 Reena Aggarwal 和 James Angel，"The Rise and Fall of the Amex Emerging Company Marketplace"．52 J. Fin. Econ. 257（1999）。

② Aggarwal 和 Angel 实际上对逆向选择问题给予了更多的关注。"好"公司在新兴公司市场（ECM）中成熟后，就去美国证券交易所（AMEX）上市。而"坏"公司仍旧落在后面。

③ Aggarwal 和 Angel 发现："在 80 年代，几乎欧洲每个证券交易所都为规模过小的公司建立了特殊的一部分交易所来满足正常的上市要求。这种市场中，出现许多回短暂的繁荣，但最终都发生严重的资不抵债，几乎不能吸引公司或投资者。"同上。p. 281，阿姆斯特丹在 1993 年关闭了官方平行市场，伦敦也在 1996 年关闭了未上市的证券市场。

追求其他对其有利的结果了。虽然环境不断发生着变化，但根本的原因看来都是相同的：重组成本太高，而所得的收益又必须与其他股东分享。相比较而言，只要市场不透明，对少数股东的保护又几乎不存在，剥夺财富就比创造财富要容易且有利可图得多。第二，成长中的证券市场似乎很容易突然崩溃，一旦市场受到指责，就会迅速下跌，而不是缓慢地进行，因为突然的外部冲击会引起国内外投资者为生存而竞争——如果他们已经失去了信心的话。

为解决这些问题，一些国家就已经在呼吁对公司法和证券法进行整体改革，目的是把最具有保护特征的英美法引进大多数转轨国家典型的大陆法典之中。这听起来很令人高兴，但进一步的分析表明，这种方式存在一个问题：在英美法中什么是最重要的和最具有保护特征的这个问题上，人们一直没有取得一致意见。比如说，在英国，优先权起很重要的作用，但在美国几乎毫无用处。对比一下，美国的集团诉讼可能会产生人们所期望的威慑作用，但在英国却没有这一制度，虽然研究似乎表明在保护少数股东方面，普通法系比大陆法系做得更好，但如何解释普通法在这方面的优越性却仍没有一个明确的答案。其他评论家也强调，证券市场要得到健康发展，要求很高的披露程度和对少数股东提供的保护，使他们免受知情者的剥夺（无论是信息方面还是财产方面）。[①] 这看起来似乎很有效，但怎样才能从现有的起点达到这种理想的状态呢？因此还有大量的问题亟待解决。

根据以上的论述，本部分开头将提出这样一个论题，即为什么普通法在少数股东保护方面比大陆法做得好；然后，指出可以实行哪些措施来弥补两者间的差距；最后，文章将提出一个更宽泛的命题，即在转轨经济国家发展切实可行的证券市场问题。在此，先集中讨论一下声誉资本在促进和维持投资者信心方面所起的作用。

A. 普通法的优势。虽然假定普通法体系给少数股东提供的保护必然比大陆法体系更多一些还为时过早，但强有力的证据表明，所有权分散的模式主

[①] 见 Bernard Black, "The Legal and Institutional Proconditions for Strong Stock Markets: The Nontriviality of Securities Law" (Working Paper, July 1999)。

要是在普通法系国家存在。① 这可能是因为在普通法体系中大多有这样的法律规定。但目前为止，主张普通法在这方面具有优势的学者还没能证明或解释出到底是哪些关键性的法律规定为少数股东提供了保护。

因此，我们有必要考察一下其他的假说。另一个似乎合理的假说认为，普通法真正的优势是因为普通法法官具有的特殊作用。大量的"法律和经济学"的文献把公司章程看作是非常不完备的合同。② 这种合同中有一些空缺是必须补充完善的。"法律和经济学"的理论家们多年来在法院试图填补这些空缺时应遵循什么原则或准则上一直未达成一致意见③，但在普通法法官能够而且应当填补空缺这一点上，他们的认识是一致的。比较而言，大陆法系法官可能就没有相同的权力或相同的对司法职责的扩张性解释。因此，至少普通法是鼓励填补空缺的做法，而大陆法却不倾向这样做。最相关的一个问题是普通法诚信义务原则既赋予了普通法法官填补不完备合同的权利，又指导他们怎样去填补。

但这种大陆法与普通法之间的对比与转轨经济有什么关联呢？即使普通法法官有更多的酌处权，可以做出给予新的补救方式的判决，但也不意味着这种司法方式就可以强加于大陆法司法制度之上。试图把大陆法法官转变成普通法法官是一种不可行的政策（但把金融学家变成法学教授却容易得多，反之亦然）。因为在两种法律体系法官的工作中，只有一小部分是处理公司法和证券法的案件，所以这种大幅度的改革是没必要的。更简单的一种方式就是把这部分案件送交一个专门的法庭处理，下文会加以讨论。

B. 专门法院。在一些大陆法系国家，由于法院不具有灵活性，所以已经

---

① 日本是一个处于边缘的例子，因为它具有所有权分散的结构（同时具有独特的控制结构）。日本从根本上讲是大陆法系国家，但是在二战的余波中却实施了美国的证券法。这种模式可能表明证券立法比普通法的救济方式更重要，或者只是因为日本创立了独特的机构来维持投资者的信心。

② 对这方面的标准陈述见 Frank Easterbrook 和 Daniel Gischel, "The Economic Structure of Corporate Law", (1991.9) at 1 - 39；另见 Jonathan Macey, "Corporate Law and Corporate Governance: A Contractual Perspective", 18 J. Corp. L. 185 (1993)。

③ 比较 Easterbrook 和 Fischel 关于 Avres 和 Gertner 的"信息强制"作用的不同。

有一些专门的法院产生了，它们对一些案件有唯一的管辖权①。德国劳动法院就是一个例子，它的创建是由于劳动法本质上会产生一种比较艰难的判决方式②。事实上，即使是普通法国家也已经大量运用专门法庭来听审证券法方面的纠纷了。比如说，联邦证券法现在也打算由行政法官来实施。

因此，在类似于证券交易委员会这样的机构内，建设行政法官的骨干队伍可能是有效执行法律的一种可行做法。行政法官们被广泛授予职权，执行披露义务和禁止自我交易（比如说禁止知情者交易）的法规。这些行政法官将在机构内进行培训，将被授权实施实体民事处罚。他们的司法管辖权可以只限于机构提交的案件，或者扩大到可以管辖投资者提起的要求赔偿的诉讼③。当然这些法官可能没有刑事司法管辖权，但他们也可以被授权发布禁止行为的指令，这可以有效地中止或取消某个个人或实体作为经纪人、投资顾问、会计师、律师进行活动的资格，或禁止他们与任何从事这种活动的实体相关联。作为进一步的阻却措施，那些在禁止或中止活动的指令正式实施后，仍故意与以上的被告从事此类活动的人也会被处以相似的处罚。另外，此类指令只能向有司法管辖权的法院提起上诉，而该法院有权在发现指令没有事实或法律上的依据时，就推翻原判。

从这一点上，机构拥有了内部的执行权力，所缺的仅仅是传统上法官颁发禁令的权力。实际上，可以授权其拥有发布"制止令"的权力以填补上述缺憾。剩下的问题就是怎样执行禁止或中止活动的指令。在转轨经济国家，被禁止活动的经纪人或投资顾问可能仍旧招揽客户，进行交易，并提供投资建议。一种解决方式是把交易集中在一个更容易监控的交易所内进行，并处

---

① 俄罗斯曾有一种"经济法庭"制度，但充其量只是得到"混合的结果"。见 Karen Halverson, "Resolving Enconmic Disputes in Russia's Market Economy", 18 Mich. J. Int'l L. 59（1996），为了同独立经济法庭相比较，在此建议在法律规定法庭要专业化的国家，在其代理机关内建立专业化法庭。

② 德国劳动法庭可追溯到魏玛共和国时期，其建立的目的是使劳资双方的争议由一种法律程序的结构体制解决，该体制类似于政党竞选和制定议会决议的政治程序。见 Blankenburg Patterns of Legal Culture：The Netherlands Compared to Neighboring Germany"，46 Am. J. Comp. L. 1. 26（1998），德国劳动法庭现有 10 个分庭和 27 个法官。

③ 在大陆法系国家，没有陪审团，但在美国陪审团却是限制行政法官司法权的最有力因素。

罚那些与上述人交易或为其工作的人。另一种方式是允许客户或相对人撤销与被禁止活动，中止活动或未经授权的人进行的交易（或允许客户或相对人因未达成交易而拒绝支付酬金）。不论使用何种方式，只要机构不必须依靠传统的制度（或只要机构不被传统司法制度取消），就可以解决执行的问题。

C. 证券交易所上市标准。在美国的证券交易委员会出现很久以前，纽约证券交易所（和伦敦证券交易所）就已经成功地赢得了投资者的信心。它们通过强制实施相对比较严格的制度——超过了其他市场的披露与上市标准和透明度的要求，获取了投资者的信任。然而，交易所并没有合理的动机去承担实施这些标准和要求的义务。它们通过交易额获利，它们在使公司上市方面进行竞争。同样的，它们采取执行措施去同强有力的证券经纪人作对的动力也不大。基于以上原因，至少在转轨经济国家，对上市标准的控制权可能归属于政府机构更好一些。

在此，捷克和波兰经历的比较尤其具有指导意义。尽管波兰的经济比相当小的捷克共和国要好得多，但到1998年末，只有253家公司在华沙证券交易所进行交易，而1996年捷克市场上有1716家公司在交易——几乎是7:1的比例。

当然，如果交易所的交易受到限制，交易所的替代物就会发展起来，包括正式的场外交易市场，这种市场风险高，以并不牢靠的招股和实践为特征。因此，这种市场面临失败的危险并不会危及水准高一些的市场。事实上，市场可能会自我分离为高水准的和水准差些的市场。当经济不景气时，水准差些的市场下跌幅度就会更大些。

在这种模式下，既可以实行重大的私有化方案（尤其是比具有很强试探性的波兰模式的私有化要重大得多的私有化），同时又不会把主要的证券市场置于像捷克市场一样崩溃的风险之下。执行措施仍集中在水准高些的市场上，以维持市场的声誉。这样做的目的之一就是使外国的有价证券投资者相信水准高的市场是值得信赖的，并鼓励他们对水准高的市场进行投资。

D. 最理想的监控人。波兰和捷克的经历是处于两个极端的例子。从本质上讲，捷克私有化进程所依赖的是强烈的求新精神，但缺乏法律上的规制，以投资基金形式出现的监控人几乎是自然形成的。相比较而言，波兰的方式在很大程度上依靠的是有法律规制的、国家创设的国有投资基金，它们开拓性的技巧和动力还未经证实。这两种选择看起来都不是最佳的。但是，还有第三种明显的选择：由已经存在的外国证券投资者作为监控人。外国机构投资者不但在历史上没有丑闻发生过（他们希望维持声誉），而且有证据证明他们的监控很有力度。最近的一项运用90年代印度资料所作的研究发现，外国机构投资者作为公司监控人比本国的金融机构表现出色得多。[1] 研究认为，本国的金融机构没有足够的激励或技巧对经理层实行监控或在公司治理中起有效的作用。相比较而言，经证实，外国机构投资者起了积极的作用（而国内的金融机构实际上起的是负面的影响）。[2] 在捷克和俄罗斯私有化进程中情形也是如此。[3]

该研究中另一个同样重要的发现是外国机构投资者只在高度透明化的市场条件下才出现（比如说，机构都尽力避免投资于关联集团）。因此，具有严格的上市要求和高度透明性的证券交易所似乎会吸引效率最高并且最有经验的公司监控人。反之，因为在证券交易所上市可以吸引国外资金入股，愿意上市和接受证券交易所条件的公司也可以增多。但是这种策略也有自身的局限性：即机构投资者会忽略那些资本总额少的公司和那些市场很小的国家。但这并不能构成拒绝使用严格上市标准和高透明性策略的理由。

当然，还可以做其他的事情来吸引国外投资者。虽然在私有化的最初，有很多政治上的理由认为使用认股权证私有化是必要的，但同时，也可以通过拍卖的形式，特别邀请国外机构投资者参加，把部分私有化企业的剩余国有股份拍卖出去。

E. 自我交易：上市标准与预防性的规定。人们一致认为，对转轨国家的

---

[1] 见 Tarun Khanna 和 Krishna Palepu, "Emerging Market Business, Foreign Investors and Corporate Governance. (NBER Working Paper, 6955 February 1999)。

[2] 同上 at 19。

[3] 见 Gernerally, R. Frydman, E, Phelps. A. Rapaczynski 和 A. Shleifer, "Needed Mechanisms of Corporate Governance and Finance in Eastern Europe", *Economics of Transition* 171 (1993)。

司法制度或独立的董事们抱过多的希望是不现实的。① 法官们仅仅能把很明确的规定执行得还算令人满意。因此，建议要证明诉因的必要因素，即意图、目的或恶意，好像是很不明智的，因为这增加了结果的不可预测性。但该前提会立即产生两个问题：（1）美国和英国的法律并不禁止自我交易，但受到一系列高度精密的标准限制；（2）在许多转轨经济国家，关联企业集团是很常见的，这意味着集团内部公司之间的交易也是很正常的。但是，通常会利用这种内部交易来剥夺少数股东的财富。

这种困境可以用许多方式来解决。公司法仅仅是阻止自我交易的发生（或征收数额巨大的罚金来使得自我交易在法律上的性质很不确定）。美国在19世纪末期，当它自己还是个转轨经济国家时就主要是这么做的。② 这种预防性的规定只限于从转轨经济到成熟时期这段时期内存在（这又是美国的经历），但这种方式可能会要求解散所有的关联集团，这会扰乱经济，政治上也行不通。

另一种更可行的选择是使用国家强制的上市标准。这种标准使得关联企业集团的成员公司至少在它们公司间的交易透明度下降时，无法在"水准高"的交易所上市。这会大量地增加自我交易的成本（通过拒绝让关联集团的成员很容易就进入证券市场），但这样做本身的成本却不高。那些确实认为作为关联集团的成员效率会提高的公司仍可以从场外交易市场获取资本。更重要的是，这种选择迫使公司不得不在"分散所有权"和"集中所有权"两种公司治理结构中进行选择，这就对机构投资者暗示，水准高的证券市场只对那些选择了前种结构的公司开放。

对禁止关联企业集团成员（除了独资母公司）上市的做法进行补充的，是一种上市规定。这种规定预防由经理层、控股股东或其他知情者进行的自我交易。当然，这种规定只集中于（1）对股东来说是重大的交易（例如，不

---

① 援引 Black Kraakman, supra note 7。

② 在 Harold Marsh, Jr., "Are Directors Trustees? Conflicts of Interest and Corporate Morality", 22 Bus. Law. 35 (Nov., 1966) 一书中描述了从断然禁止受托人的自我交易到对其有所宽容的美国法律不断变化的态度。

包括通常的赔偿);(2)是容易进行监控的交易(例如,与经理层有关系的人购买或出卖公司的部门或重要的公司资产)。一些很不公开的交易会规避这些规定的适用范围,一些违反规定的行为也不可避免地不被察觉。但如果是委托有司法管辖权的证券委员会(而不是交易所本身)来实施这些规则,就辖区内最大和最重要的公司而言,这种体系(既不依靠高成本,也不依靠没有确定性的司法诉讼)就可以得到实施。随着时间的推移,这种体系可以发展出自己的调和方式,使得小规模的公司在成熟后可以自己作出选择。事实上,在"高水准"的市场上市可以形成一种保证机制,使得公司可以确保对投资者的公平待遇并降低自有资本的成本。

F. 控制收购。在捷克证券市场丑闻不断发生之后,1996 年捷克改革了立法,主要引进了英国公司治理结构中的关键因素,即任何人不得超越明确规定所有权界限,除非是在对所有的公司股份发出收购要约。十分有趣的是,波兰法律已经对界限有了规定。依照捷克的法律,任何人只要拥有超过 50%,66 2/3%,或 75% 的所有权界限中的任何一个,就应在此后的 60 天内,以等同于前 6 个月内市场上最有利于公众的价格,就界限外剩余的股票对公众发出要约[①]。理论上,这可以保护少数股东,但这种制度在其独特的设计方面似乎存在着严重的缺陷。比如说,少于 50% 的股份,也很容易获得控制权,此时控股股东开始剥夺少数股东(通过不分红,进行自我交易等方式)。一旦这种行为发生或被察觉,可以预料到公司的股票价格就会下跌。因此,当控股股东作出选择,使自己的股份超过 50% 的界限时,股票价格应当是已经下跌,远远低于它真正的"蒸蒸日上"的价值了。结果是,为使这种救济方法真正起作用,有必要规定更低界限(例如,20%)。

在一种司法体制中,如果允许股东把股份联合起来,使总额达到 20%,但是要求对超额的部分发出公开的要约,那么许多股东就会停留在 20% 的水

---

① 有意思的是捷克法律已经限制投资私有化基金对任何公司拥有 20% 的所有者权益。但是很容易规避这些规定,或者采用同一个投资经理运作多个基金,或者最终通过撤销作为基金的注册,而转为不受规制的控股公司的形式。

平上。这种方式也很受欢迎，一些证据表明，大股东但不控股的股东，通过部分解决所有权分散结构中固有的集团诉讼问题，使公司的价值增加了①。在法律控制力软弱的国家，界定这样一个界限可能是最实际可行的改革，它又容易进行监控和执行。但是，要真正起作用，除了要求以最近一段时期内的平均价格公开招股之外，还必须有一些其他的规定。只有界限的规定可以使大股东因未加披露的重大信息而获利，而且可能会引起少数股东的猜疑，他们认为公司隐瞒了价值，因此对界限的规定不屑一顾。虽然在公开发出要约时，当然要求进行完全的披露，但在这种背景之下的完全披露会产生无意义的、甚至是有点麻烦的影响。如果股东了解到公司的价值比市场先前认定的价值大的话，他们会拒绝接受要约——因此如果新的控股股东成功地获取了控股权，那么其他股东就会受到新的控股股东的剥夺。

可见，需要规定招股的最低溢价比例。比如说，比前一时期平均市场价格高于20%，可能是最实际可行的折中方案。这可能会把一些股东限制在20%的水平上，但如果他们能够获得控股权，他们本来是可以成为更有效的公司监控人。这种溢价最低限度的规定也保护了公众少数股东，使他们免受Bebchuk教授所描述的寻租的股东的剥夺。捷克和俄罗斯的经历表明这是个更重要的问题。

结束语

为什么在鼓励分散所有权方面普通法比大陆法做得好？为了做出更合理的评价，我们必须把这个问题详细划分为几个部分来解答。虽然不同的法律体系鼓励不同的所有权模式和不同的公司治理结构，这个前提似乎是有根据的，但事实是我们还没有完全的领会普通法体系下为少数股东提供更有力的保护的方式。实际上，在普通法体系国家之间这个问题的答案可能也有所不

---

① 见 Andrei Shleifer 和 Robert Vishny，"Large Shareholders and Corporate Control"，94 J. Pol. Econ 461（1988）（当发现存在大股东，但不是控股股东时，美国公司的实际价值将最大化）。

同。虽然我们不能立即发现存在着简单的共同准则，但仍有两个非此即彼且存在着潜在一致性的假说值得我们给予更多的关注。

第一，普通法法官可以为不完备的公司合同填补漏洞，而且他们所面临的压力比大陆法法官小得多，这在很大程度上是由于使用了诚信义务这个概念。

第二，透明化的证券市场是向少数股东提供有效保护和使西方的有价证券投资者乐于作为公司监控人的先决条件。波兰和捷克共和国正好相反的经历表明，在未加规制的证券市场上，投资者信心不会持续太久。

但假定普通法系国家具有共性却是有疑问的。在英国虽然缺乏少数股东可以求助的诉讼救济方式，但英国对少数股东的保护仍是很有效的，这表明高度的披露标准和活跃的、不加限制的兼并市场相结合可以有效地代替诉讼（或代替其他在美国更容易获得的救济方式）。从法律角度看，把美国和英国区分开来的地方和将两者结合起来的地方是一样多的。

学术态度明显在改变。不久以前，集中还被看作是有效的方式，而所有权分散被一些学者看作是规制过多。现今，所有权集中已被认为对少数股东提供的保护是软弱的。目前，强有力的证券市场似乎与高度的披露和透明度标准有更密切的联系，而为少数股股东提供的有效的诉讼救济方式与证券市场兴盛的关联已居次要地位。进一步的研究应集中讨论这些市场是怎样发展起来的：什么可以使得少数股东对市场充满信心，认为他们的投资不会被剥夺？除亚洲金融危机以外，这些市场比所有权集中国家的市场已经更好地走出金融冲击的困境了吗？把少数股东的保护和投资者信心看作是相互的代表是很吸引人的，但它们之间的关系可能会因此而更复杂。

对转轨国家来说，得出一种暂时性结论更简单一些，即少数股东的保护是必需的，但还不是一个有效的证券市场产生的充分条件。

美国证券市场的强制披露与投资者保护

[美]弗·伊斯特布鲁克 丹·费雪 著 雨 廷 译**

美国 1933 年的证券法和 1934 年的证券交易法逃脱了其他新政时期法案的命运。同时期的一些法案，例如国家工业复兴法（National Industrial Recovery Act），被宣布有违宪法；其他的，如罗宾逊—帕特曼法（Robinson-Patman Act）也已被废除；也有些幸存的，例如社会保障法（Social Security），但已经被改变得让当初的缔造者们都认不出来了。很多管制方面的新政法案已经失去了政治支持，被放松管制所取代，通讯和运输方面的法案就是最好的例子。

然而，证券法不仅继续获得了支持，还保留了它们的结构。它们仍拥有两个基本的内容：禁止欺诈和要求证券在发行时及其以后定期进行披露。定义披露的细节内容和界定有披露要求的业务，是引发证券法律操作的异常复杂性的所在。对于投资行为，没有多少实质性的管制。

的确，证券交易委员会（SEC）偶尔会用有关披露的红头文件来造就实

---

* 本文原载于《经济社会体制比较》，2004 年第 4 期。文章是 1985 年出版的《公司法的经济结构》（The Economic Structure of Corporate Law）的一部分。原文为：Frank H. Easterbrook and Daniel R. Fischel, Mandatory Discolousure and the Protection of Investors, Regulation, Economics and the Law, 70 Viriginia Law Review, 669–715 (1985).

** 弗兰克·伊斯特布鲁克（Frank H. Easterbrook），丹尼尔·费雪（Daniel R. Fischel），芝加哥大学法学教授。雨廷（袁增霆），武汉大学商学院。

质性的影响。比如，要求内部人在没有做出披露时，不能进行交易，从而废止交易；要求进行私下交易时，披露价格是公平的；坚持对招股说明书进行加速注册的代价，就是披露董事对所犯的错误可以不予赔偿。还有一些改善，如威廉姆斯法（Willams Act）关于股权收购的规定，已具有实质性的影响。尽管对一些规定的精练很重要，但它们不是管制的主要成分。证券管制的占优原则是，对于愿意披露正当事物的任何人，都可以按市场可以接受的价格买卖任何需要的东西。

为何这些法律能幸存下来呢？那些颁布这些法令的人们，宣称他们必须根除市场上的欺诈，保证投资者获取其预期收益；否则，争论四起，人们就会抽回资本，致使经济停滞不前。① 这种解释在1933年是特别紧迫的，因为当时在大萧条之前就有很多欺诈，大萧条时有大量的投资被收回。站在公众利益的立场，现在法律所代表的利益与当时是一致的，因此它们才维系了惠及公众的结构。

一个学者就不可能接受这种简单的说法。在1933年时，欺诈在各州本来就是不合法的，我们没必要用一项联邦法律来惩罚谎言和欺骗。对于大多数人比如证券法的受惠者来说，出售学识方面的欺诈比出售证券方面的欺诈更加重要；相比于在股票市场的投资，这些人将更多的财富投资到了人力资本。但对这些其他的资产投资，却没有相关的联邦法律。在1933年前存在欺诈，其后也存在。在过去的10多年中，投资者境外服务机构（Investors Overseas Services）、全国学生营销公司（National Student Marketing）、股票基金（Equity funding），以及OPM租赁（OPM Leasing）等欺诈事件，都特别类似于20世纪20年代时的情形。

有证据支持的现代观点认为，很多的立法是强势群体相互影响的结果——如其他一些理论假设所暗示的，这些利益群体制定的法律，偶尔也会

---

① 对于那些制定法律以及为此而游说的人们的公开声明的叙述，以及他们为立法而引用的事件的叙述，参见：J. Seligman, The Transformation of Wall Street: A history of the Securities and Exchange Commission and Modern Corporate Finance（1982）。

代表更大范围的公众利益①。证券法可能被设计用来保护特定利益群体的利益，却以牺牲投资者的利益为代价。

证券法拥有很多为利益群体立法的典型特征。现存的法规赋予大的发行者一种优势，这种优势源于，无论公司规模和披露内容的大小如何，很多的披露成本都是一样的。公司越大，历史越久，就会比更小的发行者所付出的成本更少。这些法规也帮助现存的投资银行和审计公司获取一种优势，它们拥有专门技术，竞争对手很难提供不同的产品与之竞争②。披露方面的证券法的程序化，减少了进入市场的途径，并坚持要求公司要向投资者提供"最好的服务"，这就像航空业管制抑制了近来流行的高密度、低收费策略一样。

很多律师还专门从事证券工作，其他的一些专家也依赖法律的复杂性来赚取大量收入。由于这些热衷于寻求垄断价格的群体（大的发行者、投资银行、证券公司等）的成员数量太多，如果现存的法律被废止，这些成员就会遭受横财的损失。这样，他们就会在利益群体的基础上，有支持维护现状的激励③。而且，即使现存法律所造成的损失扩展到了多数人群（个人投资者），由于这些投资者从废止法律中受益微薄，因此，哪怕当前的管制降低了社会福利水平，它们仍能幸存下来。

不幸的是，没人知道为什么一些颁布的立法能够幸存下来，而其他的就没有。关于利益群体的解释，可以说明一些证券立法，也能解释航空业和客车运输业的管制，然而这种解释体系却几尽湮灭；也许，证券法的幸存，就在于它们不是主要利益群体的立法。但把证券法的幸存与公众利益等同起来也是危险的。例如对烟草、奶制品和农产品的价格支持，就没有随现在强调

---

① 对于利益群体方法的一般阐述，可以参见：Peltzman, *Toward a more General Theory of Regulation*, 19 J. L. & Econ. 211（1967）；Becker, A theory of Competition Among Pressure Groups for Political Influence, 98 Q. J. Econ. 371（1983）等。

② 亨利·曼（Henry Manne）用经济学的观点重点分析了针对证券法的最具广度和深度的批评，参见 Manne, Economic Aspects of Required Disclosure under Federal Securities Laws, in *Wall Street* in Transition 23, 31–40（H. Manne & E. Solomon eds. 1974）.

③ 证券法的很多部分都存在着利益全体的支持。其中最重要的是交易所的管制，它直到1975年才允许 SEC 支持经纪商组成固定价格的卡塔尔。但对于这些部分，我们不予研究。

放松管制而取消，仍然幸存了下来。除了非常裸露的代表一定利益群体的立法形式，很少有人会对除此之外的这些法律特意计较。

这样，证券管制的幸存与利益群体和公众利益这两种观点之一是一致的。对二者的解释进行区别是很困难的。固然，如果任何管制方案都可以解释为公众利益对市场失灵的反应，那么，如今规制经济学中的大量主导性方案，就不可能那么多了。无疑，受益的利益群体的支持可以解释大多数有关证券管制方面的连续支持。然而，我们却不能肯定利益群体的支持是证券管制的唯一理由。因此，我们认为，对这些法律从"公众利益"的角度去寻求辩护，是适宜的。

本文探讨了由国家政府制定的反欺诈和强制披露法规的一些功能。我们首要的结论是，对这些反欺诈和披露法规的支持者和反对者而言，情况都不大好。那些将法律描绘为经典的利益立法的人们，系统地掌握了市场是如何保护投资者的。那些强调市场力量的人们，则经常会低估市场化的成本，并且拿实际的证券法与假设中的市场相比较。适宜的比较不应当是管制和市场的比较，而是一种管制和另一种管制的比较。但对于国家的证券法，证券管制掌管在各州和法官们的手中。我们给出了一些理由，说明这种意义的管制比我们现有的更糟。这样，我们就不能拒绝关于证券管制的利益群体与公众利益这两种解释。

一、美国联邦政府对欺诈的禁止

1. 无法律干预的市场

欺诈会降低配置效率，因为信息的任何缺乏都会如此。精确的信息对于保证资金流向最能有效利用它的人们那里，和保证投资者最优选择其投资组合来说，都是必要的。一个充满欺诈，或者没有充分真实的信息的世界，就是一个投资极少、容易误导的世界。

证券是一种对公司将来收入的要求。出售证券的问题在于，这些收入的结果受制于很多风险，而且没有哪个企业家可以对所有可能情境下公司的收入做出确凿的许诺。然而，企业家或者管理团队，毕竟比预期的投资者，在对不确定性的本质以及相应情境下公司的经营状况两方面，要拥有更多的信息。一些商业前景会比别的更好；给定的前景下，一些管理者会产出得更多。市场是无效的，除非它可以将各种项目、管理者及其资金匹配至边际收益相等的程度上。拥有更好前景的管理者的组合应当会吸引更多的资金，知道这个相等条件将被满足。

然而投资者如何认识到这种更好的组合呢？除非发行"更好的证券"的人们能够做出该证券与其他证券的区别（更好的证券代表着更好组合的收入要求）的说明，否则投资者就会把所有的证券一视同仁。如果信息可以无成本地获取，高质量证券的卖价将会低于应有的价值，对于好的创业，也将只有很少的投资。而这期间，低质量证券却吸引了大量的资金。发行低质量证券是很廉价的，而且会获得超额补偿。当所提供的投资质量恶化时，这些"柠檬产品"就将占据市场。没有哪个投资者会为发行高质量证券支付成本。投资者和社会都会遭受损失。这就是很多证券法的支持者们的粗略描绘。

确实，人们不能从非对称信息的市场难点就跳跃性地得出结论说：没有必要去管制——哪怕是对于那些禁止欺诈之类的适度管制。对于高质量证券的出售者来说，有很多途径可以标明它们。其一是披露展示质量的信息。购买者能够验证这些信息，而且这种验证会给其他的人们提供信任——但是验证的作用并不是很完美。有时，公司为了避免向竞争对手泄露有价值的商业秘密，有必要把持一些信息。对于一些保密的生产过程或者是尚未发布的新产品，公司要想让购买者相信其价值，将会非常为难。另一个问题在于，当低质量证券的出售者对购买者不能验证的产品信息伪造说明书时，它们就能够模仿那些确定事实的披露。低质量公司腐蚀了其他公司的披露内容，消费者也不再能够识别出高质量的投资。①

---

① 由于证实的困难，这个问题对于证券而言，要比大多数的实物商品要更为严重。参见：R. Posner, *The Regulation of Advertising* by FTC（1973）。但是，由于每个证券代表了特定项目的利益，竞争者的说明与重复购买的前景都不能强加这种限制，在证券被出售之前，购买者很难证实这些说明。

的确，在证券市场上可验证的信息毕竟是少数。投资者不能通过一种方式来推导出某种商业冒险将来的利润和风险。投资者甚至也不愿意去这样做，他们宁愿做收入流的消极接受者，也不做私下的调查者。当投资者们花费时间和资源去调查的时候，相互之间就会重复努力。但一个购买者的专门调查系统，又会丧失很多分散劳动时的好处。

有时即使商业已经处于运作阶段了，也说不清楚是否那些意外的事情会改变条件，或者变得幸运而不是前景黯淡。的确，有关整个行业状况的信息可以提供一个比较基础，从而可以核查每个行业成员的收益要求。一些公司的管理者和促进者是"重复博弈者"，因此他们会通过说真话来保护自己的声誉。即使这样，促进者也可能发现从一次性欺骗的受益要大于声誉的损失。从而，一些公司发现欺诈是一项最高净现值的项目。

高质量的公司应当采取附加措施来使投资者相信它们的质量。一个传统的措施是允许外部人评论账簿和文件，让他们证实公司所做陈述的精确性。证实许多公司账簿的会计人员有一个声誉上的利益——这样也可能是一种损失——这种收益可能会大于为一个特别公司出具漫不经心的或错误的证明所获取的收益要大。① 同样的，公司可以通过投资银行来出售证券，这些投资银行监察这些公司的前景，用自有资金来购买公司股票用于再出售，在面向顾客的陈述中珍惜声誉。②

针对发行者的审计公司和投资银行越大，这种证实方法就越有效。这就暗示了为什么投资银行愿意联合分摊证券，尽管任何单个公司都可以单干。这种企业联合在提供证券之外增加了这些企业的声誉资本。公司自身可以采取一些行动来使其披露更可信。一种行动是确保管理者持有一定数量的公司股票。这可以在公司股票公开流通时通过股票期权或"廉价股"的政策来实现，也可以引导管理者去市场购买公司股票。这样，如果公司业绩不佳，管理者就会和其他的投资者一样遭受损失。股票的质量越高，管理者在未分散

---

① 参见：Benston, Security for Investors, in Instead of Regulation 169, 172（R. Poole ed. 1981）。
② 参见：G. Benstion, *Corporate Financial Disclosure in the UK and the USA*（1976）等。

化的组合中对公司股票持有得就越多；管理者持有得越多，其他的投资者就越愿意相信公司的说明书。① 公司的另一种行动是发行债券，这可以导致破产。这种策略看起来不大合理，但可以想象的是，破产对管理者的投资组合和职业生涯会施加很高的成本压力。通过运用杠杆来增加破产的风险，拥有最好前景，也即最小破产成本的公司，就能向投资者证明自己。② 管理者也能够通过许诺高支出的政策来建立证明。这对投资者来说是有吸引力的，因为，一致的红利政策迫使管理者为了继续运作而重复返回资本市场，并且作为回访，公司也会接受新投资者的详细审查。最后，管理者能够通过传统的方式来保证他们的说明文件，他们可以做出具有法律强制力的许诺（也许受发行者的支持），当公司的表现坏于许诺时（比如，和市场指数做比较时），就要向投资者做出一定的支付。为支付责任做担保的人将会仔细审查公司的声明，因此，只有高质量的公司才能找到有偿付能力的担保者，投资者将因此受到保护。

即使在没有反欺诈法规的市场上，这些证明的方法都会给投资者提供坚实的保护，并使高质量公司有可能筹集到资金。毕竟，投资者没有必要去为新公司做捐赠。他们可以将资金投入到无风险的政府证券和银行账户，也可以将资金投资到较小风险的管制公用设施，还可以购买土地或其他高产出的资产。那些新公司或者不知名的公司，只有当它们提供出比业已存在的公司更具吸引力的材料时，才能获得资金。

2. 反欺诈法规的影响

由我们已经列出的一些措施，我们知道，一条反欺诈的法规并不是证券市场的基本成分。然而，每种出示证明的方法都是有成本的。成立和运作审计公司、投资银行和保险公司是很昂贵的；债务和红利策略都需要交易成本；

---

① Stiglitz, Information and Capital Markets, in Financial Economics: Theroy and Application 118, 120 (1982).

② Grossman & Hart. Corporate Financial Structure and Managerial Incentives, in The Economics of Information and uncertaint 107 J. M Call ed. 1982).

管理者必须被支付额外的报酬才会去持有没有分散化的组合，而且这种风险头寸可能会导致后来较低劣的投资决策；直接通过数以千计的购买者对公司声明进行验证，成本可能是最为昂贵的。

反欺诈法规就可以降低这些成本，特别是对那些新公司来说。对于低质量的公司来说，通过披露虚假信息来模仿高质量公司，对欺诈的惩罚就会增加这种行为的代价。反欺诈法规对那些诚实或高质量的公司所施加的成本就很低或没有。这样，为高质量公司提供低成本的担保是可能的。书面的担保，如果是被强加的，购买者就不必去证实信息，出售者也不必再承担昂贵的证明费用。当终止低质量证券的费用上升的时候，发行高质量证券的费用就开始下降了。

然而，反欺诈法规并不能使高质量公司的费用趋于零，因为法规可能会实施不力。公司仍将使用一些附加措施。而且，当公司不动声色的时候，欺诈法规就没有任何影响力了。有证券在二级市场交易的公司，保持沉默就意味着没有信息，坏信息和好信息都是不能披露的，因为这样可能会使竞争对手受益。对于投资者来说，存在着发现这些沉默的激励，公司也会为保守秘密或者简要交流信息的大意而付出成本。欺诈法规和其他的证实方法，在很多方面是一些相互补充、替代的措施。

反欺诈法规也会有自身的成本。执行成本（调查、检举、司法等等方面的人事费用）比较明显。过度执行和不准确执行所造成的成本更难看到，但却是实际存在的。先考虑不准确执行的一个极端情形。假设任意给定的一个说明书，如果它是假的，被起诉的概率是 1.55，如果它是真的，则为 0.45。这种情况是可能发生的，例如起诉人和法庭采用一种叫"精确负债"的理论，惩罚那些赢利项目表现糟糕的公司。因为市场条件可以导致很多计划失败，甚至是那些精心设置和真实描述的计划也难免如此，因此，如果造假的公司获得了成功，起诉却会祸及诚实的公司，很多不诚实的公司反而得以逃脱。

任何法规的威慑力在于处理那些遵守者和违背者行为时的差异。如果差异很小，例如，一个开车速度为每小时 55 英里的人仅仅比速度为 85 英里的人，受到罚款的可能性小一点点，那么，法规就不能起到阻止作用。如果可以从违犯法规中受益，人们就有可能愿意去违犯了。不准确执行的世界与没有执行的世界是类似的。除非公司愿意承担昂贵的证明以及前面所述的证实方法的费用，说明书才值得信任，而且，为了避免说谎的惩罚，说真话的人也尽可能的少说。对违犯法规的惩罚越高，执行的区别待遇就必须越多，这是为了避免阻止适宜的行为和刺激不适宜的行为。这就是刑法程序中要求更多证据的一个理由。

过度执行与不区别执行是类似的。对于任何违法行为，都有一个最优执行水平，使额外的执行成本等于减少违法事件的收益。最优执行水平会允许一些违法行为发生，因为杜绝这些违犯的成本超过了违法自身所造成的成本。对欺诈过度的惩罚——特别是这些惩罚可以被个人起诉人获得时——能够导致过度执行，并且也会过分地阻止真实的说明。①

这样，反欺诈法规最有益的时候是，执行成本低，可以把不真实的说明书区分出来，尽管真实的说明书也未必能准确预测未来。当起诉集中于可证实的事实说明而不是预测的时候，执行成本最低，出错的几率也最小。SEC在行使证券法时，强调对历史的精确说明，而不是预测；关于预测内容的说明是不被要求的，它是可以逃避起诉的一个"安全港"。这种方法与欺诈法规用于产生最大化净收益的情形是一致的。②

3. 为什么反欺诈法规是国家的？

在1933年时，每个州都有一套反欺诈法规。那么，对于包含在1933年和1934年两大法中的新法规来说，关键所在是什么呢？这些法案的支持者通常会说，国家法规是必要的，因为各州的法规是"无效的"，但这不是一个好的解释。欺诈记录的存在甚至增加，并不能说明各州的反欺诈法是"无效的"；这一点并不强于谋杀案件的存在，如果那样，各州的刑法更是"无效

---

① Easterbrook, *Detrebling Antitrust Damages*, 28, J. L. & Econ. June 1985.
② 由于强调历史事实，SEC遭受了各方面的批评。我们关于欺诈法规的讨论暗示了，起诉适合集中于"硬"事实的说明，私下证明与证实机制适合用于处理各种意见和观点。

的",更应当被由联邦谋杀委员会（Federal Homicide Commission）执行的国家谋杀法令所替代。

对于联邦立法的辩护，更适合存在于一次性处理权利要求情形下的执行效率。很多新发行的证券卖给了几个州的购买者；甚至初始在一个州销售的证券最终也会卖到州外的投资者手中，即使仅是因为投资者的迁移。这样，几乎所有主要公司的证券都是在跨州市场上销售的。如果对这些证券的权利要求，是在诉讼人的居住地提出的，那么对于每种证券，都会有多宗案件，就可能伴随着不一致的决策和法律标准。对于欺诈的权利要求，通常会写入书面文件，而且，在多个法庭上诉讼的权利要求也有理由应当相同。

证券法创造了司法程序的国家范围的服务，而且有一个自由审判规则，在单个法庭上允许统一处理所有被告的权利要求。由联邦民事诉讼规则的第23条规定所制定的分类处理措施，可以把所有的诉讼人放在一起进行审理。本文的第三部分将阐述一些理由，说明对于必须披露的内容和不能披露的内容，为什么采用单一的法律规定是有好处的。现在我们说清楚下面的问题就足够了：即使单一的联邦法规强化了基于各州法律的多种规定，但采用联邦法规的形式禁止欺诈，仍是有好处的。

二、强制披露

1. 披露与信息的公共物品属性

在一个有反欺诈法规但没有强制披露系统的世界里，公司能够保持沉默而不受惩罚。[①] 要是它们不说谎且披露，就可以按照自己的意愿去做。它们可

[①] 这是一种过分说明的问题。因为，没有提供信息与表达错误并不总是可以清楚地区分。没有说可能被视为一种"什么也没改变"的隐含表达。证券法认识到这一点，对那些必需披露的事实材料的遗漏予以惩罚。

以在大量杂志和电视节目中用广告来促销证券，配上性感的模特或成群的公牛进行渲染，就像其他产品的出售者（包括经纪人业务）所做的那样。

强制披露系统可以有力地限制公司保持沉默的能力。就如人们强调的，它控制了披露的时间、地点和方式。公司要等到提出注册说明的申请文件之后才能自我吹捧（the "gun jumping" rule）；它们必须等到注册文件生效和招股说明书呈上之后才能做其他方面的记录（the "free writing" rule）；它们必须在指定的时间邮寄招股说明书和代理说明书，但这些就不可能借助于电视广告。

对于禁止欺诈，强制披露系统增加了什么呢？对于披露法，常用的公众利益观点的辩护是，当仅有反欺诈法规时，市场所产生的证券信息太少了。人们经常听说信息被宣称为一种"公共物品"，这意味着它可以被永无枯竭地使用，而且信息的生产者无法排除他人的利用。如果信息的生产者不能获取所有的价值，其生产量就会非常少。用法规来要求所有必需信息的专门生产都应该充分受益，似乎因此就具有了很多优点。

这个基本原理是迄今为止我们所能找到的最合适的理由。首先，它能说明很多问题。没有人能完全专用有关牙膏的信息的价值，但也没有一套联邦法规要求披露牙膏防止蛀牙的功效。为什么证券就不同了呢？我们将其他产品归因为竞争性的市场，是因为我们认为那些生产或使用（或者像消协那样检验）产品的人们，将从使市场变得相当有效的信息中获得收益。

类似地，那些了解证券的人们也可能从他们的信息中获利，但不能获得所有的利益。因为市场上的其他人将会推断那些信息，从而导致证券价格的调整。新的价格将包括这些信息，阻止第一次掌握这些信息的人获取进一步的利益。然而，这也意味着在证券市场上，信息的价值衰减很快；信息会随着后来者的进入而被"用光"，因此后面的人们就有努力发掘信息的激励。

关于公共物品解释的一个更为深奥的说法是，虽然投资者生产信息，但可能生产过量或生产不足。生产不足是因为利益不能被完美地专享。如果对投资者或者一个群体来说，信息的价值是100美元，但没人能猎取到额外10美元的收益，那么也就没有人愿意去获取额外价值10美元的信息。但如果有些人创造了同样价值 10 美元的信息,就会出现投资者生产信息过量(冗余生产)。讨论的结果是,强制披露可以阻止信息的冗余生产。

信息过量生产的另外一个原因在于,预测将来也可以获取收益。一些信息,如公司的季度收入信息,就提供了通过交易赚取盈余的机会;最先掌握这类信息的人们能够得到很大的好处。然而,在某些情况下,信息又是没有价值的。依赖于注定要真相大白的信息进行交易,并不能改变未来并导致对新证券的更好的投资。价格最终将反映真实的收入。一天或者更快的改变对于资金的配置效率来说并不重要。存在交易利润的诱惑,可能会引导人们努力并且动用其他优势去"击败市场"。这样做很大程度上是一种浪费,因为在加速价格转移时获利机会要大于有效性收益。通过观察到相关公司的快速信息披露将会废止这些交易机会,我们的讨论也就该结束了。当每个人都知道真相的时候,就没有人再用它来投机了。投资者的群体行为,将会使这些交易盈余(以及对信息的高成本搜索)消失掉。① 那么对于那些知道真相的公司来说,强制披露的更好方式是什么呢?

这些讨论有一个共同的问题:它们没有将披露的利益与强制披露的利益区别开来。如果披露对投资者是有价值的,公司通过提供披露就可以获取利润。公司与其投资者是很默契的,科斯定理就暗示了公司和投资者之间可以进行互利的交易。② 公司的决策可以有效地"调整"那些不能直接讨价还价的投资者的行为。

为了认清这个问题,我们用一个要发行新证券的公司的简单例子予以说明③。该公司有一个预期赢利的项目(比如说,要生产一种新型电脑)。如果公司没有披露这个项目,就简单地想召集资金,它将一无所获。投资者将从

---

① 这是有关寻租的文献中的一种平凡的现象。在证券市场上,可能每个投资者都想借助他人的优势,但只要这种努力过早预期到了将来,而初始没有做出更好的投资,那么,这些努力都是白费的,去除这些努力,个人才有所收益。

② Coase, *The Problems of Social Cost*. 3 J. L & Econ. I (1960).

③ 这方面比较正式的经济学描述可以参见:Grossman, "The Information Role of Warranties and Private Disclosure about Product Quality", 24 J. L. & ECon. 461 (1981) 等,尽管正式的模型假定传递信息的成本为零,禁止欺诈被完美地执行,但在本文,广泛的讨论并不需要这些假定。

最坏的情况来考虑该公司，因为他们相信如果公司有好的机会就不可能不说。沉默就意味着坏信息。一个拥有好项目、努力去将自己区别于一般项目（或根本就没有项目）的公司，将会披露最优数量的信息。即，只要披露的成本（包括信息分发的直接成本和向竞争对手泄露信息的间接成本）在整体上对公司而言是值得的，公司就会尽力地予以披露。

公司要和实际的和预期的投资者打交道。投资者仅仅与公司的一部分股票打交道，因此就不能抓住信息的全部价值，而公司就不同了，它掌握了所有的投资，能够专门利用信息的全部价值。公司披露的越多，出售的股票就越多，确实，在公司所有信息的全部价值越多的情形下更是如此。

坏信息的作用过程和好信息是一样的。一旦公司开始披露，就不可能在没有做出一些关键的揭示前就予以停止，这是因为投资者总是从最坏处着想。好的和坏的都要披露，以免投资者会认为坏的信息会比本来更坏。公司也不能就此说说而已。如果反欺诈法规被完美地执行，少量的披露就足够了，但事实上却做不到这一点。这样公司就会运用本文第一部分所描述的证实与证明措施。有了这些措施，强制披露的法规就成了多余的，而且，如果惩罚措施和证实措施都没有起作用，强制进行披露的法规也就不适合施行了。

自我引致的披露，作为信息没有财产权时的一种解决方案，其原则如同适用于股票的初次发行一样，也适用于二级市场上的交易。公司的投资者总是希望能够在零散交易中以最高的价格出售手中的股票。他们的这种能力依赖于可信信息流（否则，假定在最坏的情形下，潜在的购买者会降低报价）。至于公司的大多数信息，公司自身能够比所有的股东更低廉地产生和散布。因为这样反映了公司所有股东的价值，所以公司的边际决策将是正确的。公司在发行股票时，都希望以最高的可能价格发行，在零售市场上，为了保持股票的价值，必须采用所有的降低成本的措施；因此，公司必须做出连续披露的许诺。

对于这一点，是有证据的。大多数公司都已经披露了自身的绝大多数事实——只要存在很多公司，这可以通过第三方得以证实。我们可以从审计人员的使用追溯到公司的时期，1934年的法案规定了上市公司的年度披露要求，在这成为法律之后，每个有证券在全国市场进行交易的公司，都要进行大量的公开披露，独立的审计人员就是这方面的证明。在1934至1964年间，只有那些在国家交易所内交易的公司才被要求年度披露（1964年，法案被修订，范围被扩展到拥有特定数量以上投资者的公司）。退市或者开始没有上市的公司可以免于披露。然而，公司还是渴望能够在交易所上市的，也愿意披露；那些没上市的公司也会按照法案所要求的框架披露相当数量的数据。即使今天，各州和当地政府的证券，虽然是被强制披露法规豁免的，但发行者仍会按照惯例向购买者提供大量的信息。

为了减少仍处于等待状态的投资者的疑虑，披露也会（适度地）减少投资者搜寻大量交易信息的激励。如前面所述，这个问题反映了，知道将来的状况可以抓住一些赢利机会，但没有使整体投资者的经济状况变好。由于搜寻信息是有成本的，如果公司的披露可以最大化个人的赢利机会，进而减少搜寻动机，那么投资者就会整体受益。一种证券的净回报是总回报（红利加上任何流动性分配）减去信息成本和持有证券的交易成本。如同增加商业利润一样，公司可以通过减少持有股票的成本，轻而易举地增加它的净回报。为了这种目的而做出披露许诺的公司，相对于其他公司要兴盛得多，因为它们的投资者面临更低的成本，在安全方面更好一些。许诺越是让人相信，投资者就越愿意为股票支付更多。

2. 披露的利己主义模型的局限性

信息是一种"公共物品"的说法意味着，独立行动的投资者在信息收集上容易出错，但由于我们已经解释的原因，公司管理者的利己主义使其也只能提供整体投资者需要的"大致"数量的信息。这种数量之所以是"大致的"，是因为在供给信息时存在着证明和证实方面的成本。如果披露法规，和欺诈法规一样能够降低这些成本，那么公司的披露将会有所改善。我们在第三部分再回到这个问题。

对于公司来说披露并非最优还有一个原因，就是第三方的影响。一个公司为其投资者所生产的信息可能对其他公司的投资者也具有价值。A公司的说明书可能会揭示该公司所在行业的一些事情——即使仅仅是该公司的预计生产量的大小——本行业中其他公司也能借此规划自己的运营。对于竞争公司的投资者，还有其他间接的利益。然而，A 公司不能向他们索取费用，即使他们愿意支付。由于不能收费，就导致了信息生产不足。

这个问题与囚徒困境类似。公司与投资者，作为两个不同的群体，都希望披露公司与行业特有的信息。但单个的公司却不愿意这么说，部分是因为其他公司会搭便车，部分是因为一些（如有关新产品）信息可能会被竞争对手所利用。但仅仅当所有其他公司都这样做的时候，单个公司才愿意披露。这样，成本与所有的商业风险都将会均匀分布。在缺乏披露要求或者强烈诱因的情况下，每个公司都会保持不动。

在便于形成公司间比较的信息披露方面，存在着同样的搭便车问题。C 公司可能知道一些对于 D 公司更具吸引力的信息。然而，在没有收到 D 公司的计划与前景时，它也不可能有效地传递这种信息。关于 D 公司的信息，部分地有益于它的现在的和将来的投资者，C 公司却不能获得补偿。C 公司可以通过购买或出售 D 公司的股票来获取这部分收益，但这样做需要交易成本，如果没有完全拥有 D、E、F、G 等公司，C 公司就不可能占有所有的收益。公司的规模变大时，可以更好地实现信息的内部化，但也带来了其他方面的成本，包括垄断和投资者分散持有能力的降低。

对于影响风险—收益特征的信息，C 公司也很难占有它的价值。公司间的差异程度越小，单个公司披露溢出得越多，该公司披露的激励就越小。许多公司都将有同样的风险—收益特征。这里在原则上，一定形式的集体行动（不管是否通过政府）是有好处的。处理这种集体行动问题，哪种方法净成本最低，就是一个实际的问题了。

或者假设存在一个最优的格式来向投资者传递信息。一些信息会比其他的信息更容易理解和证实，而一些披露更倾向于隐藏信息而不是显示信息。如果社会上的投资者之间能够无成本地签订合约，他们就能要求所有公司都使用这种最优的披露格式。要是单个公司自行其事，就会有很高的成本。最优的披露格式可能需要专业化语言（比如会计准则，其详细的定义就是一种专业化的披露语言），然而，没有一个公司能享受到发明和使用这种专业语言的大部分利益，其他公司却能够免费使用这种格式。有时，使用给定披露方法的便利也依赖于其他公司采用同样的格式，以便于投资比较。

政府所发布的强制披露法规就是实现标准化的一种方式，但这并不意味着强制披露是必需的。对于信息问题，市场经常会给出很有创意的解决办法。的确，证券出售者所面临的问题，与向市场投放新产品的区别并不是很大。录音与立体声系统的大量销售是受标准录音速率的发展的推进的。彩色电视直到制造商和广播公司在传送的标准方法上达成一致才变得可行。新型激光密盘播放机在与磁带和录音机的竞争中，受到一项重要专利的持有者——菲利普公司所发布的标准的很大帮助。有时贸易协会可以设计一些标准，比如电子行业，而会计行业也已经部分这样做了。这些标准化由私人和政府来做，哪个更廉价些呢？这又是一个实际问题了。

3. 创造最优披露的私有或竞争方法

（1）信息中介

到目前为止，我们都假定公司在向投资者创造和传送信息的时候都是各行其是的。有时公司不愿意披露是因为这种做法的成本超过了信息的价值，有时是因为信息可能会降低而不是增加公司的价值，即使投资者将从拥有这些知识中受益——关于新产品或新技术的信息或许就属于这一范畴。鉴于这些不做披露的"好的"理由，投资者能够毫不含糊地推断出，没有信息就是坏信息。从而，利己主义披露模型的效力降低，在发行证券时，高质量公司将很难与低质量公司区分开来。

信息中介可以部分地解决这些困难。考虑这样一种情形，一个公司要为一项技术突破而筹集资金，技术详情是不能披露的。该公司可以向保险公司披露信息，后者将给公司证券一个适宜的定价。投资者认识到，保险公司可能拥有未向公众披露的信息，而且保险公司在不欺骗投资者方面久负盛名。这样，比起那些没有技术突破项目的同样公司的证券，投资者就愿意为这类证券支付更多。公司也可以间接散布这种信息——通过部分地向投资分析家或其他的中介机构，并通过推荐的方式而不是详细陈述的方式，来向公众传达信息①。

会计师也可以作为一种中介。前面我们已经强调了，会计师可以减少信息成本，因为他们为公司披露的准确性负有声誉责任。而且，就会计师们在共同语言上所达成一致的程度而言，他们起到了标准化任何数量的披露（减少成本）的作用。会计师分摊了所有公司在制定和维护标准语言上的成本。当然，会计师也会面临个别公司误用这种语言的压力，或者他们根本就无法在共同语言上达成一致；政府的干预就可能减少这些协议与实施上的成本。

明显地，信息中介不能保证信息的准确性和完整性。它们的员工可能能力不济或者心怀欺骗。他们是定期地而不是连续地评论事件，因此在他们调查的时间与投资者需要的时间之间，形势可能已经发生了变化。但任何其他的披露措施也存在着同样的问题。相应的问题是，信息中介增加了公司向投资者传递精确信息的数量。

（2）知情交易者

一些交易者比其他人知道得更多。内部人、那些从内部人那里收到信息的人、经纪人、那些搜寻小道信息并做出推断的人以及那些从更好的知情者（如分析师和资金经理）那里购买到信息的人，都是知情交易者。人们变为知情者是为了"击败市场"而获取超额收益。但是，获取这些收益的能力是有限的，因为事实上，其他的投资者可以采用同样的交易策略，按照他们所学到的东西进行交易。其他的交易者也变成知情的了，而且就是这种交易行动——使股票的价格朝知情交易者认为"正确"的方向运动——促使股价降低了这些交易者所拥有信息的价值。当价格到达一定水平，使得知情交易者在作为买方和卖方均无差异时，价格所传递的公司信息将比直接披露更有效

---

① 对于金融中介（而不是信息中介）的类似的分析，可以参见：Campbell & Kracaw, *Information Production, Market Signaling, and the Theory of Financial Intermediation*, 35 J. Fin. 863 (1980)；或 Benston, *The Market for Public Accounting Services: Demand, Supply and Regulation*, 2 Acc. J. 2 (1979)。处理很类似与本文后面的做法。

率和廉价。交易不会被完全地显示出来,非知情交易者也不可能判断出特别的交易是新信息所驱动的还是由投资组合调整驱动的。然而,知情方的交易与非交易都向其他的投资者提供了大量的信息。①

(3) 股票交易所

有组织的交易所减少了交易成本。② 通过让对将来拥有不同信念的各方更容易地交易,有组织的交易所增加了流动性,减少了不必要的投资风险。二级市场的流动性越大,交易所就越成功。因为交易所的成功依赖于交易的数量,交易所就有激励去采用一些管理交易使之有利于投资者的规则。这些规则吸引了更多的交易,减少了成本,增加了进入交易所的人们的利润。

交易所为了获取收益,将通过采用规则来最小化上市公司欺骗行为的数量,因为重复的博弈者更不可能被误导。同样的原因,交易所有激励采用规则来要求上市公司披露投资者需要的信息数量和类型。有组织的交易所内部的竞争,和交易所之间以及其他投资方式之间的竞争一样,可以增加交易所的激励去采用有益的规则。

结果,公司就有激励把证券拿到交易所上市,并遵守最大化投资者利益的规则。为了说明这一点,暂时假定自行其是的一个公司所披露的信息少于(或不同于)作为一个团体的投资者的需求,在这个不适宜的披露水平上,社会的损失少于这个公司为按合约生产一定数量信息所付出的成本。这是可能发生的,例如,由于本文第二部分所讨论的第三方影响所造成的情形。有组织的交易所给这些公司提供了一种处理集体行动问题的方法。公司可以接受交易所设定的规则的约束,这些规则更接近于要求最优的披露,因为它们"内部化"了很多第三方影响。约束自己遵守交易所规则的公司,在吸引资本时就拥有了竞争优势。这类过程运转在交易所之间的竞争之中,像纽约股票

---

① 关于知情交易者对传递信息的作用,参见:Grossman & Stiglitz, *Information and Competitive Price Systems*, 66 Am. Econ. Rev. (246) (1976)。

② 参见:Telser, *Why There are Organized Futures Markets*, 24 J. L. & Econ. (1) 1981。

交易所，就设置了管理信息披露以及上市公司新股发行的规则，牺牲其他交易方法来吸引业务。

我们的分析意味着，在国家交易所上市的公司比非上市公司要系统地披露更多的信息，无论证券发行之前还是之后都是如此。我们还没有去考察以证实这个含义，但它和直觉是一致的。

金融稳健与亚洲的可持续发展[*]

[美] 约瑟夫·斯蒂格利茨 著 　　黄金老 译^{**}

对于东亚奇迹，无论是昔日的赞扬还是今日的批评，都把目光聚焦于金融体系的角色。当东亚经济强劲增长时，国民收入上升、识字率提高、贫困人口减少，对此学者们高度赞扬东亚各国政府，因为正是政府创造并管理着金融体系，而金融体系一方面促进储蓄，另一方面又对储蓄进行有效的分配，即投资。

然而近来发生的亚洲经济凋敝又使人们对政府在金融体系中扮演的角色发出质疑，并且将这种疑惑进一步扩大到标志亚洲经济发展战略的特征——政府与民间部门的关系上。对所谓"亲情资本主义"（crony capitalism）、政府主导型投资以及缺乏透明度的责难，无疑表明了人们对政府在发展中的作用的不信任。对于这一系列批评和苛责，我觉得有点过火了，毕竟东亚过去在吸收储蓄、促进投资以及发展人力资本方面的功劳还是不能一概抹煞的。从历史上看，金融危机和经济衰退并非资本主义今日之新现象，而是古已有之；

---

* 本文原载于《经济社会体制比较》1998 年第 3 期。本文系 1998 年 3 月 12 日，斯蒂格利茨在菲律宾马尼拉举行的"亚洲发展论坛"会议上的讲话要点。

** 约瑟夫·斯蒂格利茨，诺贝尔经济学奖获得者，美国哥伦比亚大学校级教授（University Professor）。黄金老，经济学博士，原华夏银行副行长。

况且亚洲地区中的许多国家或地区，尤其是中国及其台湾似乎就已平安度过这场金融风暴。当然，这场危机的重灾国，比如韩国、泰国和印度尼西亚也确实暴露出来一些问题。

具有讽刺意义的是，今天许多被指责为导致亚洲金融危机的因素正是当年被夸赞为促成亚洲发展的因素。从一种有效方式（比如通过企业—政府合作）来传递信息曾被认为是亚洲成功的关键，而今天这都被看成是存在"政治亲情主义"及缺乏透明度的证据；对外开放市场曾被认为是这一地区成功的因素，而今天在一揽子危机解救计划中却包含着要求消除资本流动与贸易的障碍；再有，宏观稳定（比如低通胀）也曾被一致认同为东亚经济成功的关键因素之一，而今天的援韩方案中却包含一项条款——建立专注于物价稳定的独立中央银行；促进竞争（尤其是通过出口导向政策）曾被认为是亚洲国家能够明星般表现的主要支柱之一，今天大财团内缺乏竞争却被看成是亚洲问题的关键病因之一。总而言之，过去曾被认为是促成高储蓄并将其有效分配的强大金融市场今天却成了亚洲金融危机的替罪羊。

和其他地区一样，东亚也曾发生过银行危机，只是规模小得多又能迅速解决。那么为什么这次金融危机烈度如此之大又如此难以解决？也许下列两点有助于回答这个问题：一是世界变了，最突出的是流向发展中国家的私人资本有了显著增加。要不是巨额国际资本流动的掺和，今天的危机就很类似于 1980 年的韩国或 1983 年泰国所碰到的问题。二是东亚国家已经放弃了过去运用得很成功的政策，在那儿金融自由化和资本账户开放已经得到实施，但同时相应的监管措施却没有跟上来。

理解过去与现在是为了警示未来。今天，我特别强调深化、高效和健全的金融体系对经济的增长与稳定是何等重要，但若离开了稳定和增长，这种深化、高效和健全的金融体系就不可能形成。显然，政府在其中扮演了一个关键的角色，这不仅直接体现在监管金融体系上，还体现在建立一套鼓励谨慎有效行为的激励机制上。

一、东亚增长中金融体系的角色

最近的多数研讨都是从东亚危机开始,再由此推出东亚金融体系存在的问题。这里我想从相反的角度,即由探讨东亚奇迹开始,以寻求东亚金融体系在其中的贡献。

东亚在很短的时间内就取得了无可比拟的成就:收入高速增长、多数人迅速摆脱贫穷。在过去的 30 年中,东亚经济体的许多国家和地区(新加坡、香港、台湾、韩国、印尼、马来西亚和泰国)的年人均 GDP 增长率达到 5% 以上,以致获得了"东亚奇迹"的美名。这一成就直接带来了下述好处:人均寿命增加、教育机会增多以及贫困人口的减少。今天东亚人民中只有 2/10 的人口每天生活费不到 1 美元,而在 1975 年这一数字为 6/10。其中尤以印尼的成就令人瞩目,印尼人口的贫困率已从 1975 年的 64% 急剧减少到 11%。

促成东亚高速增长的诸多因素中,金融体系的贡献最为夺目,这不仅体现在该地区的高储蓄率上,也体现在储蓄有效地转化为投资上。

高储蓄

伴随着高增长而出现的资本积累规模令人称羡,东亚国家的储蓄达 GDP 的 1/3 以上,高于任何发展中国家,是美国的 2 倍还多。不少东亚国家的储蓄率如此之高以致不能用正统的经济学因素(比如人口统计学和增长率)来解释。有人认为高储蓄是东亚地区的文化因素使然,也许确实有这个成分,但这绝不是问题的全部:儒家文化是不能对此作出全部解释的。政府的政策在两方面推动了高储蓄——直接地通过连续的预算盈余和间接地通过维护宏观经济稳定。政府的金融政策对储蓄有重要影响,它提高了银行体系的稳健程度和安全感,包括谨慎监管,这就会鼓励人们多储蓄。一些东亚经济体如日本、马来西亚、新加坡和中国台湾,还建立了邮政储蓄体系来便利小额存款人和农村居民参加储蓄。

此外，许多东亚国家政府还通过运用一系列金融规制来影响私人储蓄。在多数成功的东亚经济体中，政府不支持居民购买住房和耐用消费品，此举自然有利于长期储蓄。再有，温和的金融约束①，尤其是低利率政策也有利于把收入由居民向公司转移。而一般来说居民是倾向于消费的，公司则倾向保留更多的利润，这样长期而言也有利于社会总储蓄的增加。

投资分配和生产力增长

虽然在传统的新古典经济模型中，投资和储蓄是各自独立变动的，但多数实证研究还是发现储蓄的增加就会转化为高投资。东亚也是这样，它的高储蓄率维持高的资本积累率，由此强有力地支持经济高增长。

根据一项由杨（Alwyn Young）、金姆（Jong Il Kim）和刘遵义（Lawrence Lau）开创并由克鲁格曼（Paul Krugman）推广的研究，迅速的资本积累是东亚奇迹的全部，东亚产值的增长几乎是全靠资本或劳动力增加来达到的。根据他们的估算，全要素生产力（即不能用资本或劳动来解释的产量部分）增长在韩国微不足道，而新加坡几乎是零。然而依我看来，如果东亚没有全要素生产力增长，东亚地区就不可能具有强大的维持高储蓄以及较有效地分配资本的能力。

上述人的观点确实不够令人信服。经济学告诉我们，总的生产函数是第二性的。在其他条件不变的情况下，高额资本就会推动经济沿着生产函数前进去增加产量，但同时效益有可能下降。然而事实上条件总是在变化的。在完全信息的情况下，追加资本总会流入高收益的部门；而在不完全信息的情况下，由于不完全风险市场和交易成本的存在，储蓄就不会自动流向最有效率的投资部门。而且胡乱投资还会导致很高的调整成本。确实，我们看到过一些国家，它们有着很高的投资率，但其全要素生产力增长却是负数。因此，

---

① 关于金融约束的概念以及这一政策工具在东亚经济发展中的运用，读者可以参阅作者在《政府在东亚经济发展中的作用》（中国经济出版社 1998 年版）的章节。——编者注

即使以最挑剔的眼光来审视东亚，东亚经济能沿着一个不变的生产函数前行并维持多年，也是一个了不起的成就。

因而，我不认为东亚的增长是仅仅通过投资达到的，大凡参观过东亚城市和工厂的人都会感到几十年来那里取得的巨大技术进步。当一国快速积累资本时，对资本额估计的微小变化就会导致大不相同的全要素生产力估计结果。尤其在东亚经济体中劳动和产品市场是完全竞争的假设不成立的情况下，这种估算就更是大有疑问了。在人力资本和实际资本测算方面也存在问题。而且我们必须记住技术既是投资的原因又是投资的结果，没有技术进步，收入就会减少，投资也就难以维持。上述考虑使我有理由确信东亚数十年来的增长是有质量的。东亚的生产力增长是多种因素促成的，既要强调人力和实际资本积累的作用，还要看到其他政策诸如社会进步和技术进步的功效。这已在世界银行的出版物《东亚奇迹》一书中作了详尽的分析，近年的其他一些材料中也有所阐述。今天，我着重强调金融体系对增长的贡献度，下文我将描述一些总括性的有关金融和增长之间关系的理论和实证证据，后文还将介绍一些与此有关的概念。

金融和增长

我时常将金融比作经济的"大脑"，它一方面聚集储蓄，另一方面又对之进行分配，形成生产力。良好的金融体系会高效地配置资源，而糟糕的金融体系则会把资本分配给低效的生产部门。选择项目还仅仅是第一步，金融体系还必须监督资金的运用，以保持资金运用具有持续的效率；这时金融的功能就扩展到减少风险、增加流动性和传递信息诸方面。所有这些功能的发挥都会促进资本形成和经济增长。

现在很多研究都把金融发展的不同方面（比如银行体系的深度和股票市场的流动性）与经济长期持续增长联系起来，认为金融市场在配置资源方面充当了信息中枢的角色。这些研究的功绩在于发现金融对增长的贡献不仅体现在促进资本积累上，更主要的体现在促进长期生产力增长上。

这些研究结论非常醒目：有人发现在 1976 年到 1993 年期间，股票市场流动性高的年份，GDP 年增长率是 3.2%，而低的年份是 1.8%；而金融深化程度高低不同的国家间 GDP 增长率的差别就更大，为 3.2% 对 1.4%。

然而，金融深化和股票市场流动性仅仅是衡量金融体系发展和效率的粗线条指标。由此进一步地看，金融体系深化和股票市场流动性又是怎样形成的？显然，没有政府强有力的参与，这是不大可能实现的，甚至许多市场根本就不会存在。

金融市场与其他市场差别甚巨，由此它的市场失败就更加普遍。关于有效竞争市场的传统理论是以完全信息为前提的，这样，认定每一个竞争性均衡都是帕累托最优的福利经济学定理就对衡量金融市场是否具有效率没有指导意义，因为金融市场与生产、流通、传播和信息的使用紧密相关。相反，不完全信息或不完全市场的经济一般来说就不具有帕累托最优效率，在那里有限的政府干预就能使单个经济体效率变得更高。

许多市场失败及其解决方案是我们所熟悉的，这里就本文有关的几个问题加以概述如下：

发生在股票和债券市场上的逆向选择问题。对于股票市场，那些热衷于出售本公司股票的企业家中有些其实是明知该股票的市场价值过高，这里如果没有保护股东及要求信息披露的法律，尽管存在寻求股票融资的良好投资项目，然而由于鱼目混珠却可能误导股票市场，最终对股票市场构成损害。这种逆向选择问题同样存在于债券市场，投资于高风险项目的企业家会热心于增加借款，因为项目成功他们可能由此赚取全部高额利润，而项目失败他们只承担有限的项目失败成本。

公司和金融机构的监督必须能够确保其经理是为股东和债权人的利益而行事。与其他形式信息一样，选择和监管也是公共物品。我可以自由地攫取你的信息，信息常常从股票价格和借款契约中得到揭示。如果一家公司在我的监管下管理得有条不紊，那么所有公司资本的提供者都会从中获益。与其他公共物品一样，监管常常供应不足，而且公司经理和企业家常常对自己的经营成果和企业状况有更充分的了解。众所周知，信息不完备引起市场失败，市场失败又阻碍了资本市场的运行。一旦监管不够完备,在依赖债务融资的情况下公司会被鼓励进行过度冒险,而在依赖股权融资的情况下就会促使牺牲股东的利益来使管理人员谋取利益。

二、东亚危机中金融体系的角色

金融体系良好运作时,经济就能保持强劲增长;而一旦金融体系出了故障,就会爆发危机,延缓经济增长。

很多研究强调了金融市场的重要性,并通过信贷分配、银行和公司破产来解释经济衰退。19世纪工业国家的经济大多数衰退均导源于金融恐慌,而金融恐慌又几乎毫无例外地以资产价格暴跌和普遍的银行破产为前导。金融危机一再发生着,近年来甚至有愈演愈烈的迹象。即使扣除物价因素,美国储贷协会危机所导致的损失也是20世纪30年代大萧条的数倍,但是若和GDP对比,这场危机的危害还不是80年代以来的25次国际银行危机中最大的。

银行危机给宏观经济带来很多后果,影响随后5年的增长。1975—1994年,没有发生银行危机的国家的经济一直在缓步增长,而发生银行危机的发展中国家则在危机发生后的5年中经济增长慢至仅1.3%,其损失超过了发达国家。显而易见,强健的金融体系是维系一国宏观经济稳定的关键因素。

东亚危机的起因

近年来许多国家都饱受银行危机之苦,但对于研究人员来说这却是一个福音。系统的国别比较研究已经揭示了许多银行危机的预兆。新近由艾斯里·德谟戛克-坎特(Asli Demirgüc-Kunt)和德特拉加克(Enrica Detragiache)进行的一项研究发现,银行危机最重要的预兆是:宏观经济因素(低增长和高通胀)、高利率、资本外流的易动性、国内金融自由化和无效的法律实施。

上述的一些因素（比如高利率、国内金融自由化和资本外流的易动性）在发生危机的东亚国家就存在，但多数因素在那里却不存在（比如东亚经济高增长、低通胀和高质量的法律实施）。这当然并不意味着我们因此就可以轻视这些警示危机将要发生的信号，而是我们应该对自己的危机预测能力谦虚一点。这并不奇怪，毕竟，在某种意义上，每场危机都是各不相同的。

东亚危机与以前发生的危机的显著不同点就在于许多东亚国家的宏观经济基础是相当牢靠的，表现在高储蓄、预算盈余或少量赤字、低通胀以及相比较而言为数不多的外债等多方面。尽管一些国家（如泰国）有较大的经常项目赤字，而另一些国家（如印尼）的经常项目赤字却不大，有的国家（如韩国和马来西亚）的赤字不仅适中而且还在下降。

传统的总量宏观经济理论对东亚危机几乎不能作出解释。然而过去的15年中，宏观经济理论已被重新构造，这一重构是以稳健的宏观经济为基础，并十分重视金融体系的重要性以及金融体系和其他经济部门的关联度。这些模型被广泛运用：从大萧条到1990—1991年美国经济衰退。对东亚危机的成因及解救政策措施的评价，这些模型同样能够作出解释。这些模型显示即使本国金融管理健全，对本国经济的外来冲击也会被经济体系放大，其影响会在冲击消失之后继续存在一段时间。尽管经济政策能够影响波动幅度和持续时间，经济波动却是资本主义经济制度的内在特征。

东亚危机的根源并不在于政府的恣意放纵，而在于民间部门的决策使得经济体特别易受突然的信心失落的打击。最大的失误是投资的误分配（流入投机性房地产领域）和冒险的融资形式（从国际市场大量借入短期债务，至少在韩国债务对股权比率过高）。

然而一些投资的误分配并不意味着东亚制度就存在根本缺陷，上文我讲过东亚经济配置投资的超强能力。但近年来，一些国家的投资占GDP比率却呈跳跃式上升，跃升10个百分点，韩国、马来西亚和泰国在1993—1996年期间这一比率达40%。诚然，某些投资误配置只能事后才能看出来，有些则是不可预料的因素发生招致的（比如芯片价格猛跌）。信用误配置就会带来不安全贷款。并且某一方面的信用危机极易扩展至全部经济体。

大量未保值的短期债务的存在使得东亚经济体极易受到突然的信心失落的打击。结果，资本外流、货币贬值以及资产价格暴跌就会恶化民间部门的资产负债表，进而造成恶性循环。一旦金融问题导致信用紧缩、损害实际经济以及放慢经济增长速度，恶性循环就会愈演愈烈。如果地区的金融体系脆弱，经济衰退便会自我加深——破产与信心丧失齐头并进。

这并不意味着政府对危机就没有责任。政府政策塑造了对民间部门的激励机制并进而导致经济脆弱。这部分的是由于宏观经济政策及其与金融体系的相互作用两相混合的结果，特别是钉住或者管理汇率与国内的高利率相并存导致冲销性资本大量流入。这些政策刺激居民从国外以低利率借款，并且由于不用担心未来汇率波动，对这些借款也就不加保值措施。

除了这些宏观经济诱因以外，不充分的金融管理也使得银行在没有监管的情况下发放高风险贷款。导致这一问题的部分原因是过快的金融自由化，同时强有力的金融监管却没有跟上来。在过去的10年中，泰国就降低了准备金要求、消除了管理非银行金融机构的规则限制、扩大了资本市场活动范围（比如银行对股票交易保证金融资）以及增加了离岸市场借款的途径。早些日子，韩国也取消了许多利率管制、消除了公司债务融资的限制以及允许金融服务业之间进行激烈竞争。当这些改革措施得到颂扬时，必要的防卫措施却没有得到足够的强调。

并不仅仅是监管的质量出了问题，监管结构也存在很多问题。基于风险的资本比要求原本有助于减少银行的敞口交易（指未抵补的多头或空头交易——译者注）和过量风险贷款，但是银行却通过提高利率将风险转嫁到客户头上。还有许多监管和干预措施，比如税收诱因，实际上也刺激了监管结构的脆弱性的建立。

东亚金融监管弱化的一个明显例证是商业不动产的过分膨胀，每位到过东亚国家大城市里的人都会有这份强烈的感觉。但这只是近期现象。比如泰国过去就限制银行不动产贷款，这既有认识到不动产贷款高风险的考虑，又有将资本导向更有效地促进增长的投资上去的目的。但后来部分地是由于受到"这类限制会妨碍经济效益"的压力，这些限制被撤销了。即使是东亚的过度房地产开发也需要全面地看。曼谷和雅加达的商品房空置率过去是15%，现在则升至20%，大致与今天达拉斯和休斯敦的商品房空置率相当，但远远低于80年代美国许多城市30%以上的商品房空置率。不过由此所导致的银行倒账和系统性风险在东亚却远远大于美国。

即使银行受到良好监管，只要存在有利于从国外贷款的宏观经济背景，私人公司和非银行金融机构也会直接进入国际市场借款。印尼的情况就是这样，那儿2/3的银行对外借款流入非银行民间部门，这一比率为全球之最。

然而我们不能忘记每笔贷款，无论是好还是坏都有一个贷款人和借款人。既然国际贷款人拥有良好的风险管理体系，又明知借款人存在高负债率，却仍然提供大量贷款，他们的行为更应受到责备。的确，国际贷款人对东亚的风险缺乏认识，这在这些贷款的低利差和日益扩大的规模上得到印证。

即使存在脆弱性，如果没有资本账户自由化，危机也不大可能发生。值得注意的是，一些国家的金融体系也相当脆弱，透明度也很缺乏，却没有受到东亚危机的"传染"，这就与那些国家资本账户封闭或较为封闭有关。

最后，透明度的缺乏也使这场短期震动变成了长期衰退。危机发生后，市场认识到许多东亚国家的公司会比自己过去所认识的要差。在没有可靠信息来区别公司好坏的情况下，银行就难于区分良莠，这直接导致对所有公司信用供给的减少（或者提高公司的风险补偿金要求，即利率提高）。

自我实现恐慌和货币挤兑

即使东亚国家具有稳健金融体系和良好政策，这场危机仍然有可能发生，其原因在于，货币挤兑及由此导致的恶性循环，还有市场信心也极度不稳定。显然债务的期限结构越短、债务资本比率越高，金融体系就越脆弱、经济潜在不稳定的看法就越普遍、由此诱致的经济混乱也就越大。

小型开放经济最易受到突然情绪波动的冲击。大萧条年代的凯恩斯就十分强调心理因素对投资以及商业循环的影响，凯恩斯认为这些心理因素是非理性的，并给它起了一个绰号"市场情绪"。近来，艾伦·格林斯潘又给我们引入一个新名词"非理性亢奋"。不幸的是，东亚由非理性亢奋变成了非理性悲观，也即信心失落，并由此导致资本外逃。因为心理预期极度波动，即使是良好的经济体有时也会被情绪所攻破。小型开放经济就如同狂风大浪中的一叶小舟，虽然我们不能确知船何时会被倾覆，但船最终会被一个大浪打翻是毫无疑问的，而不论驾船技术如何高超。当然，糟糕的驾驶技术会增大发生灾难的可能性，而一艘漏船即使在风平浪静的日子里也必然会倾覆。

结果，资本外流，由此导致货币贬值、资产价格暴跌，而这一切必然会恶化民间部门的资产负债表，这样自我实现过程就出现了。一旦金融问题引发信贷紧缩、损害实际经济进而导致经济滑坡，恶性循环就会进一步加重。如果金融脆弱，经济衰退就会自我循环推进——破产增加与信心失落齐头并进互为因果。它还会超出经济领域影响政治和社会生活，一些国家由此而导致的动乱又会进一步削弱其经济。

非理性亢奋或非理性悲观的度有多大可以由东亚债务与无风险的美国国债之间差额来衡量。1997年早些时候，这些差额显著下降，在泰国低至90点，而印尼则为110点，这种状况一直持续在1997年7月东亚危机爆发，而到1997年年末，这个差额则达到500点。

再一个例子是评级机构，直到东亚危机开始之前，它们都没有降低对这一地区的评级。而评级一旦降低，则一场东亚国家证券抛售的狂潮就开始了，进而促使危机加深。

我已暗示在解释东亚危机的深度或广度上许多工作不过是徒劳的。对"动物情绪"进一步证实的根据来自危机爆发时刻。尽管一些国家的状况先于危机而恶化，另一些国家还几乎没有得到解释危机开始的"消息"。投资者在对东亚国家进行廉价融资时，高债务资本比率、缺乏透明度以及金融体系脆弱已是人所共知的事实。许多宏观经济数据在危机爆发时甚至变得更好，特别是在韩国，1996年年中韩国通胀率为5.5%，但在危机前夕已回落至4%；同时韩国的贸易逆差——许多人批评并认为是危机的原因之一——在1997年里稳步下降，到危机前夕的几个月已达到平衡并在11月略有盈余。

危机，或者至少可称为经济显著波动，成为资本主义工业经济的特征已

200多年了。它在像以金融监管老道著称的国家（如9年前美国的储贷协会危机）和向以透明度高闻名的国家（如过去10年斯堪的纳维亚国家的银行危机）都发生过。金融危机在良好管理的经济体中也会发生的这一认识当然并不会指引我们去放弃政策，但它却建议我们必须努力探寻减少一国发生危机的可能性和在危机发生时尽量缩短危机的持续时间。

三、建立强健的金融体系：权衡和多目标

东亚的经历使金融体系的两个重要目标变得更为显著：增长与稳定。此外，成功的金融市场监管都在追求多目标，包括促进竞争、保护消费者，并确保没有受到服务的群体也可获得资本。

这些目标在一定程度上是相互促进的。从最基本的角度看，稳定对长期增长有利，并且长期的增长也有利于稳定。前面我讨论了金融危机对增长的长期影响这一事实。总的来讲，任何形式的产生波动性的增加都会降低研究与开发、阻碍投资，而这两项又是长期增长最重要的决定因素。

从更具体的角度看，这两个目标之间可以相互补充。追求社会目标，如果做得很好，会促进经济目标的实现。比如《美国社区再投资法案》所规定，保证少数民族和穷困社区得到资金；比如政府创办的联邦国民抵押协会的重要职能就是确保抵押所需资金。同样，保护消费者不仅是很好的社会政策，它也建立了人们对经济市场中"公平竞争"的信心。没有这种信心，市场就将变得狭窄而缺乏效率。

但有时，政策制定者需要在相互冲突的目标之间进行权衡。比如东亚经济中采用的金融约束，就增加了银行的特许权价值，因为它阻止了冒没有担保的风险。尽管这些约束会毫无疑问地带来经济成本，但更高稳定性所带来的收益必定会超过那些损失。正如前面我所讲的，在最近几年就消除这些金融约束会在很大程度上加剧这些国家目前正面临的不稳定性。

又一个需要权衡的例子是韩国公司的高负债比率。在危机之前，许多人认为韩国的高资产负债率是其快速发展的一个重要因素。根据这个观点，流

入生产性企业的资本数量在增加，但同时却没有削弱对成功至关重要的经理人员的控制权。还有这样的高资产负债比率也使韩国公司难以承担利率突然升高所带来的压力，当然也导致了危机的恶化。

国内金融自由化最近的一些讨论强调把自由化作为改进金融体系的一个策略。他们创造了多种自由化形式，包括国内存款利率自由化，国内贷款利率自由化，取消国内银行限制；并允许资本账户的自由兑换。

我的观点是，我们太过于追求自由化以致使自由化本身成为追求的目的。我们并没有系统地评估它怎么来帮助达到我们的最终目标——促进稳定与增长，促进竞争、保护消费者和保证没有受到服务的群体能得到资本。自由化是达到这些目标的一个重要因子，但它不应是我们制定政策的指南。我很乐意讨论一些这样的问题，它们可以形成对疏忽的调控的一种可选择策略的基础。

第一，主要问题不应是放弃管制的自由化，而应是建立一个可保证金融体系有效运作的监管框架。在很多国家，这不仅要通过减少那些仅仅用来限制竞争的监管条例来改变监管框架，而且要增加更有效果的监管以确保竞争和行为谨慎。

第二，所有的国家中一个基本的监管目标应当是保证所有的市场主体都面对正确的激励机制：政府不能也不应该参与控制每笔交易。在银行体系中，除非监管能创造激励机制使银行所有者、市场、监管者能有效地使用信息并谨慎地行动，自由化才会发生作用。但要做到这些并不容易。即使在最有效的监管体系中，仍然有很大余地去加强基于风险之上的监管，比如不仅反映信贷风险，而且反映资本风险。

证券市场的激励机制问题也有必要提出。与其说它侵夺了少数股东的资产，不如说它为经理人员本人创造了盈利机会：寻租在公共和民间部门中都是一个大问题。没有适当的法律构架，证券市场就不能有效发挥其功能，而只会损害一国的长期经济增长。因此需要有保护股东利益的法律，特别是对小额股东。

最后，即使设计了符合愿望的金融体系，在新旧体制转换中仍然要小心。

试图一夜之间就取消管制的努力——有时被称作"大爆炸"——就忽视了"后果"这一敏感问题。对于后果可能有多种度量，这里我讲三种：

其一，所有改革都会引起资本—资产价值的变动——确实，这项改革的目的之一就是减少歪曲性的操作，而这些操作会引起租金。尽管这项改革同一些基础性的改革一样有益，但资本—资产价值的损失以及对个人公司与金融机构影响的不确定性将对金融体系，更广泛的意义上说对经济产生破坏性影响。在很多情况下，特别当那些歪曲不会产生很大的系统性影响时，要是没有某些改革，金融体系与经济更能抵制外来的震荡。

其二，我们从次优理论中知道，减少一些扭曲，在一个有很多其他扭曲的环境中，会导致福利的减少。但在仅有两种扭曲 A 和 B 的体系中，很可能减少 A 将导致福利减少，尽管减少 B 将增加福利。我们最近在实际中看到了一个次优经济的例子。我们将如何重建银行体系——行动的步骤和顺序——会产生巨大的影响吗？我们也许最后希望减少对所有银行的保证，但如果我们以减少对一些银行的保证为开端，结果很可能是钱向被保证的银行转移，这会降低整个银行体系的稳定性。

其三，我们对改革的政治经济后果也要有清醒的认识。在建立竞争性结构之间就进行私有化会形成一个既得利益集团，而这一集团的存在自然会阻碍未来旨在创造竞争性市场的改革。

对付国际资本流动的波动性

关于国内金融改革的问题在一个拥有巨大的流向发展中国家的私人资本的地方显得更为重要。直到近些年，资本流向发展中国家仍然受到很多限制并由公众控制，且主要是得到官方和官方担保的资本流动。金融中介并没有扮演一个很重要的角色。目前，私人资本流向发展中国家规模巨大并日益主要通过国内银行渠道进入经济体。这既增加了整个金融体系的潜力，又增加了无效性与问题。

我们不能期望消除所有的波动，甚至所有的危机。即使我们可以消除经济政策中所有的"问题"和"错误",我们也不可能完全与经济的震动相隔绝,包括像 20 世纪 70 年代欧佩克油价上涨或像东亚危机一样的市场变化。进一步说,尽管在发展中国家有更多政策改革的余地,我们也不应该自欺欺人以为这些改革会一蹴而就。建立强有力的金融体系将是一个漫长而艰苦的过程。同时,我们需要现实一些,认识到发展中国家较弱的金融监管能力和震荡带来更大的波动性。我们在向各国推销政策建议时,必须将此考虑进去,特别是在推销对外开放资本市场的时间和顺序时以及推销在金融体系自由化的过程时更应小心考虑。

我们在制定政策框架时(如开放资本市场)必须牢记:不能认为经济政策的其他方面,如宏观经济政策或汇率,可以毫无错误地执行。我们采用的政策框架必须能够强有力地抵制至少是少量的人类的错误。正如飞机不仅仅是为第一流的飞行员设计的,建造核能工厂时就应考虑防止人类的细微错误可能导致的不安全。

一个强有力的政策框架的特征是它可以使经济活动中不可避免的波动产生的长期影响最小化,包括防止危机和当危机发生时建立有秩序的工作机制。这意味着建立能够保护经济免受震动而不是扩大震动的金融体系。同时,我们也想保证能动员充足的储蓄并将之分配到有效的投资中去。我再次重申,一个强有力的金融体系是非常必要的。

尽管国内的经济改革能经过很长一段时间达到这些目标,但一些国际努力也是必需的。我想对各种方法的优缺点进行讨论的时机已成熟,这些方法包括一些税收形式、监管条例和国际资本流动的限制等。

四、信息的重要性与局限性

在讨论这些问题前,我先讨论这个策略的一个重要部分:需要更大的透明度和更多的信息。在墨西哥金融危机与东亚金融危机中,当投资者获知外汇储备比他们想象的少且短期债务比他们想象的多,危机在一定程度上蔓延了。结果不仅短期信用的回收,而且证券组合也外移。

至少在一些国家里，缺乏信息比误传消息更为重要，因为信息的缺乏使得投资者很难分辨哪些公司与金融机构是运行良好的，哪些是不好的。结果是，投资者撤回所有的投资。在未来有了更可靠的信息系统后，运行良好的公司会更容易得到信用。

正如前面我所讨论的，标准的宏观经济数据无助于预测东亚危机，因为这些数据是依靠私人对私人资本流动的组织和分配。不幸的是，要得到民间部门支用与借入情况的信息比得到公共金融机构相应的信息要困难得多，尤其当透明度受到限制时更是这样。在一个私人对私人资本流动尤为重要的地方，我们应意识到监管将变得更具挑战性。金融衍生工具的使用将促使相关信息充分显露或者至少对披露的信息做充分解释变得更为困难。

大家知道，市场经济的最大功绩就在于将分散的信息通过价格及由此创造的行为机制集中起来，而不需要专门的信息或计划的集中机构。这一点是对称赞市场经济的分散信息职能的反证，同时也是在抱怨缺乏用来评价系统性风险的集中性资料。

而且，我们也不应假想似乎只要资料改进，金融市场就会运作更好。在东亚，许多信息的获取是方便的，但这并没有被转化为评判市场的砝码。而且要想削去所有的信息不确定性和非对称性也是不可能的：企业家总比自己的贷款银行更了解本企业；经理也总比企业股东更了解自身的行为。没有恰当的激励措施，再完备的集中性信息也不能保证市场的高效、稳定和功能完善。

虽然我们关于私人资本流动的信息是不完全的，或者即便我们拥有最大数量的改进了的信息，我还不敢奢望我们或市场就能准确地预见危机，我并不认为改进我们的统计方法所带来的收益是显著的。我想强调我们不应该被误入歧途——似乎信息就能解决问题。较好的信息不应使我们自鸣得意，尽管这可能是上次危机后对国际金融大厦最重要的改革成果。

干预市场的经济判断

墨西哥危机之后，许多人认为这类事情以后不再有了。然而仅仅在事隔两年之后就发生了东亚危机，这提醒我们将来也许还有更多的危机。现在的问题是贷款国、借款国或者国际组织该采取何种措施来减少危机发生的频率和规模。

我认为以反对政府干预国际资本市场来开始这场讨论并不合适。对东亚的 1100 亿美元的一揽子援助就明显是对自由市场的干预。国际组织之所以作出这样的支持，原因在于它们担心这类危机的潜在系统性风险。

与 80 年代拉美债务危机不同的是，东亚危机中发达国家的银行没有受到很大的风险冲击。根据 1997 年 6 月 BIS 的报告，国际银行业仅有 19% 的资金投向东亚，而当年拉美债务危机时这一数字是 58%。所以目前人们只是担心危机会扩散到其他发展中国家。

关于传播和系统性风险的重要性在经济学上没有一致的看法。理论上和实践上对此都没有形成一个普遍为人接受的权威性结论。之所以存在争论，部分原因在于人们无法用"实验"来检测 80 年代拉美债务危机或 1995 年墨西哥危机如果没有国际援助，国际金融体系会发生什么样的结果。在这些危机中，政策制定者在扔出骰子之后当然不愿意袖手旁观。如果你相信系统性风险，或者相信政府是出于担心系统性风险才出面事后干预的，那么你就应该同意政府的事前干预（包括谨慎监管）是必要的。

对这种干预可作两种经济判断。首先，社会风险不同于私人风险，私人风险仅仅留给自己，而社会风险累积起来会超过社会效率。这和环境污染相类似，污染者本身承担的污染成本远远小于社会由此承担的成本，在这种情况下，我们就得对污染者征税或者禁止污染。多数国家对于国内金融体系都会有各种形式的税收或管理措施，例如准备金要求和存款保险。这就是基于金融行为会引起系统性风险和经常发生干预（比如援助）的判断而作出的。尽管这些措施从国际上看也许不可行或者不受欢迎，但我认为还是可以理解的。

其次，之所以用援助来干预市场，是因为市场并不总能有效地衡量私人风险，也即市场是非理性的。这种市场非理性的表现之一是市场主体过于注重即期现象，特别是想知道别的市场主体在干什么。凯恩斯将此称为"选美竞争"，因为选美者都在猜测别人将会判断谁将是最美的，而不去思考谁确实是最美的。结果，市场就会偏离较为稳定的长期基础。

关于市场的"过度波动性"已有大量经济学文献。如果这些文献是正确的，一些诸如托宾税的措施就会有效。因为托宾税是对货币交易征税，从而增加了短期投机性货币交易的成本，而对长期交易影响不大。然而在实践上托宾税的可行性会成为疑问，因为在金融创新的形势下，会产生很多规避托宾税的措施。

国际金融管理的"干预目标"

如果我们接受了这种论点，即某种干预形式（包括谨慎金融监管）将使私人风险和社会风险一致起来，那么下一个问题将是我们应采用什么作为干预的目标。有两个干预目标需要铭记：

目标之一是尽量影响资本流动的方式。"顺循环性"是国际资本流动一个不大讨人喜欢的特征。一国经济增长强劲时，这时尽管不是特别需要，但私人资本会大量涌入，而当一国处于困难时期特别需要资本时，私人资本却不愿进入。这样资本流动就不能够在熨平商业循环中起到多大作用，甚至还将其扩大。然而要想达到影响资本流动方式这个目标却是相当困难的。

目标之二是关注资本流动的构成。大家广泛赞成直接投资，因为它不仅带入资本还带入了技术和培训。东亚的情况也开始证实了过去的经验，外国直接投资的确相对稳定。

与外国直接投资不同，短期借款带来的风险也许会超过收益。贸易融资的确提供了一个重要的、廉价的国际流动性的源泉，要是没有它，奉行出口导向战略国家将无法运行下去。但若用短期债务去进行长期投资（如不动产领域），那么风险就太大了。这一点在东亚已有深刻体现。对短期贷款人监管不够，故而资金没有很好运用的可能性就很大。当储蓄率很高，资金配置失当时，追加的资本流动只会扩大经济的波动性，而无助于经济增长。所以，谨慎的策略就是提高准备金要求，以便减少短期借款的净收益。可见，短期资本对于经济增长的作用是十分有限的。

外国直接投资的巨大收益、短期资本流动的高风险,两相一对比,就促使人们尽可能地鼓励外国直接投资而减少短期资本流动。这一战略有很多方面:首先,有必要消除刺激短期资本流动的税收、管理和政策方面的扭曲。比如在泰国,由于对银行没有风险资本率要求,就会对银行的资产负债持有量产生扭曲效应。如果规定风险资本率要求就会对银行的高风险敞口产生影响,比如提高利率,这样就会促使银行减少借款。其次,许多国家都采取一些谨慎性管理措施去限制金融机构的货币敞口程度。哥伦比亚的管理在近年的危机中就发挥了良好效应。

但是这些措施也不能走过了头,否则其本身将会增加公司敞口的波动性。正如我所建议的,由敞口所引起的系统性风险为采取进一步措施提供了充足的判断根据。目前大家都在讨论限制资本流动的措施。倘若想去探索这些措施如何得到实施,不妨看一下智利的经验教训。智利对短期资本流动施以准备金要求,本质上就是对短期借款征税。这些控制措施的总体效果是大家争论的焦点,然而即使是智利的批评者也认为这些措施显著扩展了流入智利的国际资本期限。也许这可以看成是智利在1994—1995年"龙舌兰酒"① 危机和今次的东亚危机中所受影响不大的原因之一。

还有一些措施运用了税收政策,例如限制以外币计价或与外币有关的债务的利息扣减程度。其他国家在推行这些政策措施时所遇到的问题也许会少于智利,因为智利所产生的问题其中有相当部分是与智利的特色制度有关的。

五、东亚危机中世界银行的角色

20世纪60年代以来东亚国家已走了一段很长的路。但在许多东亚国家,金融体系并不足够强健以抵挡国际资本流动的冲击。过去9个月中我去过韩国、印尼、马来西亚,今天是再次来菲律宾。在那些国家我与政府官员和其

---

① 指墨西哥危机的效应。——编者注

他人士进行了广泛的接触,使我确信很有必要建立更加强健的金融体系。在危机爆发之前,许多计划、改革已经在进行,接下来的几个月中已有长足的进展。

世界银行通过其在东亚地区的代表帮助东亚进行金融改革,这些帮助包括技术援助和资金支持。世行已总共在东亚地区投入160亿美元,几乎相当于世行一年的计划贷款量。除金融改革外,这些钱还用来支持其他结构改革,包括公司治理结构。

同时,世行将与我们的合作者一道,有责任在经济调整过程中保证穷人和弱者尽可能少受损失。金融危机使失业大幅增加,其持续时间比初始危机还要长。穷人的灾难性后果要长于资本流动和经济增长恢复。我们已不能忽视政策的政治和社会后果与狭隘的经济关心之间的联系:在政治混乱当中是不可能恢复信心的;政治巨变的可能性与正在发生的经济因素显然是密切相关的。

六、总结性评论

在过去的几个月中,公众对于东亚的看法已经完全改变了。在宣扬其成功之后,现在我们开始谴责其失败。我说不出这两者哪一个会更持久。尽管存在倒退,但也很难设想目前的混乱已破坏了过去1/4世纪东亚所取得的成就。

权威人士往往倾向于夸大其辞并把复杂的现象简单化。东亚昔日的辉煌与今日的危机在某种程度上正是两个极端。有人看到这一点,并极力叫嚷用"亲情资本主义"来解释。东亚地区政府—企业间的关系(如日本、马来西亚等)确实蕴藏着危机,即在伙伴与政治亲情主义之间存在共谋的可能。而这些担心使我们在劝说其他国家遵从东亚模式的发展道路时变得犹犹豫豫。然而,既然由于权力滥用而导致了资源误配置,东亚制度却能规避风险并前进了很多年,也许是由于改进了合作带来的收益超过了误投资带来的损失。无论如何,那种认识——要不是存在紧密的政府和企业合作关系,东亚经济会发展得更快——是颇为教条的。我今天的讲话中竭力聚焦于一个特殊领域：金融体系。长期以来，人们认为金融体系只是一个附属品，或者是一个被动地将稀缺资源分配到最有效部门的中介。今天几乎所有的人都会认同金融对发展的本质作用。改进金融体系能够导致高增长和减少危机发生的可能性和严重性。在考虑金融改革时，我们需要将自由化看作一个手段而非目的。我们并不去寻求立即放松金融管制，而去努力领会政府在金融市场中所扮演的关键角色。这些措施不仅能够改进国内资本的配置，还有助于管理国际资本流动。

然而同时我们在采取应付国际资本流动的政策时不应以假定国内金融监管完善为前提。发展中国家要想达到美国那样老道的金融监管体系还有一段很长的路要走，而即使美国也连续遭到阶段性金融崩溃的打击。

近来有许多改革或重构国际金融大厦的议论。一些讨论使人想起一个多世纪前那场关于国家经济机构怎样帮助新的民族国家政府最有效地发挥潜能。1863年，正是美国内战期间，为了应付国家统一所带来的难题，国会批准建立了世界上第一个金融管理机构——通货控制办公室。在这一制度已持续了一个多世纪之后，即使今天，许多美国人还对它心存顾虑。今天，我们站在一个新世界经济的门槛上。但我们却没有国际机构去扮演"民族国家"所做的角色，即推动和管理贸易与金融、竞争和破产、公司治理和会计处理、税收和标准。未作标记的暗礁极大地威胁着航海的安全。但是正如过去150年所取得的繁荣和市场扩展紧密相关一样，新世纪的发展仍将必须依赖于全球化所提供的机会。

为了迎接全球化带来的挑战，我们必须审视教条主义和过于简单化的模型。我们千万不能吹毛求疵、求全责备。正如我的一位朋友所说，在倾盆大雨中有一把破伞也比没有伞要好。我深信国际金融大厦将会进行改革以带来全球化的好处，而尽量减少全球化的风险，包括国际资本市场。在这些改革上达成一致意见并不容易，但时间要求我们该在这些议题上加强国际间对话。

东亚美元本位、浮动恐惧和原罪[*]

[美] 麦金农 著　王宇 译[**]

亚洲金融危机以前,包括中国在内的东亚国家——除了日本——都把本国的货币与美元挂钩。为了避免进一步的混乱,国际货币基金组织曾建议这些国家的汇率应该进一步自由浮动。可是,我们的分析表明,到目前为止,美元在东亚国家的货币篮子里依然占据绝对比重,也就是说,东亚国家的汇率制度基本上又回到了危机以前。到 2002 年,每一个东亚国家货币对美元的每日波幅已经非常微小,以至于可以忽略不计。同时,大多数东亚国家迅速积累了作为"战争基金"的官方外汇储备,这预示着汇率稳定将从每日延续到每月和每个季度。从"原罪"(Original Sin)理论出发来看亚洲新兴市场经济国家,我们认为,就每一个单个国家来说,它们对浮动汇率制度的恐惧是一种理性行为。因此,虽然日本依然置身其外,但选择钉住美元的汇率制度(peg to the dollar)的确有益于作为一个整体的东亚美元集团(East Asian

---

[*] 本文原载于《经济社会体制比较》2003 年第 3 期。
[**] 罗纳德·麦金农(Ronald Mckinnon),美国斯坦福大学教授,世界最著名的发展经济学家之一,金融深化理论和最优货币区理论的创始人。麦金农教授的《经济自由化的顺序》和《经济发展中的货币和资本》等著作,对我国经济理论界产生过非常深远的影响。王宇,经济学博士、国际金融博士后,中国人民银行货币政策司研究员。

Dollar Bloc）。

一、东亚汇率更具灵活性？

1997—1998 年亚洲金融危机之前，大多数东亚国家和地区选择了钉住美元的汇率制度，这些国家和地区包括香港、印度尼西亚、韩国、马来西亚、菲律宾、新加坡、台湾和泰国。虽然这些较小的东亚经济体的汇率制度各异，但它们有一个共同特点，即它们都选择了钉住美元，正是这一制度安排为该地区的宏观经济稳定提供了一个非正式的共同货币本位（Common monetary standard）。1994 年，中国加入到这一体系中。此时，中国已经建立了一个全国统一的外汇市场，并建立了一个稳定钉住美元的汇率制度（东亚地区只有日本一个国家实行的是"纯粹的"浮动汇率制度，并伴随着较大的日元/美元波动）。

1997—1998 年，在亚洲金融危机的冲击下，东亚地区的共同货币本位制度崩溃了。除中国和中国香港继续坚持钉住美元的汇率制度外，印度尼西亚、韩国、马来西亚、菲律宾和泰国等债务国都被迫实行了浮动汇率制度。也就是说，当它们受到危机冲击时，任其货币猛跌，以至到了无可收拾的地步。新加坡和台湾是没有受到这次危机冲击的债权国（地区），但它们也有计划地下调了汇率。日本作为这次危机的局外人（outlier）也任由日元大幅度贬值，从而进一步加深了其他东亚国家和地区的危机程度（麦金农、施纳博尔，2002）。

国际货币基金组织（IMF）和许多经济评论家从债务国经济所遭受的货币打击中汲取了如下深刻的教训：1997 年以前的"软"钉住美元的汇率制度（System of "soft" dollar peg）是这次金融危机的根源。在 1997 年之前，由于高风险溢价，东亚债务国的利率都大大高于美元或日元资产利率。以泰铢为例，为了获得贷款，泰国银行宁愿接受利率较低的美元（或日元）存款，而不愿意接受利率相对较高的泰铢存款。并且，由于泰铢/美元汇率是（软）固定的，所以，这一行为引发了巨大的外汇风险。曾有过这样一种批评意见：

假如债务国的汇率制度具有更大的灵活性，即允许汇率水平在更大的范围内自由浮动，那么泰国（或韩国、或印度尼西亚、或马来西亚、或菲律宾）的银行就会意识到潜在风险的严重程度，从而一开始就会自觉限制外汇市场的短期过度借贷（short-term overborrowing）。另外，那些软钉住美元制度的批评者也认为，如果"事先"引入更加灵活的汇率制度，通过货币的适度贬值，就有可能避免这次本来是可以避免的货币危机。

反对恢复软钉住美元制度的观点似乎非常具有说服力，以至于许多经济评论家和国际机构产生了这样的担心，即1997年之前的汇率制度是否会在东亚地区重新流行。亚洲金融危机之后，国际货币基金组织曾经警告说，"我们正面临着重新回到钉住美元制度的危险"（Mussa，2000）。费舍尔（2001）认为，由于新兴市场经济国家已经放开了对国际资本流动的限制，所以，软钉住美元的汇率制度是不可持续的。亚洲金融危机之后，他看到了大多数新兴市场国家正在走向更加灵活的汇率制度。确切地说，费舍尔看到的是一个正在走向"两极化"的世界（bipolar world）：一极是一些新兴市场经济国家和地区，比如，香港选择了"硬钉"住美元的汇率制度（system of "hard" dollar peg）；另一极是更多国家和地区走向了更加灵活的汇率制度（greater exchange rate flexibility）。

在过去的10年中，汇率制度的分布呈现出"两极化"趋势，选择硬钉住美元制度和浮动汇率制度的国家不断增加；选择软钉住美元制度的国家不断减少。不仅在国际资本市场上非常具有活力的国家如此，其他国家也是这样。放眼望去，"两极化"的趋势还会继续下去，并且在新兴市场经济国家中这一趋势将会更加明显。汇率制度走向"两极化"的主要原因是随着资本账户的逐步开放，软钉住美元的汇率制度更容易引发金融危机，因此不可能长期存在（费舍尔，2001）。

根据每月观察，Hemandez和Montiel（2001）的发现，与亚洲金融危机之前东亚地区流行的汇率制度相比，现在印度尼西亚、韩国、菲律宾、新加坡、台湾和泰国的汇率制度都更具灵活性，不过还不是完全自由浮动。国际货币基金组织一直支持东亚国家实行更加灵活的汇率制度，这一点也反映在其对东亚汇率制度的分类上（见表1）。正如2001年7月的数据所表明的那样，所有尚未实行钉住美元制度的东亚国家（比如，中国内地、香港和马来西亚）都被归为有"管理的"或"独立浮动的"汇率制度。[①] 国际货币基金组织有时会要求一些国家公布一个内部的货币标准——比如，通货膨胀目标（inflation targeting）——以替代那种依赖汇率作为名义锚（nominal anchor）的做法。

表1　国际货币基金组织对东亚地区汇率制度的分类

国家或地区	分　类
中国	其他传统的固定钉住汇率制度
香港	货币局制度
印度尼西亚	有管理的浮动汇率制度（货币总量目标）
韩国	独立的浮动汇率制度（通胀目标框架）
马来西亚	其他传统的固定钉住汇率制度
菲律宾	独立的浮动汇率制度（货币总量目标）
新加坡	有管理的浮动汇率制度
台湾	有管理的浮动汇率制度
泰国	有管理的浮动汇率制度（通胀目标框架）
日本	独立的自由浮动汇率制度

针对这一迄今为止令人赞叹的传统智慧，我们将支持钉住美元的汇率制度，至少对于东亚地区来说是这样。我们认为，国际货币基金组织所担心的"最糟糕的事情"的确很有可能变成现实：低频钉住美元的汇率制度（low-frequency dollar pegging）——比如马来西亚——将会沿着高频钉住美元的汇率制度（high-frequency dollar pegging）的道路继续前行，同时，汇率的不稳定性也将减少。东亚地区非正式的美元本位制可能因其中央银行的独立性而意外复兴。在我们的分析中，既有经验性论证又有理论性论证。

---

① 泰国和印度尼西亚在2000年9月就已经被从"有管理的浮动汇率制度"重新归类于"独立的浮动汇率制度"。

首先，我们要证明的是，那些还没有一个完善的国内金融市场的发展中国家，为什么一方面要利用（软）钉住美元的汇率制度来减轻其国内短期支付风险；另一方面，又要为政府的货币政策提供一个名义锚呢？什么样的理论能够将软钉住美元的汇率制度解释为最优行为（optimizing behavor）呢？

第二，我们将用经验数据证明，除日本外，东亚地区的美元本位制度正处于危机后的重建之中。不过，为了全面认识这一重建的内容，我们首先要区别高频钉住——即逐日或逐周钉住美元的汇率制度，与低频钉住——即逐月或逐季钉住美元的汇率制度。我们的问题是，在表1中，那些被国际货币基金组织的分类体系划分为浮动汇率制度的国家是否符合实际？也就是说，是否存在一个可供具体观察的结果？

二、低频钉住美元的汇率制度和共同的名义锚

为了说明那种在危机之前曾在东亚地区普遍流行的汇率制度可能再度流行的原因，我们先来讨论低频钉住美元的汇率制度。根据1980年以来的逐月观察，一直到1997—1998年亚洲金融危机爆发之前，除日本外，几乎所有的东亚国家都维持了本币对美元价值的基本稳定，并且，除印度尼西亚外，它们都有可能在不久的将来重新回到钉住美元的汇率制度上。

1997年之前，东亚国家曾经实行过多种多样的汇率制度，从香港的货币局制度（currency board），即硬钉住美元的汇率制度到印度尼西亚在1997年之前曾经实行的爬行钉住制度（crawling peg）。虽然这些钉住美元的汇率制度常常能得到公开承认，或者只能以一组货币的面目出现，但是，其对美元的共同黏附还是能够被识别出来的。经过1994年之前人民币的多次贬值之后，中国一直保持了1美元兑换8.3人民币元的硬钉住美元的汇率制度，并且统一了国内外汇市场。[①] 1998年，马来西亚也实行了1美元兑换3.8林吉特的固

[①] 1990年以前，中国内地的官方美元汇率经常变动，而且在商品交易中还存在着不同的汇率，不过，到1994年中国的外汇市场就已经统一了。

定汇率制度。

1. 贸易计价

与美国存在着密切的贸易联系并不是选择低频钉住制度的理由。在东亚国家的出口总额中，美国大约占 21%；而在其进口中，美国的比例则更小。相反，我们注意到了这样一个事实，绝大多数东亚国家的商品贸易是以美元计价的（麦金农，2000）。下面，在讨论高频钉住美元的汇率制度时，我们将分析以美元命名的债务的重要性。

为了说明美元计价在东亚地区贸易活动中的重要地位，表 2 给出了一个韩国的例子。在 20 世纪 90 年代中，美元计价约占韩国进口的 80%；在韩国出口中美元计价所占的比例还要高一些。由于亚洲其他较小国家的工业化程度大都低于韩国，所以，它们的货币更不可能被用于外贸结算，这样，在整个东亚地区，美元计价的比例相对更高。

表 2 韩国的计价货币，1980—2000 年（%）

	出口					进口				
	$	¥	DM	£	其他	$	¥	DM	£	其他
1980	96.1	1.2	2.0	0.4	0.3	93.2	3.7	1.7	0.5	0.9
1985	94.7	3.7	0.6	0.3	0.7	82.4	12.3	2.0	0.5	2.8
1990	88.0	7.8	2.1	0.5	1.7	79.1	12.7	4.1	0.9	3.4
1995	88.1	6.5	2.4	0.8	2.2	79.4	12.7	3.8	0.7	3.4
2000	84.8	5.4	1.8	0.7	7.3	80.4	12.4	1.9	0.8	4.4

与此形成鲜明对照的是，在韩国的进出口贸易中，以日元计价的比例却低得令人吃惊。表 2 表明，在 2000 年中，韩国出口的 5.4% 使用日元计价；韩国进口也只有 12%—13% 使用日元计价。这一点之所以"令人吃惊"，是因为作为韩国的贸易伙伴，日本的重要性绝不亚于美国，而且日本在韩国还有更多的投资。表 2 还表明，欧洲货币的使用也可以忽略不计。

由于与日本存在着非常紧密的经济联系，所以，在亚洲国家内部的贸易活动中，使用日元计价应该非常有意义。表3概括了在日本的全部贸易活动中不同货币的使用情况。我们从表3中可以得出以下两点结论：

表3 日本贸易的计价货币，1980—2000年（%）

出口	世界			美国			亚洲			欧盟		
	$	¥	其他	$	¥	其他	$	¥	其他	$	¥	其他
1980	66.3	28.9	4.8									
1987	55.2	33.4	11.4	84.9	15.0	0.1	56.5	41.1	2.4	8.2	44.0	47.8
1990	48.8	37.5	13.7	83.7	16.2	0.1	48.1	48.9	3.0	6.4	42.1	51.5
1995*	52.5	36.0	11.5	82.9	17.0	0.1	53.4	44.3	2.3	12.2	34.9	52.9
2000*	52.4	36.1	11.5	86.7	13.2	0.1	50.0	48.2	1.8	13.0	33.5	53.5
进口	世界			美国			亚洲			欧盟		
	$	¥	其他	$	¥	其他	$	¥	其他	$	¥	其他
1980	93.1	2.4	4.5									
1987	81.7	10.6	7.7	90.6	9.2	0.2	87.6	11.5	0.9	19.5	27.3	53.2
1990	75.5	14.6	9.9	88.2	11.6	0.2	78.8	19.4	1.8	16.3	26.9	56.8
1995*	70.2	22.7	7.1	78.4	21.5	0.1	71.9	26.2	1.9	16.1	44.8	39.1
2000*	70.7	23.5	5.8	78.7	20.8	0.5	74.0	24.8	1.2	17.5	49.7	32.8

第一，与其他工业化国家相比，美元在日本的贸易活动中占据了绝对优势地位。很明显，日元而非美元是日本的本币，但是，2000年，日本向世界出口的52.4%、进口的70.7%都是使用美元计价的；只有36.1%的出口和23.5%的进口使用日元计价。

第二，虽然在日本与其亚洲邻国的贸易中，使用日元的机会略多一些，但比例也不大。在2000年中，日本向亚洲出口的48.2%和它从亚洲进口的24.8%都是以日元计价的；相比之下，日本向亚洲出口的50.0%和日本从亚洲进口的74.9%是以美元计价的。

虽然日本是世界第二大工业化国家，但是，在日本与东亚地区的贸易活动中，美元却得到了比日元更为广泛的使用。正如萨托（Sato，1999）所指出的那样，除非是与日本的直接贸易，在一般情况下，东亚国家不愿意在其对外贸易中使用日元。我们的结论是，在东亚地区的一般贸易和亚洲内部的贸易往来中，主要是以美元而不是以日元计价的。因此，尽管 Kwan（2001）曾经生动地描绘了在东亚将出现一个日元区的美好蓝图，但是，我们的研究结果却表明，亚洲进口商和出口商的偏好正好相反：这一地区曾经是、现在仍然是一个强大的美元区，还没有出现美元被取代的迹象。美元计价的理论还有助于解释一些较小的东亚国家以及中国为什么会选择低频钉住美元或高频钉住美元的汇率制度。

2. 低频钉住美元的宏观经济原理

吉尔姆、卡尔沃、卡曼和莱因哈德（2002）曾用有关东亚经济的一个庞大的数据库证明了这么一个假说，即在世界范围内，几乎所有发展中国家都患有"浮动恐惧"症（fear of floating）。因此，除了少数东欧转型国家和一些前欧洲的殖民地国家选择了钉住欧元的汇率制度外，大多数发展中国家都不约而同地选择了"软"钉住美元的汇率制度。吉尔姆、卡尔沃、卡曼和莱因哈德还用月度数据证明了这么一个事实：虽然发展中国家的汇率水平远比发达国家稳定，但其利率水平和官方外汇储备水平却比发达国家更不稳定。

莱因哈德（2000）对他们观察到的那些实行低频钉住美元制度，即逐月钉住或逐季钉住国家的宏观经济原理做了一个出色的总结：

新兴市场经济国家不愿意让其汇率浮动的理由是多种多样的：当环境有利（即存在资本流入和有利的贸易条件等）时，很多新兴市场经济国家不愿意让名义（实际）汇率升值；而当环境变得不利时，到处弥漫的美元化情绪又会使这些国家对汇率制度的崩溃产生巨大的恐惧。与本币贬值相伴随往往是经济衰退和通货膨胀，而不是由出口拉动的经济增长。

他们用于解释"浮动恐惧"的论据中有两个相互联系着的方面，从本质上说，二者都属于宏观经济的层面。第一，缺乏对资本的控制能力，不稳定的净资本流动可能对一国名义汇率产生较大的影响，加之国内价格水平的相对粘性，从而可能对一国实际汇率产生较大的影响，并由此会影响该国的国际竞争力。第二，一般来讲，共同的低频钉住美元的汇率制度能够稳定任何一国的价格水平，因为世界贸易的绝大部分都是以美元计价的。在经济相对平稳时期，贸易品部门的价格上升趋势会因此而受到抑制；非贸易品（服务）部门中的价格上升趋势也会因为这一替代关系而被减弱。①

在东亚，美元锚（dollar anchor）的作用究竟有多大呢？贸易品（批发价格）的汇率稳定与价格稳定之间存在着密切联系。1980—1997 年，只有印度尼西亚和菲律宾的批发价格指数明显上升了，因为这两个国家都是任其货币对美元持续贬值的；相反，其他没有贬值或贬值较少的东亚国家的批发价格指数都与美国的价格指数非常接近。1997 年之前，新加坡曾允许新加坡元对美元小幅升值，所以，新加坡曾有一个比美国略低的通货膨胀率。总的来看，东亚国家保持了一个较低的、或者说适度的通货膨胀率要归功于它们钉住美元的汇率制度。

本来是很普通的美元锚，因为所有的东亚国家（除了日本）都依赖于它而变得光彩夺目了。整个东亚美元区内国际商品的套利交易，且不说与美国商品的套利交易，都能够较为有效地起到抑制国内价格水平大幅上涨的作用。事实上，在 1997—1998 年亚洲金融危机期间，正是因为印度尼西亚、韩国、马来西亚、菲律宾和泰国的货币对美元贬值——进口下降的同时试图刺激出口——造成了这一地区贸易品的美元价格下降（麦金农，2001）。由此也引起了中国和中国香港的物价走低，尽管它们的货币并没有贬值。

1997 年之前，汇率目标是与财政约束和反货币扩张政策相一致的。正如世界银行（1993）关于东亚奇迹的报告和国际货币基金组织关于亚洲金融危机后果的报告中所强调的那样，在东亚国家和地区中，政府预算曾保持了良好平衡。危机之前，较小的东亚国家一直保持着较低的预算赤字，甚至预算盈余，通货膨胀率也是适度的。即便按照工业化国家的标准，它们的预算赤

---

① 贸易品与外贸易品价格水平之间的差异即（巴拉萨—萨谬尔森效应）只有在中国香港和韩国才有意义。

字也是较低的①。从这个意义上看，亚洲金融危机的根源并不是由通货膨胀所引起的货币高估；而是在1994—1996年期间急剧增长的短期美元债务以及在1997—1998年期间"来自外部的"日元汇率急剧贬值（麦金农、施纳博尔，2002）。

三、高频钉住美元的汇率制度及"原罪"

与低频钉住美元的汇率制度的名义锚理论不同，我们认为，东亚国家之所以选择以每日或每周为基础的高频钉住美元的汇率制度，主要原因是新兴市场经济国家的资本市场不完善。这可由巴里、艾肯格林、里卡多和哈斯曼（1999）所提出的"原罪"（original sin）理论来解释：

> "原罪"……是这样一种情况，它包括国内货币不能被用于国际借款（国外银行不能用该国货币提供贷款），甚至也不能被用于国内长期借款。在资本市场不完善的情况下，金融体系的脆弱性无法避免。因为所有国内投资要么存在着币种上的不匹配（比如，赚取比索的投资项目要以美元来融资）；要么存在着期限上的不匹配（比如，长期项目要以短期贷款来融资）。需要强调的是，造成这些不匹配的原因不是由于商业银行和企业缺乏谨慎的态度，没有采取必要的对冲措施。问题在于，如果按照定义，一个国家的外部负债必须以外国货币（或外汇）来命名的话，那么这个国家就无法进行对冲操作。假设在市场的另一方有某个人能够对外汇进行对冲，这相当于假设该国能够用它自己的货币从国外借款。同样的道理，问题不是企业由于缺乏远见而未能使其资产期限与其债务期限相匹配，而是它们发现它们根本不可能做到这一点。所以，我们得出的

---

① 在发展中国家，财政和货币纪律是与不成熟的债券市场密切联系在一起的。由于进入国内和国际债券市场受到限制，除非传统税收收入十分可观，印发钞票成为公共支出融资的常用手段，否则，在固定汇率制度，政府无法把通货膨胀税作为增加自己收入的手段，因为过度的通货膨胀会使本国货币贬值。财政纪律是确保汇率稳定的唯一途径（米勒，1998）。

结论只能是，金融市场的不完善是金融体系脆弱性的根源。

在发展中国家，金融市场的不完善性表现在哪些方面呢？

第一，缺少一个有固定利息的债券市场（bond market）。其原因是多方面的：从私人部门看，国内企业规模较小，没有健全的会计制度，企业无法以自己的名义发行债券。从事长期项目的企业无法发行固定利息的债券或进行与其期限相匹配的抵押贷款融资；相反，它们必须频繁地使用短期银行贷款。

从政府方面看，几乎所有发展中国家都有一部充满动荡的金融历史，外汇管制联系在一起的通货膨胀率和利率的频繁波动，限制了那些本来可以签订中期或长期合约的政府债券的潜在购买者。在市场中，政府债券一经转入中期，其利率就会做出非常典型的调整，以反映某种极短期利率的变化，有时"一年期"债券的利率竟然与国库券的隔夜利率联系在一起。

第二，在大多数发展中国家，缺少一个有活力的美元或其他货币的远期外汇市场（forward market in foreign exchange）。对于国内资本市场来说，缺少一个国内债券市场显然是非常糟糕的，为什么风险回避型的交易商对其在外汇交易中的敞口头寸进行对冲会影响到远期交易呢？因为在这种情况下，潜在的做市商，比如银行交易商，无法方便地抛补卖出本国远期货币以换取美元，因为他们无法方便地持有一组具有流动性、且具有不同期限的国内有息债券。事实上，在缺少国内债券市场的情况下，我们根本无法用国内利率（与国外利率相比）来确定远期美元的恰当升水究竟是多少。

相比较而言，两个工业化国家之间的远期外汇交易之所以能够健康发展，是因为它们中的任何一方都拥有健全的、以本国货币命名的国内债券市场。在每一个期限上，两国债券市场的利差都确定了一个恰当的远期升水。在这种情况下，长期远期外汇市场就可以低成本地、顺利地成长起来。

1. 高频钉住美元的微观经济原理

由于缺乏一个有效率的远期外汇市场，作为风险回避者的进口商和出口商都不能方便地对冲外汇风险，银行也不能方便地抛补其外汇敞口头寸。

首先，假设在发展中国家中，私人部门不是一个净债务人，并且其进口和出口大致平衡。那么，这个国家的进口商就有可能从本国出口商那里买入中期和较短期的远期美元，可是，这样的匹配会因为国内远期外汇市场缺少流动性而变得十分困难（交易成本极高）。由于缺少具有流动性的、不同期限的金融工具银行——作为本国进口商和出口商在远期外汇市场的金融中介——也无法方便地抛补自己的交易头寸。

其次，假设私人部门是一个净短期债务人，其主要债务为美元债务。在这种情况下，如果其债务总额大于该国政府所拥有的、数量为正的官方美元储备，私人交易商的风险对冲问题将变得更加复杂。从整体上看，有着远期外汇债务的本国债务人应该买入远期美元，以补进自己的头寸，但是此时外国人并不愿意卖出净远期美元，因为他们无法找到能够暂时持有的、具有流动性的国内货币资产，即债券。这里，货币不匹配问题又出现了：是那些有着净外汇（美元）风险敞口的经济中介机构——通常是极短期限——无法进行对冲操作，即使他们希望这么做。

如此一来，政府的汇率政策还有什么意义呢？为了弥补远期外汇市场的缺位，政府一直希望能够通过保持短期或中期的汇率稳定来提供一个非正式的屏障，以使私人银行和企业能够以最小的汇率风险来偿付它们的短期外币债务，这些债务主要是美元债务。如果一个国家的金融市场因"原罪"而遭受公众的指责，那么，这个国家的货币管理当局就会产生一种强烈的冲动，选择高频钉住美元的汇率制度，以减轻支付风险（麦金农，2001）。正如下面我们将要用经验数据证明的那样，东亚新兴市场经济国家也不例外。

这种国内债券市场缺失（missing domestic bond market）的理论还可以用来说明政府干预行为的正当性，因为政府干预的目的是为了建立一个远期外汇"市场"。假如政府拥有充足的美元储备，它就有可能冒险向那些有着远期外汇风险敞口的私人进口商或金融机构卖出远期美元。然而，即使政府有着最善良的意图，也会使人们产生这样的疑问：对于多种多样的私人契约来说，恰当的美元远期升水究竟应该是多少呢？更糟糕的是，如果政府官员能够轻易地使用此类契约去补贴他们在私人部门的"朋友"，那么一旦真的到了政府模拟远期外汇市场那一天，整个世界都会充满政府官员假公济私的丑闻。

1997年6月，当东亚金融危机刚刚开始的时候，人们就突然发现，泰国中央银行已经将其绝大部分官方外汇储备卖给了金融公司和其他"值得赞助"的泰国商人。与此非常类似的是，1997年末，刚刚宣誓就职的韩国政府也发现，韩国中央银行已经承诺将其大量的官方美元储备用于韩国商业银行的海外补贴。

因此，为了降低外汇风险，一个较为中性的、较为现实的次优策略（second-best strategy）（最优策略是建立、健全国内债券市场）是政府逐日或逐周地阻止汇率的大幅波动，以降低汇率风险。那些比卡尔沃和莱因哈德（2002）所考虑的、以更高频率钉住的观测资料显示，东亚地区的确存在着"浮动恐惧"症。除了那些附属于欧元的东欧小国之外，美元自然是被钉住的货币，它是东亚和其他发展中国家的主要计价货币和交易货币。我们将在后面说明，东亚国家的确实行的是高频软钉住美元的汇率制度。

但是，在风险管理中，那种用钉住美元来降低外汇风险的做法是不可能解决下面两个问题的：一个是"来自于外部的"美元与其他主要货币之间的汇率波动问题；另一个是道德风险（moral hazard）问题，即无论是国内银行还是企业都不愿意对其外汇债务进行套期保值而宁愿冒险。下面，我们将分别讨论这些问题。

2. "来自外部的"汇率风险和双重对冲

第一个问题是"来自于外部的"主要货币之间的汇率变动——正如日元对美元汇率发生波动时出现在东亚的情况一样。表2告诉我们，在韩国的进口中，有一个很小、但非常有意义的部分（大约为12%—13%）是使用日元计价的，假设在短期和中期内日元价格具有黏性，韩国进口商（出口商）所面对的所有美元价格也具有黏性、且不会因日元/美元的汇率变化而发生变动，在这种情况下，如果韩元钉住美元，那么，使用日元计价的韩国进口商就暴露于风险之中。

假如，一个韩国进口商必须在60天内支付100日元的债务，那么，在这60天内，日元对美元的任何升值都将增加偿付这一债务的韩元成本。如果韩国进口商出售这批日货的韩元价格具有黏性，那么，他就能够提前用美元购买 100 日元为这笔交易进行套期保值。由于日本和美国都拥有非常发达的债券市场，在美元与日元之间存在一个规范的、具有高度流动性的远期同业拆借市场，因此，这个韩国进口商就能够以其银行作为中介，提前用美元购买他所需要的日元。并且，由于韩元对美元的汇率在即期市场上是稳定的，所以在其日元债务到期时，他完全可以用即期韩元购买 60 天期限的美元。

这样，我们就能够建立一个良好的——尽管是次优的——对货币风险进行双重对冲（double hedge）的理论模型。在东亚新兴市场国家的商品贸易中，大部分都是用美元定价且由市场来决定价格水平的（具有价格黏性），对于这些商品来说，政府所选择的短期或中期软钉住美元的汇率制度是一个非正式的风险屏蔽，它弥补了一个国家在本币与美元之间缺少一个远期外汇市场的缺陷。不过，对于使用日元、欧元、英镑或其他主要货币的小宗进口或者出口来说，由于这些货币对美元有一个较宽的波动幅度，所以，即使在美元与这些主要货币之间存在一个完善的远期外汇市场，辅助性的对冲操作无疑也还是必要的。正如我们在后面将要证明的那样，从钉住一种主要国际货币开始，通过双重对冲来降低外汇风险——正是这一策略催生了贸易加权货币篮子（trade weighted currency basket）的方法，即发展中国家以不同权重"钉住"若干主要国际货币。

3. 道德风险

至此，我们假设交易商和银行都具有良好的行为：它们都希望对冲货币风险。但是，我们知道，存款保险制度（deposit insurance system）以及给予某些企业的救助性条款会增加其道德风险，至少会使它们中的一些不惜以政府的损失为代价进行冒险。尤其是，银行可能被激励增加其净外汇风险，就像一些银行冒着很高的违约风险而增加国内贷款一样（麦金农和皮尔，1999）。因此，发展中国家的政府一般都力图限制银行采取外汇敞口头寸，并且，还会以某种形式的资本管制作为这些一般性的、审慎性监管的辅助措施。

我们刚刚证明了，由于"原罪"，发展中国家政府一般都希望通过软钉住美元的汇率制度，使那些合法的风险回避者，包括公司和银行通过一些非正式的制度安排对其远期外汇风险进行对冲。但是，这一软钉住美元的汇率制度会不会鼓励那些行为恶劣的银行通过接受利率极低的美元或日元财产，而以极高的利率贷出本国货币，从而导致过度借贷呢？我们知道，1997—1999年的东亚金融危机，就主要起源于一些东亚国家的银行过分受到美元和日元的影响。

虽然存在许多异议，但主要的不同观点只有两种。一种观点是国际货币基金组织的观点，即软钉住美元的汇率制度消除了大量使用美元借款的直接风险，因为"坏"银行不必担心近期的汇率波动（费舍尔，1999）。在这一传统观点中，对任意给定的利率微分，假如每个亚洲国家的货币对美元都存在有较大的自由浮动空间的话，道德风险就能够得到较好的控制；与之针锋相对的另外一个观点是，国内利率中的风险升水依赖于本币对中心货币，也就是美元的稳定程度，由于本国货币对美元的汇率会在自由浮动中出现毫无规律可言的波动，所以，国内利率越高，过度借入外汇的诱惑也就越大（麦金农和皮尔，1999）。

总之，我们无法先验地断定软钉住美元的汇率制度是否增加了那些缺乏管理的银行在过度借入外汇方面的道德风险；但是，对于那些有着良好管理的银行和交易商（风险回避者）来说，软钉住美元的汇率制度的确有助于降低它们的远期汇率风险。

4. 资本管制对银行净外汇风险的限制

在一般情况下，政府都试图通过各种各样的管制措施来降低银行的道德风险，那么，对于最优的汇率政策来说，这类管制的含义到底是什么呢？

在确保私人银行不持有或不拥有外国货币的"中国模式"中，政府可以采取严格的资本管制措施，从而使得银行不可能通过接受较低利率的外汇存款为较高收益的本币贷款融资，并从中获取利润。这样，短期资本流入和相关的美元债务都受到了严格限制，而这正是一个谨慎的政府所希望的。不幸的是，对于持有任何外汇头寸的全面资本管制可能会产生限制双重对冲的负面影响，本国进口商和出口商会因为这些管制而无法对冲那些"来自于外部的"外汇风险，因为他们的银行不能在主要的外汇市场中得到远期头寸。

与全面的资本管制相比，即使在不那么"一条龙"的资本管制下，政府管制机构仍然能够禁止银行（和其他金融机构）持有净的外汇敞口头寸。在这种情况下，银行仍然能够通过抛补它们的利息套汇，并为它们的零售客户提供远期外汇抛补。我们可以看一下这个例子：如果一个泰国进口商想要用美元购买90天期限的日元来对冲"来自于外部的"汇率风险，那么，泰国银行就可以向这个进口商出售这笔必需的远期日元，但是，泰国银行会被要求立即用即期或远期美元买入日元来补足其的头寸，最有可能发生的事情是在国际银行间同业外汇市场中完成这一交易。

与此相类似，禁止银行持有净外汇敞口未必一定会妨碍国内债券市场的某些发展，即拥有一个初步的本币与美元之间的远期外汇市场。尽管这一远期外汇市场尚不具有充分的流动性，以往如此，银行却能够通过向进口商出售远期美元，并通过向出口商买入美元来与之相匹配，条件是该国私人部门不是一个大的净美元债务人。但是，国内银行仍然不能成为国际金融中介，即借入外汇、贷出本币。对于作为一个整体的国民经济来说，这样做就有可能预防1997—1999年亚洲金融危机前夕那样的净短期外汇债务的累积。

5. 汇率的自由浮动不可能吗？

在政府必须对那些面临外汇风险的银行实施严格的、审慎性监管的情况下，汇率能够自由浮动吗？在实行全面资本管制或审慎性监管以防止银行持有净外汇敞口的情况下，我们认为，除了钉住美元外，政府别无选择——或许只能是"软"钉住，即逐日钉住。道理何在呢？同业即期和远期外汇市场是世界外汇交易的核心。在任何国家，银行通常都有权利直接进入这一国际市场并成为与买卖本国货币订单相匹配的经销商。如果没有政府干预——为了"制造"外汇市场——这些经销商必须随时持有敞口头寸，买入或卖出本国货币。国际金融的教科书告诉我们，当人们对本国货币存有信心时，银行是自然的"稳定化"投机者（Stabilizing Speculators）。的确，在一个具有良好行为的外汇市场中，关于短期汇率变动的预期自然是回归的。也就是说，当本国货币贬值时，做市商坚信它终将反弹；反之亦然。这样，一个合理的、平稳的、以银行为基础的浮动汇率制度是完全可行的。

现在，假设政府不允许本国商业银行持有外汇敞口头寸。另外，在"原罪"的假设下，由于不存在具有流动性的本国债券市场，外国银行不愿意以本币的形式持有敞口头寸。因此，在本国银行系统受到严格控制和（或）资本管制的情况下，汇率的自由浮动则是不可能的。因为在这样的制度安排下，不会产生自然的做市商，汇率也会经常处于剧烈的波动之中。在大多数发展中国家中，政府已经认识到了这一问题，至少私下承认这一问题的存在。中央银行常常通过简单的——"软的"和"非正式的"——本币钉住美元的方法来制造市场。总之，发展中国家政府为什么常常选择在一个高频钉住的基础上保持其汇率稳定呢？我们还有以下两个需要补充的理由。

（1）在缺少一个完善的远期外汇市场的情况下，政府希望为进口商和出口商提供一个非正式的远期对冲。

（2）但是，对于过度借贷的恐惧，会导致很多谨慎的政府采取各种措施限制本国银行的净外汇敞口头寸——并在极端情况下实行全面的资本管制。这些管制的目的是禁止银行成为活跃的经销商，并以此来保持汇率稳定。

在工业化国家中，这些问题不会如此严重。由于发达国家拥有完善的国内远期外汇市场，它们的银行不必为防止外汇风险而受到如此严格的限制。此外，一个有活力的远期外汇市场，还可以降低银行体系的道德风险，这样就可以形成一个良性循环。因此，正如我们将要看到的那样，工业化国家更愿意选择一个自由浮动的汇率制度。

四、危机后高频钉住制度的复兴：一个正式的经验性检验

我们关于东亚国家钉住美元的经验性检验可以分为两个阶段进行：在第一个阶段中，我们要检验的是，亚洲金融危机发生之前，与日元或欧元相比，东亚国家是否真的更多地钉住了美元？对这三种货币（美元、欧元和日元）

分别给予一定权重的"一篮子钉住制度"是否真的更合理？东亚金融危机是否真的永远颠覆了钉住美元的汇率制度？在第二个阶段中，我们要检验的是，与危机前相比，危机后这些钉住美元制度的不稳定性是否发生了变化？

由于日本是东亚地区一个非常重要的贸易国，而且是一个更重要的资本来源地，亚洲金融危机后，很多学者都认为，亚洲发展中国家应该钉住一个更大的货币篮子（Rajan，2002）。例如，Kawai、Akiyama（2000），Kawai（2002）曾建议增加日元在东亚货币篮子中的权重。威廉姆森（2000）曾提议给日元以33%的权重。

1. 货币篮子的构成

运用由弗兰克尔和Wei（1994）发展而成的回归分析模型，我们将说明，一些较小的东亚国家大都无视上述建议；相反，它们却都悄悄地回到了以逐日钉住为基础的高频钉住美元的汇率制度上。

亚洲金融危机以前，少数东亚国家用法律的形式规定了货币篮子中的主要货币及其权重，不过，官方货币篮子中货币的权重还从来没有对外公开过。为了测量出这些货币的权重，弗兰克尔和Wei使用了一种"外部"货币——瑞士法郎——作为衡量（除日本之外的）东亚国家汇率不稳定性的计量单位，然后，这些汇率的波动就能够根据主要货币对瑞士法郎汇率的变动情况来分类。例如，如果韩元对瑞士法郎的变化主要由美元对瑞士法郎的变化来解释，那么，我们就能够得出韩元基本上钉住了美元的结论；否则，韩元就可能钉住了日元或德国马克。

为了说明这一点，用瑞士法郎[①]作为计量单位，我们对9个东亚国家的货币对美元、日元和德国马克[②]的汇率进行回归分析。方程1为这一回归模型。

$$e_{东亚货币瑞士法郎} = \alpha_1 + \alpha_2 e_{美元瑞士法郎} + \alpha_3 e_{日元瑞士法郎} +$$

---

① 我们可以认为，瑞士法郎不是德国马克的随意选择的货币汇率本位，因为这两种货币对美元的汇率的运动是一致的（Hernandez，Montiel，2002）。然而，由于德国马克在东亚国家的货币篮子中不发挥显著作用，且瑞士法郎的移动较独立于日元和美元，所以我们可以忽略这一点。

② 德国马克曾为欧洲货币体系的主要货币，从1999年1月1日起被欧元取代。

α4e 马克瑞士法郎 + u1

这一多元 OLS 回归是基于这些汇率对数的一阶差建立起来的。假设残值呈正态分布、且同方差地服从 N（0，σ^2）。根据弗兰克尔和 Wei，系数 α 代表货币篮子中每一种货币的权重。如果一种东亚货币密切联系着出现在方程 1 右边的某一种主要货币，那么，相应系数 α 就会接近于 1。如果一个系数接近于 0，那么，我们就可以推测出不存在针对这一货币的稳定汇率。

正如麦金农（2001）所指出的那样，我们可以对亚洲金融危机前后的三个时期进行这一回归，即危机前、危机期间和危机后[①]。危机前从 1994 年 2 月开始（当时中国已经统一了外汇市场），到 1997 年 5 月结束。危机时期于 1997 年 6 月开始（当时泰铢钉住美元的汇率制度受到了巨大压力，最后被迫放弃），到 1998 年 12 月结束。危机后从 1999 年 1 月开始，到 2002 年 7 月结束。

危机前：1994 年 2 月—1997 年 5 月

表 4 给出了亚洲金融危机前的回归结果，这些结果表明了紧钉美元的情况。在方程 1 中，系数 α_2 十分接近于 1，表明这些亚洲国家政府为保持其货币对美元的逐日稳定所付出的巨大努力。系数 α_2 的取值范围是从新加坡元的 0.82 到人民币元、香港元和印度尼西亚卢比的 1。调整后的相关系数 R_2 表明，东亚货币对瑞士法郎的汇率波动几乎完全可以用美元对瑞士法郎汇率的波动来解释。

表 4　危机前的高频钉住

	Constant α_1	Dollar α_2	Yen α_3	DM α_4	R^2Adj
人民币元	-0.00	1.00	-0.01	-0.02	0.98
	(-1.15)	(142.32)	(-0.91)	(-1.51)	
香港元	0.00	1.00	0.00	-0.01	1.00
	(0.30)	(411.98)	(0.28)	(-1.37)	

---

① 一个更大的模型将这三个子时期合并为一个模型且用哑变量来区别这三个子时期，其结果与我们这里的结果基本相同。我们分三个单独时期报告这些结果是因为 R2 给出了关于每个单独子时期的拟合优度的额外信息。

续表

	Constant α_1	Dollar α_2	Yen α_3	DM α_4	R^2 Adj
印度尼西亚卢比	0.00	1.00	-0.00	0.01	0.97
	(3.20)	(121.21)	(-0.87)	(0.83)	
韩元	0.00	0.97	0.06	0.01	0.93
	0.00	0.97	0.06	0.01	0.93
马来西亚林吉特	-0.00	0.88	0.09	0.01	0.91
	(-1.48)	(66.74)	(6.31)	(0.52)	
菲律宾比索	-0.00	0.97	0.02	-0.01	0.86
	(-0.34)	(56.55)	(1.05)	(-0.50)	
新加坡元	-0.00	0.82	0.14	0.08	0.86
	(-1.32)	(50.06)	(7.70)	(3.12)	
新台湾元	0.00	0.98	0.03	-0.01	0.93
	(0.85)	(85.22)	(2.02)	(-0.62)	
泰铢	-0.00	0.92	0.08	-0.01	0.95
	(-0.61)	(91.17)	(7.45)	(-0.51)	

尤其是，人民币元、香港元和印度尼西亚卢比的系数 α_2 均为 1。亚洲金融危机之前，印度尼西亚汇率制度的特点是卢比以每年 4—5% 的速度均匀向下爬行，并基本保持卢比对美元的逐日稳定。中国大陆和香港没有实行向下爬行的钉住制度。韩元、菲律宾比索和台湾元的系数 α_2 也接近于 1，但仍有一个很大的 t 统计值。泰铢和马来西亚林吉特的系数 α_2 接近 0.9，由 α_3 衡量的日元权重较小。

新加坡没有采取紧钉美元的汇率政策，所以，新加坡元的 α_2 为 0.82，且给予日元和德国马克的权重较小。事实上，基于一个较低频率的钉住美元制度，在 1997 年之前，新加坡元对美元就以每年 1%—2% 均匀上行。新加坡的表现之所以如此不同，是因为它在长期资本市场上是以作为债权人的身份出现的，再加上新加坡的国内金融系统也较其他亚洲国家更为完善，所以，新加坡货币当局也就不那么在乎紧钉美元，并且能够给予日元和其他货币以更大的权重。

相比较而言，表 4 表明，日元系数 α_3 和德国马克系数 α_4 都很小或接近于

0。我们可以观察到韩国、马来西亚、新加坡、台湾和泰国给予日元的权重也都很小,从(新台湾元的)0.03到(新加坡元的)0.14。

危机时期:1998年6月—1998年12月

在这一时期,那种试图稳定东亚货币与美元汇率的所有努力都失败了,大量资本外流和外汇市场的剧烈波动打破了所有东亚国家稳定汇率的希望。如表1所示,只有中国大陆和香港继续稳定地钉住了美元,除此之外,所有亚洲国家都放弃了它们的低频钉住美元或高频钉住美元的汇率制度。

表5显示了亚洲金融危机期间方程1的测算结果。除中国大陆和香港外,α_2的较小t值表明了较高的标准误差和对美元汇率的较大波动。这些回归的拟合程度的大幅下降,表现为R^2的陡然下滑。

表5 危机期间的高频钉住

	Constant α_1	Dollar α_2	Yen α_3	DM α_4	R^2Adj
人民币元	-0.00	0.99	-0.00	-0.01	0.99
	(0.39)	(192.60)	(0.46)	(0.84)	
香港元	0.00	1.00	0.01	0.00	0.99
	(0.02)	(186.43)	(1.89)	(0.10)	
印度尼西亚卢比	0.00	0.48	0.64	-0.15	0.22
	(1.12)	(1.06)	(2.35)	(-0.25)	
韩元	0.00	1.22	0.05	0.05	0.13
	(0.62)	(5.86)	(0.41)	(0.15)	
马来西亚林吉特	0.00	0.70	0.33	0.11	0.20
	(1.39)	(5.33)	(4.19)	(0.59)	
菲律宾比索	0.00	0.75	0.25	0.27	0.23
	(1.42)	(6.10)	(3.46)	(1.53)	
新加坡元	0.00	0.69	0.33	0.02	0.49
	(1.01)	(10.74)	(8.48)	(0.19)	
新台湾元	0.00	0.87	0.08	0.11	0.58
	(1.24)	(16.77)	(2.61)	(1.44)	
泰铢	0.00	0.64	0.32	0.21	0.14
	(1.04)	(4.11)	(3.46)	(0.95)	

卢比、韩元、林吉特、比索和泰铢的 R^2 下降趋势尤为明显。没有遭遇危机冲击的新加坡和台湾通过降低美元权重并相应增加日元权重来应对危机。日元本身也大幅度贬值了，除中国大陆和香港之外，其他国家和地区的日元权重，即系数 α_3，在亚洲金融危机期间都明显增加了。

在亚洲金融危机期间，由于坚持了货币不贬值原则，中国大陆和香港的表现有助于遏制印度尼西亚、韩国、马来西亚、菲律宾和泰国等国家和地区货币大幅贬值的传染性蔓延。事实上，1998 年 9 月，马来西亚林吉特的钉住美元制度——尽管是在贬值后的水平上——也有助于遏制这一地区汇率的传染性波动。

危机后：1999 年 1 月—2002 年 7 月

然而，1997—1998 年亚洲金融危机之后，钉住美元的汇率制度——至少按照高频钉住计算，即逐日钉住计算——已经有了明显的回归迹象。所有国家的系数 α_2 再次接近于危机前的水平（即接近于 1）。除印度尼西亚和菲律宾之外，用 R^2 衡量的每一个国家回归方程的拟合度重新变得严格了，由此可见，较小的东亚国家大都回到了危机前非正式的钉住美元的汇率制度上。

事实上，正如 Kawai（2002）所指出的那样，在亚洲金融危机之后，日元似乎在某些货币篮子中有了一个确定的位置，尤其是在泰国和韩国的货币篮子中。不过与美元相比，日元的权重仍然较低。印度尼西亚卢比和菲律宾比索在回归方程中较低的拟合度值表明，亚洲金融危机之后，这两个国家在稳定汇率方面的工作并不成功，尤其是印度尼西亚的汇率和通货膨胀率仍然处于失控状态。

一个正式的统计检验支持了我们的假设，即危机后亚洲国家重新回到了高频钉住美元的汇率制度上。除人民币元、香港元和马来西亚林吉特（目前这三个国家和地区在所有可观察的频率上都牢固地钉住美元）之外，我们对所有国家的货币都进行了 Wald 检验。为了检验美元在东亚货币篮子中的权重是否发生了变化，我们还使用了脚注中所描述的模型。[①] 零假设表示美元的权

[①] 在第三个模型中，我们抽取了亚洲金融危机前后的样本，并为危机后的时期增加了一个哑变量，以检验货币篮子的整体构成是否发生了变化。在这一模型中，给出的信息是整体货币篮子是否在危机后发生了变化。这个哑变量只对新加坡有 10% 的显著性，这表明新加坡货币篮子的构成发生了变化，即日元权重有了明显的增加。

重系数 α_2 在亚洲金融危机前后是相同的。如果 Wald 检验的概率较低（低于 5%），我们就可以拒绝零假设；否则，我们必须接受零假设。

零假设是每一个国家的系数 α_2 在危机前后相同。在 5% 的水平上，这一零假设不能为任何一个国家拒绝。在危机前后的东亚货币篮子中，美元权重没有发生显著变化。然而，在低频钉住，即在每月或每个季度的钉住中，美元汇率与危机前相比更具有漂移性。当然，中国、中国香港和马来西亚还是一个例外，因为它们在任何可观察的频率上都稳定地钉住了美元。

在整个观察期，中国内地和香港的美元单位权重都非常稳定，其他国家在危机前的美元权重也比较稳定。不过，在 1997—1998 年亚洲金融危机期间，印度尼西亚、韩国、马来西亚、菲律宾和泰国的汇率都曾出现过剧烈波动，最后它们的汇率制度都崩溃了。

亚洲金融危机之后，这些国家的情况发生了一些变化：第一，印度尼西亚的稳定化过程仍然失控。第二，韩国和泰国似乎略微降低了美元权重。第三，马来西亚将美元权重重新增加到 100%。第四，菲律宾和中国台湾又恢复了危机之前的美元权重。总之，正如上面所说明的那样，亚洲金融危机并没有使东亚货币篮子中的美元权重发生明显变化。

2. 减少每日的汇率波动

然而，从方程 1 中可知，美元的系数 α_2 并不是汇率波动的全部。从原理上说，美元在货币篮子中能够得到相对最大的权重，而任何一种东亚货币对于美元的每日波动都没有能够回到危机前的水平。

但是，为了能够理解什么是高波动性、什么是低波动性，我们需要一个比较标准。卡尔沃和莱因哈德（2002）曾建议，真正的自由浮动汇率是工业化国家之间的汇率，比如，美国、日本、德国和瑞士。由于这些国家长期拥有成熟的国内资本市场，它们的政府几乎没有逐日稳定汇率的动机。

有关数据表明，德国、日本和瑞士对美元汇率的逐日波动情况的确高于东亚国家在非危机时期的波动幅度。不过，尽管这些工业化国家的汇率每天波幅较高，但比较稳定，即可变性较小；相反，东亚国家的汇率每日波幅较小，但可变性较大，即随时都有可能发生变化。在中国内地和香港的硬钉住美元的汇率制度下，其汇率波幅每天都很低，且稳定性较高。20世纪90年代早期，即在1994年2月实行硬钉住美元的汇率制度之前，人民币元曾发生了一些方向不太明确的变化，此后，一直以逐日钉住美元为基础，人民币甚至比港币还要稳定。

对于其他东亚国家，我们观察到一个逐日钉住的、随时间变化的波动模式。直到1997—1998年，除菲律宾外，所有国家高频钉住的不稳定性都是较低的。菲律宾在1990年代的前5年中曾出现过较高的不稳定性——不过，也不像工业国家那么高。在亚洲金融危机期间，资本市场和货币市场的混乱表现为汇率的逐日波动更加剧烈，这一点在印度尼西亚、韩国、马来西亚、菲律宾和泰国表现得尤为突出。

在亚洲金融危机之后，我们观察到了一个混合模式。

第一，新加坡和中国台湾这两个被危机重创的经济体，很快又回到了危机之前的钉住美元的汇率制度上。这里需要注意的是，新加坡是以一个更加多样化的货币篮子为基础来稳定汇率的，所以，从总体上看，其汇率波幅要小一些。

第二，马来西亚已经实行了全面的资本管制和硬钉住美元的汇率制度，所以，其汇率的波动逐渐降低为零。

第三，韩国和泰国的汇率波动也明显减少了，但仍高于危机之前。在泰国和韩国的货币篮子中，由于给予日元了较大权重，所以，它们钉住美元的汇率制度不可能完全回到亚洲金融危机之前的水平。

第四，尽管印度尼西亚和菲律宾在降低汇率逐日波幅方面取得了相当大的成功，但其不稳定性仍然高于危机之前。

这些观点都得到了表6的支持，表6给出了每日汇率波动相对美元的标准差。亚洲金融危机之前，所有东亚国家每日汇率波动的标准差都低于所谓汇率自由浮动国家（比如，日本、德国和瑞士）的标准差。硬钉住美元的国家和地区（比如，中国大陆和香港）危机期间和危机之后的标准差接近于零。在表6中，印度尼西亚、韩国、马来西亚、菲律宾和泰国的标准差在危机期间也曾大幅度增加，新加坡和中国台湾的增幅要低一些。

亚洲金融危机之后，所有受危机冲击的国家的标准差重新下降了（见表6）。除马来西亚外，这些遭受危机冲击国家的汇率波动幅度在危机以后（1999—2002年）仍然高于危机前的水平。不过，与危机后的1999年前期相比，其汇率波在2002年有所下降。

表6　每日汇率波动相对美元的标准差

	危机前	危机期间	危机后	2002年
人民币元	0.03	0.01	0.00	0.01
香港元	0.02	0.03	0.00	0.00
印度尼西亚卢比	0.17	4.43	1.34	0.76
韩元	0.22	2.35	0.43	0.36
马来西亚林吉特	0.25	1.53	0.03	0.00
菲律宾比索	0.37	1.31	0.60	0.26
新加坡元	0.20	0.75	0.25	0.22
新台湾元	0.19	0.50	0.21	0.12
泰铢	0.21	1.55	0.41	0.20
日元	0.67	1.00	0.66	0.61
德国马克	0.60	0.58	0.64	0.51
瑞士法郎	0.69	0.66	0.65	0.53

为强调这一点，假设我们的"危机后"时期只包括2002年以来的逐日观察，那么，表6右边一列表明，绝大多数东亚货币对美元的不稳定性已经低于危机之前的水平！2002年，只有印度尼西亚仍然存在着较高的标准差。因此，我们的结论是，除印度尼西亚之外，所有东亚国家都回到了亚洲金融危机之前高频钉住美元的汇率制度上。

五、反对钉住一篮子汇率的理由

引发亚洲金融危机的一个重要原因是1997—1998年日元的大幅度贬值

（麦金农和施纳博尔，2002）。当较小的东亚国家钉住美元时，它们都更容易受到美元对日元汇率波动的影响：当日元相对于美元走强时，它们的出口和来自日本的外商直接投资会大幅增加；而当日元相对美元贬值时，它们的国际竞争力则会随之大幅下降。这正是1997—1998年曾经出现过的情况。

在亚洲金融危机之后，包括威廉姆森（2000）和Kawai（2002）在内的很多学者都曾建议，增加日元在东亚货币篮子中的权重。他们认为，由于日本与较小的东亚国家之间存在着较为密切的贸易联系，所以，在较小东亚国家的货币篮子中，日元应该占有一个较大的权重，这将有助于减少贸易流的波动。当然，日本更愿意它的东亚邻国在确定汇率时给予日元更大的权重，并以此来减少日元/美元波动所造成的日本竞争力下降。例如，威廉姆森曾建议给予美元、日元和欧元各33%的权重。

然而，我们的分析表明，单一钉住美元的方法可能要优于钉住货币篮子的方法。从较小的东亚国家的角度看，这一点几乎是肯定的。

第一，在整个东亚地区的贸易中以美元作为计价货币非常普遍，以至于共同钉住美元的汇率制度安排为东亚地区国内价格稳定提供了一个强有力的名义锚。当然，这种名义锚的成功在较大程度上依赖于美国国内价格水平的稳定以及美国的货币政策。近年来，美国的价格水平非常稳定，而日本却出现了严重的通货紧缩。其实，那些提倡钉住一篮子货币的人更关注一国实际有效汇率（real effective exchange rate）变动的最小化，而不是国内名义价格的稳定。

第二，在一个更微观的层面上，单一钉住一种主要国际货币有助于单个贸易商和银行家更好地对冲他们的外汇风险。由于发展中国家中缺少债券市场和远期外汇市场，政府不得不通过保持本国货币对主要货币（在亚洲就是美元）的稳定来提供一个非正式的风险屏障。这样做虽然可能会使贸易商暴露于"来自于外部的"日元对美元的汇率波动之中，但却能够借助较为成熟的远期日元/美元外汇市场进行部分保值。比如，如果一个日本产品的韩国进口商需要在60天内支付100日元，他可以用美元购买60天期限的日元，然后以预期不变的汇率（韩元软钉住美元）用韩元购买60天期限的美元——这就是我们所说的双重对冲。

然而,在一篮子钉住美元的情况下,60天期限的美元对韩元的即期汇率将是不确定的。因为美元自然是韩国政府使用的干预货币,当美元对日元或欧元发生波动时,韩国当局有义务保持韩元/美元汇率的跟随性变化。这将打乱韩国贸易商的对冲策略——尤其在货币篮子中主要货币的权重不确定性时,而且政府调整韩元/美元汇率、使之跟随日元的时间也是不确定性的。事实上,那些认为一篮子钉住汇率会降低风险的人,只关注了即期汇率的变动,而没有考虑到贸易商能否进行对冲操作的问题,没有考虑到贸易商普遍使用的远期套期策略。

第三,另外一个问题是,如何在一个货币篮子中恰当地确定不同货币的权重。一个简单的用贸易加权的货币篮子并不能反映美元作为计价货币的压倒优势地位,压倒优势商品和服务的美元价格具有黏性,不会随日元/美元汇率的变动而发生变化,因此,它不能反映以未偿外币债务命名的本币变动(Slavov,2002)。

总之,对于一个较小的东亚国家来说,最好的汇率策略是钉住美元的"角点解"(Corner Solution)——这是东亚各国政府一贯做法。然而,我们并不否认,日元/美元汇率的大幅度波动会给那些钉住美元的东亚国家带来严重的风险管理问题(麦金农和施纳博尔,2002),甚至给日本自身带来更大的问题(Goyal和麦金农即将出版的论文)。但是,东亚汇率这一悖论的直接答案是日本应以可信的方式将日元钉住美元(这需要美国的合作),而不是乞求东亚10国或其他国家在引入的一篮子钉住汇率制度中给日元以更大的权重。

六、结论:终将回到低频钉住美元的汇率制度?

我们在本文中所得出的结论——在亚洲金融危机之后东亚国家又返回到高频钉住美元的汇率制度——并不是那么令人吃惊。对于东亚新兴市场国家和其他资本市场不完善("原罪")的国家和地区来说,高频钉住美元的汇率制度是防范外汇风险、减少汇率波动的一个重要工具。现在的问题是,高频钉住美元制度的悄悄回归是否预示着我们终将回到低频钉住美元的汇率制度上？

进入新世纪后，低频钉住的稳定性还不明显。表7中的数据支持了Hernandez和Montiel（2002）的发现：与亚洲金融危机之前相比，危机后东亚货币的逐月波动更加不稳定。在表7中，印度尼西亚、韩国、菲律宾、新加坡、中国台湾和泰国逐月波动的标准差也较以前更大——尽管中国大陆、香港和马来西亚的标准差仍趋近为零。这是否反映了自亚洲金融危机以来"更纯粹的"低频浮动？

表7 逐月汇率波动的标准差

	危机前	危机期间	危机后
人民币元	0.25	0.03	0.00
香港元	0.08	0.07	0.04
印度尼西亚卢比	0.26	26.54	6.14
韩元	1.01	11.53	2.06
马来西亚林吉特	1.06	6.69	0.00
菲律宾比索	1.19	5.25	1.85
新加坡元	0.76	2.88	1.21
新台湾元	1.01	2.63	1.10
泰铢	0.43	8.88	1.71
日元	3.66	3.64	2.61
德国马克	2.20	2.33	2.60
瑞士法郎	2.62	2.60	2.52

亚洲金融危机过后，逐月波幅的放大在一定程度上反映了1997—1998年东亚货币过度贬值之后的不确定的恢复性升值。在低频上，市场已经发现了一组新的均衡汇率（equilibrium exchange rate），然而，这并不排除在低频钉住上的汇率波动也会逐渐降低到亚洲金融危机以前的水平——尤其考虑到中国大陆和香港，以及马来西亚为其他国家提供了固定的参照（近期，印度尼西亚似乎不大可能回到一个稳定的汇率水平上）。

近期以来，东亚国家中央银行对外汇市场的较多干预也预示着它们终将回到低频钉住美元的汇率制度上。1998年以来,东亚国家和地区的官方外汇储备规模都有了惊人的增加。亚洲金融危机之后,中国、中国香港、印度尼西亚、韩国、马来西亚、菲律宾、中国台湾和泰国等都增加了它们的官方外汇储备。在印度尼西亚、韩国和菲律宾这些遭受危机冲击的国家中,官方外汇储备规模已经远远超过了危机前的水平。与此相反,实行自由浮动汇率制度的国家,比如,德国(欧元区)和美国的官方外汇储备水平却下降了[①]。只有新加坡保持了与危机前大致相同的官方外汇储备规模,其原因在于新加坡是更多地依赖本国的货币市场来稳定汇率水平。东亚各国政府一直保持着较多的市场干预,以防止汇率的过分升值,这远远超出了它们简单重建其原有官方外汇储备的意义。

美元储备的大规模积累同时也是"危机储备",它主要用于政府干预外汇市场,以确保东亚国家钉住美元的汇率制度。1997—1998年,那些拥有大量外汇储备的国家和地区,比如,新加坡以及中国的台湾和香港都曾成功地保卫了它们钉住美元的汇率制度,战胜了投机(新加坡则是防止了投机的发生)。因此,印度尼西亚、韩国、马来西亚、菲律宾和泰国的官方外汇储备的大幅增长表明,这些国家决心要在将来战胜投机者。

更重要的是,本文所强调的高频钉住汇率波幅的下降预示了低频钉住波幅的下降。的确是这样,高频钉住与低频钉住之间本来就没有一个非常明确的界限,每月波动正是每日波动的积累。最近国际货币基金组织的工作论文承认,"发展中国家的高频汇率数据……有助于理解什么是政府的汇率目标,以及这些目标是如何随着时间的变化而改变的"(威克姆,2002)。

总之,以逐日钉住和逐周钉住为基础的汇率波动的减少,预示着东亚国家终将回到它们低频钉住美元的汇率制度上,即使日本仍然将自己置身其外,对于正在整合中的东亚经济来说,共同稳定其钉住美元的汇率制度似乎要比国际货币基金组织的下述行为更有理性,即在一国汇率变动对其邻国的影响还没有得到有效约束之前,就急于推进该国的汇率制度走向更大的灵活性。

---

① 对于日本来说,官方外汇储备的大量增加,反映了政府试图掩盖其经济衰退,抑制日元升值。

金融自由化、危机和救助：拉美和东亚对中国的启示[*]

[美] 芭芭拉·斯托林斯 著　黄　佳　胡雪琴　曹雪锋　贾润军 译[**]

在过去 20 年间金融自由化对发展中国家的金融体系产生了深远的影响。本文简要分析中国金融体系面临的挑战，以及它能够从其他新兴市场国家获取的经验。

一、中国金融部门的特征

2001 年 12 月中国加入 WTO，这意味着它承担起了包括金融市场自由化等在内的一系列责任。中国政府相信由此导致的竞争程度的提高会改善金融部门的效率和生产力，并会对国有和私有经济部门的生产形成正的溢出效应。

中国的资本账户不开放，人民币不能自由兑换，政府有决定利率的权力。这些特征减低了金融部门的波动性，但也限制了经济有效配置资源的能力。

---

[*]　本文原载于《经济社会体制比较》2006 年第 1 期。该文为泛美开发银行工作论文系列第 32 号。

[**]　芭芭拉·斯托林斯（Barbara Stallings），美国布朗大学沃特森研究所所长、教授。黄佳、胡雪琴、曹雪锋、贾润军。

从结构方面看，国有企业占据主导地位，但它们的财务状况很糟糕，同时又是银行的主要借款人，这对银行的资产负债表产生严重的负面影响。

东南亚金融危机期间中国经济的表现相当抢眼。虽然1995—1996和1998—1999年间GDP增长放慢了3个百分点，但1998年的产出还是以接近8%的水平增长着。而且，国际收支账户表现良好，人民币维持了名义值不变。没有银行倒闭，也未发生政府接管。

同时，大家都心知肚明，中国金融部门其实存在严重的潜在问题。银行在金融部门中占据主导地位。更重要的是在银行产业中四家国有商业银行占据了主导地位。四家国有商业银行持有总资产的73%，其贷款和存款的份额也大致类似。外资银行的角色非常不起眼。虽然有超过150家外资银行在中国设有分支机构，但它们的业务都被限制在外币交易上面，其贷款仅占贷款总存量的1.3%。几家外资机构购买了一些上市银行的股份，但份额都不大。

考察传统的金融业绩指标可以揭示四家国有银行存在的问题。根据国际比较，它们的资产回报率（ROA）很低，近年来都徘徊在0.1到0.2之间。国有银行的资本充足率也低于巴赛尔协议要求的8%。

专家的矛头直指银行体系中的不良贷款（NPLs）。一份BIS的近期报告显示，四家国有商业银行42%的贷款都属于不良贷款。这个数字相当于2001年GDP的35%。另一些专家则认为不良贷款问题比BIS估计的还要严重。Nicholas Lardy根据人民银行的官方信息提出了三条理由。首先，不良贷款仍在出现，这属于一个流量的问题。第二，中国近期才开始使用更严格的贷款分类方法，根据新标准，数字实际应达到贷款量的近65%，这相当于GDP的60%。第三，报告的数字仅包括四家国有商业银行，但上市银行也是国有控制的，它们也存在不良贷款问题。

不良贷款大量存在源于国有企业的经营不善；根据报告，四家国有银行80%的贷款流向了国有企业。亚洲开发银行近期的研究考察了改革以后的银行及其客户状况，结论是，在1994—2000年间，多数银行贷款流向了规模庞大但利润较低的公司和国家控制的企业。另一份报告考察了中国的股票市场，发现即使高涨的股价降低了股权融资的成本，那些低利润、大规模的老企业也还是偏好申请银行贷款。这显示了它们面临的贷款融资条件更好。那些新型企业，包括出口企业和私人部门都很难获得贷款，不得不依靠留存收益、外国直接投资或非正式的信贷来进行融资。

不过银行体系和股票市场已产生了显著的改善。中国建立了更审慎的监管体制，成立了一家新的银行监管机构；银行开始学习风险管理；资产管理公司着手处理坏账；政府进行了第三次注资以改善资本—资产比率。政府官员相信，更多外资银行的出现会更有力地推动改革，同时包括人民银行和银监会在内的部门都在进行调整。

二、金融自由化：一些假设

中国的例子显示了战后早期很多发展中国家金融体系都具有的特征。所有这些特征都被称为"金融压制"。

改革支持者认为金融压制导致存款利率过低；经济的货币化程度很低；贷款受到限制，特别是对中小企业的贷款更受限制；贷款被配置给那些有政治关系的借款人，而利润因素较少得到考虑。他们认为，金融自由化会解决这些问题，使国家能够动员增加的资源，并更有效地配置它们，因此能刺激投资、生产力和经济增长。

自由化的反对者则更加谨慎，他们担心改革方案会恶化问题。一方面，有人认为，改变现存的资源动员机制可能导致投机盛行，并将造成危机、混乱和经济衰退。如果国内自由化伴随着外部金融自由化，会导致大规模、不稳定的资本流动，这将冲击弱小的本地银行，从而使这些问题变得更加严重。另一方面，有人担心在自由的体系下长期融资将会消失，融资渠道将只对少数几家大型企业和富有的个人开放。

我们认为，这两种意见都包含着部分真理。最终结果依赖于所实施的自由化政策、其他配套措施，以及改革的机制框架。

我们首先要限定金融自由化的含义。金融自由化是指部分或全部地消除政府对国内金融行为施加的限制，使经济个体得以自行决定金融交易的规模、价格和时间。关于这个定义有两个因素值得考虑。首先，该定义并不意味着自由化的程度是完全的；我们的重点放在改变的方向上面。第二，我们并没有把国际金融自由化看作定义的一部分。国际自由化是伴随着国内金融自由化的政策之一。

在这一基础之上，我们为自由化进程的分析设计了一个框架。最广义的问题是自由化进程是否"成功"，成功的标准包括金融稳定、经济增长率提高，同时低收入家庭和小企业能接触到更广泛的融资渠道。

我们的假设是，金融自由化的成功应当：（1）采用渐进的自由化进程，最终实现私人部门自行决策；如果还保留公有银行，需要让它们在透明和有效的基础上运作；（2）在国内自由化之后，结合使用宏观稳定政策和竞争性汇率政策，同时考虑部分开放资本账户；自由化前要实施审慎监管；（3）拥有强有力的法律系统和实施机构等制度框架。在下面的分析中，我们以定性的方式"检验"这些假设。

三、金融自由化：经验分析

通过选择跨地区样本，我们可以研究拉美的金融自由化是否具有独一无二的特征。世界银行数据集囊括了 1973—2002 年 OECD 国家、拉美及东亚国家。数据集的总指数由三部分组成：国内金融自由化、国际自由化和股票市场自由化。其中，国内金融自由化包括解除对存贷款利率、信贷分配和外币存款的限制。国际自由化的衡量标准主要看是否取消了对金融机构和非金融机构进行离岸借款的限制，是否消除了多重汇率，以及是否取消了对资本流出的控制。股票市场自由化则要看是否允许外资在国内证券交易所收购股份、撤回资本以及获取利息和股利。所有的指数值都介于 1.0 和 3.0 之间，数字值越大代表自由化程度越高。

(一) 自由化指数的国际比较

OECD 国家从一开始就属于比较自由的金融市场，自由化指数于 1990 年达到至高点，并在接下来的几年中继续维持。亚洲国家沿着一条与此相似的路径发展，不同的是他们开始于一个较低的起点。其中，除亚洲金融危机时稍有回落外，金融自由化程度在 20 世纪 90 年代早期达到最高点（指标数是 2.7）并一直保持下去。值得注意的是尽管金融危机对亚洲国家产生了巨大的影响，但自由化指数的回落却非常小。

有时，拉美的指数值居于 OECD 国家和亚洲国家之间。然而，拉美也显示出极为独特的特性。首先，拉美在 20 世纪 70 年代有一段非常迅速的自由化进程，在 1976—1978 年间拉美的指标值短暂超 OECD 国家。紧接着，80 年代债务危机期间是一个明显而又长久的回落阶段。一直到 1988 年拉美自由化进程才重新恢复，而且在接下来几年中其发展速度远超过其他任何地区。从 1991 年到 2002 年，自由化进程又进入了上下徘徊的轨道中。换言之，拉美的自由化路径更具有波动性。拉美的国内自由化程度与总指标相比起来显示出更大的波动性。

特别是在 70 年代，拉美的国内金融市场开放程度远远高于 OECD 国家。他们间的差距由于拉美政府在债务危机时改变政策导向而被拉平。90 年代，除了在 1995 年墨西哥危机和稍后的 2001—2002 年阿根廷危机时期稍有反弹外，拉美的金融自由化程度在加入 OECD 国家之后一直处于最高水平。亚洲的国内金融自由化程度仍略微落后于拉美国家和 OECD 国家。

(二) 拉美及东亚的自由化指数

我们可以看到各个国家的总指标数据，其中只有哥伦比亚比较特殊。哥伦比亚在 1973—2002 年间采取逐步开放金融的策略。到 2002 年为止，哥伦比亚是七国中唯一没有实现完全金融自由化的国家，这或许不是一种巧合。与其他国家不同，智利走的是一条波动较少的路径。它的指标在 1981 年达到 2 后，在金融危机爆发前夕跌落到了 1，并持续了一年，而之后就是一个逐渐再开放的过程，一直到 90 年代达到 3。

与总指数相比，7 个拉美国家的国内金融自由化指标都显示出了更大的极值和变化。哥伦比亚仍然是最稳定的改革者，除在 1986 年有短暂的局部反弹外，自 1981 年达到完全自由化后一直保持在那个水平。智利在 1976 年就实现了完全自由化，但是在 80 年代有一段长期的回落过程。其他的 5 个国家的国内自由化历程则更具有波动性。

在 1973—2002 年间的大部分时期里，巴西、智利和哥伦比亚三个国家的资本账户开放程度都滞后于国内金融自由化。这三个国家资本账户的完全自由化在 90 年代后期才实现。而其他四个国家，国内金融自由化水平和资本账户开放程度要么非常接近（阿根廷和秘鲁），要么后者比前者更开放（墨西哥和委内瑞拉）。

总的说来，东亚国家较少倾向金融自由化。到 2002 年，仅有两个国家和地区（台湾和泰国）完全依照世界银行规则实现了金融自由化，而且即使这两个国家也是在 90 年代后期才达到这个程度的。菲律宾和台湾以一种缓慢而平稳的方式展开自由化进程；韩国除了在 1997—1998 年危机期间的回落外也以该种方式实现金融自由化。马来西亚和泰国在各种不同的时期包括危机期间都特别容易波动。印度尼西亚开放程度一直远远快于其邻国，但是在危机来临之前就开始迅速回落。

东亚的国内金融自由化进程较为迟缓。直到 80 年代后期，仍有四个国家完全封闭。然而，到 90 年代中期，东亚国家的国内自由化指数值都达到了 3，并且在整个危机期间都保持不变。以上数据明确显示，与拉美相比，东亚国家在金融自由化进程中持有更加谨慎的态度。

总而言之，1973—2002 年间的数据显示，类似于亚洲和 OECD 国家，拉美普遍开展了金融自由化，但自由化政策很容易变动。但是，大多数亚洲国家并没有发生类似的政策变化。哥伦比亚和智利比其他国家显示出的可变性更低，外加巴西，直到近几年，他们才愿意完全地开放资本账户。阿根廷、墨西哥、秘鲁和委内瑞拉比其他三个国家经历了更为尖锐和频繁的政策逆转，而且国际自由化通常伴随或引导着国内自由化。现在，我们来探讨这些差异与该地区发生的危机之间的关系。

四、金融自由化与金融危机

现有文献认为，金融危机并不是战后宏观经济的综合症状，货币贬值并不是银行作用的结果，反倒会导致银行恐慌，救援政策还可能导致进一步贬值。

（一）危机的新解释

多数经济学者纷纷表示，一些新的情况正在发生。最初，有两种独立的观点：一种侧重国内因素，另一种则侧重国际因素和危机传染。随着时间的推移，两种观点达成以下共识：国内和国际传导都会影响金融自由化，而且他们的关系是密不可分的。

侧重国内因素的方法认为，虽然市场炒作和羊群行为使得危机更加严重，但一国结构和方针的扭曲才是导致危机的主要原因。国际货币基金组织把这方面的研究成果总结为以下四个方面。一是国内储蓄的过度投资，主要是财政赤字、经常账户赤字和短期外资流入增加。二是宏观经济管理的缺陷，其主要成因是钉住美元的汇率制度及引致需求的压力。三是金融部门的脆弱性，包括不适当的监管、公司治理不佳、缺乏透明度和不谨慎的借贷。最后一种观点认为，国际环境同样是引致危机发生的因素，但是其关注的焦点更多是贸易和竞争力的下降，而非资本流动和传导过程。

在国内因素分析法中，Corsetti、Pesenti 和 Roubini 侧重研究道德风险的三种表现。从企业层面上看，很多公司可能进行不明智的投资；从金融机构层面上看，国外过多举债，国内过多放贷使投资无利可图。尽管金融部门一再被描述为监管制度薄弱、资本流动性差、市场准入规则缺失，而且腐败严重的部门,但是银行—企业—政府之间的密切关联仍然让大众相信银行是绝对不可能倒闭的。这些内生的弱点使国家对资本流动过于敏感。

国际因素分析法认为与国际金融市场的新型关系是危机发生的原因所在。特别是,发展中国家国际收支资本账户的自由化促使银行和公司从国外大量举债,但是政治、经济、甚至心理上的微小冲击都可以触发资本的回流。综上所述,该观点认为,资本流出和资本的突然停止流入是危机产生的主要源泉。

在此,Radelet 和 Sachs 的观点可总结为"国际借贷的内生不稳定性"或说是"自我实现型危机"。最初,贷方因看重某国经济的快速增长和其他正面因素而将大量资金投入该国,但是一旦出现任何形式的冲击,都会引发突然的还贷要求。这种状况产生了多重均衡,一种均衡是大部或全部贷方继续放贷,此时,有偿付能力的借方继续开展原有商业活动,同时贷方按预定方式收回他们应得的部分。另一种均衡是没有贷方愿意继续提供贷款从而出现恐慌,这就是所谓的羊群效应。这种均衡非常不稳定,因为市场行为的改变可将一种均衡瞬间转化为另一种均衡。

以上,我们侧重对两种危机分别加以研究,而并未试图阐述两种危机,即银行危机和货币危机之间的关系。因此,所谓研究双重危机的文献尤为值得一提。Kaminsky 和 Reinhart 等都一致强调,鉴于这两种危机相互独立并各不相同,故一定要区分这两类危机。通过对历史数据的分析,Kaminsky 和 Reinhart 发现发展中国家在金融系统受到严格限制时甚少发生银行危机,但有较多的货币危机存在。但在 20 世纪 80 和 90 年代,两种危机都频繁发生。最普遍的方式是银行危机先于货币危机而发生,银行危机是由金融自由化、信贷量过大等因素引爆的,银行危机常使货币贬值,而货币贬值又加速激化银行问题。所以,一般情况下,银行危机的滋生总是伴随着货币危机。

其他关于双重危机的研究重点多侧重于金融危机和金融自由化的关系。Glick 和 Hutchinson 用远超过 Kaminsky 和 Reinhart 的样本范围来进行研究,得出如下结论:双重危机受限于金融自由化和新兴市场的经济发展。遗憾的是他们没有充分地研究导致危机产生的金融自由化机制的问题。Weller 在这方面作了一定的补充,他发现伴随着国内和国际金融自由化的深入,一个国家很容易爆发银行危机和货币危机。比如投资者发现实体经济部门和金融部门之间出现背离,就容易产生资本外流,并因此产生货币贬值的高度可能性,国际金融自由化提高了流入一国的资金量,而国内金融自由化为实体经济投资之外的投机资本提供了足够的机会。同时,初始的资本外流往往导致对通货估价过高,从而对汇率产生压力。

(二) 东亚及拉丁美洲国家的金融危机

战后,拉美国家爆发过多次金融危机,以国内金融自由化和资本账户开放为特征的经济改革开始以后,该地区又发生了三次严重的"新型"双重危机。第一次危机发生在80年代早期的智利。第二次是1994—1995年的墨西哥金融危机,这次危机波及了阿根廷。第三次危机也发生在阿根廷,爆发于2001年。在东亚,1997年的金融危机确实出乎意料,由于不像拉美国家处理过各种危机并积累了大量经验,危机爆发后,当地政府有些措手不及。

在我们的案例中,智利是最早爆发双重危机的地区。智利的危机很大程度上是由极端金融自由化引起的,国有银行很快被(有补贴地)卖给了私人,政府对金融部门的控制被废止,资本账户开始部分地放开。同时,宏观经济政策使用汇率作为名义锚来降低通货膨胀,在财政盈余的情况下,资本流入被用于弥补经常账户的巨额赤字。在监管不严的情况下,银行不考虑潜在的损失,就大幅增加贷款,其中包括大量的"关联"贷款。1981年,一场严重的银行危机爆发。第二年,国际收支危机爆发导致固定汇率贬值,使银行危机更加恶化。最突出的表现就是国内的私人银行和财务公司大量破产,由银行业主管部门接管或清算。到了1982年中期,危机已经演变为一个系统性问题。

13年之后爆发的墨西哥金融危机情况也非常类似。专家都提到一个问题,为什么当地不久前才爆发了危机,而墨西哥却没有吸取经验教训。从80年代末期到90年代早期,墨西哥金融体系由国有银行主导和存在严重金融压制的体系转变为一个以私人部门为主和管制放松的金融体系。贷款膨胀的情况也十分相似，同样是大量内部人贷款，又没有对可能的损失提足准备金。虽然墨西哥不实行固定汇率制，但受到为降低通货膨胀而订立的三方协议的约束，墨西哥货币实际是与美元挂钩的。与智利相似，墨西哥也没有大量的财政赤字，大量的资本流入抵消了由于比索升值而产生的巨额经常账户赤字。可能最大的差异就是1994年12月货币危机首先爆发之后银行才因此而出现危机。虽然如此，之前许多银行就已经处于资不抵债的状态，只是不严格的政府会计标准使得它们的情况得以隐藏。另外，墨西哥比10年前的智利在国际关系方面要好很多。在危机爆发前的几个月，墨西哥加入了OECD，而且NAFTA条约也已经生效。因此，来自美国财政部和IMF的大量贷款减轻了墨西哥金融危机的危害性，而智利当时只能靠自己的力量来解决危机。

第三个非常相似的拉美金融危机发生在阿根廷。具有讽刺性的是，90年代中期，阿根廷一直被认为是通过快速而有效的政府行动解决危机的好榜样。受到墨西哥危机的影响，又由于货币局制度限制了中央银行最后贷款人功能，最终阿根廷难逃银行挤兑的厄运，在4个月内存款损失18%。IMF和世界银行的大量贷款以及当地银行与大企业购买的"爱国债券"使得挤兑得以停止。当局加强监管，并和外国银行协定获得"信贷额度"。最终，经济增长和银行存款得以恢复。虽然有些指标表现欠佳，但在资本充足率方面，阿根廷银行业在世界上处于领先地位。

在10年之后，情况又开始恶化。高估的汇率导致经常项目赤字不断增长，1998年后出现的衰退减少了财政收入，使银行业的投资质量恶化。为了减轻财政压力，政府推行"自愿的"债务重组计划，但是到了年末政府冻结了所有银行存款以避免货币贬值。对此行为的不满导致了政治骚乱，并持续了好几个月。2002年初，货币局制度瓦解，货币大幅贬值，国家无力偿还外债。与智利和墨西哥不同，阿根廷更倾向于让银行承担危机成本。为了保护债务人，银行的资产和负债被按照不同的汇率转化为本币表示，使得银行陷入破产境地。政府曾从银行借入大量的资金，因此政府违约更恶化了银行的问题。

拉美和东亚的金融危机差别还是非常明显的。特别是，东亚经济从 1960 年到 1995 年间一直保持最高的增长速度，而东亚银行体系是这种成功的发展战略不可分割的一部分。通常，东亚的银行很少自主制定贷款决策，而是由政府部门提供资金并指导其使用，用于支持特定的产业和公司。这意味着，即使存在监管部门，其监管力度也不大，央行隶属于财政部，而且银行缺乏信贷评估能力。然而，到了 80 年代中后期，东亚银行业已经开始发生变化。六个经济体（东南亚的印尼、马来西亚、菲律宾、泰国以及东北亚的韩国和台湾）在这一时期变得越来越开放。

这六个经济体中，有 4 个在 10 年后爆发了严重的金融危机。人们一般认为 1997 年泰铢被迫贬值标志着危机的开始。实际上，金融自由化是问题的源头。泰国在经历了 80 年代早期的金融不稳定后，在 1987 年到 1990 年间经济平均增长率达到 9%。在这 10 年间，泰国进行了许多结构改革，包括全面的国内金融自由化以及资本账户开放。但是，相应的金融机构安全网并没有建立。上述情况再加上大量外资（平均占 GDP 的 9%）流入，信贷开始膨胀，并导致生产部门投资快速增长和资产价格飞涨。到了 90 年代中期，膨胀带来的负面影响开始显现：出口下降，经常账户赤字增加，股票市场价格下跌，多家公司出现危机，银行和财务公司的投资组合质量恶化。政府尝试了各种补救措施，但是由于金融机构的脆弱性，高利率政策无法使用。最终，泰铢开始浮动，并大幅贬值，使银行业雪上加霜。

一个国家的问题引起周边地区的危机被称为传染，1997 年的后半年便发生了泰国向其他 3 个邻国的危机传染，但是这些亚洲经济体的问题不断的积累，也是危机的原因之一。遭受严重危机的其他东南亚国家（印尼和马来西亚）都与泰国有一些共同的特征。印尼 1983 年和 1988 年两次实行国内金融自由化政策都是由于其主要出口品石油价格的下跌引发的。结果银行数量和贷款规模大增，国有银行过去的主导地位也被取代。虽然印尼政府在自由化的同时尝试着逐步加强监管，但却并没有强制执行。另外，大量关联贷款出现，而银行又受到与苏哈托政府关系密切的势力集团的政治压力。在宏观经济方面，政府通过制定高的国内利率和对国内融资的一系列限制，鼓励私人部门从海外借款。短期资本流入导致汇率高估和经常账户赤字扩大。来自泰国的危机传染主要是通过货币的压力和外资银行拒绝贷款展期两个渠道进行的。马来西亚主要的特点在于其渐进的金融自由化进程以及到了1990年代末仍然比较严格的金融管制。其中央银行与监管部门的技术水准比其他东南亚国家也要高一些。这些因素共同决定了马来西亚受打击的程度相对于其他邻国要小得多。

韩国作为一个主要的经济大国尤其是出口方面的大国,爆发金融危机出乎人们的意料。在压力下,韩国从80代末不得不开始实施渐近式的金融自由化政策。90年代早期,韩国开始了加入OECD的谈判,也开展了一系列的内、外部改革。现在人们已经认识到其金融自由化的次序非常不合理,导致金融与非金融部门积累了大量短期债务。这种自由化方式为东南亚危机能够波及世界上最强大经济体之一的韩国创造了条件。

(三) 金融自由化与金融危机分析

在每一个案例中,金融自由化都是最终导致金融危机的罪魁祸首。有些变量能够对金融自由化的概念进行剖析,也可以帮助解释金融自由化与金融危机的联系,它们主要包括国内金融管制放松的速度、程度、次序、后续政策及支持新体系的制度。

经验表明第一套变量相对不太重要。所有13个样本国家在危机爆发前不久都完全开放了国内金融体系。更进一步地讲,渐进式的开放还是突然的开放并不是区分不同危机的重要因素。在迅速开放的国家中,有一些(如阿根廷、智利)发生了危机,而另一些(如秘鲁)却没有发生。在次序方面,内部开放与外部开放的关系(以及监管是否到位)比内部开放次序更重要。

我们所研究案例之间的主要差别体现在与国内金融自由化相配套的政策制定上。汇率是宏观经济中比较重要的一个变量。如果是固定汇率,不论实行的是正式还是非正式的钉住,汇率一般都倾向于被高估,并导致经常账户赤字,在资本账户开放的情况下更是如此。除此之外,有关(短期)资本账户的政策也很重要，外国直接投资与官方贷款危害性相对较小。最危险的情况是在国内自由化的同时或自由化之后不久突然放开短期资本流动限制。最后，在国内金融自由化之前监管不到位，常常出现不计后果的贷款膨胀。通常的情况是，在危机爆发后的处置过程中才会加强监管，而危机爆发前却不把加强监管作为预防战略来重视。

第三组变量之所以有用是因为，没有发达的金融机构，再好的政策也无法设计和执行。公共部门方面主要包括不受政治压力而独立制定货币政策的中央银行以及制定和强制执行监管法规的监管机构。在私人部门方面，商业银行必须有能力和动力对潜在借款人的信用进行分析，并根据项目的潜在收益来进行贷款决策。征信机构和信用评级机构在银行贷款过程中提供有用的支持。更宽泛的讲，守法意识以及保护私有财产的司法体系将提供一个良好的法律环境和机制。

我们所研究的是一种新型的双重危机。在世界银行指数囊括的13个拉美及东亚经济体中，有6个（拉美地区包括巴西、哥伦比亚、秘鲁、委内瑞拉，东亚地区包括菲律宾和台湾）没有发生这种双重危机。这些国家或地区的案例可以被分为三种类型：（1）存在潜在的双重危机可能性，但政府采取了防御性措施；（2）经济不够发达，没能吸引大量的短期资本流入；（3）存在其他类型的银行问题。

巴西是第一种类型中拉美国家的典型例子；在东亚，菲律宾政府也采取了类似的政策。在巴西，由于1994年成功实施稳定计划后所进行的调整以及其所经历的恶性通货膨胀，当墨西哥爆发金融危机的时候，巴西银行业已经非常疲弱。作为利润来源之一的通货膨胀收益的消失，使得巴西私人银行业开始扩张信贷，尤其是对消费者的贷款。由于高利率政策及失业率的提高，信贷膨胀导致大量的不良贷款。但是，巴西政府并没有坐等危机完全爆发，而是采取了积极主动的应对措施，包括减少银行的数量，对处于困境但还有救的银行实施重组，对整个体系中的银行进行重新资本化，允许外资银行进入，扩大银行监管者的权力，提高资本充足率和信息透明度。上述措施非常有效，1999年1月的贬值没有造成严重的银行危机就是证明。菲律宾在阿基诺夫人和拉莫斯政府的领导下也采取了防御措施。对马科斯执政时期所造成的资产负债表上的问题进行了清理,另外,该国强化了审慎监管,包括资本金要求、审计要求、贷款损失准备及对关联贷款的限制。

菲律宾也可以归入第二类国家当中,之所以没有发生双重危机是因为并没有大量短期资本流入。菲律宾和秘鲁已经放开国内金融体系的管制并开放了资本账户(秘鲁金融改革是世界上最激进的改革之一)。然而,他们对投资者的吸引力不大。如他们的外债更多的是官方贷款。

第三类,即发生其他类型危机的经济体。台湾之所以幸免于1997年金融危机,其主要原因是台湾拥有巨额外汇储备,以及金融自由化进程较为缓慢,即便如此,台湾也发生了严重的银行问题。台湾的银行问题并没有外部导火线,而是缘于房地产市场和股票市场上资产泡沫的突然破灭,以及银行部门盈利较低和不良贷款率高企。拉美方面,哥伦比亚和委内瑞拉都拥有大量的财政赤字,危机集中爆发于特定的银行(如委内瑞拉的拉提诺银行)或金融业中的特定部门(如哥伦比亚的信用社和储贷机构)。

五、救助计划:成本与效果

危机救助计划通常由短期和长期两部分组成。长期救助计划涉及结构变革,新制度和新政策等方面。此处我们重点关注长期救助计划的短期效果。救助计划成功与否要看一国如下三个经济变量:GDP增长率、投资占GDP的比率,以及贷款占GDP的比率。

本文论述了流动性注入、重新资本化、从银行资产负债表中剥离不良贷款、临时接管或关闭无清偿能力机构等措施,它们是按干预程度递增的顺序排列的。短期救助措施的目的是:通过恢复银行体系的信心,防范金融机构大额损失;通过改善银行资产负债表,维持信贷流量。

流动性需求可能涉及本币或外币。在危机中微观经济层面的困难在于:如何确定某一特定机构仅是缺乏流动性,但仍有偿付能力。宏观经济层面的问题在于:提供充足的流动性与维持货币价值之间是一种两难选择。流动性需求如涉及外汇，则情况会更加复杂，因为这需要动用国际储备，而国际储备存量一般是有限的。在这种情况下，寻求国际援助的能力至关重要。如果中央银行无法以本币提供流动性，或无法获得足够的国际援助，则可能运用非市场化的解决方法。阿根廷和马来西亚所发生的情况分别就是冻结存款和资本管制。

重新资本化的方式不仅是为了满足有清偿力的机构对流动性的临时需求。当今，国际清算银行要求开展国际业务的银行保持最低8%的资本/资产比率；而一些国家监管者则要求更高的比率值。如果某家银行的资本/资产比率低于法定水平，则干预程度最低的解决方法就是重新资本化。重新资本化可通过市场化方式进行，由现有股东追加资本或让银行发行新股。如若上述两种方法无法实行，则政府可提供临时性帮助。通常以上几种方法可结合使用，如墨西哥，政府每投入1比索，银行就需拿出2比索。

从银行资产负债表中剥离不良资产，可以对银行提供进一步的支持。原则上，可剥离单个银行或一组银行的不良资产；在危机发生后的头几个月，泰国采取的即是这种方法。而剥离不良资产更为普遍的方案，则是设立政府控制的资产管理公司，如印度尼西亚、韩国、马来西亚和泰国都设立了资产管理公司。墨西哥的存款保险机构执行着类似于智利中央银行的职能。阿根廷的解决方法待定。特别安排中的激励措施在推动银行恢复借贷活动方面的作用非常重要。许多专家认为，墨西哥金融危机时期未采取这些激励措施，故其贷款占GDP的比率持续下降，而智利采取了激励措施，因此其贷款最终扩张起来。在亚洲，韩国的做法与智利较为相似，而泰国和印度尼西亚则与墨西哥的情形更为相像。

最后，在大多数极端情况下，政府机构可以接管银行，甚至关闭银行。接管银行或关闭银行的区别在于如何对待存款者，关闭银行是代价非常昂贵的一种救助方式。同样，如果处置措施不力，则关闭银行会使危机恶化（如印度尼西亚发生的情形）。若银行完全不具有清偿力，任其继续经营可能是最坏的决策。政府对还能生存的银行进行的临时性干预，为银行重组和重新资本化提供了机会。正常而言，作为维持信贷目标的一部分，接管银行或关闭银行的目标是维持银行的功能（让银行继续经营），但这几乎必定会发生管理层变革。在我们考察的案例中，所有政府都会关闭或兼并银行。

上述各类援助措施，以及对债务人、居民和企业的援助，可能是危机国成本极其高昂的一种救助方式。最常提到的救助成本是财政支出。在本文考察的案例中，财政支出为 GDP 的 4% 到 52%。其中值是 28%，而拉美与东亚在此方面非常相似。未发生双重危机的国家，其救助成本非常低。

但是，救助成本不只限于政府财政。其他成本包括：GDP 的损失、大量的政府债务、贷款量过少、企业不景气，以及通货膨胀较高。而且，在社会上还存在着收入频繁地流向最富有集团的现象，这会发生政治、社会和经济成本。在危机最严重的年份，GDP 的损失平均接近 10%，而利率和通货膨胀则大幅升高，资产价格直线下跌。在其他成本方面，拉美和东亚之间的主要差别是，拉美的实际利率非常高，而东亚的资产价格则急速下跌。

需谨记的最后一点是，严重危机的影响将持续数年。在墨西哥之外的所有案例中，经修正（剔除危机后经济增长恢复部分）的 GDP，与同期相比，在危机 5 年后显著下降。拉美和东亚的区域性数据显示，修正后的经济增长率平均下降 2/3 以上。从危机前的峰值到危机后 5 年的结束期末，所有东亚国家的投资率都发生了大幅的下降。拉美的投资率之所以未发生下降，也许是因为其投资率已处于非常低的水平。至于私人部门贷款，与危机前的最高值相比，危机后 5 年该比率的总体趋势仍处在较低水平。但有两个例外。智利和韩国，这两个已被证明在应对金融危机上做得最好的国家，其贷款维持在从前水平，或甚至有所增加。

六、新兴市场经济体对中国的启示

在 21 世纪初，尽管中国仍在快速增长的轨道上运行，但其金融部门面临着诸多挑战。其主要挑战可归纳如下：

● 需推进国内金融自由化，即赋予单个机构在贷款投向和贷款定价决策上的更大自由。

- 在进一步推进金融自由化之前，加强审慎监管，确保宏观经济稳定。
- 以渐进和有序的方式，适时推进资本账户自由化。
- 必须快速减少不良贷款，与此同时也要为不良贷款融资建立更加透明的程序。
- 必须进一步推进产权多样化。
- 为给企业融资和居民投资提供可选择的渠道，应加强股票市场和债券市场的建设。

本文聚焦于前四个方面的挑战。由于金融部门在经济中极为重要的作用，以及金融部门的脆弱性，必须谨慎推行金融自由化。在金融自由化方面，中国滞后于大多数发展中国家，这意味着尽管在规模和背景上存在差异，中国仍可以利用发展中国家的经验。

第一，金融自由化中的以下两个方面尤为重要：通过剥离不良贷款和提高资本充足率，改善各家金融机构的资产负债表；在提高监管水平之前，增强金融机构的信贷分析能力。

第二，必须精心选择与国内金融自由化相配套的政策，同时详细规划金融自由化的顺序。

近来，由于缺乏使过热的经济减速的工具，困难业已显现。同样，在国际方面，中国当前承受着资本账户全面开放和人民币汇率浮动的极大压力，但因金融自由化会对银行体系产生潜在的负面影响，必须谨慎地采取相关措施。再者，在自由化之前未加强监管，是问题出现的根源。

第三，制度发展是金融自由化进程成功的关键。在金融自由化的全部条件中，法律规则和强有力的司法体系是首要条件。

与大多数其他发展中国家一样，中国已选择了市场经济体制。如果中国能从已进行过金融自由化的其他国家获得一些经验教训，那么，中国将有可能避开金融自由化中因处理不当而导致的一些问题。

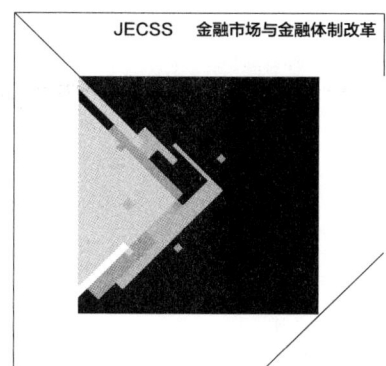

JECSS 金融市场与金融体制改革

第三辑

金融市场与企业融资

我国金融市场形成的两个问题：
金融抑制与经济气泡[*]

吴敬琏^{**}

目前在发展中国家金融市场的形成上，一个关键性的问题是如何克服金融抑制（financial repression），实现金融深化；而在当代发达的市场经济国家，金融市场最使人头痛的问题，却是金融的发展脱离了实质经济基础而急剧膨胀，即出现了所谓的"气泡（bubbles）"现象。不幸的是，我国金融市场刚刚开始形成，就大有两症并发之势。本文就这两个问题做一些讨论。

一、关于金融抑制

早期增长理论把资本投入的作用放在首要地位。这在哈罗德—多马增长模型（Harrod-Domar Growth Model）中表现得十分清楚。由此就在发展经济学中形成了一种观念，以为决定发展中国家发展快慢的最重要的因素是投资的多少。后来的研究，特别是对于东亚某些表现良好新兴工业化经济（NIEs）

---

* 本文原载于《经济社会体制比较》1997年第2期。
** 吴敬琏，国务院发展研究中心资深研究员，《经济社会体制比较》创刊主编之一。

的经验的分析表明,决定发展中国家增长快慢的主要因素,往往并不是投资的多少,而是投资的质量即投资效率的高低。某些发展缓慢的国家投资效率不高,其原因通常又在于体制不健全,其中,金融市场发育程度低下和因为受到各种行政限制而发生扭曲起了重要的作用。

1973年斯坦福大学的两位教授肖(Edward Shaw)和麦金农(Ronald Mckinnon)分别在《经济发展中的金融深化》[1]和《开发中国家的货币与资本》[2]这两本堪称经典作品的书中对发展中国家的金融抑制问题作了深刻的分析。他们指出,发展中国家往往采取金融抑制政策,利率被压到很低的水平,在通货膨胀率较高时实际利率甚至成为负数;金融市场处于隔离或分割状态,金融活动受到许多行政规定的抑制;在市场无法有效发挥作用的情况下,资本资源由政府用行政手段进行分配。所有这一切,都导致投资效率降低:第一,金融压抑和过低的利率使资金不能在统一的金融市场自由流动,也不会从低效的领域退出,流向高效的领域。第二,导致"自我融通(self-finance)"的现象。各个地区、部门乃至企业在自己的狭小范围内选取项目,使这些项目不可能是最优的而往往是低效或无效的。第三,由于各个小单位都自我融资而每一个单位的能力又很有限,造成企业"规模小而家数多",谁都不能达到经济规模的现象。第四,由于每个单位资金有限,主要项目上去了,与之配套的项目的资金常常得不到保证,在不能进行"新技术下的平衡投资"的情况下,即使项目建成也不能发挥效益。

中国的金融体系是从计划经济体制继承下来的,至今改革还是初步的,因而金融市场在很大程度上处于抑制状态,肖和麦金农指出的种种投资运用的低效现象都在我国存在。于是,投资总规模过大和投资效率太低,就成为一种久治不愈的痼疾。而这两个方面互为因素,又必然导致通货膨胀压力的持续增大和宏观经济政策上的紧—松—紧的循环。要治愈这种痼疾,从困境中走出来关键在于提高投资效率,而提高投资效率最重要的举措,则是像肖

---

[1] 参见该书台湾银行研究室1986年中译本。
[2] 参见该书上海三联书店1988年中译本。

和麦金农所说，实现金融深化，解除不必要的行政管制，放开金融市场，实现金融市场经营主体多元化，货币价格（利率）市场化，使融资活动活跃起来，以货币的市场价格（利率）作为资本配置的基本参数。货币当局通过金融市场进行总量调控。换句话说，就是要加大金融改革的力度，尽快建立和健全金融市场。是否这样做，乃是决定今后我国经济能否稳定发展的关键因素。

1991年麦金农在《经济自由化的顺序：向市场经济过渡中的金融控制》[①]一书中根据他关于金融抑制和金融深化的学说，提出向市场经济的转轨，宜于在商品市场放开的基础上按以下顺序进行：（1）进行财政改革，限制政府的直接开支，消除这一导致通货膨胀的最重要的因素；（2）拓宽税基，迅速建立一个规范的税收制度，以便在一种分权式的市场经济环境下具备征收国内税的能力；（3）放开国内的资本市场；（4）实现经常项目外汇自由兑换；（5）实现资本项目外汇流动的自由化。近年来我国改革的进程大体上与以上顺序相类似。1993年十四届三中全会《决定》为各方面的改革规定了更细致的方案。从那时以来，财税改革、外汇管理体制改革有了长足的进步，但是金融改革的进展一直不顺利；特别是最基本的一点，即实现金融市场上的经营主体商业化经营，以及利率市场化方面进展缓慢。其实，党中央和国务院在1993年6号文件中已经提出了这个问题，十四届三中全会《决定》又对此进行了全面论述，1994年开始全面实施改革，但至今没有取得突破。一段时期以来，围绕着利率要不要市场化这个问题，发生了很大争论。虽然领导部门也认为利率太低，应该提高，但直到1995年11月以前在实际生活中还是保持了负利率状态。1994年以后，金融领域又出现了企业资金特别是流动资金紧缺和通货膨胀并存的情况。一方面，基层和地方政府都要求放松银根，另一方面，通货膨胀指数在1995年第三季度又有所反弹。从客观上讲，放松银根和抑制通胀这两种考虑都有一定的道理，但在作出决策前必须通观全局，搞清楚问题的真正原因在哪里，否则根据短期考虑采取相机性措施，就容易

---

① 参见该书中国金融出版社1992年中译本。

造成政策上的摇摆，从而影响经济的稳定增长。

实现金融深化不但是建立社会主义市场经济制度的需要，而且是克服通货膨胀的必要措施。最近，主张金融深化的观点影响日大。在这方面，麦金农对于如何抑制通货膨胀才能取得好的效果的论述，很值得我们注意。他以若干发展中国家抑制通货膨胀的不同作法为例，说明采用金融抑制的办法还是和采用金融深化的办法来抑制通货膨胀所导致的截然不同的结果。在60—70年代，巴西、智利、韩国和台湾都遇到过通货膨胀问题，它们采取了不同的金融手段来抑制通货膨胀，有的采用的是金融深化的办法，有的采用的是金融抑制的办法。实行的结果完全不同：凡是采用前一种办法的，通货膨胀率降下来了，而长期的经济增长并没有受到影响；采用后一种办法的则不但没有把通货膨胀率降下来，相反经济增长却受到了影响。巴西、智利在50年代初期通货膨胀率为10%左右的时候开始紧缩，但是它们不但没有改变殖民地时期流传下来的金融抑制政策和金融市场极不发达，绝大多数居民只能从非正规市场获取资金的状况，反而变本加厉用限制贷款的办法来减少名义货币的供给，由国家规定农产品价格上限来控制物价总水平的上升，同时在"为使大众免受失业之苦"的名义下，对利率加以管制，使实际利率呈严重负值。采取金融抑制政策的结果是：物价涨幅虽然在短时期内有所下降，但是后来又再次升到百分之几十的水平。与此同时，还导致了经济衰退。总之，出现了"无增长的通货膨胀"。与此相反，韩国、台湾、印尼等抑制通货膨胀的做法就比较成功。它们在采取严厉措施控制名义货币增长的同时，根据预计的物价指数大幅度提高名义利率，同时逐步放开对金融活动的管制。在大众对政府的措施逐步树立起信心的情况下，对实际货币（名义货币/物价指数）的需求增加了，实质投资增长，同时，金融市场上的竞争提高了投资效率，使低通胀下的高增长得以实现。在我看来，他的这些论述对我国当前的反通货膨胀斗争，具有重要的指导意义。

二、关于"气泡经济"

当前我国金融市场存在的另一个问题，是在金融市场上出现了经济气泡和局部的气泡经济（bubble economy）。

在海外同行的提示下，我从 1992 年开始注意观察和分析我国金融市场上出现的气泡现象，同时提出，在中国也要防止出现气泡经济。我的这些看法受到某些人士的指摘，认为是一种为反对建立资本市场而制造出来的新说辞。其实，"气泡"和"气泡经济"并不是新近出现的用语。早在原始市场经济的重商主义时代，当 1720 年英国的南海公司和法国的密西西比公司金融诈骗事件发生以后，就出现了"南海气泡"（The South Sea Bubble）和"密西西比泡沫"（The Mississippi Bubble）的词汇。谓予不信，查查经济学辞典就可以知道了[①]。近十年来，一些发达国家的经济气泡化的问题又变得严重起来。特别是气泡的必然破灭对整个国民经济所造成的严重后果，引起了人们对泡沫现象的极大关注。在泡沫生成的时候，发财好像一下变得十分容易，人们沉浸在投机狂热之中。可是气泡总归是要破灭的，一旦气泡破裂，许多投机商和企业陷入破产境地，对经济的冲击很多年都缓解不过来。例如，日本从 1990 年气泡经济破灭，一直到现在也还没有从衰退中恢复过来。台湾在 80 年代后期人均 GNP 达到 8000 美元的时候，遭到了第一次泡沫的袭击。由于人们的收入增加很多而投资渠道不畅，愈来愈多的人参与彩票、股票、期货等投机活动，金钱游戏愈演愈烈，把台湾岛搅得昏天黑地，后来在 1990 年突然崩盘，使万千股民血本无归。1993 年，正在许多报刊大肆吹捧墨西哥的经济奇迹时，一位名叫拉鲁什（Lydon La Rouche）的美国人却声言，墨西哥金融市场正像世界金融市场一样，是人为吹起的气泡，孕育着崩溃的危险（《改革》杂志 1996 年第 1 期刊登了介绍拉鲁什言论的文章，不妨参阅）。1994 年 12 月，墨西哥就崩溃了。接下来是美国加州奥兰治县（Orange County）和英国老牌的巴林银行因投机失败而破产，再接下来又是日本的几家住宅信用合作银行直到大和银行的金融舞弊事件。在中国，也跟国际金融市场一样，"地震"连绵，各种金融丑闻不断发生，诈骗规模一个比一个大。

[①] 例如，1987 年出版的《新帕尔格雷夫经济学大辞典》（参见北京：经济科学出版社 1992 年中文版）就列有"气泡"和密西西比气泡的肇事者"约翰·劳"的专条。

对于金融市场的这种状况,不少人试图作出科学的分析。根据古典经济学的研究,从根本上说来,推动生产发展的最主要因素,是分工的深化。在这种具有广泛分工的社会化生产中,属于社会不同分枝的人们必须互相交换自己的活动,即完成各种交易。而交易是要付出成本的。为了减少不确定性和交易成本,人们作出了各种制度安排。但新设立制度本身往往又带来新的不确定性,需要建立新的制度来加以克服。例如金融活动的扩展对经济发展物质生产部门的绩效具有决定性的影响,但货币和金融业的出现本身就内含着一种可能性,即货币系统脱离实际系统而无限膨胀。商品期货是为了降低不确定性,让工商业能够通过套期保值降低风险,但期货市场这种理论经济学所说的"不完全市场",又会带来新的不确定性。为了降低这种不确定性,出现了期权交易,但是,期权交易再一次引出新的风险,70年代末出现了金融衍生商品如金融期货交易。衍生商品离开物质生产部门就更远了,也产生了新的不确定性。金融部门以及整个"交易部门"(D.诺斯语)就比物质生产部门的扩张快得多。这是一个螺旋式上升的过程,它带来整个金融体系的不稳定。近年来,这个问题显得非常突出,引起了各国政府和货币当局的高度关注。但它究竟是怎么一回事,以及如何从根本上防止"股灾"一类金融灾难的发生,迄今为止好像还没有人能够说得清楚。比较多的人能够取得一致的是:(1)证券市场、期货市场等具有不完全性质的市场不存在一个有帕累托效率的均衡点,容易出现哄抬价格的泡沫现象。(2)扩张性的货币政策往往是泡沫生成的外部条件。(3)政府对经济生活的直接介入,往往是泡沫经济的触媒,无论是18世纪英法两国的泡沫事件还是近年日本的金融丑闻,背后都有政府权力的影子。(4)由于泡沫或迟或早、必不可免的破灭会造成巨大的资源损失,宏观经济当局应当积极设法防止泡沫经济的生成,或者在泡沫生成后努力防止突然崩盘造成灾难性的后果。

我国是在从计划经济到市场经济的转轨还没有实现的情况下面对经济泡沫问题的。在这个历史阶段上特别容易出现过度投机和经济泡沫,一个重要原因是国有企业产权不明晰和"所有者缺位"。这种情况使企业领导人和证券业务的操作人员行为失当。我们知道,直接操作证券交易的业务人员往往倾向于从事高风险的投机活动,原因在于他们在盈余时能够得到提成的奖励,却不承担亏损的赔偿责任,因此,在他们身上,经营活动的风险和自身收益是不对称的。之所以在企业内部要对操作人员的业务活动作严格的监管,道理就在这里。1995年我在英国时访问过伦敦经济学院的资本市场小组。这个小组据说囊括了一大批第一流的金融市场专家。据那里的研究人员向我介绍,他们的市场监管课题组分析了巴林事件等金融丑闻以后得出结论,证监会和中央银行的监管外部作用有限;会不会出现大的风险,关键在企业的内部监管。因为在内部制度不严密的操作人员具有从事高风险交易的倾向,外部监管很难及时发现和纠正层层经理人员直至操作人员的不当行为。而只要所有者是在位的,同时具有较严密的企业的内部监管系统,就比较容易及时地发现问题。同时,作为企业所有者这个最终监督者为了保护自己的财产不受损失,也有动力通过企业的治理结构对第一线操作者进行严格的监管。而在我国国有工、商、金融企业所有者缺位,"内部人控制失控"的现象广泛存在的条件下,赔了是国家的,赚了归自己或大部分归自己,就成为企业领导人从事高风险投机活动的巨大诱惑。过去几年中国国有公司在海外市场上多次发生成千上万美元投机损失,其根源盖出于此。有人说我国的金融市场发育刚刚开始,不必强调它可能发生的消极效应。还有人认为"没有泡沫的啤酒是水不是酒",在金融市场上有气泡比没气泡好,至于气泡的消极影响,等建立起金融市场以后再说。对这两种说法,我都不敢苟同。日本、台湾等气泡经济所造成的严重后果殷鉴不远,我们应当从中汲取教训。

从我们自己的经验也可以看得很清楚,靠放松银根、淡化监管和鼓励投机炒作,是放不出一个健康的资本市场来的。气泡的生成,就微观层次上说,看来与过度投机有很大的关系。好几年以前就有一位很有名的经济学家宣传中国缺少投机,应当大大发展投机,最近又有人搬出诺贝尔奖金获得者米勒(Merton Miller)教授,说米勒在谈到中国的期货市场时强调,他"没有过度投机"的概念。[①] 引述者突出米勒教授的这句话,意在论证中国证券市场的状

---

① 参见《中国期货》杂志1996年第1期。

况是健康的、正常的。可是这些力主弘扬投机的人士在引述米勒的谈话时却忘了提到他一再重申的一个命题，也是经济学的一项基本常识，即金融市场是一种高级形态的市场，如果现货市场没有放开，不可能建立健康的期货市场。没有信贷利率市场化，就不可能进行有序的金融期货交易。为了促进我国资本市场的形成，还是首先得加快改革，做好有效企业制度的形成、商品市场的建立和健全现代银行体系的建设等基础性工作。

三、结语

就目前中国的情况而论，为了抑制通货膨胀和泡沫生成，要做这么几件事：一是政府要保证宏观经济的稳定，不能用无限制增加货币供给的办法来维持证券市场的繁荣；二是加快国有企业的改革，建立产权明晰、权责分明的公司治理结构，加强企业的内部监管；三是市场建设要依据循序快进的原则，首先要把工作的重点放在一级市场的发展上，只有在这个基础上才有可能有二级市场的健康发展。一级市场规范了，二级市场才能规范；四是要加强金融市场的制度建设，加强立法和执法的力度。

中国的通货膨胀和经济改革[*]

[美] 贝瑞·诺顿 著 高新军 译[**]

中国在1988年陷入了经济危机,并成为1989年更深的政治和社会危机的先导。这场经济危机用一个简单的词来概括就是:通货膨胀。日益严重的通货膨胀由于在这一年中期盲目地企图进行价格改革而加剧了。到1988年9月,中央领导人中对通货膨胀的忧虑由于当年农业的歉收更加深了。

在危机的情况下,新的国务院领导集体接手经济的管理,急剧地改变了经济政策的方向。新的领导集体由李鹏总理为首,在经济政策的制定上则由自20世纪80年代以来老资格的计划制定者姚依林副总理负责。新的领导集体之所以取得权力,是因为在领导圈中已认识到赵紫阳前总书记的经济政策已经导致了经济的混乱。当时,新的领导集体没有得到普遍的支持,看来直到1989年6月,他们才领导中国进入了一个新的时期。

这次通货膨胀将足以把中国带入经济危机的状况,这似乎会令人感到惊奇。中国在过去许多年里,通货膨胀是否是一个问题一直存在着争论,因为

---

[*] 本文原载于《经济社会体制比较》1990年第2期。高新军译自 Current History(1989年6月号)。

[**] 贝瑞·诺顿,加州大学圣地亚哥分校国际关系与太平洋研究学院教授。高新军,中央编译局世界发展战略研究部研究员。

世界上许多国家已经学会了在比中国所经历的通货膨胀率高得多的情况下与通货膨胀和平共处。而且，在 1988 年，中国经济获得了高速增长：官方统计数字显示，在扣除通货膨胀因素后，国内生产总值增长了 11.2%。其中工业生产甚至增长了 20.7%。出口增长了 20%，到 1988 年中期几乎消灭了外贸赤字，尽管到这一年底外贸政策发生了转变。中外合资企业的工业生产也几乎翻了一番（虽然它们仍只占中国工业生产的 3%）。只有农业生产增长缓慢。粮食产量下降了 2%，只达到 3.49 亿吨，明显低于丰收的 1984 年 4.07 亿吨的纪录，整个农业生产（包括畜牧业和水产业）仅仅增长了 3.2%。① 那么为什么在 1988 年通货膨胀会导致这场经济危机呢？

据说，中国人对通货膨胀有一种源于过去经验的心理上的反感。这种说法有一些道理：中国确实经历过从长期的价格稳定时期到严重的通货膨胀时期（包括 1949 年前国民党统治下和大跃进失败所带来的 1961—1962 年的通货膨胀时期）的相互交替。因此，通货膨胀是同经济的失调和混乱紧密相联的。

但是，对通货膨胀的反感仍然存在着现实的经济原因。大量生活在城市的中国居民只有固定的工资收入；国家工作人员的薪金也只能靠刻板的行政调整过程得以提高。由于这种调整难以及时地进行，因此在存在严重通货膨胀的情况下，这部分人的实际收入还是下降了。对中国家庭的调查显示，1988 年大约有 53% 的城市居民的实际收入下降了，而且由于通货膨胀主要发生在这一年的下半年，所以到 1988 年底，会有更多的家庭尝到这种苦果。大多数城市居民到这年年底都感到境况已不如年初了。

在 1988 年，通货膨胀已成为问题的关键，因为它已影响到从 80 年代以来中国的整个经济改革战略。这个战略可以称之为"双轨制"，即既允许市场发展，同时统制经济又继续运行。自由市场价格与国家定价并存：的确，在大多数场合，同一种产品可以根据出售条件具有国家定价和很高的市场价格。

---

① 中国经济的官方统计数事，除了另外提及的以外，都来自《人民日报》1998 年 3 月 1 日第二版发表的"1988 年国民经济和社会发展统计公报"。

这种战略的优点在于能较快地把市场力量引入中国经济,但是,它必须建立在这样一种前提上,即最终国家定价要能被调整到与市场价格同一的水平上。相反,由于日益严重的通货膨胀的压力,使市场价格与国家定价的差距越来越大,相对价格已变得越来越不合理。

由于双轨制战略似乎并没有导致经济体制实质上的变化,因此这一战略的其他一些缺陷也逐渐暴露出来。首先是腐败问题。腐败来源于双轨制,因为同一种商品存在着两种不同的价格。一些掌握权力的人就可以利用职权以较低的国家定价获得某种产品,而把这种产品以较高的市场价格出售,为个人谋取利益。这种情况(中国人称之为"官倒")在最近几年已经变得较为普遍并具有很强的腐蚀作用。[①] 双轨制还含有承认在经济中保留大量僵化的东西。结果,克服通货膨胀——这在任何经济中都是一种代价高昂的过程——就特别困难,并造成大量的生产损失。紧缩通货政策可以使不断上升的市场价格回落,但同时经济中处于国家定价的部分就只有靠削减产量来适应需求的减少。而且,一旦通货膨胀失去控制,要克服它就必须付出高昂的代价。鉴于以上理由,1988 年出现的通货膨胀标志着从 80 年代以来所推行的经济改革战略的结果。

此外,1988 年的通货膨胀的严重程度也不同于以前的通货膨胀。许多年来,通货膨胀一直被视为是中国改革进程的主要危险,并可能是最大的政治不满的源泉。自 1985 年以来,消费品价格的上升是引人注目的,当年城市生活消费品价格指数上升了 11.9%。自那以后,通货膨胀就成为一种经常出现的现象了,尽管在 1896 和 1987 年它只达到了 8% 左右。在那些年里,虽然对通货膨胀的不满也相当普遍,但是人们对价格上涨率还能够容忍,因为城乡居民收入的增长速度远高于价格的上涨。而且,在那些年里,部分通货膨胀因素实际上只反映了有计划的价格调整,同时城市居民通过提高工资得到了充分的补偿。由于提高价格是事先计划好的,所以对工资的调整也能及时地

---

① 武汉 1988 年期间揭露出的 2/3 的腐败案件是这种类型。"武汉查处 10 多起倒卖生产资料大案",见《经济日报》1988 年 10 月 5 日第 1 版。

进行。通货膨胀从根本上说是个讨厌的东西，是人们发泄不满的最合适的主题。但是，这个问题基本上得到了控制。

与之相比较，从1987年底开始加速的通货膨胀，到1988年中期已经失去了控制。在连续的几个月中，通货膨胀率逐月加速，到1988年1月，城市居民消费物价指数已高达30%，大大超过了年初的水平，在夏季的几个月里，价格实际上年上升率高达80%。① 在这种情况下，中国庞大的行政体制要去补偿国家工作人员因严重的通货膨胀所受的损失是不可能的。后果自然十分严重，使中国政治领导人发生了变动，使人们的不满情绪发展到1989年春季的抗议，导致了中国经济改革战略的重大变化。

结构问题

中国经济过热发生在1987年底。很高的工业增长率需要大量增加的银行贷款来支撑。信贷的扩大主要来自国家银行体系，从1986年中期以来，年增长率一直在20%—25%，实际上远远超过了总产出的增长。尽管工业扩展可以增加许多新的商品，但是信贷的增长甚至能产生更大的购买力。而且，供给的增长也是不平衡的，不是全面的增长。结果，在一些关键部门，短缺加剧了，从而推动价格飞速上涨。

两个瓶颈特别重要，这也是多年来中国经济的两个主要问题。第一个瓶颈是重要基础设施服务的供给，特别是能源供给和交通运输。在1987和1988年，整个工业增长了18%—20%，而整个能源供给在1987年和1988年只分别提高了5.2%和4.2%。整个货运量在1987和1988年也只分别提高了9.2%和5.1%。工业生产之所以能以高于能源供给的速度增长，是因为提高了高档耐用消费品的生产，生产这些产品只需用较少的能源。这些部门成为

---

① 每个月的价格指数是由连续公布的"中国统计月报"确定的，这个月报在芝加哥由中国经济信息和咨询服务中心及芝加哥的伊利诺斯大学联合出版。中国的资料仅仅给出了相对于年初价格水平的价格水平上涨率，逐月的上涨率是粗略计算出来的。

中国工业高速成长的部门。1988年,中国生产的彩色电视机和洗衣机已分别超过1000万台;电冰箱产量也令人惊愕地增长了48%,达到740万台。

而且,较低的能源增长速度还要满足像钢铁工业这样高耗能部门的需要(1988年钢铁产量增长了7%)。但是,一般工业增长率超过能源供给速度有一个极限,这个极限很明显在1987年底已达到了。这就使得市场上能源的出售价格产生了上涨的压力,并推动着供不应求的其他重工业产品(如钢材)的价格不断上升。

能源问题也间接地加剧了通货膨胀的压力。虽然能源和其他原材料的市场价格不断上升,但是这些产品相对仍只有较低的利润,因为生产这些重工业产品需要规模巨大的工厂以及复杂的技术。但是,80年代大量集中控制的投资已分散给了地方政府和私人企业。由地方政府掌握的资金一般有许多来源。其中的大部分来自对轻工业产品和消费品生产的投资,因为这些产业较之大型基础工业项目具有投资少、效率高的特点。飞速增长的乡镇企业产生了相同的发展结构。为了与地方投资模型相适应,国家增加了对大型能源和运输项目的投资。但是,在过去许多年里,中央政府的财政收入大大减少了,因此不能从其收入中为这些项目提供充足的资金;结果,就必然转而依靠银行系统,要求银行提供新的贷款以满足这些项目的资金需求。从长期看,这种措施增加了能源的供给,并使经济保持较高的增长速度。但是从短期看,为国家项目增加的银行贷款将使过度需求问题更加恶化。

第二个瓶颈部门是农业。中国农业在改革的第一个阶段取得了巨大的成绩。1978年以后农业生产增长率翻了两番,1984年,中国农业获得了创纪录的好收成。但是,从1984年以来,农业生产增长缓慢,粮食产量就再也没有超过1984年的水平。1984年以来,农业改革的过程也不平坦。一种尝试是试图取消对主要农产品(粮食、油料和棉花)的强制征购制度,而以市场为基础的合同制度取而代之。但是,在需求日益增长而生产发展缓慢的压力下,这种合同也几乎是强制执行的,因此,以市场为基础实现粮食征购的改革失败了。

而且,与工业投入品价格的提高相结合的主要农产品价格较少提高,意味着对农村家庭来说粮食生产已相对不盈利了,农民也难以为这个目的而投入更多的资金和劳力。① 同时,供给城市居民的大多数非主要粮食产品,如肉类、家禽、鸡蛋和蔬菜,现在基本上是由居住在大城市郊区的农民通过自由市场提供的。由于在过去的几年里收入水平有了较大提高,人们对高档食品的需求增加了,粮食消费量下降,因此导致了对这些产品需求的迅速上升②。但是,提供这些食品的郊区是中国经济(乡镇企业和建筑业)飞速增长部门的所在地,居住在这里的农民大多为有利可图的职业吸引走了,离开了为城市居民服务的岗位,因此,从事这些食品生产的劳动力越来越少。由于较高收入使人们的消费量越来越多,对城市的这些食品的供应就增长得十分缓慢。从长期看,这一过程是健康的:蔬菜的发展应向远郊区县扩展,以为不同层次的农民提供新的机会。但是,这需要时间,尤其是在目前落后的商品流通网络和僵化的中国土地使用制度条件下。飞速增长的需求与缓慢增长的供给相结合,就使价格迅速上升:1988年初,城市农贸市场的价格年上升率已经达到了20%。

这些基本的结构问题是中国通货膨胀问题的基础。在信贷的扩大使资源大量流入制造业的同时,能源交通和农业生产却极需资源。市场力量也没有强大到足以使各个不同部门达到平衡水平的程度,但是它却足以强大到容许过度需求表现为一场公开的通货膨胀。结构失衡也反映了未来内在的失衡。由于政府极力保护城市家庭和亏损企业免遭通货膨胀的冲击,因此它也必然要增加补贴的数量。同时,中央政府仍要继续对能源和交通运输业的大型项目进行投资。

由于财政收入增长缓慢,这些活动就导致了巨额的预算赤字。中国官方统计公布的预算赤字是较小的,因为大多数中央投资项目并不作为支出包括在内,而借款作为收入则包括在内。但是,如果把这两个因素也计算进去,

---

① 特里·西卡拉,"毛以后时期的农业计划和价格",《中国季刊》116期(1988年12月)第671—705页。

② 这就是说,在中国现在的人均收入水平上,这些商品带有高收入需求弹性的特征。

那么真实的预算赤字总额就将达到国内产品总值的 6% 以上。按照国际标准，这已是相当大的赤字，而且试图减少赤字的努力也屡遭挫折。

1988 年的经济政策

1987 年底，通货膨胀问题对经济政策制定者来说已经很明显了。1987 年四季度，公布了"双重紧缩"的政策；银行贷款的增长放慢了，预算赤字有所减少。实际上，这一政策的目标是银行系统，并为限制贷款公布了一系列的政策。1988 年仍制定了适度的生产增长指标。但是这一经济紧缩政策并未贯彻始终。由于一些不十分清楚的原因，"双重紧缩"政策被取消了，更不要说在 1988 年 2 月以后消失了。信贷的高速增长模式又重新占了上风，通货膨胀的压力开始转变为很高的通货膨胀率。这就是 1988 年第一个政策性失误。

5 月份，与行政定价改革相联系的一些行动开始影响人民的生活。首先，猪肉、鸡蛋、食糖和蔬菜的国家定价开始上调，导致消费物价谨慎地上升了 5% 左右。在这种情况下，工资也相应地作了调整，以补偿人民的损失。其次，在 5 月中旬，中国宣布将大胆地进行价格改革，并认为与其忍受不合理价格造成的长期困难，不如忍受短期内的痛苦。到 5 月底，中国领导人正式采纳了要求立即进行价格改革的政策，但仍未决定以什么形式进行。宣传机构已逐步开始行动，为即将到来的价格改革作舆论准备，并告诉人们，他们收入的提高将足以抵消价格的上涨。

这是 1988 年第二个主要的政策性失误。

价格上涨与宣布进行全面的价格改革相结合，势必强化人们的通货膨胀预期。人们被告知他们所持有的货币将很快贬值，但他们也将得到收入上的补偿。很自然，人们对此的反应是努力减少他们已贬值的储蓄的损失，并用来抢购商品。人们到银行挤兑存款，然后跑去抢购各种消费品。这种行为经常被称为"抢购风"，是一种对环境的真实的理性反应。巨大的抢购风潮把通货膨胀迅速推到了一个新的高度。

同时，其产品长期面临价格控制的企业也相信，价格限制放松了。它们开始从正式进行的价格改革中通过提高其产品价格以及更隐蔽的高估其投入品成本的办法来谋取非法利益,与此同时,它们还通过提高工人奖金的办法来补偿由于价格已经上升给其职工造成的损失。在整个夏季,这些做法使通货膨胀危机达到了顶点。

1988年的价格改革政策严格地说是轻率的。首先,日益积累的通货膨胀压力对价格改革来说是一种极不理想的环境,因为任何价格限制的放松都将自动地导致通货膨胀。而且,提高价格不应当事先宣布,因为这样总会促使人们想方设法躲避价格变化的冲击。在中国,甚至一些一贯主张进行价格改革的经济学家也警告说,在当时条件下进行价格改革将是危险的。①

1988年9月,产生了重大的经济政策转变。党和国家领导人8月在北戴河召开会议,准备推出一揽子价格改革计划。但是,这时已到了通货膨胀处于顶点的危急时刻,城镇居民蜂拥到银行挤兑存款。相反,任何一揽子价格改革只能更加剧严重的通货膨胀,因此领导人是在一片混乱中带着价格改革方案从北戴河回来的。9月15日至21日召开的中央工作会议提出了一整套新的政策,提出今后两年(1989—1990年)的新目标是"治理经济环境,整顿经济秩序"。价格改革被推迟到这个目标胜利完成后再进行②。这一政策就是基本上坚持推行对于经济的直接行政控制,这些控制手段的实施是依靠严格控制银行系统贷款的增加。

对价格和市场的直接控制也被很快利用起来。价格控制尤其严厉,物价特派视察员分赴各个城市,许多在向经济市场化发展时期被普遍忽视的规定又得到严格执行③。姚依林副总理宣布,中国已有50%的产品价格由市场调节,另外50%的产品价格由计划控制。他说,中国没有计划去不控制所有产

---

① 吴敬琏、胡季、张军扩,"从1988年上半年经济状况看价格改革的环境",吴敬琏、胡季主编《中国经济的动态分析和对策研究》,中国人民大学出版社1988年版,第209—216页。

② "明后年重点是治理经济环境整顿经济秩序;当前需要坚决抑制通货膨胀全面深化改革",《经济日报》1988年9月23日第1版。

③ "国务院决定向地方派驻物价特派视察员",《经济日报》1988年10月2日第2版。

品的价格,也没有计划去控制所有产品的价格①。工商税务人员加强了对偷漏税行为的查处。由于中国法律的软弱形象,因此在执法实践中经常产生对法律的不同解释。毫无疑问,许多没有被税收和物价检查人员发现的"违法行为",在此前的几个月里还均可被认为是合法的。

国家也已加强了对少数重要产品的控制。对钢材和粮食就是如此。对于这两者,在完成计划指标以后的自由买卖也受到了严格的限制。其意图就是要消除这些商品的双轨制,而把经营权集中由国家控制②。这种强化行政控制的模式显然是一种改革的暂时退却。

直接控制可以加强固定资产投资。首先,它可以直接要求一定类型的不必要的建设项目下马。在这种简单而直接的指令下达后,地方政府就按照指令对所有的在建投资项目进行清理。已公布的新的行政限制对所有各种投资均有效,包括私人和乡镇集体企业投资,而在此之前这些部分是在计划控制之外的。每一个地方和部门都被要求削减一定比例的在建项目,特别是那些加工制造业项目,使资源集中到能源、交通运输和原材料生产部门③。

财政政资也重新回到了强化行政控制的方向上。为了增加财政收入,国家颁布了许多增补税种,并对一部分高档耐用消费品实行了强制性加价,但是,其关注的焦点仍然是银行系统。信贷的扩大受到了严格的控制,事实上,国家规定1989年第三和第四季度每季度信贷增长率不得超过5%。为了克服通货膨胀,一整套更大规模的紧缩政策也将付诸实施。其中的一条措施是仅仅在财金领域实施的,这就是提高利率,实行保值储蓄。只有提高利率才能保证储户的长期储蓄利益。支付保值贴补率就使得整个利率等于在此之前的通货膨胀率,由于政策制定者特别关注储蓄滑坡,所以他们更愿意保证其真

---

① "未放开的商品价格目前不放,已放开的商品价格也不收回",《经济日报》第1版,1988年9月24日。

② "国家对四种短缺钢材实行专营",《中国基本建设》,1989年第1期第47页。

③ "国务院发出通知要求开展全社会固定资产投资清理工作",1988年10月5日《经济日报》第1版,一个全面详尽的政策是"今年固定资产投资政策要点",《中国基本建设》1989年第2期第4—6页。

实利率等于零。贷款利率仅仅提高了 1 至 2 个百分点，因此，在通货膨胀面前其真实利率继续是负利率，这样，利用市场机制来实施反通货膨胀的机会已失去了①。

由于政策转变而导致更宽松的体制的领域是外贸。1985 年以后中国出现了巨额外贸赤字，计划者就竭尽全力来弥补这一外贸缺口。进口受到了严格限制，并大力推动出口。到 1988 年中期，这些政策基本上达到了目的，中国只有很小的商品贸易赤字需要用外贸服务的盈余来补偿了。但是，这一目标的实现使国内经济付出了更大的代价。由于压缩了对进口商品的过旺需求（如钢材和某些消费品），以及大力促进出口，这就加剧了国内生产的不平衡。新的领导人以增加进口试图减轻这种不平衡，并力图降低人们的通货膨胀预期。到 1988 年第四季度，由于这种有意识的政策，外贸赤字又重新扩大了。不过，中国领导人在他们力所能及的范围内不得不执行以下政策：由于中国的外债估计已达到约 300 亿美元，这种强大的限制就使得中国不能继续增加进口。

紧缩从 1988 年 9 月底开始，并在当年产生了非常温和的结果。实际上，直到 1988 年底，还很难看出紧缩对实际的经济变化产生了效果。通货膨胀率停止了无情的爬升，但仍旧很高，保持在 20% 以上。工业增长率也继续保持高速。各地用大规模的偷漏税和拖欠的方法保证了他们自己的投资项目继续建设。中国经济的年度计划周期是如此明显的重要，以致于在第四季度要实现宏观经济政策的迅速转变已经不可能了。

先前的主要结果之一是对农业生产条件的破坏。中国最大的农业部门对经济有着强烈的影响，因此在 1988 年最后四个月里，国家向农业部门提供了大量贷款，用来支持粮食的收购。这样，在这一年中期，银行又进入了信贷活跃时期，而这时正是信贷紧缩能产生效果的时期。1988 年，由于在这一年

---

① "人民银行公布明年一季度贴补率"，1988 年 12 月 27 日《人民日报》"人民银行 2 月 1 日起调整存贷款利率"，1989 年 1 月 22 日《人民日报》第 1 版；陈印歧和唐奋为，"稳定储蓄刻不容缓"，《中国金融》1989 年第 3 期第 31—32 页。

的中期信贷供给过于放松,因此银行也把大部分的宝贵资金贷给了工业消费品生产部门,而这些追加贷款本应是用于粮食收购的。

与此相反,粮食收购时间正好与突然决定的信贷紧缩政策相抵触。结果,银行已不能为粮食收购提供有效贷款,粮食收购部门只好减少对农民的现金支付,并以政府的名义打了不少"欠条",当然,这种情况并不普遍①。与此同时,工业企业却拥有充裕的资金,以致于部分信贷紧缩的冲击只能减少企业在银行的资金余额,而不能对其实际行为产生什么作用。

由于各地都希望完成他们自己的投资项目,因此也就想方设法寻找能使自己的项目不下马的方法。到1988年底,已有14000多个项目停建、缓建了,这些项目约需投资500亿元。但是有一半的停建项目只是计划中的项目,并没有开始实际的建设,而真正的在建项目并没有削减多少。因此,停缓建项目总数只占整个建设项目总数的4%②。

所以,到1988年底,紧缩政策的效果是不大的,而且甚至看不到什么积极的重大意义。但是,到1989年,这一政策开始产生巨大的效应。年初,信贷紧缩开始对工业生产产生巨大的影响。工业增长率下降。不幸的是,虽然计划者希望能源和原材料生产将能够持续扩大,但是钢铁生产和总的能源供给仍然下降了,在一些发电系统中仍存在着煤炭短缺。因此,国家决定放松一些信贷的控制,以特别为这些部门提供资金③。与此同时,削减投资也开始具体落实。在建工程的下马特别沉重地打击了建筑行业的工人,他们中许多人都是在城里做临时工的农民。官方估计将有1000万在城市工作的农民工将不得不返回农村,而且城市的待业率也将上升④。

中国1989年第一季度带有从1988年9月开始实行反通货膨胀政策而产生

---

① 参见"定额转半支票不是白条不是欠条,农行负责人吁请农民放心使用",《经济日报》1988年10月31日第1版。

② 韦晶,"规模、结构、效益——1988年固定资产投资情况浅析",《中国基本建设》1989年第3期第22页。

③ "开年以来钢铁产量下降",1989年3月31日《人民日报》第1版,"四大电网煤炭缺口较大"和"银行新增贷款50亿",1989年3月15日《人民日报》第1版。

④ "农村经济出现三个新动向",1989年3月13日《人民日报》第1版。

的重大经济困难的标志。这些困难是对政策制定者的挑战，它将要求更有效的和高度的干预性政策。事实上，紧随着这些困难1989年5月出现了大规模社会骚乱。很清楚，1989年第一季度的经济困难将会被淹没在由社会危机产生的更大困难之中。1989年全面的经济紧缩是可以预见的，但是一旦社会危机被克服之后，新的政策方向就会出现。从这个意义上说，1988年的经济危机正是1989年危机的先兆。

论中国的"经济过热"与通货膨胀[*]

[日] 小宫隆太郎[**]

一、对中国宏观经济形势的分析

我认为,从宏观经济学角度来看,1984年底以来中国的经济形势陷入了严重的不正常状态。也就是说,中国的经济陷入了过热状态,物价猛涨,国际贸易收支将近三年期间处于入超很大的状态。

(一)"经济过热"现象的基本性质

从1984年到1987年的几年内,特别是1985年上半年,中国的宏观经济状况是总需求超过了总供给,这种"经济过热"现象的基本性质是典型的"需求拉动的通货膨胀"。从各种统计数据来看,1984年秋季以后,中国经济

---

[*] 本文原载于《经济社会体制比较》,1988年4期。本文系日本著名经济学家、东京大学教授小宫隆太郎于1989年4月1—3日在参加中国社会科学院工业经济研究所主办的第三次中日经济学术讨论会上提交的论文:《中国的宏观经济管理(1984—1987年的"经济过热"及其改善的问题)》中的部分。

[**] 小宫隆太郎,日本著名经济学家、东京大学教授。

总体上发生了全面性的购买力过剩，购买力增长的速度远远超过了供给量增长的速度。其结果是：第一，生产急骤扩大。第二，各种物资服务的物价总水平上涨。第三，在供给量的提高受到限制的部门，就发生所谓的"瓶颈状态"：如果对物价未加以控制，物价就猛涨而发生"瓶颈通货膨胀"；如果对物价是加以控制的，就会发生物资短缺和供给受到限制以及需要排队等待等情况。后者的典型事例就是由于电力不足而供电受到限制或者由于进口货物猛增而发生港口压船现象。后一情况又会造成生产的下一个阶段发生"瓶颈状态"和物价高涨。第四，本来国内没有生产，或者虽有生产可是在国内供不应求的物资，就会增加进口，造成了贸易收支的逆差。

在1984—1987年中国的通货膨胀中，"成本推动"较之"需要推动"我认为是轻得多的原因。

（二）对于"经济过热"现象，在认识上的差距："过热"是何时结束的

以每年的全国人民代表大会的"主要文献"为主，简略地看一下1984年秋季以来，中国政府对于"经济过热"现象发表的看法似乎是：中国的领导人认为迅猛发生的"需求拉动的通货膨胀"或者说是"过热现象"，主要是发生于1984年底到1985年上半年，到1986年中期事态已经平静，通货膨胀已经被克服了。初步地查阅一下若干统计数字和报刊杂志所刊登的报道，从1984年末到1985年的通货膨胀，是由于采取了相当有力的抑制通货膨胀政策，因而1985年后期趋向于平静，而对从1985年底到1986年前期通货膨胀的压力也大大地降低了。可是，其后通货膨胀的压力再次增强，通货膨胀率于1986年的6—8月再次转为上升。从物价上涨率和工业生产及货币供应量等，可以看出1986年下半年以后这种"经济过热"回升的趋势。进入1987年以后，我从片断的报道得到的印象是，似乎一点也看不出"经济过热"趋势有冷下来的迹象。

1987年中期的物价总水平上升率，在全国平均超过了9%，在大城市方面，几乎所有的城市都达到了两位数字，这是深堪忧虑的现象。我认为，不

能够说通货膨胀已经"大体上被克服了"。

(三) 从宏观经济学角度理解国际收支问题

中国方面的认识同我个人的认识之间存在的差距是：我认为中国国内一方面是在发生全面的通货膨胀，另一方面中国的对外贸易收支产生了巨额逆差。这两个问题是"同根"的。它们基本上完全是来自同一个原因，就是说是由中国经济的总需求过大产生的。可是中国方面几乎全都缺乏这种理解，或者说至少是理解得不充分。

宏观经济学方面对于贸易收支逆差大体上是像下面这样理解的：当一个国家的总需求（或者是其增长率）超过国内的总供给能力并且有所扩大时，假如这个国家是完全封锁型的经济，那么物价就上涨，直到物价上涨而使总需求的实际购买力降低到供给能力相平衡时，才使供求的平衡得到恢复。如果每年总需求的增长率超过总供给的增长率，那么物价就继续上涨。假如是规模比较小的国家且采用固定汇率制，同时拥有比较富裕的外汇储备，那么，在该国家的总需求超过总供给能力时，物价几乎不上涨，而进口物资要增加，由此产生与总需求超过国内总供给的数量恰好相等的贸易逆差。由于进口增加而物资供应丰富，物价不上涨，外汇储备减少，结果，政府货币发行部门，采取向民间出售进口货的形式，吸收过量的购买力。大多数国家的情况是处于上述两种极端状态的中间状态：国内物价上涨，产生贸易逆差（或者经常收支逆差）。

如果按上述宏观经济学去理解，很明显 1984 年秋季到 1987 年上半年中国贸易收支恶化的根本原因，在于与中国国内的供给能力相比总需求过大，造成了国内物价高涨，对外方面就使贸易收支产生了巨额逆差。

可是，从中国的文件看，我得到的印象是，中国方面似乎对发生通货膨胀和贸易逆差是同一个根源，以及贸易逆差是很突出的宏观经济问题缺乏理解。似乎两者是出于不同的原因，是互相无关的现象。

（四）总需求急剧增加的原因

1. 1984—1985 年总需求猛增的原因

（1）银行贷款猛增。1984 年第四季度，中国的银行对企业的贷款总额猛增到了顶点，其原因与金融体制改革不配套，各专业银行及各省分行几乎都不是独立的企业，而只是中央和各级政府的出纳机构有重要关系。1985 年春，中国政府虽对上述银行贷款猛增情况采取了强有力的控制措施，使货币发行量曾一度趋于减少，但是到了 1986 年春，当财政收入状况趋于恶化的时候，货币发行量又再次转为大幅度上升的趋势。

（2）工资和奖金猛增。中国政府为了改革过去僵化的工资制度，采用企业效益及个人贡献与工资挂钩的新工资制度，于 1984 年提出，从 1985 年开始，各个企业的工资总额要以 1984 年的实绩为基准进行验定。结果，各企业在 1984 年底都争先恐后地突击提资、提级和发放各种奖金，使 1984 年 12 月全国职工工资总额（包括各种奖金）比去年同期增长了 75.4%。而且，就是到了 1985 年第三—四季度，名义工资的增长率仍持续为两位数字左右。中国工业部门的劳动生产率不过年均提高 5% 左右，最高不过 6%—8%，如果一下子将工资提高 40% 或者两位数，那么发生需求过大的现象就是必然的了。工资和奖金的猛增，一方面由于中国的边际储蓄倾向值不高，而且就业者不缴纳个人所得税，所以大部分转变为消费需求，并因乘数效应更导致了总需求的扩大。另一方面使亏损企业增多。1985 年底至 1987 年上半年，国有企业亏损比率显著地增加。1986 年亏损企业即占全部国有企业的 20%，1987 年又进一步增多。

（3）财政支出增加。在 1984—1986 年间，财政名义支出额年增长率大致为 20% 或更多一些，而且这是在国有企业的"基本建设投资"和"技术改造投资"以及扩大生产的追加流动资金全部转由银行贷款的情况下的增长率。显然，财政支出增加的速度已迅速超过了中国经济的"实力"了。

2. 1986 年以后总需求扩大的主要原因是

根据可利用的统计数字看,1986 年下半年总需求扩大的原因与 1984 年底至 1985 年之间总需求扩大的根源是相同的。就是说,1986 年银行向企业贷款的增长速度与前一次一样或者说比那次更快地在剧增。货币发行量年增长率也达到了 40% 以上,此外,虽然 1985 年下半年工资总额被控制住了,但是从 1986 年第一季度开始,工资总额又在增加,到了第二季度以后,又是两位数的增长率。同样,虽然 1985 年对财政支出增长率进行了控制,但是到 1986 年又有所回升,而且与 1985 年相比,达到了名义增长 24.2% 这样一个很高的数字。

二、对中国宏观经济政策的建议

我认为,对现在的中国经济来说,宏观经济管理的主要目标应有这样几个方面:

(1) 物价的稳定。具体目标最好是将消费物价指数的年上升率尽可能地限制在 3% 以下,最高也不能超过 4%—5%。像中国这样一个投资资金严重缺乏的发展中国家,最好是能动员民众参加储蓄,以此作为投资资金。当国民以金融资产(定期存款、国债)的形式储蓄时,实际收益率应高于物价指数的年上升率。当然,中国正处于经济飞速发展和改革的过程中,相对价格体系的急剧变化是不可避免的。再加上各种价格的刚性,那么年物价水平的上升也是不可避免的,但重要的是将物价水平的上升控制在上述范围内。

(2) 充分就业和经济发展。对于中国来说,就是要充分利用国内各种生产资源(劳动力、生产设施),使国民生产总值在第七个五年计划中达到 7.5%。

(3) 贸易(经常)收支的平衡。据说中国政府以 15%—20% 作为偿债率的警戒线。我认为,中国如果把警戒线定得再低一些可能更加安全。现在,中国的出口仅占世界贸易比重的 1.5% 左右(1985),从国际贸易角度看近似于一个"小国"。因此，只要调整国内的一定条件，迅速增加出口是不难做到的。但是，和战后初期的日本经验相比，中国1984—1987年的贸易收支赤字规模是相当大的，持续时间也过长。今后最好能改善宏观经济管理和国际收支政策，避免再次陷于大规模的贸易收支赤字状态。

（4）消费和投资的平衡。中国1978年的积累率为39.1%的高水平，以后逐年降低。但由于经济过热，1985年又达到了33.7%，接近于1978年的水平。目前中国的问题是积累率在提高，投资效率却在下降。因此，从投资的主体提取合适的资本使用费，从而一方面提高投资效率，另一方面逐步降低积累率就是完全应当实施的。

为了达到宏观经济管理的主要目标，防止还可能发生的经济过热，我认为要坚定地执行三个最基本的方针：

第一，对总需求增大的根本控制。现在中国经济气氛非常活跃，无论是企业、个人还是银行，只要有多余的资金就进行利用。因此，适当地控制过大的总需求量是十分重要的。

第二，直接限制数量的必要性。由于中国的国有企业普遍要求自主权，但距离全面承担企业责任的状态相差甚远。企业不借助上级机关的帮助，自己进行活动的市场环境还未形成。企业方面，各层经营者还不能像日本企业那样关心其企业的成绩。在价格方面，仍然存在严重扭曲，而且，破产和失业保险制度也只处于试行阶段。银行也未成为自主经营的企业。在这种情况下，要使宏观经济管理通过市场来实现是不现实的。因此，为了实现金融、工资、进口的宏观调控，就必须以数量限制手段为主，对各个企业实行"框架"或"限定额"的比例制，并由技术专家组成的"框架专家"担任勾画"框架"的任务，使勾画框架的工作尽可能有效地、公正地，并以更高的透明度进行下去。

第三，作为辅助调节手段来利用的"价格"的重要性。现阶段中国经济的宏观管理并不是不需要价格调节手段。其实，为了更好地发挥宏观经济管理的直接数量控制，就应以此作为辅助措施，积极地利用价格调节的各种手段，并将这种作用逐步扩大。

在以上三个基本方针的基础上，改善宏观经济管理的具体措施可以有以下方面：

1. 银行贷款和货币供给的控制

中国人民银行作为中央银行，对货币供给的增长率应预定每月或每季的计划值，并严格遵守这一金融政策。鉴于中国总需求膨胀的主要原因之一是银行贷款过度，因此有必要把"资金总额"控制在适当水平上。为此，最重要的是：（1）中国人民银行对各主要专业银行及各省分行的贷款限额；（2）各主要专业银行（以及省级各分行）对企业的贷款必须进行限额控制。如果各专业银行过大地增加对其顾客、企业等的贷款和其他资金使用而陷于资金不足，必须向中国人民银行请求给予超出限额的资金时，就应该对超出部分的贷款课以惩罚性的高利息。

2. 利率机能的利用

宏观经济管理应充分发挥利率的调节作用。应使存款利率保持在高于消费物价指数2%—3%的水平上。而且，当必须收紧银根时，中国人民银行对于各专业银行的新增贷款部分的利率应高于银行间相互借贷利率的水平。利率水平（不仅是名义的，还包括实际的）在景气情况下可高些，而在需要停滞时可以降低，应保持灵活、有弹性、可调节的特性。

3. 工资水平和总额的管理

目前，中国的企业还未摆脱作为政府的一个机关的地位，"铁饭碗"性质还很强，因此政府应对工资水平和总额进行规定。在日本，虽然民间企业的工资水平都是由企业自主完成的，但是日本也曾在三个国有公司和五个产业中，参照人事院规定，对每个公司实行了工资总额的限定。中国现在虽然设有奖金税、工资调节税以及今后设想的增加就业人员的个人所得税等，但这些对切实控制总需求增大的"根源"却起不了多大的作用。

4. 财政支出的控制

"软"预算约束的问题。对于财政支出，要使其总额的年增长率不要太高。这里要特别注意国家财政向中央银行的借款或者相当于借款的其他形式，加强对财政收支结余（逆差、顺差）和财政赤字的资金供给的控制。就中国的国家预算制度来说，对预算项目间的留用、预备费、预算修正的严格规定有一些说明。但财政部长每年向全国人大提出的国家预算执行情况的报告，只是简单地讲多数项目的支出都超过了预算。但是，在超出预算的支出增加量中有的是"合理而有必要的"，有的还是不合理的。这对于了解日本国家预算制度的人来说，实在是感到大为吃惊。这种在社会主义体制下，反而不能严格遵守财政支出预算的规定，中央银行的贷款限度，以及各企业、机关的工资支付等各种规定，对这一点我是无法理解的。

无论是财政支出，还是上述的银行贷款限度额规定；无论是工资上限，还是进口配给制，为了宏观经济管理，各个经济单位必须严格遵守预算或计划所规定的"框框"，因此，总额也就一定要限定在预先决定的"框框"内。如无上述要求，则宏观经济管理是不可能的。如果预算约束经常或多次"软化"，那么，国民经济计划就根本不可能实现。如果不能按基本计划那样控制财政支出、银行贷款、货币供给、工资总额、进口额等，那么国民经济五年计划也只不过是画饼充饥或纸上谈兵而已。如果真是这样，那么对中国来说，五年计划和每年度的"国民经济和社会发展计划"究竟还具有什么意义呢？

5. 国际收支对策

（1）进口。目前中国的进口控制大多必须依赖直接数量（金额）的限制，也就是进口配额制。我认为有必要将必须进口和其他外汇支付的项目，按进口数量、项目分类做成"外汇预算"，由中央实行集权式的进口管理。例如可以将项目区分为：如果提出申请就必需无条件地进口（以及其他外汇使用认可）的项目；须严格限制的进口项目；原则上禁止的进口项目等几个层次，由中央实行进口许可和配给制来控制其进口。为抑制进口，也可以利用外汇汇率的下降、海关税率的提高、进口金融抑制等与价值规律有关的经济杠杆。但是，从进口金融方面进行控制的有效性是有限的。因此，在中国目前情况下为控制进口采用直接数量（金额）管制即所谓"框算程序"是合适的。而且，对不属于贸易的贸易外收支，如技术进口，也应像50—60年代的日本那样，实施中央集权审查、许可制。

（2）出口。第一，应该废除全部有关出口的指令性计划指标，而全面利用竞争的市场机制。目前由于人民币外汇汇率的大幅度下降，大大加强了通过市场机制出口的积极因素，现在多数企业都具有增大面向出口生产的条件。第二，应尽早废除因正式或非正式（潜在）的出口补贴、外币留成制以及其他出口所引起的复杂价格诱因的各种制度，通过市场将外汇汇率设定在保持进口（以长期来看）能平衡的水平上。各种复杂的制度会增大有形无形的行政开支，其效果并不显著，而且容易成为滋生不正之风的温床。今天的中国，无论是企业还是政府方面，有能力的行政工作人员和事务工作人员奇缺。应当通过各种经济杠杆，用尽可能单纯、透明度高且行政开支小的办法来解决问题。第三，政府的鼓励出口政策应以下述方面为中心：为开拓出口市场提供信息；就新产品、新技术、新设计等给予指导；为出口而组织海外宣传；广告活动；派遣企业经营者、出口负责人作为出国考察团成员；建立出口保险制度；做一些现在中国企业靠自身力量或少数企业办不到的事情，等等。这样才能使出口产业、企业技术、经营能力提高，使产业组织发生变革。

（3）外汇管理。现在中国似乎没有对外汇资金实行集中管理，有关留成率的规定似乎极其复杂。国务院各部委、省政府在香港设立的贸易机构也可以相当自由地借到外汇，又通过贸易取得外汇的自由使用权。并可以通过设在香港的200家左右的机构购进进口产品。这种外汇进口的管理方式相当混乱，容易造成进口失控。我认为，外汇资金和进口由全国范围的统计和申请集中起来统一管理效率更高，也较公平，"群雄割据"的局面使中央的命令没有威严，"进口管制"也会变得有头无尾，进口的急剧增加就不足为奇了。如果人们认为目前中国集中统一管理外汇资金不合适的话，那么也可以将全国大致分为6—8个区域，分别设置进口和外汇资金的管理机关，并给予相应的外汇配额，对地区内的全部进口和外汇做统一管理。

6. 投资的控制和效率化

为了控制投资，就必须：第一，确实控制住财政支出中基本建设和其他投资的支出。第二，对各种专业银行的贷款要定限度额。第三，降低资本系数，提高投资效率。

中国国有银行的坏账及其处置办法[*]

[美] 约翰·伯宁　黄益平[**]

引　言

中国在最近的东亚危机中不仅避免了金融崩溃而且还保持了相对高速的经济增长，这主要是因为它在地区危机爆发时尚拥有的一些宏观经济上的优势，包括经常性账户的盈余、外国直接投资在中国的资本流入中所占的主导地位、巨额的外汇储备以及对资本账户的直接控制。与此同时，许多迹象也表明中国的银行体系实际非常脆弱。国有银行改革被认为是中国经济改革中比较不成功的领域之一。目前银行体系的这种脆弱状况即使在一个与外界完全隔绝的经济中也是难以为继的，更不要说中国资本市场的开放是不可避免的。如果金融风险不能尽快地消除，银行出问题是早晚的事情。20 世纪 90 年代以来在南美和东亚发生的金融危机已经揭示了非常深刻的教训。根据国际经验，彻底重组银行体系的成本可能占到 GDP 的 10%—20%，一般估计中国

---

[*] 本文原载于《经济社会体制比较》，1996 年第 6 期。
[**] 约翰·伯宁，美国 Wesleyan 大学经济系教授、时任美国《比较经济学杂志》(Journal of Comparative Economics) 主编；黄益平，北京大学国家发展研究院副院长、教授，中国央行货币政策委员会委员。

的成本可能在该区域的上限。

要建立健康的银行体系首先必须消除坏账,中国已经采取了必要的步骤包括提高国有商业银行资本充足率、成立资产管理公司、试行"债转股"的改革以及采用新的国际标准会计制度。显然,坏账是否能被顺利地处置掉取决于资产管理公司运作的效果。资产管理公司将如何保证员工们以不良资产的最大回收率为目标?不良贷款出售以及"债转股"的改革究竟是否适用于中国?如何才能防止道德风险以杜绝坏账的持续产生?本文的目的就是通过对中国坏账的形成机制以及国际经验的分析来对上述问题提出初步的回答。

坏账的形成与发展

中国国有银行坏账的产生与发展主要源于改革期间国家财政、国有企业以及国有银行之间的三角关系的特殊演变。在改革以前,国有企业基本上是被当作整个国有经济的车间来管理的,国家提供企业的投入品、调走全部产品,同时自动地平衡企业的账户,企业的功能仅仅是按照国家计划来组织生产活动;财政的作用是无偿地获取企业部门的利润、弥补其亏损并通过拨款来提供企业投资所需要的资金;当时只有一个中国人民银行参与很小一部分流动资金的分配,中国银行和建设银行的牌子尽管存在,但是中国银行的业务实际并入了中国人民银行,建设银行则实际是财政部的一个部门。显然,这个计划体制存在着非常严重的缺乏激励、效率低下的问题。

不过当时也没有像现在这么严重的金融风险问题。改革的主要目的是使财政从原来全社会的会计、出纳的角色转变为主要提供社会公共产品与保持社会公平功能;银行则要替代财政作为社会资本分配的主要机制并按市场规则来分配资源;同时使得国有企业与银行成为有效率的独立经济实体,逐步与政府脱钩。

自80年代实施"拨改贷"与"利改税"以后,国有企业的财务责任不断增强。但企业的债务资产比率也由此从1980年的23%急速上升到1998年的440%。债务资产比率上升对效益好的企业并不是问题,但如果企业没有能力支付日益沉重的银行利息，就会造成银行与企业间不良连锁反应。国有企业改革大幅度改善了企业的自主权与激励机制，但保持了国有体制，也没能相应地增强企业的责任及对它们的监督，没有在改革中形成一个优胜劣汰的机制。受社会稳定目标的约束，在相当长时期内不能让效益差的企业破产也无法把过剩劳动力解雇。一旦国有企业发生了问题，总会有财政或金融资源来解救。一方面企业效益不断下降，另一方面显性、隐性的收入分配快速上升。从1996年起，国有部门成为净亏损部门。这就直接导致了银行坏账的增长，银行还被迫给效益不佳的企业追加贷款。

财政转向集中收税与支持社会公共活动的功能以后，征税能力下降，财政收入占GDP的比例由80年代初的30%以上递减到90年代末的12%左右。这种变化应该是可以预计到的，因为改革的目的就是要使得财政从具体企业的资金供给需求中摆脱出来，但没有预计到的可能是财政对非国有部门征税的能力没有得到相应的加强。更重要的是财政并不能完全摆脱具体参与、干预经济活动的功能，比如国家仍然需要直接补贴亏损企业。因为财政资源有限，政府不得不要求银行发放大量的政策性贷款，在90年代，政策性贷款占银行总贷款的比率大概在35%—40%之间。尽管1993年以来中国成立了三个政策性银行，商业银行还是没有彻底摆脱政策性贷款。按照官方统计，财政赤字大概占到GDP的1%左右。但如果将政策性贷款也看作是一种变相的财政支出，那么实际的赤字可能就高达GDP的25%（见表1）。由于政策性贷款所资助的项目的偿还能力一般都比较差，相当一部分政策性贷款一出银行的门就变成了不良贷款。

最后，银行本身也没有能成为真正的市场经济实体，国有银行其实也就是一组独特的国有企业。和国有企业一样，银行也没有解决企业机制的问题，短期、自肥行为就难以避免。银行行长们一般由地方政府任命，他们很难拒绝政府干预，比如最近银行就被要求协助执行扩张性的宏观经济政策。同时银行运作本身也不规范，如没有风险评价机制，坏账很难得到有效的遏制。根据中国社会科学院王红领组织的抽样调查，亏损与盈利的国有企业在得到批准的投资比率及其投资额度上没有明显的差别（见表2）。这直接证明了中国国有银行的贷款决策并不考虑企业的运行状况，也就排除了所谓风险因素的作用。

表1 财政赤字与政策性贷款，1980—1998

	财政收入（亿元）	财政收入占GDP比例（%）	财政支出（亿元）	财政赤字占GDP比例（%）	政策性贷款（亿元）	总赤字占GDP比例（%GDP）
1985	2005	22.4	2004	0.0	1858	-20.7
1990	2937	15.8	3084	-0.8	5459	-29.5
1991	3149	14.6	3387	-1.1	6782	-31.4
1992	3483	13.1	3742	-1.0	7411	-27.9
1993	4349	12.6	4642	-0.8	9323	-26.9
1994	5218	11.2	5793	-1.2	114825	-24.6
1995	6242	10.7	6824	-1.0	14160	-24.2
1996	7408	10.8	7938	-0.8	16440	-24.0
1997	8651	11.6	9234	-0.8	19862	-26.6
1998	9853	12.4	10771	-1.2	n.a.	n.a.

说明：表中最后一列总赤字为财政赤字与政策性贷款的总和。**n.a.** 表示没有数据。

资料来源：历年《中国统计年鉴》。

表2 样本国有企业申请并获得批准的平均投资额，1994

	样本企业个数	申请的投资额（千元）	得到批准的比例（%）	批准的投资额（千元）	被拒企业比例（%）	1994年企业净资产（千元）
亏损企业	200	14941	47.9	6061	22.1	25146
盈利企业	221	11997	52.4	7918	19.0	30346
全部企业	421	13393	50.2	7037	20.5	27880

说明：整个调查涵盖了约760个样本企业，本表的数据仅包括421个来自食品加工、纺织、建筑材料、化工、机械以及电子六个产业。

资料来源：中国社会科学院经济研究所王红领组织的800家国有企业调查数据。

坏账的严重程度

中国商业银行的金融风险表现在很多方面。银行部门的利润率在 90 年代基本呈下降趋势，在东亚危机发生之前国有商业银行的利润资产比率为 5.6%，这其中还包括了应收未收的利息收入。如果不计这部分收入，四大银行中除了中国银行外均实际亏损。国有银行平均的资本充足率为 4.4%，远低于中国商业银行法以及巴塞尔协议所要求的 8%。1998 年，政府通过发行财政债券对四大国有商业银行注入了 2700 亿元的资本金，将其资本充足率提高到了 8%。

关于银行风险的讨论主要集中在不良贷款，目前官方并不发布这方面的数据，这可能是因为它比较敏感，免得引起社会不安，也可能是因为中国过去一直采用一套和国际标准不同的贷款分类标准，因此也容易误导国际社会对中国国有银行质量的评价。中国一般将不良贷款划分为三类：逾期、呆滞以及呆账。政府曾一度规定各银行的逾期贷款不能超过总贷款的 5%，呆滞贷款不能超过 8%，呆账不能超过 2%（Lardy, 1998），因此即使在银行内部也不一定有关于不良贷款的准确数据。

现有的对中国国有商业银行不良贷款比例的估计值基本上在 24%（东亚危机前）和 29%（危机之后）之间（见表 3）。

表 3　关于中国国有银行不良贷款的几组估计

估计者	时期	估计值
不良贷款比率（占银行总贷款的百分比） 李欣欣（1998）	1996 年	24.4%
	1997 年中	29.2%
北大中国经济研究中心（1998）	1997 年	24.0%
樊纲（1999）	1997 年	26.1%
	1998 年	28.3%
银行重组的成本（占国内生产总值的百分比） 穆迪（1999）	1999 年	18.8%
Dombusch 和 Givazzi（1999）	1999 年	25.0%

大致30%的不良贷款的估计值与最近抽样调查的结果比较一致。根据中国社会科学院袁钢明最近组织的一次对四个省份的国有企业的调查,不良债务的平均比例由1991年的24.5%上升到了1995年的31%(见表4)。当然,国有企业的坏账也包括它们相互之间的欠债。但是由于银行占到中国总的金融中介的80%,而国有企业又占银行总贷款的近80%,因此,企业的数据还是能够比较接近地反映国有银行不良贷款的情况。

表4 抽样调查样本国企的不良债务比率,1991—1995(%)

	吉林	四川	湖南	江苏	全部样本
1991	33.3	21.9	27.6	15.8	24.5
1992	33.8	23.7	26.7	17.0	25.0
1993	36.6	26.3	27.4	15.7	26.3
1994	38.5	29.5	31.2	17.2	29.1
1995	42.6	31.5	31.2	18.9	31.0

说明:1991年的有效样本总数为631;1992年为645;1993年为699;1994年为712;1995年为711。各年的样本企业大致在各调查省份呈均匀分布。

资料来源:中国社会科学院经济研究所袁钢明的调查数据(Yuan, 1999)。

如此高的不良贷款比例即使放在发生危机的东亚国家也是触目惊心的。在危机发生以前,泰国的不良贷款为15%,韩国为16%,印尼为12%,马来西亚为7%;危机发生以后,泰国的不良贷款也只不过是27%,印尼则为33%,韩国是25%。按照转型国家不良贷款低于25%的回收率计算,我国国有银行难以回收的坏账可能占总贷款的20%以上。

那么,如此脆弱的银行体系为何竟没有在东亚危机中崩溃呢?从外部来看,这主要是由于本文开头所提到的当时中国宏观经济的一些优势。从银行本身来看,这也归功于政府对于银行存款的担保以及每年存款额的大幅度上升,换句话说,国有商业银行是依赖政府的信誉同时靠大量的新增居民存款来填补低效与坏账造成的缺口,维持银行的运转。但是这样的情形是难于持续下去的,尤其是我国面临加入世界贸易组织,国有银行不改革,将无法在不断开放的竞争环境中生存,更遑论发展。但重组和清理现有银行体系的成本也非常庞大，根据已有的估计，该成本可能高达 GDP 的 20% 左右（见表 3），这相当于中国整个出口部门的全部产出。

处置不良资产的国际经验及其启示

中国主要用于处置国有银行不良资产的资产管理公司基本上是参照美国的重建信托公司〔Resolution Trust Corporation，简称 RTC〕的模式建立的。不过根据我们的理解，由于所面对的问题以及制度环境不同，RTC 的模式对我国处置坏账实践的指导性非常有限，而中东欧一些转轨国家银行改革的经验倒是具有重要的借鉴意义。

美国重建信托公司

RTC 的功能是接管破产的储蓄与贷款协会，支付由政府担保的存款、并在市场上出售不良资产。RTC 的策略是在不冲击市场的前提下尽可能快地出售那些不良资产，通常情形下都在三年以内解决问题。采取这样的策略，主要是考虑到 RTC 作为政府的一个延伸机构，没有足够的从事金融运作与资产管理的人才与技能。因为 RTC 不是一个以利润为目标的商业机构，它长期并深入地介入市场可能会扭曲市场信号。

为了弥补人才的短缺，RTC 雇用了一大批有专长的中介机构来评估、管理甚至出售不良资产。公司还专门设计了一整套激励机制来鼓励中介机构尽可能快、并以尽可能高的价格在市场上出售资产。

RTC 的运行还具有如下一些明显的特点。第一，大多数不良资产是有担保的房地产，这与处理没有担保的不良贷款完全不同；第二，当 RTC 组建的时候，大部分相关的储蓄与贷款协会已经破产或已经被兼并，因此不存在未来新的坏账的问题；第三，美国经济中的股票证券市场非常发达，这样很容易将不良资产证券化或直接出售；最后，RTC 是作为一个临时性的公司组建的，不良贷款问题一解决，公司就被撤销了。

中欧转轨国家的银行

改革欧洲快速转轨国家包括捷克、匈牙利以及波兰在改革期间也具有银行资不抵债以及巨额不良贷款的问题。在这三个国家中,捷克共和国的银行结构与中国最为相近,其最大的四家银行占全国总存款的80%和总贷款的70%。在当初的捷克斯洛伐克开始改革的初期,国有企业所有的流动资金都是短期、低息贷款。政府组建了一个"医院银行"(Konsolidacni Banka,简称KnB)来重组这些短期贷款。所有的这类短期贷款与相应的企业存款从原来的银行被划到了这个医院银行,但是有问题的那些国有企业还是留在原来的银行继续享受新的贷款与其他金融服务。在后来的几个阶段,其他被确认为坏账的贷款也被划到了医院银行。只不过每一次政府都需要再次向原来的银行注资以保证它们基本的资本充足率。

无论是建立单独的医院银行还是多次清理银行的资产平衡账户都没能使得捷克的四大银行成为强大、健康的银行实体,主要是因为没有建立一个市场导向的银行体系。一方面,银行并没有从政府获得真正的独立性,即使是在私有化以后,政府仍然占主控或接近主控地位。另一方面,没有解决坏账的流量问题,有问题的企业不但仍然留在银行,它们和银行之间的关系甚至在私有化以后变得更为密切。银行在私有化过程中通过它们的投资基金拥有了许多客户的所有权。这样,银行既是企业的股份拥有者又是企业的债权拥有者,两者之间存在着利益冲突。目前的捷克银行在能够出售给外国投资者之前还需要政府对其进行大幅度的注资。

匈牙利采取的策略是尽快地将国有银行的大额股份出售给国外的战略投资者,当然在出售以前,政府需要对银行注资以使得银行的净值对投资者有吸引力。第一轮的注资没有达到这个目的,一是因为用于注资的手段有问题,即所发行的股票的回报率远低于市场利率;二是因为原来的老客户继续留在银行。第二轮的注资使用了较为恰当的手段,并且紧接着就将其出售给国外独立的投资者。比如说,匈牙利向国有企业贷款最多的 Magyar Hitel Bank 的资产被劈成好资产与坏资产（包括有问题的客户）两部分，只有好的一部分被私有化。这种将注资与私有化结合起来的策略使得匈牙利目前拥有所有转轨国家中最为健康、强大的银行部门。

在波兰，世界银行支持了一个以银行为主的企业改革项目，主要的依据是银行拥有改革国有企业所需要的最为完整的信息。破产作为改革中一个优先的选择，坏账处置的主要手段是"债转股"，而且弱小的银行更多地选择这一手段。这样，这些本来就不具有改造企业的能力的银行掌握了大量的效益不佳的企业的股份。同时，银行继续对大约三分之一的濒临破产的企业追加新的贷款。与捷克的情形相类似，波兰的改革不仅没有减弱，反而增强了银行与低效企业之间的联系。这一经验表明尽管银行可能拥有关于企业运行的信息，但指望银行来改革企业不一定恰当。

国际经验的启示

首先，中国的资产管理公司所面临的任务远较 RTC 的艰巨。美国当时主要处置的是不良房地产，而中国面对的是国有企业的不良贷款。更重要的是，要在刚刚开始发展的资本市场中运作，不良资产的证券化以及出售不良资产均较为困难。这意味着中国的资产管理公司可能需要在相当长一段时间里持有不良资产。

其次，阻止新的不良贷款的产生比处置坏账更为重要。捷克的经验显示，光把坏账从原来的银行转走，但留下有问题的借贷企业解决不了问题。匈牙利的经验也表明，把不良借贷企业与原来的银行分隔开来的重要性。RTC 没有这个问题，但是美国法律规定产生严重问题的银行的负责人必须被撤职。

再次，资产管理公司在运作过程中要解决一个重要的内部机制问题，因为这些资产公司也是国有企业。如何保证资产管理公司既有必要的人力资本又有恰当的激励。RTC 尽可能快速地处置掉所有不良资产就是基于这个考虑。波兰的经验也表明，尽管银行拥有处理有问题的借贷企业的必要信息，它们不一定是改革国有企业的最佳机构。

最后,美国与中东欧的银行要么是私有的,要么是正在逐步私有化,而中国目前的政策是保持银行的国有体制。一方面,由于"政府干预"与"软预算约束"问题的存在,处置坏账也许更为困难;但另一方面,政府拥有更多的空间来决定何时以及以何种方式来支付处理坏账的成本。

中国的资产管理公司

中国处置坏账的基本策略是相应于四大国有商业银行成立四个资产管理公司:即信达(建设银行)、东方(中国银行)、华融(工商银行)和长城(农业银行)。每个资产管理公司计划运作10年,国家财政向每个公司提供100亿元的资本金,它们一共要处置约10000亿的不良贷款。

资产管理公司的运作

资产管理公司的主要目标是从不良贷款中获得最大的回收率,它们的任务包括收购、管理和处置银行的不良贷款。

资产管理公司的管理关系比较复杂。它们最终要向国家财政负责,因为资产管理公司的运作后果最后是要由财政来负担的,比如如果资产管理公司在10年到期时不能处置掉全部不良贷款,财政就只能要么接收那些名义股份,要么直接注销不良贷款。因此资产管理公司的监事会的主任一般由财政部的代表担任。资产管理公司也是金融机构,因此其业务上的监管责任由中央银行承担。资产管理公司与其母银行的关系则更为紧密,一般来说,资产管理公司的大部分职员都是从母银行调过来的,同时公司的主要领导职务也由母银行的人员担任。根据设计,分开设立与母银行独立的资产管理公司的原因主要是因为中国实行分业经营的方针,即商业银行一般不能涉足投资银行业务。但从现有情形来看,它们之间的合作将是非常紧密的。

资产管理公司处置坏账的第一步是收购不良贷款,对于母银行的偿付主要采取两种方式,一是直接从母银行向资产管理公司拨转中央银行的再贷款,这一部分可能占总拨转的不良贷款的40%，中央对这部分则暂时作挂账处理不再收取利息。二是由资产管理公司发行由财政担保的债券，主要由各母银行购买。显然，第一种方法是直接将不良资产（不良贷款）与负债（中央银行再贷款）从母银行的资产负债表上消除，而第二种方法则是将不良资产（不良贷款）转换成优良资产（财政担保的债券）。这样，母银行的资产负债表将得到明显的改善。

资产管理公司将具体运用五种办法来处置不良贷款，这其中包括债权转股权、资产证券化、资产置换、转让及销售。各资产管理公司最初需要一笔运作费用，一旦业务开展起来，它们可以从回收的不良贷款收入中扣除其运作成本。剩下的收入则应该转还给国家财政。几个尚未解决的问题判断资产管理公司方法是否成功的关键指标在于是否能从根本上解决不良贷款的问题，这不仅取决于处置现有的坏账，更体现在阻止新的坏账的产生。从目前的做法看，尚有几个问题没有得到妥善解决。

资产管理公司尽管是新的金融组织，但它们从本质上来说仍然属于国有企业。虽然公司内部已经开始设置一些新的激励办法，但目前仍然不清楚资产管理公司将如何避免公司职员"偷懒"现象、如何防止腐败行为，以及如何拒绝非理性的政府干预。

资产管理公司的人员构成已经面临严峻的挑战。资产管理公司的业务将跨越很多领域包括坏账回收、风险投资、战略咨询以及投资银行。当目前主要从母银行来的大部分人员没有能力从事这样的工作。一些资产管理公司刚刚成立，已经面临了人员过剩但人才缺乏的问题。同时，中国的资产管理公司不像美国的 RTC 可以雇佣很多外部的专业机构与人才。

银行已经开始担心在"债转股"改革以后产生大量的企业"赖账"现象，这实际就是一个道德风险问题。"债转股"可能使得很多本来有能力还本付息的企业也停止支付。"赖账经济"一旦真的形成，对于银行系统甚至整个经济的杀伤力是难以估量的。

人们往往没有充分重视的是其实对银行来说也有一个道德风险的问题，其中一个可能的结果是母银行将来把资产管理公司作为它们处置新的坏账的外设机构。目前这种母银行与资产管理公司之间一对一的关系可能有利于相互之间的合作与信息共享，但也可能导致"共谋行为"，并且不利于鼓励资产管理公司之间的竞争以提高效率。在目前的构架下，资产管理公司是很难完全拒绝母银行的新的要求的。

如果这些问题不能得到有效的解决，坏账的存量就不可能得到很好的处置，最后沉重的负担最终就会落到财政的身上。更严重的是，新的坏账就会不断地产生，资产管理公司也许要无止境地运作下去，银行就需要财政一轮又一轮的注资以保证最低资本充足率。这种情形真的发生的话，中国离金融危机甚至总体性的经济危机就不远了。

政策建议

资产管理公司是中国走向健全的银行体系的第一步，但这不能自动地保证中国银行的坏账问题能得到彻底的清除。根据欧洲的经验，如果只是将坏账从商业银行转移过来而把有问题的借贷企业留在原来的银行，就可能导致政府需要没完没了地抢救银行。因此要建立一个真正能阻止坏账产生的机制。由于所面对的制度、市场环境不同，中国的资产管理公司也很难重复美国RTC的实践。目前的方案的主要弱点在于消除新的坏账形成的机制不够健全。为此，我们建议对现行方案做如下改进。

一是顺应银行体制改革的要求，商业银行应该彻底摆脱政策性贷款的负担，所有的政策性贷款应当由已经成立的三家政策性银行来承担。政策性贷款不能消除，商业银行永远有借口制造新的不良贷款。如果万一不能在短期内完全消除政策性贷款，就需要划定一个明确的目标日期，而且政策性贷款的数额以及分配的决定权要集中在各商业银行的总行，以免地方政府对各分支银行继续干预或者各地银行分部借机任意操作。各商业银行暂时的政策性贷款额度以及补贴则直接由总行与人民银行或财政部确定并结算。

二是中央应对各商业银行和资产管理公司划定一个日期，明确规定此后商业银行必须自行负责处置新的坏账。比较可行的日期之一是1999年1月1

日，因为此后银行采取了新的国际标准的会计体系，风险评价也开始成为银行发放贷款的重要因素。一个实际的困难是目前很多银行仍然被要求配合国家的宏观经济政策，有些贷款的发放仍然不完全依据商业利润考虑。

三是应当把有问题的企业的存款及它们的不良贷款一起拨转到资产管理公司，彻底割断这些企业与商业银行之间的关系，它们就不会继续成为母银行的负担。这样商业银行既有了改善经济效益的基础也失去了继续低效的借口，由于它们自己选择了愿意留下的企业，它们就有动力也有责任承担新的贷款风险。资产管理公司也由此获得了重组国有企业的权威性。如果企业需要新的贷款，它们需要直接与资产管理公司打交道。当然这种做法将把资产管理公司升格为一个完整运作的银行。

四是政府应该促进银行业及资产管理公司之间的竞争。资产管理公司最好是与母银行相对独立，并在相互之间形成一定的竞争关系。韩国在金融危机发生以后成立了一个相对独立的资产管理公司来处置银行的坏账，就是要避免银行和公司之间的共谋行为使得坏账难以断绝。另外，尽管中国目前尚不具体完全放开资本市场的条件，但是适当引进外国银行甚至直接引进外国战略投资者介入中国国有银行，将对提高银行的效率与素质起到极其关键的作用。

从根本上来说，要解决坏账问题就需要彻底打破财政、企业以及银行之间的"恶性循环"，如果这些领域的改革不能取得根本性的进展，彻底消除坏账就只能是空想。

参考文献

中国经济研究中心宏观组，1998："需求多重目标的有效经济政策"，《经济研究》，1998，4。

周小川，1999："关于债转股的几个问题"，《经济社会体制比较》，1999，6。

樊纲，1995："论'国家综合负债'"，《经济研究》，1999，5。

李欣欣："从东亚金融危机看中国的金融风险"，《改革》，1998，3。

Huang, Y. and Yang, Y., 1998. "China's Financial Fragility and Policy Response", *Asian-Pacific Economic Literature*, 13 (2): 1–13.

Yuan, G, 1999. "Bad Debts of China's State-owned Enterprises", Paper presented at the 11th Annual Conference of the Association for Chinese Economic Studies, July 15–16, 1999, Melbourne.

John Bonin, 1999. "Banking Reform in China: Gradually Strengthening Pillar or Fragile Reed?", William Davidson Institute, University of Michigan School of Business, Ann Arbor, MI.

Dornbusch, R. and Givazzi, F., 1999. "Heading of China's Financial Crisis", unpublished paper, Department of Economics, Massachusetts Institute of Technology, Cambridge, M. A.

Lardy, N., 1998. *China's Unfinished Economic Revolution*, Brookings Institution, Washington D. C.

中国民营企业的融资问题[*]

尼尔·格雷戈里　斯托伊安·塔涅夫　著　　赵红军　黄烨青　译[**]

1999年,一份有关中国600多家民营企业的调查显示:中国民营企业的融资主要依靠自己解决。对中国的民营经济来说,要想走向繁荣之路,出路只有一条——依靠外部融资和股权融资。

在过去的10年里,中国的经济发生了根本性的变化,过去中国经济严重依赖国有和集体企业,如今,中国的经济已成为混合型经济形式,其中,民营企业已占居重要地位。截止1998年,中国国内民营企业总产值已占全国国内生产总值的27%,其重要性仅次于国有经济,民营经济已成为中国经济中仅次于国有经济的第二大经济领域(其他领域分别是外资经济、集体经济和农业经济)。尽管中国民营经济的重要性不断上升,然而,截至1999年底,民营经济借款总额只占银行贷款总额的1%,沪、深两地上市公司中只有1%是非国有企业。民营经济的巨大潜力与其相对有限的间接融资方式的巨大反差表明:中国民营经济的融资方式急需拓展,否则,中国民营经济将难以为

---

[*]　本文原载于《经济社会体制比较》2001年第6期。该文原载于2001年3月《IMF季刊》,Volume 38,Number 1。

[**]　尼尔·格雷戈里,国际金融公司东南亚局战略与协调处总裁;斯托安尼·塔涅夫,国际金融公司东南亚局首席经济学家。赵红军,上海对外经贸大学国际经贸学院教授。

继，民营经济的高速增长也将变成一句空话。

一、中国民营企业的融资方式

1999年，世界银行专管民营事务的分支机构——国际金融公司（IFC）在中国北京、成都、广东顺德、浙江温州等地开展了一项针对民营经济的调查活动，调查的结果显示：中国的民营企业的融资，无论是初创时期还是发展时期，都严重依赖自我融资渠道。80%左右的民营企业认为融资困难已严重阻碍了他们的发展。据调查显示，中国民营经济初创时的启动资金有90%以上主要来自资金持有者、当初的合伙人以及他们的家庭来解决（参见表1）。在初创期过后的后继投资中，样本企业仍然严重依赖内源性融资渠道（见图1），其中，至少62%的资金依靠业主自有资金或者企业的前期利润来解决；在外源性融资渠道中，来自非正规渠道、信用合作社和商业银行的份额相差不多，除此之外，公共股市（public equity）、国债市场（public debt markets）在民营企业融资中的作用则微不足道。

表1 自我融资是中国民营企业的主要融资方式（被调查企业的份额）

融资方式（%） 经营年限	自我融资	银行贷款	非金融机构	其他渠道
短于3年	92.4	2.7	2.2	2.7
3—5年	92.1	3.5	0.0	4.4
6—10年	89.0	6.3	1.5	3.2
长于10年	83.1	5.7	9.9	1.3
总计	90.5	4.0	2.6	2.9

资料来源：Neil Gregory, Stoyan Tenev, and Dileep M. Wagle, 2000, China's Emerging Private Enterprises：Prospects for the New Century（Washington：International Finance Corporation）。

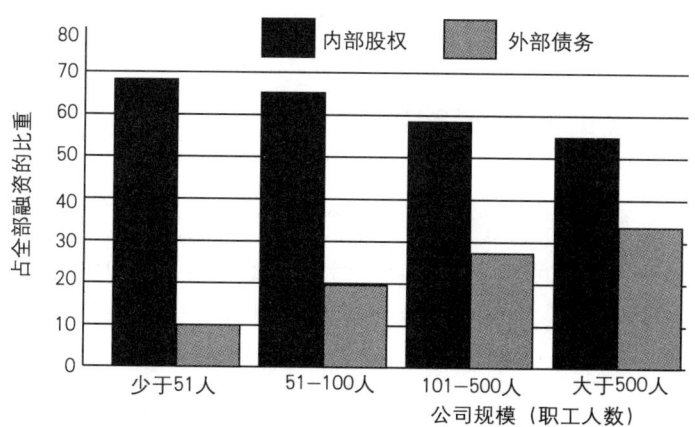

图1 随着公司规模的扩大,融资将主要以外源性融资为主

在被调查的企业中,我们发现:企业的规模是影响融资方式的一个因素,随着企业规模的不同,各种融资方式的重要性也明显不一样。对小型企业来说,内源性融资很重要,然而,随着企业规模的扩大,这种融资方式的重要性却不断下降;外源性融资方式对小型公司来说,主要依靠非正常的渠道才能获得,然而,随着公司规模的扩大,这种从非正规渠道获得的资金份额却在不断下降,而从商业银行获得的贷款额却会不断增加;对大型公司来说,前期利润积累构成其融资的第一大资金来源,商业银行紧跟其后,已成为大型公司的第二大融资途径。以上的事实似乎表明这样一个趋势——对大型民营企业来说,要想走向成功,银行在其融资的过程中作用举足轻重。然而,我们的调查显示:一般而言,中国的银行在民营企业的融资方面发挥的作用还相当小,在过去的5年中,只有29%的被调查企业能从银行获得稳定的资金支持。

与发达国家和转轨经济国家的企业融资方式相比,中国的民营企业更加依赖内源性融资渠道。最近,一份由世界银行所做的有关转轨经济国家的商业环境的调查显示:在那些早先进行改革的国家如爱沙尼亚、波兰、立陶宛等,它们的内源性融资比重相当低,其份额分别是33%、34%、37%。而在美国,内源性融资的比重则更低,即使对那些成立尚不到两年的小型和中型公司来说，其内源性融资的比重也不过54%。

二、影响民营企业融资的因素

中国民营企业在融资时面临的困难主要有两方面的原因：一方面是中国金融体制内部存在问题；另一方面，中国在民营银行方面的政策措施存在缺陷。通过近年来的改革，中国在减少政府对银行借贷行为的干预方面已取得了长足的进步，然而，目前仍然有足够的证据表明：中国的地方政府仍然采取各种或明或暗的承诺或方式在鼓励银行向国有企业贷款。不仅如此，中国的银行仍然认为对国有企业的贷款即使形成死账也与对民营企业的贷款性质两样。人们的预期以及近年的经验表明：当国有企业的贷款难以清偿时，自然会有政府出面为之周旋，而民营企业却没有这么好的运气，结果，造成银行在给不同所有权类型的企业贷款时所面临的风险存在很大差别。如果这种现象一日不除，民营企业在贷款时所遇到的不公正待遇就一日不会消失。

因此，要让银行贷款给民营企业就必须采取一些附加措施。比如，给予银行以更高的利息回报，但是，由于中国的大多数银行是国有银行，其面临竞争程度相当有限，这样，采用更高的利息回报手段，对它们来说似乎并没有多大的吸引力。再者，中国的金融领域正面临改革，减少银行体系的呆账已成为众矢之的，这些都导致银行在贷款风险方面就更加谨慎。目前，由于银行的精力主要集中在如何规避风险上，因此，对那些预期的高回报、高风险的项目来说，它们已毫无兴趣可言。事实上，中国的中央银行已要求各大银行推行"个人贷款负责制"（responsibility to individuals），也就是说，银行信贷主任要对贷款实行个人负责，结果，自然就没有人愿意贷款给民营企业了。

此外，尽管中国政府已逐步地放松了对一部分利息和交易费用的管制，但是，这还不够，银行利率还实行上限措施，对中小型企业的贷款利率最高只能比挂牌利率高出30%，农村信用合作社的贷款利率最高也只能高出挂牌利率的50%，银行正在从这种灵活的利率制度下受益，但是，利率还应该进一步放松管制以鼓励银行对民营企业的贷款。为了做好准备以加入世界贸易组织，中国政府正准备采取更进一步的措施以减少对利率的管制。随着时间的延续，银行和信用联社已经发现一些绕开利率管制的新的措施，比如，收取差额补偿金（compensating balances）或者收取贷款滞付金（false late payment fees）。结果，根据我们的调查，中国的国有银行也已收取了相当于黑市交易价格的实际利率，与此同时，过去那些常常用来规避利率管制的大多数机构也增加了额外的交易成本，结果，国有银行自然不情愿对民营企业的高利息和高风险作出反应，那些小型公司仍然会因此而受到歧视。

银行手续　中国的银行常常抱怨那些要求融资的项目效率太差，觉得不值得为其融资。然而它们所谓的"可贷"项目（bankable projects）常常取决于它们在筛选客户时所用的手续，这些手续不论是公开的还是非公开的，都主要取决于客户与银行之间是否有担保（collateral）或个人交情存在，而不是对该项目的评估结果。再者，可能是由于历史原因，中国的银行本身在给国有企业贷款时存在刚性，并常常按照国有企业对资金的需求为它们度身订制。根据我们所进行的调查，企业申请贷款常常是一桩颇带官僚氛围且耗时耗力的过程，在调查中，约有70%左右的企业认为书面手续常常是一个相当的甚至主要的申请贷款时的障碍。这些贷款时所需的担保、申请过程高额的成本以及关系型融资等常常让小型企业贷款的难度大大增加（参见图2）。

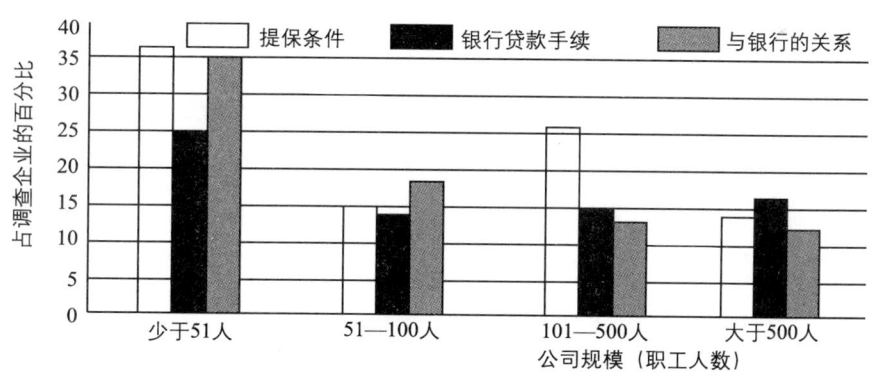

图2　企业贷款时的主要限制因素

资料来源：Neil Gregory, Stoyn Tenev, and Dileep M. Wagle, 2000, China's Emerging Private Enterprises: Prospects for the New Century（Washington：International Finance Corporation）。

担保条件 根据我们的调查，企业难以获得贷款的最主要也是最常见的原因就是其担保条件不合格，尽管从理论上讲有很多的资产都符合担保条件，但是，在实践中，只有房地产才是最主要的担保品，有时候，是唯一的可担保品。由于国有企业和集体企业常常拥有国有的或集体土地的法定占有权，而大多数的民营企业并不拥有土地和楼寓的使用权，因而，它们常常难以以之做抵押，获得自己所需的贷款。再者，重新估价可以用作担保的资产价值成本高昂，有时，其费用高达整个资产价值的百分之几十。此外，企业还得每年为这些资产进行重新注册，交付注册费。这些重复性的费用、颇带任意性的费用，结果大大挫伤了这些公司贷款的积极性。

信息问题 信息问题在中国一些金融市场上比较普遍，对民营企业而言，这种问题尤为严重。民营企业就是在这种不良的政治和经济氛围中发展了20年，只是到最近，这种现象才有所改观，民营企业开始拥有了和国有经济一样的地位。过去，一些民营企业为了发展，已使自己的身份模糊化，其中有许多民营企业为了便于经营以及从政府那里获得更好的待遇而纷纷以集体企业或外资企业的面目出现，结果是，由于它们没有清晰的所有权和管理组织，因而常常给它们的借贷带来了困难，使问题更糟的是，银行没有这方面的措施以及对收集和处理这些相关的信息无能为力，因而民营企业的贷款难问题难以缓解。

现在，金融机构和民营企业间的相互作用还不明显，金融体系和会计体系的资料在它们之间还不能共享，企业通过回避开正规的会计体系或者同时做几本账，银行就无法对企业的资料进行监督和审计。当然，银行也不情愿接受企业那些不可信的经营状况的证明。

最近，中国的会计法进行了重新修订，其中明文规定：每个企业只能有一本账，其目的就是解决这样的问题。最近，中国的央行规定：企业借款人再借款是要在国家数据库进行登记，这将使中国国家数据库拥有更多的信息，同时，这也将抑制那些信用不好的企业用同一笔担保而获取多笔贷款的现象发生。

三、民营企业融资问题的政策措施

民营企业外源性融资能力的提高,是一个漫长的过程,它需要全社会的一致努力,从企业的角度来说,提高其管理透明度,明晰其所有权归属至关重要;从政府的角度来看,建立和保证一个公平的经营场所,制定一系列鼓励民营企业借贷行为和投资于民营企业的政策措施的作用不可小视。

强化银行在民营企业借贷方面的鼓励性措施。其中,一个重要的步骤就是通过引入民营产权和加强竞争来强化银行的利润动机。目前,实体经济领域和金融领域的所有权结构并不互相匹配,事实上,民营的银行所有权也并不存在。未来中国即将成为 WTO 成员国,从这个角度来看,加入 WTO 后,中国的金融领域将对外国金融机构开放,因此,中国政府应该允许国内的民营金融机构介入金融领域。为了减少在管制方面的疑虑,在开始阶段,中国应该对民营金融机构实行更加严格的市场进入和谨慎的资格审查。

民营金融机构将不太会受到国家政治因素所左右,其经营将更多的服从于利润导向,这样,新的民营银行将把主要精力集中在尚未开发的市场领域,特别是那些小型公司和刚成立的企业身上,目前,这种类型的企业数目在中国民营企业中占大多数。这些民营金融机构将不会歧视现有的顾客关系,它们将在市场上塑造自己的形象,并会不断创新,以各种新的方法开展业务。

在可预见的时间内,大型国有的银行将主导中国国内金融市场。强化这些大型国有银行的利润动机将会使民营企业的贷款机会增加,成立合资银行、上市以及与外资金融机构建立战略性合作关系就是达到这种目的的几种方法。

继续推进利率自由化的进程。有证据表明:为了提高民营企业的贷款能力,有必要继续推进利率的自由化进程,该措施对民营企业的贷款成本也不会造成多大的影响。目前,大部分已经获得贷款的那些民营企业事实上都支付了比央行公布的利率高出好多的实际利率;同时,企业家们还表明获得贷款对他们来说比支付高额的融资成本重要得多。

允许银行征收交易费。贷款银行发现向民营企业贷款常常面临着较高的交易成本，因为民营企业大多数规模较小，银行对它们的情况也没有国有企业那么了解，因此，如果银行的这些成本支出不能得到弥补的话，民营企业就必然受到歧视。相反，通过征收交易费，就会刺激银行考虑小型民营企业的贷款请求，培养银行以服务为导向的服务意识，促使更加透明的、更加健全的会计标准的建立。

开发更多的借贷方式，如租赁（leasing）和保理（factoring）等。租赁和保理业务目前在中国尚处于发展阶段，但是，它在担保条件不满足的情况下非常有用，比如采用租赁方式，担保的执行就比较容易了。

然而，租赁在中国面临诸多难题：长时间的租金拖欠难以解决；会计标准模棱两可；其他来源的资本投融资面临不公正的管制环境；基金问题长期悬而未决。最近，一个令人高兴的措施就是中国新的合同法中增加了金融租赁这一章内容，无论是从全国范围来看还是从区域范围来看，这都是头一次在法律中对金融租赁这一基本原理作出规定。然而，一项普通的司法规定并不能替代一项专门的租赁法，在中国，民营企业的租金拖欠和租赁渠道畅通等问题尚十分普遍。为了解决上述有关租赁问题，一项专门的租赁法将必不可少。

保理业务（factoring），即公司将自己的应收账项转售给某金融机构，由其代为托收账项的活动，这时，金融机构就被称作保理人（factor），通过这种办法企业就将账上债权贴现为现金，从而可以提高企业资金流动性。新的合同法对此也作了相关规定，这使得在不经过债务人同意的情况下，合同义务的履行和合同权利之间可能产生分离，该合同法的这一规定将对保理业务的发展产生一定刺激作用。

创设能促进民营股票市场发展的政策环境。目前，中国的民营股市正处于发展的萌芽时期。事实上，离岸的风险投资基金在企业启动时期的作用会大大高于国内基金的作用。目前，由于中国政府已经认识到民营股票市场在发展高科技方面的重要性，所以，中国政府已采取了一系列的措施以刺激民营股票市场的发展，与此同时，中国也在准备制定有关风险投资和投资基金的法规。目前，在建立民营股份基金的组织结构方面，中国还没有相应的管制规则,中国常称这种基金为"产业投资基金",其结果,基金兜售者常常建立有限责任公司作为投资的主体,这样,它们就必须遵守公司法的约束,因而,它们就必须遵守公司法的规定,不得将超过其资本额50%的资金投资到其子公司或者其他法定实体中去。

在建立中国民营股权基金以前,在法律方面须做好这样几件事情:首先,最重要的几个与基金的法律组织机构密切相关问题有:设立基金经理;委托人有必要保证投资人的利益免受基金经理机会主义行为(adverse actions)的影响;为了避免双重税负,有必要做好税务管理。其次,中国民营股市的发展也取决于投资者运用多样化投资工具进行投资组合的能力。然而,中国缺乏发行不同种类股票和"准股权式证券"(quasi-equity securities)规定,这无疑影响了民营企业在它们融资安排上的灵活性。

提高民营企业对公众股市的介入。股市的退出机制是否健全是制约民营股市健康发展的一个关键因素。从这个角度来看,中国民营股市的发展在很大程度上取决于公众股市的状况。实际上,对民营企业来说,中国的公众股市基本上对它们是不开放的。2000年3月份,中国的证监会发布命令取消企业上市时的有关配额制度,这意味着中国的民营企业将有更多的机会通过公众股市获取长期融资。要想进一步提高民营企业对公众股市的介入程度,还有两个办法可以借鉴:一个是扩展投资者退出股市的范围;另一个是放松上市的资格限制。

2001年,中国将建立"二板市场",它将加强投资者上市前的退出机制的管理,这将对民营股市的发展产生深远影响。对新的小型民营企业来说,二板市场拟议的上市规定将会大大放松,因为公司过去的赢利历史并不作为其上市与否的必要条件,同时,企业上市的资本金也将从3000万人民币(折合360万美元)降为2000万人民币(折合240万美元)。尽管这一最低资本额尚值得商榷,但是,这不啻是一种进步。

四、结论

中国宏观经济数据以及我们的调查表明:在过去的10年里,中国的民营经济的飞速增长基本上是靠内源性融资取得的。国际经验证明，光靠内源性融资渠道，企业的发展将难以为继。随着公司规模的扩大和日益走向成熟，外源性融资渠道的重要性将会大大增加。

提高民营企业的外源性融资能力不仅需要企业自己的努力，而且需要地方政府和中央政府以及金融机构等各方面的通力合作，转变它们的经营理念和管理方法。如果要想让民营经济这个"发动机"不停地运转，这样的转变将显得十分的迫切和必要。但是，这三方面的工作并不是彼此孤立的，相反，它们是相互促进和互相作用的，一个良好的借贷人、一个运转正常的金融机构以及一个好的管理框架，三者缺一不可。毫无疑问，随着中国民营企业外源性融资渠道的拓展，中国的民营企业将会继续在经济转轨和经济增长中再领风骚、再创佳绩。

入世后中国应对国际资本流动的政策选择*

张晓朴 著　　王武龙 译**

一、引言

国际资本流动为证券投资多样化及分散投资风险提供了机会。在古典经济学中，资本的自由流动使储蓄在全球范围内进行更为有效的分配，使资源得以流向最能发挥其效用的地区和领域（Fischer, stanley, 1998; Eichengreen, Michael Mussa, etc., 1998）。然而，一些经济学家指出，信息不对称是资本市场的一个关键性特征，这一特征使资源有效分配大打折扣（Stiglitz, Joseph E, Andrew Weiss, 1981）。实证研究发现，一旦考虑到其他方面所产生的影响，那么，资本项目自由化对于经济增长就并没有产生十分显著的积极

---

* 本文原载于《经济社会体制比较》，2002 年第 4 期、第 5 期。本文是作者在美国斯坦福大学亚太研究中心做访问学者时撰写的一份英文研究报告。作者特别感谢劳伦斯·J. 劳教授在本文撰写过程中的悉心指导及其提出的宝贵见解。作者还要感谢罗纳德·I. 麦金农教授、尼古拉斯·C. 霍普教授以及国家外汇管理局局长郭树清研究员的评论与指导。韩明智先生以及南希·洛夫兹、贾森·克林菲尔德、孙明春、周丽、尤米·奥诺雅玛、严明在研究过程中提供了很多帮助，作者在此致以深深的谢意。本文仅代表作者个人的看法，不能理解为反映了国家外汇管理局或斯坦福大学亚太研究中心的观点，文中的任何不妥之处，均由作者本人负责。文章由王武龙负责翻译。

** 张晓朴，中国银监会政策研究局副局长、研究员，美国斯坦福大学亚太研究中心访问学者；王武龙，全国哲学社会科学规划办。

效果（Rodrik，Dani，1998；Carrasquilla，Alterto，1998）。过去10年的大量经验使我们认识到资本项目自由化可能使经济风险急剧增加，并且可能导致个别国家爆发金融危机（Williamson，John，1999；World Bank，1998）。如今，人们在这些方面日益形成共识：只有在包括宏观经济平衡和审慎的银行监管与调控在内的所有其他因素都是安全的情况下，资本项目管制才能完全放开（Mckinnon，Ronald I，1993）。

自20世纪90年代以来，大量的国际资本流入和流出中国。资本项目管制已成为中国管理资本流动的最重要的政策之一。本文将集中讨论这一问题，同时也将涉及到货币政策。资本项目管制在本文中既包括对货币交易的限制，也包括对跨国商业交易的限制。在计划经济条件下，外汇管理为分配外汇提供服务，此时外汇成为一种稀缺资源。自90年代以来，随着市场经济的发展，资本项目管制已经成为一种重要的宏观经济管理工具。相对封闭的资本项目管制使中国经济远离了1997的亚洲金融危机（Ariyoshi，Akira，Karl Habermeier，Bernard Lauren，etc.，2001）。1996年12月，人民币实现了经常项目下可兑换，而对资本项目实施管制。中国目前的资本项目管制是适度有效的，但国外直接投资（foreign direct investment）几乎是完全可兑换（completely convertible）的。

2001年12月11日，中国成为世界贸易组织的一员。中国加入世界贸易组织将在无形中加大中国资本项目管制的难度。在这种背景下，一些经济学家和政府官员声称中国应该促进资本项目自由化。在分析了过早实行资本项目自由化所带来的巨大风险的基础上，本文得出的结论是，中国应该继续实行资本项目管制。为了应对加入世界贸易组织后所面临的新的挑战，中国应该改进资本项目管制的方法，采取间接管制方法或以市场为基础的管制方法来提高资本项目管制的效率。本文建议中国应该考虑针对短期资本流动征收登记费；加大外债登记管理的力度；加大对银行系统审慎监管的力度；建立实时的电子管理系统等。不过，资本项目下的完全可兑换应该是中国的最终目标。本文强调中国应该以一种规范的、有序的、渐进的方式逐步放开其资本项目管制。

二、中国外资流入的总量与结构

中国在20世纪80年代初期已经实行了对外开放政策，自那以后，涌入中国的国际资本一直呈现增长势头。到2001年底，中国已经批准了390484家外资企业，国外直接投资总额已达3954.7亿美元。截至2000年底，海外发行的股票总额已达452亿美元。按照新的外债统计口径（updated statistical definition）统计，中国的外债余额2001年6月底总计达1704.1亿美元。大量的资本流入支持了中国的经济增长并且改善了中国的对外收支平衡情况。特别值得一提的是，国外直接投资的涌入对提高工业生产能力、拓展就业机会、扩大国际贸易、增加财政收入作出了贡献。与80年代相比，国际资本流入在90年代增长更快。资本项目余额（capital accounts balance）在90年代的绝大多数年份里都保持大量顺差。

可以将影响国际资本流入的因素归纳为内部因素和外部因素两个方面。就中国来说，导致国际资本流入的内部因素主要体现在以下几个方面：1990年以后中国更为雄心勃勃的市场经济改革计划；持续的经济增长；廉价的劳动力、原材料、土地和其他生产要素；中国针对国外直接投资而实行的优惠政策。导致国际资本流入中国的外部因素是美国、日本和许多欧洲国家90年代初期的经济衰退以及这种衰退所造成的世界利率的大幅度下调。中国的内部因素在吸引国际资本流入方面无疑是重要的，但是我们也应该强调导致国际资本流入中国的外部因素所起的作用。在90年代初期，外部因素似乎是国际资本流入中国的重要推动力。支持这一看法的论据之一是：同一时期，许多新兴经济体也有国际资本大量涌入（Calvo, Guillermo A. Leonardo Leiderman, and Carment M. Reinhart, 1996）。

中国在利用国际资本方面保持了合理的结构和期限（composition and maturity）。资本流入绝大部分采用国外直接投资的形式（参见表1）。在流入中国的国际资本里，证券投资相当少，并且外债增长适度，更值得注意的是，2000年外债还有所下降。这一特征与绝大多数拉丁美洲国家相比形成了鲜明对照。在拉丁美洲，绝大多数国家的国际资本流入在很大程度上依赖于证券投资和外债。为了加强对外债的风险控制，中国在2001年11月份就根据基于国际标准的外债登记系统采取了更加谨慎的统计方法。调整后的外债统计口径包括在中国的外国金融机构所借的外债、中国金融机构所吸纳的离岸存款、3个月内的对外贸易信贷。与此同时，国内机构向在中国的外国金融机构所借债务不再计入外债统计。剩余偿还期不到一年的中长期外债被划归短期外债。按照外债的新的统计口径，截至2001年6月底，中国中长期外债总计达1128.8亿美元，短期外债总计达575.3亿美元。短期外债金额对整个外债总额的比率为33.8%。短期外债金额对整个外汇储备总额的比率为31.8%（见表1）。这种状况是很好的，处在安全范围内。

表1　中国资本流入的构成　　　　　　　　　　（百万美元）

年度	国外直接投资	证券投资	外债净流入	外债余额
1982	430	41	—	—
1983	916	153	—	—
1984	1419	942	—	—
1985	1956	3049	—	15830
1986	2244	1608	5650	21480
1987	2314	1191	8720	30200
1988	3194	1216	9800	40000
1989	3393	140	1300	41300
1990	3487	0	11250	52550
1991	4366	565	8010	60560
1992	11156	865	8760	69320
1993	27515	5042	14250	83570
1994	33787	4493	9240	92810
1995	37736	1803	13780	106590
1996	42350	3354	9690	116280
1997	45278	9230	14690	130970
1998	45463	1899	15070	146040
1999	40412	1808	5790	151830
2000	40772	7814	-6100	145730

资料来源：中国国家外汇管理局：《中国2001年度国际收支平衡报告》（有关外债的数据是根据过去的统计方法计算出来的，当前最新的数据不便用旧的统计方法来计算）。

资本流入的风险可以通过掌握经济运行的基本规律及执行有效的管理政策而得到很好的控制。例如，较高的国家储蓄率和快速增长的居民储蓄率，使得银行不再倾向于通过借入短期外债来向国内贷款，而这一点恰恰是导致泰国爆发金融危机的重要因素之一。颇为值得称道的是，中国关于外国资本的有效管理政策可能在很大程度上起到了决定性的作用。其中，资本项目管制是一项基本政策。时至今日，绝大多数资本项目交易仍然处在有效的管制之下，这是中国经济不易受到亚洲金融危机冲击的最基本的也是最重要的原因。资本项目管制的作用可以通过以下事实得到证明：

第一，资本项目管制有效地限制了短期资本（热钱）的流入，减少外部冲击对中国经济稳定的负面影响。正如表1所显示的，资本流入的结构有效地倾向于长期资本，资本流入的总量也受到有效的控制。这一事实与对拉丁美洲进行实例研究所得出的结论是大不相同的（Edwards, Sebastian, 1999）。中国的长期资本流入也与没有实行资本项目管制的东亚其他国家及东南亚国家形成了鲜明的对比。

第二，使人民币利率可以维持在低于国际利率的水平上，从而使中国央行实行独立的货币政策。这对中国来说是极其重要的，因为这使得中国在亚洲金融危机期间能够通过降低利率来抵挡因通货紧缩而带来的压力，还能够通过降低利率来扩大内需刺激消费进而促进经济发展。如果没有资本项目管制，中国将很难通过降低利息来消除通货紧缩。1999年6月10日，人民币一年期存款利率下调至2.25%。1999年3月9日，美元在中国的一年期存款利率上调至4.4375%，而且到2000年9月21日又进一步上调至5.5%。人民币一年期存款利率和美元一年期存款利率之间的差额竟然高达3.25个百分点。如果中国没有维持有效的资本项目管制的话，那么，受不同币种之间同类存款利率差的驱动，中国的人民币利率将会比美元利率要高得多，因为在亚洲金融危机期间，人民币存在很强的贬值预期。事实上，在整个90年代，除了马来西亚和新加坡以外，绝大多数东亚和东南亚国家在取消资本项目管制后都不得不长期保持高于美元利率的本币利率。

第三，资本项目管制连同汇率政策及货币政策减少了因资本流入而引起的实际汇率升值。实际汇率的稳定有助于经常项目的平衡，因此，可以保持经常项目出现顺差。虽然从 1990 年到 1997 年人民币的实际有效汇率（REER）有所升值，但是总体来说，在整个 90 年代，人民币的实际有效汇率还是相对稳定的。特别值得一提的是，自 1997 年以来，由于人民币的通货膨胀率很低，所以人民币的实际有效汇率实际上已经有所降低。如果没有资本项目管制的话，大量的资本流入将会导致比较高的通货膨胀率，进而导致人民币实际有效汇率大幅升值。人民币实际有效汇率保持适当水平有助于在世界市场上保护中国出口产品的国际竞争力。自 90 年代以来，很多东南亚国家由于资本的过度流入导致实际汇率大幅升值，从而出现了数目巨大的经常项目逆差。中国的经常项目顺差与许多东南亚国家经常项目下的巨额逆差正好形成了鲜明的对照。

最后，也是最重要的一点，资本项目管制大大降低了中国爆发金融危机的概率。这一点是最重要的。资本项目管制大大降低了中国受国际金融体系不稳定性感染的可能性。与韩国和泰国相比，中国的银行部门和企业部门都似乎并不比这两个国家好多少。然而，在中国，大量的资本流入以一种无形中促进通货膨胀的形式提出了金融稳定的问题。为了减少由于外国资本大量流入所导致的人民币名义汇率上升的压力，中国中央银行不得不在资本市场上购买外汇。1993 年以后，中国的外汇储备急剧上升，并且同样数量的基础货币也相应地印制出来。1994 年，75% 的基础货币通过外汇占款渠道发行。为了抵销基础货币发行量增长所带来的通货膨胀的压力，中国人民银行及时撤回了对商业银行的再贷款，因此将通货膨胀率维持在可以承受的水平上。虽然在 1995 年、1996 年、1997 年这三年时间里，基础货币通过外汇占款投放的百分比分别高达 64%、45%、81%，但是中国人民银行通过撤回对商业银行再贷款等对冲操作，将通货膨胀率控制在一个很低的水平上，成功地保持了物价的稳定。

中国的资本项目管制经历了亚洲金融危机带来的挑战。1998 年，由于受到强烈的人民币贬值心理预期的驱动以及受到人民币与美元之间利差缩小甚至于出现利差倒挂情况的影响，非法套汇和资本外逃现象十分严重。为了应对这些挑战，全国人民代表大会常务委员会修改了刑法，增加了关于外汇诈犯罪的条款。对外汇欺诈罪最严厉的惩罚是判处无期徒刑，予以终身监禁。在国务院的领导下，中国人民银行和国家外汇管理局明显加强了对资本项目管制的执法力度，特别是大大加强了资本项目交易的审批和登记。通过运用电子网络系统，监测管理机构大大提高了对经常项目交易进行审核检查的有效性。1998年7月10日，中国人民银行与国家外汇管理局通过检查进口申报表的形式对上半年金额在20万美元以上的进口支付进行了有效检查。这次检查发现了13800多份伪造的进口申报表，总计金额达110亿美元。以上加大执法力度的种种努力有效地减少了非法套汇逃汇活动，稳定了对外收支平衡。不过，一些重要的政策在亚洲金融危机期间还是受到了一定的影响，其原因之一，就是心理预期与价格之间的落差会一定程度地削弱资本项目管制的有效性。为了迎接新的挑战，监测管理机构还需要更加严格地加强执法。

三、中国资本项目管制现状分析

为了勾画出中国资本项目管制的完整轮廓，本文按照国际货币基金组织《汇兑安排与汇兑限制年报》中的分类标准，将目前涉及资本项目交易的有关法规条例逐项进行了梳理。有充分的证据表明，有关资本项目管制的法律条文与其实际效果之间存在着显著的差异（Edwards，Sebastian，2000）。中国资本项目管制的实际效果值得认真研究。可以将资本项目管制的实际效果划分为从0到3这四个等级，0代表没有管制或管制无效；1代表轻度有效；2代表中度有效；3代表完全有效。虽然将资本项目管制的实际效果具体划入某一等级时难免会带有主观色彩，但是，我们试图用几个重要的事实来为每一笔具体交易的评估提供根据。首先，有没有一套涉及每一笔具体交易的、明确的、统一的、可付诸实施的法规条例。其次，监督管理机构怎样很好地执行这些法规条例。再次，每一笔具体交易的批准情况是否与确实可靠的鉴定情况相接近，监督管理机构如何经常性地不批准这类申请。第四，法规条例在实际操作过程中特别是在亚洲金融危机过程中怎样严重失灵。

下面一些例证可能有助于说明就资本项目管制的实际效果划分等级在具体操作过程中所产生的作用。资本项目管制在境外居民购买房地产方面的控制效果等级为0，因为这方面的执法是极其薄弱的，仅就目前的法规条例来说，只对那些被允许出售房地产给境外居民的人构成限制。资本项目管制在境内居民向境外居民提供商业信贷方面的控制效果等级为1，因为出口者可以提供贸易信贷给境外居民以便呈送出口检验部门，而且也没有关于银行向境外居民提供商业信贷的规定。资本项目管制在对外借款方面的控制效果等级为2，因为：（1）外资企业的外债并不属于优先审批的范围；（2）在亚洲金融危机过程中，发现有相当数量的外债属于未登记的外债。资本项目管制在通过境内居民出售和发行公债或其他债券方面的控制效果等级为3，因为：（1）在海外发行公债属于优先审批范围；（2）监督管理机构在这方面加强了执法力度。根据法规条例的执行情况及其所产生的效果，可以将中国资本项目管制的基本特征概括如下：

第一，中国对资本流动仍然实行较广泛的行政管制，这种管制效果为中等偏上。中国绝大多数资本项目交易要受到行政管制，这种控制方法限制了资本项目交易，并且，或通过完全禁止的方式，或通过明确的数量限制，或通过相关的审批程序，限制了资金的相关支付和转移。在过去的几十年里，这种行政控制能力被证明是相当强的。根据国际货币基金组织对资本项目交易的详细分类，中国的资本项目管制涉及36项交易。分析结果表明，三分之二的资本项目管制比较有效，三分之一的资本项目基本无管制或管制效果甚微。根据各项交易的资本项目管制效果来进行测算，可以得出中国资本项目管制效果的平均值和中间值分别是1.92和2。按照上述从0到3这四个等级来进行分析，平均值和中间值分别是1.92和2，说明中国资本项目管制总体效果为中等偏上，外汇管制部门的行政管理能力较强。这一事实一方面说明，宣称资本项目管制无效的悲观主义是没有根据的，另一方面也说明中国的资本项目管制也并不像外界所评论的那样严格。特别需要指出的是，在中国的资本项目管制所涉及的所有36项交易中，有11项交易，或者说有30.6%的交易基本无管制或管制效果甚微，其中有6项交易没有管制或管制无效。这6

项交易包括内部直接投资及结算,境外居民购入和售出房地产,以馈赠礼品的方式所进行的交易,境内居民与境外居民之间的捐资、赠与和继承遗产等。

第二,证券投资和外债受到较为严格的行政管制,国外直接投资已经接近可兑换。对国外直接投资的管理,目前主要是产业政策的指引,这些产业政策规定了哪些属于应该鼓励的项目,哪些属于应该限制的项目,哪些属于应该禁止的项目。外汇管理上只是真实性审核,外资企业的利润属于经常项目交易,提交有效证明(完税证明、董事会利润分配决议等),可以直接在外汇指定银行直接支付。国外直接投资、撤资、清算没有限制。但是境外投资者进行人民币A股证券投资及基金投资是受到严格限制的。自2001年2月19日起,B股证券投资既向境外居民开放也向境内居民开放。这无形中增加了将来对证券投资进行管理的难度。中国在外债方面实行较为严格的管制和余额控制。在控制外债余额总量和外债风险方面,外债登记已被证明是较为有效的。

第三,与长期外债管制相比,短期外债受到的管制要松一些。对外借款超过一年期限的,其贷款必须纳入国家利用外资计划之中。相反,获准从事对外借款的境内机构在短期对外借款方面是放开的。偿还期限为一年或一年以内的短期对外借款在核定的余额范围内无须获得批准。尽管其最初目的是通过减少审批程序为银行和企业提供方便,但这种管理政策所造成的实际效果是鼓励借贷短期外债,而不是鼓励借贷中长期外债。这方面的教训之一是一些国家调控政策,比如说韩国,经常导致刺激短期资本流入的效果(Rodrik, Dani. Andres Velasco, 1998)。

第四,与控制资本流入相比,控制资本流出的效果显得相对差一些。这一点通过亚洲金融危机期间中国资本流出大幅度增加这一事实可以反映出来。1997年以前,资本流出呈现为每年大约300亿美元有序流出的态势。这一数据在1997年激增为720亿美元。自1998年以来,资本流出已经提高到每年900亿美元。即使剔除统计误差等正常因素,资本流出的增幅仍然相当可观。虽然在这一时期,资本流入是相对稳定的,可是在资本项目余额方面,已从1996年的400亿美元顺差跌落到1998年的63亿美元逆差,跌幅达到国内生产总值（GDP）的5%左右。资本流出控制效果不佳还通过下列缺陷反映出来。(1) 对金融机构在境外购买证券、债券、货币市场工具及衍生产品交易的监管效果不佳。许多经验暗示我们，这方面的管理几乎是完全无效的。例如，一些中国公司蒙受严重损失，是因为非法从事衍生产品交易。(2) 对境内居民向境外居民提供信贷特别是金融信贷的立法和监管方面效果不佳。这个漏洞无形中为资本通过银行系统外逃提供了方便。(3) 通过境内居民向境外居民提供的抵押、担保、金融支持为其随时逃避监管提供了方便。(4) 境内居民对外直接投资和在海外购买房地产是没有经过管理机构批准的非法运作。(5) 资本外逃可能采取资本项目交易不开发票的形式。相反，资本流入控制与资本流出控制相比效果要好一些，这主要是因为：(1) 在中国可供选择的资本工具相对有限；(2) 资本流入基本上是属于债权人或投资者慎重考虑的问题，债权人或投资者相对倾向于遵守旨在保护他们基本利益的法规条例。一项政策即可暗示政府希望外国债权人或投资者在履行当地法规条例时需要采取更负责任的态度。

第五，外资企业比国内企业享有更优惠的政策。外资企业未获批准可以在外商投资合同总规模范围内向境外居民借款。对于其衍生的价值，外资企业无需事先获得批准，只需要在出口时登记注册就可以了。外资企业在开设外汇账户方面比国内企业要自由得多。目前的外汇政策允许外资企业持有相当数量的外汇收入，但是要求国内企业将他们的外汇收入存入银行。外汇政策上的差异招致国内企业的抱怨。由于受到有关外汇、税收等方面的优惠政策的利益驱动，一些假的或"空转"的外资企业成立了。为了使外资企业与国内企业在同一个平台上竞争，将来应该进一步推行国民待遇原则。最后，银行的监督管理是非常弱的。这一点正如我们将在本文的第六部分所要讨论的，对银行外汇敞口头寸的监管应该得到加强，并且银行有责任对企业和个人的资本流动履行其监管职能。

如同以上分析所表明的，虽然在过去的几十年里，中国的资本项目管制是适度有效的，但是仍然还存在相当多的需要加强和改进的地方。

四、入世后中国资本项目管制面临的挑战

加入世界贸易组织意味着中国将进一步融入全球经济,而且中国经济最终将从入世中获益。然而,入世也在许多方面为中国资本项目管制带来相当大的压力,特别要强调的是,外国商业银行竞争对我们提出了严峻的挑战。

(一)外国银行在中国入世后将发挥更重要的作用

截至2001年底,中国已有190家外资金融机构,其中包括158家外国银行的分支机构和9家支行。外资银行在中国的总资产累计达452亿美元。这个数字估计还会急剧增加。随着中国加入世界贸易组织,外资银行已获准向中资企业和居民开办外汇业务。在中国入世两年后,外资银行将获准向中国企业经营人民币业务,5年后将最终获准面向所有的中国客户经营人民币业务。对外国银行在所有权、经营组织机构方面的限制,包括在分支机构和许可证发放进行限制非审性措施,在中国入世5年后最终将被取消。外资银行的进入可能会提高国内银行系统的效率。更多的竞争将导致新的银行服务项目的产生和整个金融市场的全面拓展(Lau,2001a)。总体上看,外资银行的进入对中国银行业的发展来讲是一个积极的因素。然而,在接下来的几段文字中,我们将通过比较外国商业银行和中国国内的商业银行在资本管理方面所呈现的差异,来检验外资银行是怎样挑战资本项目管制的。

第一,外资银行无形中为资金的合法和非法的流动提供了更大的方便。外资银行在其母国乃至在整个世界都有着庞大的分支机构和复杂的支付体系。非法资金利用外资银行躲避资本项目管制相对会比较容易。比如说,一家国内公司正想方设法以各种理由将其出口创汇收入的一部分截留境外,可是又受到境内需要人民币作周转资金的限制,这时外资银行可以满足这种需求。外资银行可以通过其境外总部或兄弟支行帮助该公司开设海外账户存入外汇,同时以该公司海外账户上的外汇存款为担保在中国境内向该公司提供人民币

贷款。对外资银行来说，这是非常安全的贷款。外资银行可以通过提供这种稀奇的"服务"与这家公司保持稳定的商业关系。另外一种可能性就是国内公司在中国境内的一家外资银行存入830万元人民币，同时由外资银行的境外总部或兄弟支行支付100万美元到该公司的境外账户上。

第二，外资银行与国际资本市场有着更为紧密的联系，是境外投资机构的天然盟友。外资银行的扩张正在削弱境外资本进入的壁垒。例如，某境外投资者打算绕开中国的资本项目管制购买A股进行证券投资，这位投资者就可以很方便地将资金汇到中国境内的外资银行，并请这家外资银行将资金转贷给境内一家投资机构用以购买A股。表面上看，在外资银行与作为借款者的这家境内投资机构之间只是存在一种很普通的贷款合同关系，实际上是帮助境外投资者绕开了中国的资本项目管制。当股票价格上扬到理想价位时，境外投资者就会指示作为其境内代理人的这家境内投资机构抛售股票套现。其境内代理人再将这笔资金以"偿还贷款"的形式还给境内的外资银行，然后由境内的外资银行通过其境外总部或兄弟支行将本金和利润支付给境外投资者。这里的根本问题是，外资银行与其境外总部或兄弟支行之间频繁地进行跨境资金往来，而这种资金往来本身就是一种资本项目下的交易。对中国的资本项目管理机构来说，怎样把外资银行自身内部的跨境资金往来与其代理客户办理的跨境资金往来相区别，是今后所要面临的一项颇有难度的重要任务。

第三，外资银行的境外总部大多是全能银行。这些跨国银行通常都提供全部的金融服务品种。它们可以开展保险业务，认购证券，代表他人办理证券交易，帮助企业认领股票利息等。外资银行作为在中国经营指定外汇的银行，一方面应按照中国外汇管理部门的要求，对客户跨境交易进行监督审查，比如说，要将客户交易进行正确分类，要审查客户依照法规条例应该提供的文本、单据等；另一方面，又与境外的投资银行属于同一总部领导并且存在很多共同利益，当投资银行试图绕过资本项目管制部门，投资中国资本市场以赚取高额利润时，结果必然会使在华外资银行面临严重的"利益冲突"问题。如何保证中国境内的外资银行严格执行外汇管理政策，是中国外汇管理机构面临的又一重大挑战。不加强这方面的管理，中国资本项目管制的效果将会被削弱。由于国内商业银行多年来局限于开展投资银行方面的业务，所以监督管理机构也相应地缺乏监管全能银行的经验。

第四，外资银行可以提供各种各样的衍生产品。从国际经验看，外资银行进入一国开拓新的市场时为获得地方市场份额而采取的一项重要策略就是提供金融衍生工具。虽然衍生工具可以用来防范风险，但它同样可以用来逃避资本项目管制和银行审慎监管，在金融危机期间，它则会恶化国际收支的平衡状况（Garber，Peter M，2000）。例如，外国投资者为了投资中国 A 股市场，可以从中国居民手中购买离岸的股权掉期，从而绕开了监督管理机构对外国投资者设定的投资限制。

第五，在亚洲金融危机期间，外资银行的所作所为证明它们不一定是中国金融货币体系中的稳定因素。1997 年下半年，中国境内的外资银行在两个月内就提前收回 5 亿多美元的外汇贷款。部分外汇贷款是由外资银行向借款人提供人民币贷款后购汇偿还的。结果，外汇贷款大量减少，其中一部分转换成了人民币贷款。这些外资银行的动机是再清楚不过的，那就是避免违约风险，或者至少是避免汇率风险。一些外资银行，特别是日本的一些银行是因为总部出了问题。外资银行的本外币资产置换增加了外汇市场压力，对人民币的稳定造成了负面影响。1998 年，国家外汇管理局不得不颁布禁令，明令禁止为提前偿还外汇贷款而购买外汇。

还有一些更为严酷的事实发生在那些遭受金融危机的国家里。1997 年，当东南亚国家遭受金融危机的时候，设立在这些国家的外资银行纷纷撤离。外资银行在资本输入国遭受金融危机时雪上加霜的行为，现在已经成为东南亚国家限制外资银行进入时引用最为频繁的一条理由。1996 年到 1998 年这段时间里，当巴西本国商业银行的贷款额还在继续上升时，在巴西的外资银行贷款额却明显减少（Mathieson Donald J.，Jorge Roldos，2001）。然而，有人认为，在金融危机期间，外资银行的存在有助于银行系统的稳定，因为外资银行"允许居民在境内从事资本外逃"（Mathieson Donald J.，Jorge Roldos，2001）。也就是说，当金融危机爆发时，如果境内居民对国内银行的稳定性产生怀疑的话,他们可以将其外汇储蓄存放在本国的外资银行,而不必将外汇转移到境外,这一点有助于储蓄总额的稳定。但是外汇管理部门最好还是从另一侧面看到这一问题所造成的负面影响:外资银行将在无形中推动美元化进程,恶化外汇收支平衡。

中国加入世界贸易组织后,外资银行的机构、业务及市场份额的扩张将会使上述问题变得更加严重,中国资本项目管制的有效性也将因此而受到削弱。

(二) 中国外部经济平衡将变得更加不稳定

加入世界贸易组织意味着中国将进一步融入全球经济,如果中国不能在有限的时间里提高其国际竞争力的话,进口可能会超过出口,贸易平衡将会恶化。金融领域的对外开放将无形中增大资本流动的数量,同时加快资本流动的频率。而且,随着中国日益融入全球经济,外部经济震荡将更加迅速也更加直接地传递到国内,并对国内经济造成冲击。为了避免世界金融危机的传导效应,中国经济还要作更为充分的准备。如何防止国际经济不稳定性对中国经济发展造成损害,是中国资本项目管制面临的最为严峻的挑战。政府管理部门就汇兑制度安排进行决策时,应该考虑到如何应对最困难的局面。

(三) 上游管理机构的对外开放将会增加资本项目管制的实施难度

中国的许多外汇管制政策在操作上依靠诸如海关、对外贸易与经济合作部门等上游管理机构的密切配合。贸易自由化导致上游部门对外开放,使外汇管制失去了依靠,并且无形中破坏了资本项目管制的基础。例如,在中国加入世界贸易组织3年后,中国将根据入世时的承诺,取消对外贸易业务的行政审批程序。这意味着所有的外国公司和个人无需注册登记均可在中国从事进出口业务。外汇管理部门将会发现,对于未在中国注册登记的外国公司和个人,即使查出其从事资本外逃和骗汇套汇,也很难对其进行惩罚。所以,贸易自由化将会通过经常项目交易无形中增加资本外逃的可能性。

（四）以人工和行政审批管理为主的传统管理方法将面临严峻的挑战

中国加入世界贸易组织后，国际交易将会大量增加，预计到2006年对外贸易额将达到6000亿美元，并且外商直接投资估计将达到一年600亿美元。交易数与交易形式的增多将使手工鉴定和检查几乎无法进行。金融领域及资本流动更加活跃意味着不易察觉的资本流动将大量增加。严重依赖行政审批管理的管理体制将没有足够的力量去阻止非法资本的流入和流出，行政审批管理的有效性势必会受到严重削弱。

五、入世后继续实行资本项目管制的必要性

世界贸易组织本身并不要求成员均实行资本项目自由化。然而有一种观点认为，由于资本项目管制的成本太大，而且加入世界贸易组织势必会削弱资本项目管理的有效性，中国需要加速推进资本项目自由化。这种观点尽管可以理解，但是理论分析和各国经验表明，快速放开资本项目管制的风险和代价都很大，资本管制的成本应该与资本项目自由化的风险和代价相权衡。

（一）三元悖论

独立的货币政策、固定汇率、资本自由流动是三个不可调和的目标，在这三个宏观经济目标中，一个国家最多可以同时实现其中的两个（Krugman，2000）。托宾认为，在资本流动性很强的情况下，即使浮动汇率体制也不能保证货币政策的独立性（Tobin，1978，1997），因为此时的货币政策事实上已变成汇率政策。货币政策扩张的刺激完全依赖于汇率下浮及其对贸易平衡的影响。在实际中，货币政策如何影响汇率波动以及汇率贬值如何影响贸易平衡都是很难确定的。况且，在开放性经济背景下，货币政策是一项"以邻为

擎"的政策,一个国家的扩张刺激往往是对另一个国家的紧缩冲击,所以,货币政策的独立性将因其他国家的反对而受到限制。

在独立的货币政策、固定汇率、资本自由流动这三个宏观经济目标中,哪两个目标最重要取决于一国的经济规模、发展阶段及对外经济的依存度(Lau,2001b)。作为一个大国,中国显然需要保持独立的货币政策。汇率的稳定对于实质经济的发展和国内物价的稳定也是极其重要的。在资本自由流动的情况下,国内和国外冲击都将导致汇率大幅波动,这对中国来说可能难以承受。事实上,从各国汇率的实际变动情况看,目前世界上只有美元、日元、欧元、澳大利亚元实行的是真正的自由浮动汇率。由于种种原因,大多数国家的货币都"害怕浮动"(Reinhart,20000)。此外,中国现存的金融体系和不成熟的外汇市场也难以支撑自由浮动汇率。

(二) 银行过度借贷症

银行储蓄因为与公众利益密切相关,所以通常都享有或明或暗的政府担保。政府担保使银行在评估风险时往往会撇开损失分布,因为银行相信损失最终将由政府承担(McKinnon & Pill,2001)。结果就会导致银行对将来的受益预期过于乐观,从而出现过度放贷情况。工业化国家的作为贷方的金融机构过去经常得到政府和国际组织的救助,因此也常常存在道德风险。如果国内银行可以不加限制地自由进入国际资本市场,那么这些银行肯定会过度借入大量的外债。在现实中,投资的实际收益通常不足以偿还银行贷款和外债,因此,银行过度借贷的规模越大,本国经济遭受金融危机的可能性就越大。事实证明,在对银行监管薄弱,不能完全消除道德风险的情况下,资本项目管制可以很好地限制银行的道德风险(McKinnon,2001)。亚洲金融危机的教训之一就是,在本国金融体系存在强烈的政府担保,银行监管薄弱无力的状况下,过早地实行了资本项目自由化(Kaminsky & Reinhart,1999)。这种体制导致银行过度借贷的情况越发严重,风险也急剧增大,最终与其他因素一起导致了亚洲金融危机的爆发。

中国银行业虽然发展很快，但是实行商业化运作毕竟还不到 8 年时间。由于享有绝对的政府担保，因此国有商业银行还存在较高的道德风险。银行部门的自律意识还相当欠缺，整个金融体系还缺乏信用文化，因此，银行部门需要进一步加强监管，审慎的贷款分类和会计标准也需要逐步建立。在目前银行体系尚不成熟的情况下，中国的银行系统如果缺乏外汇管制的制约，过度借贷问题将十分危险。

（三）短期资本流动的风险

第一，短期资本流动具有很大的波动性和顺周期（pro-cyclical）特征。在经济正常运行，投资者有利可图时，短期资本投资呈上升态势；一旦经济出现波动，投资者会迅速撤回，从而造成短期资本投资急剧下跌。短期资本的根本问题是工业化国家的投资者和银行对资本输入国没有足够的信心，长期投资会带来比较大的风险，因此不愿进行长期投资或发放长期贷款。在这种心理的驱使下，短期资本随时准备进入也随时准备撤出，经常出现超调。在经济繁荣时期，短期资本会大量涌入，使正常运行的经济产生出许多泡沫。一旦资本输入国经济中稍有不利的信息传出，资本市场上的短期投资者就会迅速作出反应，导致短期资本集中撤出，撤出的过程会自我强化从而造成货币或金融危机。大量事实证明，短期资本总是在资本输入国经济处于最困难时期突然撤走，使其经济状况更加恶化。例如，在遭受亚洲金融危机的国家里，如印度尼西亚、韩国、马来西亚、菲律宾、泰国，1996 年证券投资净流入 124 亿美元，金融危机爆发后，1997 年证券投资净流出 43 亿美元（Williamson，1999）。据统计，发展中国家 1997 年短期外债净流入 435 亿美元 1998 年短期外债净流出 850 亿美元（参见表 2）。达斯古普塔和拉瑟运用 33 个发展中国家的数据进行计量分析后发现，发展中国家短期外债增长与国内生产总值（GDP）增长的关系显著成正比，短期外债对国内生产总值增长率的弹性系数为 3.4（Dasgupta & Ratha，2000）。通过分析国内生产总值增长及贸易条件方面的冲击，他们发现短期资本流动对经济的冲击是顺周期的，在经济受到不利冲击时,顺周期特征表现得更为明显。所以,短期资本流动并非有助于熨平经济周期,而经常是在经济繁荣时使其更加繁荣,制造大量泡沫,在经济崩溃时使其加速崩溃,雪上加霜。认为资本项目自由化有助于平滑消费和投资的观点是很值得商榷的。

表2 发展中国家的短期资本流动情况(10亿美元)

国家或地区	1997年	1998年
发展中国家	43.5	-85.0
东亚及太平洋地区	0.8	-68.0
印度尼西亚	1.1	-11.8
马来西亚	3.4	-5.3
韩国	-8.0	-29.9
泰国	-6.9	-15.1
拉丁美洲及加勒比海地区	24.1	-5.7

第二,短期资本流动既会产生微观风险又会产生宏观风险。首先考察一下商业银行和中央银行简化的资产负债表(参见表3)。在商业银行简化的资产负债表中,负债方是商业银行吸纳本币储蓄和国际资本流入,资产方是商业银行对私营部门的贷款和按一定百分比存入中央银行的准备金。在负债方记录"国际资本"而不是外债的原因是它包括居民和非居民的外汇储蓄、非居民持有的B股投资资金等非外债项目。即使商业银行不从事证券业务,银行系统的外汇流动也仍会受到资本市场波动的严重影响。在中央银行简化了的资产负债表中,负债方包括货币和商业银行的准备金,资产方包括贴现贷款和外汇储备。为了简化表格,在商业银行和中央银行的资产栏中省略了国债。

流动性转换是银行的基本功能之一。长期资产和短期债务的组合自然会导致期限的不匹配,银行不可避免地要承担一定的流动性风险,这就是商业银行面临的微观风险。如果一家商业银行的本币业务存在严重的流动性问题,就像许多国家所发生的那样,这家商业银行就有可能破产。然而这种微观风险演变为宏观(系)风险的可能性比较小,因为中央银行作为发行货币的银行有能力提供本国货币，充当最后贷款人。虽然期限不匹配所导致的微观风险对于本国货币和国际资本来说是一样的，但是国际资本流入有可能产生宏观风险。如果国际资本突然从银行系统大量撤走，不但单个的银行会倒闭，而且整个银行体系都有可能出问题，因为中央银行只能靠有限的外汇储备和准备金救助商业银行，中央银行自身不能印制发行外国货币，不能充当外国货币的最后贷款人。问题的严重性很容易超过中央银行所能承受的界限，宏观风险就此产生。此处的核心问题是外汇储备作为中央银行的一种资产是有限的，它与作为中央银行主要负债之一的本币相比要少得多，因为从一定意义上说，本币可以是无限的。

第三，短期资本流入会导致外汇市场的突然崩溃。短期资本流入有很大的波动性和突然撤出的特征，这两者都容易造成外汇市场形势的急剧恶化。短期资本突然集中撤出会导致本国货币的大幅贬值，引发货币危机。

最后，发展中国家很难把外国短期资本流入可控制地变为可用的长期资本，短期资本开放对发展中国家好处不大。经济学的理论可以证明自由贸易和外商直接投资对资本流出国和流入国有益，但是目前还没有很令人信服的经济学理论可以证明短期资本同样对于流入国有益（Lau，2001b）。

表3

商业银行			
资产		负债	
在中央银行的存款	人民币	活期存款	人民币
人民币贷款	人民币	定期存款	人民币
在中央银行的存款	美元	短期国际资本	美元
外汇贷款	美元	中长期国际资本	美元
商业银行			
资产		负债	
贴现及放款	人民币	流通中的货币	人民币
外汇储备	美元	商业银行存款	人民币
		商业银行存款	美元

(四) 资本市场存在信息不对称

古典经济学关于资本自由流动作用的分析是建立在资本市场充分有效这一假定基础上的。然而，现实生活中资本市场上存在着严重的信息不对称。这会产生三个方面的问题，即逆向选择、道德风险、羊群效应（Eichengreen，Mussa 等，1998）。由于信息不对称，银行在放贷时常常会按照平均的违约率来确定利率。这样的利率水平对保守的好的企业来说会显得过高，有可能会超过其投资回报率。因此，这些好的、低风险的借款企业由于难以承受高利率，因而很少能够得到（低成本的，合理利率的）贷款去对好的项目进行投资，相反许多高风险的企业由于愿意支付较高的贷款利率而能够得到贷款。同样道理，由于信息不对称，资本市场决定的上市价格对好的企业来说可能偏低，因此好的企业可能不愿上市。因此，银行和资本市场投资者就会产生逆向选择：选中的都是差企业和高风险投资。当投资的损失最终由银行或资本市场上的投资者承担，而它们又没有足够信息去监控借款人或上市公司时，就会产生道德风险。道德风险会诱使借款人或上市公司选择高风险的项目。一些亏损严重、资不抵债的公司甚至可能会产生投机赌博的心理，寄希望于依靠赌博行为来赚钱偿还债务。由于信息不对称，有些银行（投资者）在决策时会盲从其他银行（投资者），产生羊群效应。受逆向选择、道德风险、羊群效应的限制，资本市场的自由化不一定能更为有效地分配资源，在一定情况下甚至可能导致金融危机。

在过去的几十年里，虽然中国的资本市场已经获得显著的发展，但是完善资本市场必需的一些基础条件，诸如会计标准及其实施、信息披露及其完整性和透明性、破产程序、证券法等等都还有待完善。这些方面的欠缺是中国资本市场存在的主要问题之一。目前在尚未完全发育成熟的中国股票市场上存在着投机泡沫、赌博心理、资金使用效率低、公司治理机制不完善等问题，这些问题反映出中国资本市场上存在着严重的信息不对称问题。显然，提高中国资本市场上的信息透明度以及使国内资金的分配和使用效率最大化是当务之急。

（五）转轨经济中的资本外逃

中国正处在计划经济向市场经济的过渡时期，国有经济在整个经济体系中占据支配地位。在转轨过程中已经形成的非法收入或灰色收入正在寻找从中国外逃的机会。在条件尚不成熟的情况下过早地实行资本项目自由化，必将为国有经济的资本外逃提供方便，使国有资产流失问题变得更为严重。资本项目管制虽然还不能完全防止非法资本外逃，但是已被证明能够缩小非法资本外逃的规模。

国际上大量的经验和教训表明，资本项目的开放必须审慎进行。在诸如印度尼西亚、韩国、马来西亚、菲律宾、泰国、墨西哥、土耳其之类的许多国家中，过早地实行资本项目自由化是导致其金融危机的一个主要原因。近年来，成熟的金融体系作为资本项目对外开放的前提条件之一越来越受到高度重视。一个风险控制薄弱且监管不力的金融体系，在资本项目自由化后，会导致大量短期资本的跨境流动，引发很多严重的经济问题，甚至金融危机。艾肯格林和穆萨在一份报告中指出，有些国内的银行部门资不抵债时，就开放资本项目，这将是一个严重的错误（Eichengreen，Mussa 等，1998）。考虑到我国的经济发展阶段和银行体系中的问题，以及控制跨境资本流动风险的能力，中国显然不具备在短期内开放资本项目的条件。良好的国际收支平衡状况本身远不能支持资本项目自由化。

六、"入世"后中国对资本流动的管理

面对加入世界贸易组织后所带来的挑战，中国应该提高资本项目管制的方式和效率。应该鼓励和尝试以市场为基础的间接管制手段，通过提高资本流动的成本限制特定资本的流入。这种以市场为基础的间接管制手段可以采取很多种形式，包括对跨境资本流动直接或间接征税，对银行系统实行审慎

监管，采取双重或多重汇率体制等。以市场为基础的间接管制与直接管制相比危害较小。例如，采取对跨境资本征税这一间接管制手段可以让投资者自行选择投资工具和投资方式，因而使市场选择达到最大化，并且尽可能地减少行政干预（Dornbusch，1997）。采取调控银行部门的外汇敞口头寸这一间接管制手段，既可以达到对银行部门进行监管的目的，又不会妨碍银行系统发挥其为外汇交易提供服务和便利的特定作用。间接管制手段的运用将有助于获得必要的管理经验，使中国能够应对未来在资本流动管理方面所遇到的各种挑战。

然而，以市场为基础的间接管制手段也并不是包治百病的灵丹妙药。例如，审慎的政策并不能消除所有不必要的跨境资本流动和不必要的波动。时至今日，关于审慎的管制方法如何限制与资本流动有关的各种风险的证据还比较有限。罗德里克与维拉斯科认为，审慎的管制是说起来容易做起来难（Rodrik，Velasco，1998）。的确，在诸如美国、瑞典、日本这样发达的国家里，银行危机还时有发生。中国在选择资本项目管制方式的时候可以考虑遵循如下原则：第一，如果一种资本流动可以同时用直接和间接手段实现有效管制，应该尽量选择间接手段；第二，如果一种资本流动可以同时用银行的审慎性监管和其他非审慎性监管手段实现有效管制，应该尽量使用对银行进行审慎性监管的方法；第三，维持必要的直接行政管制。中国资本项目的主要管理目标应该是减少金融危机发生的概率和维护货币政策的独立，加入世界贸易组织后，中国可以考虑采取如下具体政策改进资本项目管理：

（一）根据管理目标，将国际资本划分为外商直接投资、证券投资、外债三大类，鼓励外商直接投资等中长期资本流动，限制证券投资和短期外债等短期资本流动

国际资本流动可以分为三类：外商直接投资、证券投资、外债。它们在偿还期限、外部性、风险等方面的特征不同（参见表4）。外商直接投资通常是基于公司的长期利益和长期战略规划，外商直接投资的清盘可能涉及到出售厂房和设备等，与其他形式的资本流动相比，它发生逆转的可能性低。在

发展中国家的历次金融危机中,外商直接投资与其他国际资本流动形式相比都要稳定得多,而且在总体上一直保持着稳定增长的态势。此外,外商直接投资可能给资本输入国带来更多的就业机会,还可能给资本输入国带来高新技术和管理经验,产生"溢出效应"。相反,证券投资通常是短期投资且具有很大的波动性。证券投资所带来的最大风险是,它可能导致金融市场的骤然崩溃,而这种骤然崩溃又有可能迅速引发金融危机。国际投资者通过证券投资把自己的资本投放到资本输入国,会在一定程度上支持资本输入国的经济增长。证券投资的外部性是它使得证券投资可以在国际范围内进行不同的投资组合(Bartram,Dufey,2001)。与外商直接投资和证券投资相比,外债的最大特征是需要偿还,它的偿还期限可以是短期也可以是长期,各种期限都有。自20世纪70年代以来,国际间的银行信贷与实际投资项目相脱离的现象越来越普遍,很多外债被用于非生产性活动。根据偿还期限不同,外债可以分为短期外债和中长期外债,正如前面所讨论的,短期外债具有极大的波动性,并且可能对经济发展造成严重危害。

表4 各种国际资本流动方式的区别

国际资本流动方式	偿还期限	风险	外部特征
对外直接投资	长期,稳定性强	用适当的行业准则规范其行为,基本无风险	可以扩大就业,引进高新技术,引入先进的管理经验
证券投资	短期,波动性大	有风险,可能导致金融市场的骤然崩溃	允许证券资金在国际上进行多种多样的选择
外债	有各种偿还期限	有风险,容易引发外债危机或金融危机	允许外债资金在国际上进行多种多样的选择

与大多数发展中国家相比,中国保持了较高的储蓄率(大约35%至40%)。不像一些拉丁美洲国家由于本国储蓄率低,明知短期外资风险大,也不得不冒险引入,中国对短期资本并无明显需求。中国目前的主要问题是,缺乏有效的投融资机制,金融体系和公司治理落后,资源的分配和使用效率低。过度吸收、无效利用外资最终会导致债务危机或金融危机。在不提供优

惠待遇的前提下，中国应鼓励外商直接投资。对证券投资应加以限制，但可以考虑引进某些可控制、可预测的资本市场工具。对外债余额要加强监测，限制短期外债。总之，应当鼓励中长期资本流动，限制短期资本流动。

（二）对短期外国资本流动征收登记费

对金融交易征税的思想可以追溯到凯恩斯时代。凯恩斯（1936）认为，征收交易税可以提高宏观经济长期基本面对股票定价的影响。金融交易税也可以使投资远离投机行为而趋向生产性投资项目。上个世纪五六十年代，美国和欧洲的货币政策独立性受到了国际资本快速流动的严重影响。1972年，托宾提出，"很显然，经济的发展需要一国保护货币政策的独立性，为此要减少资本市场日益国际化对货币政策的影响"。托宾自1972年以来一直倡导对短期国际资本流动进行征税，因此这种税也被称为托宾税。托宾建议"国际上统一实行征税，比如说，对货币汇兑交易统一征收1%的税款"，使得不同国家货币市场上的短期利率能维持一定的利差（Tobin，1972）。这个倡议一直被托宾本人和艾肯格林·韦伯罗兹等反复宣扬和不断发展（Eichengreen，Tobin & Wyplosz，1995）。托宾相信"交易税可以在超高速运转的国际金融体系车轮下面撒上一些沙子，是一种有益无害的方法"（Tobin，1997）。

托宾税具有以下显著特征。第一，有两个目标，一是要减少短期投机行为，因而使汇率在比较大的程度上反映出国家宏观经济长期的基本面，而不是主要反映短期的心理预期和投资风险；二是保护和促进国家宏观经济和货币政策的独立性。第二，仅仅适用于第一手汇兑交易，包括即期、掉期和远期外汇交易（Tobin，1997）。这是因为银行和交易员之间的外汇次级交易是为了维持头寸的平衡，不会影响汇率。此外，衍生交易，诸如期货与期权，不影响货币的供求，因而也不影响即期汇率，所以只有即期、掉期和远期外汇交易属于托宾税的征收范围。第三，托宾税将特别阻止短期资金的流入流出。在税率为1%时，期限为三个月的短期金融资产的年收益率要有8个百分点的优势才会有吸引力，而期限为一年的金融资产的年收益率有2个百分点的优势就可以（Tobin，1978）。第四，托宾税既适用于固定汇率体制又适用于浮动汇率体制。托宾详细阐述了四种原因，解释为什么浮动汇率体制也不能完全解决资本自由流动所产生的各种问题（Tobin，1978）。

对托宾税的批评主要集中于托宾税在实际操作中的可行性。一些反对者提出，托宾税可能会使国际货币市场转移到免税的国家，如印度尼西亚或英属开曼群岛。还有一些批评者认为，托宾税难以应对投机攻击，却会限制人们的对冲风险。此外，一些经济学家相信托宾税将会扭曲资本配置（Haq，Kaul & Grunberg，1996）。① 作为对托宾税的延伸，多恩布施倡导设立一种跨境支付税（Dornbusch，1997）。Zee（2000）提出针对所有私人资本流动设立一种预扣税。在实际操作中，智利从1991年6月到1998年，哥伦比亚从1993年9月到1998年，针对部分资本项目交易，引入了无补偿准备金制度（Unremunerated Reserve Qequirement）。巴西从1993年到1997年针对部分外汇交易和部分外国贷款征收"入境税"（entrance tax）（Ariyoshi等，2000；Laurens & Cardoso，1998）。许多研究者认为实行无补偿准备金制度可以有效地改变资本流入的期限结构。然而，一些反对者认为这方面的有效性是十分模糊的。

托宾税征收在近期内难以成为现实，中国需要开发有本国特色的管理短期外国资本流动的工具。我们建议征收短期外国资本流入登记费，实施框架包括以下几个基本方面：

（1）管理目标。征收登记费的基本目标是鼓励用较长期限的外国资本流入来取代短期外国资本流入。正如我们以上所讨论的，短期外国资本流入具有很大的波动性，外国投资者可能在不作事先通知的情况下就将其短期资本撤出，对外汇市场造成非常大的破坏。征收短期外国资本流入登记费将增加短期外国资本流入的成本，迫使借贷双方延长借款期限：要借，就借长期。

（2）征收范围。绝大多数经济学家认为托宾税或跨境支付税应该适用于

---

① 在哈克、考尔、格林贝格1996年主编的《托宾税：唤起金融动荡的波澜》（牛津大学出版社出版）一书中，对这些问题有详尽的论述。

所有的跨境交易。否则，不征税的交易会被应征税的交易利用作为逃税工具（Dornbusch，1997；Haq，Kaul & Grunberg，1996）。由于中国目前实行的是较为全面的资本项目管制，所以没有必要对所有的资本交易征收外国资本流入登记费。鉴于中国目前的短期资本流入主要是外债，可以考虑暂时只对短期外债（包括外资企业与外资银行的外债）和居民的离岸借款征收短期外国资本流入登记费。随着外国证券投资的开发，登记费的征收范围可以扩大到包括外国证券投资。期限在 2 年以上的外债可以免于征收登记费，贸易信贷也可以免征登记费，因为贸易信贷相对来说要稳定得多。

（3）增加短期外国资本流入成本的两种方法。第一种方法是直接对短期外国资本流入征收一定比例的短期外国资本流入登记费，比如说征收 25 个基本点（0.25%）。这种固定成本的特点与托宾税相类似。不同的是，当外国资本流入时，托宾税通常需要缴纳两次，一次是在外国资本流入时缴纳，一次是在外国资本流出时缴纳，而这种方法只需要缴纳一次登记费。如果外债借贷合同是 3 个月，一年滚动 4 次。借入者的成本将增加 100 个基本点。相比之下，如果外债借贷合同是一年的话，那么这一年中只需要缴纳 1 次登记费，借入者的成本只增加 25 个基本点。这 75 个点的费差无形中增加了短期外国资本流入的成本，足以改变借贷双方的期限选择，从而达到将短期外国资本转换成中长期外国资本的目的。如果这 75 个点的费差还不足以改变借贷期限的选择，可以考虑增加短期外国资本流入登记费的费率直到足以改变其选择为止。增加短期外国资本流入成本的第二种方法是引入无补偿准备金制度。就像智利和哥伦比亚的做法一样，债务人和投资者必须在中央银行的一个无利息账户上存入一定的准备金。在合同期限结束时，中央银行以原币种返还其存入的准备金（Degregorio，Edwards & Valde，2000）。与征收登记费相比，第二种方法使中央银行在管理上多了一个环节，就是到期需要退还准备金。此外，中央银行还需要管理一大笔外汇。在实际操作中，智利也提供了一种选择，债务人或投资者也可以事先缴纳一笔较高的费用，不必再缴纳无补偿准备金，避免债务人或投资者出现流动性困难。由于操作方便易行是实行资本项目有效管制的一个关键性因素，所以，我们倾向于在中国直接征收一定比例的短期外国资本流入登记费,比如说征收25个基本点。

(4)登记费应该由谁征收?与一般性的商业费或税不同,短期外国资本流入登记费的费率和征收范围需要根据政策目标的变化经常性地作一些调整。所以负责征收短期外国资本流入登记费的机构应该是中国人民银行或国家外汇管理局,而不是税务部门。中国人民银行或国家外汇管理局可以临时保管短期外国资本流入登记费收入并按年度转交财政部门。以往的统计数据表明,近几年来每年的短期对外借款除掉贸易信贷后大约有200亿美元左右。征收登记费将会减少短期对外借款的数额,按25个点的费率计算,每年的短期外国资本流入登记费征收金额不会超过5000万美元。

(5)征收登记费的具体操作细节。要扩大对登记费征收的宣传,使公众和外国投资者明确登记费的征收目的,避免和一般的行政性收费相混淆。征收登记费的操作大致可分为三步。首先,根据外债登记监测的管理规定,外债签约后借款人应到外汇局办理外债登记手续。在登记的同时,外汇局开具三张纳费联,一张开给借款人,一张开给借款人的外债开户银行,第三张开给人民银行或外汇局负责核对登记费缴纳的部门。其次,外债流入一旦发生,银行应自动扣缴登记费,划至登记费专用账户。第三,有关部门应对登记费的缴纳情况进行定期核对,防止逃避缴费的情况发生。为了避免隐性外债和非法外债增加,外汇管理部门要加强外债登记的管理和检查力度。

(三) 加强外债管理

第一,修改《外债统计监测暂行规定》,进一步明确只有登记的外债才有权购汇和汇出,没有登记的外债不许购汇和擅自汇出,明确量化和提高未登记外债的处罚标准。第二,对各种可能的隐性外债,例如固定回报等,进行研究和监测,一经发现要严肃处罚。过去,一些地方政府和公司为了吸引外资,不顾投资项目的盈利情况而承诺支付外国投资者高达15%—20%的固定回报。这种"固定回报项目"一定不能作为外商直接投资来对待,相反应该将其视为外债而严格加以限制。第三,禁止外债合同中含有加速还款条款,至少不应把它们视为长期外债。当债务国发生问题时，这种外债可以在一夜之间撤离，正如韩国的例子（Williamson，1999）。因此它本质上是一种短期外债，至少应该缴纳登记费。第四，严格监测短期外债的用途，短期外债不应被用于收益为本币的长期投资。第五，对外商投资企业的外债管理应实行国民待遇。近年来，由于管制较松，外商投资企业的外债增加很快。第六，鉴于登记管理制度的有效性，今后可以考虑对所有的资本流动和国有债务都进行登记管理。

（四）加强对银行系统的审慎性监管

为什么银行部门对于资本项目管制如此重要呢？首先，绝大多数跨境资本流动是通过银行这一中介机构办理的。银行办理跨境外汇存款、提供资金汇出和汇入服务、借入外债、向境外提供贷款等各项业务。其次，正如我们在前面所讨论的，在道德风险的驱使下，商业银行容易过度承担风险，导致过度借贷症，从而出现借入外债过多、外汇风险集聚等问题。墨西哥、泰国、印度尼西亚的大量经历表明，资本流动大规模逆转对于银行来说可能是一场灾难。相反，资本项目自由化后免遭金融危机袭击的国家都实行了强有力的审慎性监管政策。最后，作为外汇指定银行，商业银行承担着控制资本流动并协助执行资本管制法规的责任，有义务执行中国的外汇管理法规。如果银行不认真执行法规，资本项目管制就会变成一纸空文。在过去的几十年里，资本项目管制主要集中于非银行企业和个人。今后应该将管理重点转移到对银行的监管上，应该从以下几个方面加强对中资银行和外资银行的审慎性监管：

第一，通过制定法规，明确要求在华外资银行实行分业经营，对在华外资银行和其总行之间的资金往来原则上应视同外债管理，适用短期资本流入登记费。

第二，为了严格控制整个银行系统的外汇风险，应该对商业银行的外汇敞口头寸进行严格限制，比如说，将商业银行的外汇敞口头寸限定为接近于零。现行的《银行外汇业务管理规定》列举了控制银行经营外汇业务风险的10项指标（可能太多），但缺乏一项综合指标——外汇敞口头寸。如果监管部门能够严格限制银行的外汇敞口头寸，就能非常有效地限制银行的外汇风险。亚洲金融危机国家中许多银行的一个致命错误在于吸纳低成本的外汇储蓄，为具有较高回报率的本币贷款提供资金（Mckinnon，2001）。在操作中，要特别注意外汇敞口头寸的计算方法。例如，如果银行借入一笔外债并转贷给一家国内企业，银行的外汇资产负债表是平衡的，但如果贷款企业违约，银行马上就会面临外汇风险。监管部门今后应该经常性地检查商业银行的外汇敞口头寸及其他外汇业务风险指标。

第三，为了控制币种不匹配所带来的风险，监管机构应该要求银行将外汇仅贷给有外汇收入的企业。没有外汇收入的企业缺乏承受汇率风险的能力，企业的外汇风险很容易转变成银行的坏账风险。韩国的金融危机在很大程度上根源于银行向没有足够外汇收入的企业发放了大量的外汇贷款。银行自身和监管机构都没有对这些风险进行足够的监测与控制。近年来中国的外汇存款增加迅速，对外汇贷款的风险应该更加重视。

第四，提高中资商业银行和外资商业银行执行外汇管理法规的力度。中国外汇管制的效果在很大程度上要取决于银行系统对法规的执行情况，因为银行决定是否可以开立外汇账户，是否办理外汇的汇出汇入，是否办理结汇售汇等。银行在作出上述决定时必须以法规为基准。如果在客户不能提供必要文件和单证的情况下，银行擅自决定满足客户提出的外汇需求，资本项目管制的法规就会是一纸空文。因此，有关部门必须加强对银行部门的检查以确保它们能够有效执行有关法规。对外资银行的监管力度也要加强。

第五，针对国内银行和外资银行提供衍生产品服务的增加，中国监管机构需要加强对衍生产品的监管。有关部门应该密切合作加强对金融创新监管的协调与配合。最后，银行监管部门要实行更加严格的贷款分类和呆账准备金制度，提高商业银行的资本充足率，强化信息披露等。虽然这些谨慎的管理措施并不直接针对资本流动，但它们会通过提高银行的风险意识，减少银行的道德风险，从而间接地改善资本流动的规模、结构和波动性。

（五）必须建立一套实时的外汇管理电子系统

信息和通讯技术的进步大幅度减少了通讯、交易和数据处理的成本，成为全球跨国资本流动飞速增长的主要原因之一。政府部门也应该学会用高科技监管国际资本流动。实时的外汇管理电子系统应当被视为监测跨境资本流动的基础设施，这套系统迟早都应建立。即使人民币完全可兑换，它也会同样重要。如同美国的联邦通讯系统（Fed wire system）一样，实时的外汇管理电子系统应当可以在跨境交易发生后即时记录和追踪每笔交易，管理部门应该可以随时登录每个外汇账户。为了达到外汇监管以及其他金融和税收方面的目的，应该建立一个全国性的身份数码系统，使得存款、取款、现金交易、电子汇款等各项业务都能够通过实时的外汇管理电子系统联结起来（Lau，2001）。中国公民、企业及其他机构在境外开立的所有账户都应该向监管部门申报。

（六）建立国际收支早期监测预警体系

一些经济指标已被证明能够非常有效地监测和预警货币或金融危机。例如，许多研究发现，如果一个国家短期外币债务（包括外国证券投资和短期外债）与其外汇储备总额的比率很高的话，那么，这个国家就有极大的可能会爆发金融危机（Lau，2001b）。中国应该尽早建立国际收支早期监测预警体系。这套系统应该包括对金融危机的精确定义和金融危机的预测方法，包括预测金融危机的一整套指标。中国应考虑将下列指标纳入国际收支平衡的早期监测预警系统：短期外币债务占外汇储备的比重；实际汇率升值；M2占外汇储备的比例；人民币与主要工业国家货币（特别是美元）的利率差；经常项目平衡情况；外汇储备；财政赤字；国内生产总值（GDP）增长率；通货膨胀率等等。国际收支平衡早期监测预警系统将是中国更好地认识、测度外部风险的一个非常有效的工具。

（七）禁止境内机构从事人民币的无交割远期交易（NDF）

NDF 通常只交割合同价格和实际价格之间的差价。人民币的 NDF 市场集中在新加坡和香港特别行政区。亚洲金融危机期间，人民币的 NDF 交易活跃，很多人用它"规避"人民币汇率风险。NDF 会影响人民币汇率的稳定，降低资本管制的有效性，因此应禁止境内机构尤其是外资银行和外资企业从事 NDF。对境外的人民币 NDF 市场应进行适当监测。

在维持资本项目管制特别是对短期资本流动进行控制的情况下，为了增强外国投资者对中国长期坚持改革开放的信心，中国应该大幅度提高法规的透明度和执法的统一性。提高法规的透明度可以减少执法中的灰色区域和腐败。资本项目管制的一个负面作用是它可能会给政府带来经济安全的错觉，并进而导致不谨慎的经济决策。因此，政府决策者必须始终清醒地认识到，资本项目管制并不能代替合理的宏观经济政策和有竞争力的微观机制。资本项目管制换来的喘息之机应该被用于尽快推动国内有关部门，特别是企业和银行的结构改革。

七、循序渐进地开放中国的资本项目管制：可控制、可预测

中国外汇管理的最终目标仍然应该是实现人民币资本项目可兑换。我国资本项目开放应该遵循整体渐进、分步实施的原则，开放的进程应该可控制、可预测。国际经验表明，成功的资本项目开放离不开一些关键的前提条件。对于我国，这些前提条件包括：合理并且能够持久的宏观经济政策；贸易自由化；稳健的银行体系（包括国内的金融自由化）和有效的监管；成熟的资本市场等。显然上述条件的实现需要较长的一段时间。目前可以考虑下述举措：

1. 进一步放松对直接投资的管制

只要不把我国企业尚不享受的特殊待遇给予外国投资者①，外商直接投资对国内经济就不会有什么负面影响。除了一些敏感的产业之外，中国可以进一步开放利用外资的领域。② 由于兼并和收购在过去几年里已经成为全世界跨国投资的最主要趋势，所以中国应该鼓励跨国公司对中国国内企业的兼并和收购。另一方面，中资企业的境外投资有助于提高中国的国际竞争力。可以首先对有竞争力的企业和产业适当放松境外投资的限制，然后再循序渐进地扩大开放范围。

2. 逐步允许用封闭基金或（和）存托凭证的方式进行证券投资

封闭基金在外国的资本市场进行上市交易。它面向海外投资者筹集资金后用该笔资金在中国证券交易市场上进行投资。对中国来说，封闭基金的外汇流入是一次性的，外国的投资银行必须申请得到执照才能进行汇兑以及购买和出售人民币和 A 股。通过对营业执照和投资总额方面的限制，中国的监管部门完全可以决定封闭基金的流入流出金额，在特殊情况下还可以随时停止新的投资基金的流入。封闭基金的流入流出比较稳定，不会对人民币的汇率造成大的冲击，封闭基金不会在最不适当的时候大规模撤出。封闭基金将会对中国开放资本项目提供有益的尝试和经验，使得中国开放资本项目的进程始终处在可以控制的范围内。中国政府可以对资本项目自由化的快慢进程从总体上进行控制，在放开资本管制的过程中始终有能力防范和化解系统风险。这样，人民币资本项目可兑换就可以水到渠成。存托凭证的思路和封闭基金相类似。中国在逐步允许外国投资者用封闭基金或（和）存托凭证的方式在中国资本市场上进行证券投资的同时，也可以考虑让国内居民利用封闭

---

① 应该强调的是，提高国内投资的开放度和吸引力的确是中国最优先考虑的问题。
② 根据联合国贸易和发展会议（UNCTAD）的统计，1999 年世界范围内的跨国兼并与收购在全球跨国直接投资中占 83.2%，1995 年这一比率为 69.7%。

基金和存托凭证方式尝试进行一部分境外投资，可以考虑在境内发行一定数量的封闭基金和存托凭证（总规模控制在一定金额内），让国内居民投资海外资本市场。这样会增加中国投资者的选择，并且会给国内资本市场发展带来一定竞争。

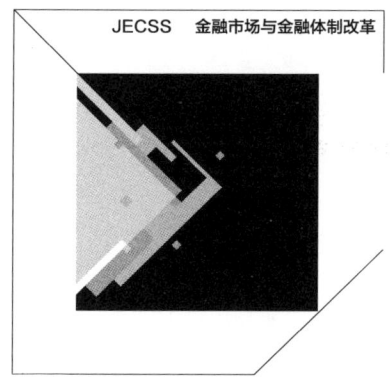

JECSS 金融市场与金融体制改革

第四辑

金融改革与金融深化

中国的金融体系何时能满足其需要?[*]

[美] 尼古拉斯·拉迪 著　　钟 科 编译[**]

金融调节的效率

不断增加的证据在表明,中国的金融体系作为资金配置的调节器已经越来越低效。由于储蓄率增加,国有银行的效率低下被掩盖住了。至1999年底,仅家庭储蓄一项就达到6万亿人民币,是1978年底210.6亿人民币的280倍还多。这些存款是银行借贷的主要资金来源。截至1999年底,所有金融机构的借贷余额达到了9.4万亿人民币,超过国内生产总值的110%,这一指标也大大超过1978年视作常态的、贷款与国内生产总值之间50%的比率的两倍。在这样的借贷活动中,借出资金的相当部分没有得到合理的配置。这一判断部分基于固定资产和制造业中资本资源浪费的事实,部分则基于贷出机构自身金融业绩的恶化状况。

---

[*]　本文原载于《经济社会体制比较》,2002年第6期。

[**]　尼古拉斯·拉迪(Nicholas R. Lardy)是美国布鲁金斯学会对外政策研究项目高级研究员。此文原发表于斯坦福大学经济发展和政策改革研究中心举办的中国政策改革研讨会,1999年11月18—20日(2000年2月做了修改)。钟科,中国科学院地理所。

资产

巨额的房地产和资产投资已经产生了巨大的资产泡沫。按照时下新建房地产的市场吸收速度计算,还得有数年之久,这部分住房面积才会被占用,从而房地产开发商方可获取可供流通的现金而清偿其欠款。自1995年以来,房地产价格一直在下降。考虑到32%的闲置率和接近完工的实际过剩面积,进一步的降价看起来是难免的了。在上海浦东也有大量已完工的建筑闲置,而且1997—1998年度十多个建设中的高层办公楼被搁置。由于一些建筑是与亚洲合作伙伴的联合风险投资项目,这在一定程度上反映出亚洲金融危机的影响。至1998年底全国尚有差不多十亿平方英尺的居住面积已经完工而未能售出。其中大部分是面向国内居民的,耗资约6000亿元人民币。住房建设的过剩被认为"已经占用了大量的银行贷款并且影响了银行的正常运营"。此外,还有8.5亿平方英尺的零售住房面积空置。

过剩的生产能力除了资产泡沫,银行还投资于许多工业部门而造成过剩的生产能力。中国1995年的工业普查表明十多种主要的消费品和投资品的生产能力利用率都远低于50%。尽管从那次普查之后保持了合理和强劲的经济增长,20世纪90年代后期的生产能力利用率看来却进一步降低了。

存货

中国的产出量中库存积压相当大,1990年至1998年期间存货的增加量平均达到国内生产总值的5.7个百分点。每年的存货增加量平均等于新增产出额的42%。在美国,相应的数字分别是0.4%和7%。由于大多数国有企业除了银行贷款外没有可用的资金,所以这部分存货增加的相当部分是由增加的借贷来投资的。从1978年以来的存货增加,如果完全由借贷来投资的话,就会占用改革时期所有类型金融机构所提供信贷增加额的1/3。这对于过去20年贷款与国内生产总值比例的迅速上升来说,显然是重要的因素。

金融方面

由于上述影响,中国四大国有银行的资产回报率从 1985 年的 1.4% 跌至 1997 年的 0.2%。四大银行中经营最善、至今盈利最好的中国银行,1998 年其资金盈利率较之 1997 年下降了 40%。1999 年四大国有银行的金融状况进一步恶化,银行不良资产的比重继续增加。由于加入呆账利息以及对呆账的统计不足,或许还由于一部分亏损业务转移计入诸如保险公司和信托投资公司这样的附属机构,而这些附属机构的业绩常常并不总是与其所属银行相联系,利息的收入被统计中夸大。在真实统计基础上看,最大的国有银行中的几个其实已经在近年陷入亏损了。

从沉没收益率看,最大的银行的资本与资产比率已经缩减了。四大国有银行未加权的资本充足度,从 1985 年占资产的 13.2% 跌至 1997 年末的仅 2.8%。还有,由于财政部限制银行有权注销的坏账数额,以便能够获取更多的税收,官方数字多少是误导人的。根据实际情况注销贷款中的坏账,将降低银行的运营收入,从而减少其缴税额。1997 年,在四大国有银行中,这部分所谓死账大体等于这些银行的净值。由于银行还有其他呆账,这些呆账最终的收回率当然低于 100%,所以这些银行作为一个群体已经破产。1998 年下半年注入的 2700 亿元人民币或许使银行资本恢复到了水平线之上。但是采用国际上公认的风险评价方法,四大国有银行的资本也低于 1994 年中央银行所采用 8% 的巴塞尔标准和《商业银行法》规定的标准。

四大银行之外的其他银行和非银行金融机构的金融状况也正在恶化。例如,1998 年,几个通常被认为较少受到政策性贷款束缚的较小的新建银行的状况恶化了。例如,光华银行和深圳发展银行的呆账数目在 1998 年较之 1997 年急剧增加了。

非银行金融机构作为一个群体,不仅包含了信托投资公司,而且包括信用社、基金公司、当铺等,早在 1996 年,其不良资产已占总资产的 50%。同一年,农村信用社的呆账占到其贷款总数的 38%,是其资本的 4.4 倍。农村信用社的资本额从 1996 年中的 637.2 亿元人民币跌落到 1999 年第三季度末的负的 117.6 亿元人民币。这是中国人民银行首次承认中国金融体系的一个主要组成部分破产。这一破产所显示的风险是巨大的，因为农村的储户在这些机构的储蓄账户上有超过万亿元的存款。最后一点，中国政府还发起了关闭不成功的农村信用基金的行动。这些也被叫做基金会的基金组织，最初是为了管理已解散的集体农业系统的资产而于 20 世纪 80 年代成立的。但是在 90 年代，它们吸纳存款、放出贷款，业务范围扩展了。关闭这些机构在金融上的成本是难以估计的。

金融改革计划

为了解决以上概括的问题，当局已经着手实施影响范围广泛的金融改革计划。其关键部分是，强化中央银行的法规和对它的监管；采取刺激手段激励国有大型银行的商业化经营；恢复银行的账面平衡。

强化中央银行法规和银行监管的关键，是 1998 年按照跨地区方式对中国人民银行的地区分支机构进行重组。历史上，中国人民银行的省级管理部门在省级受到政府和党的领导们过多影响。体制改革后的人民银行地区分支机构的负责人，其权力已经超越省长和省委书记们，从而更有能力回拒针对他们所监管的银行提出的政策性贷款的要求。1998 年，人民银行还开始引入基于风险的银行贷款分级体系。由于它较之被代替的基于回报的分级体系更具前瞻性，一旦全面实行，就将成为中央银行对各银行进行监管的重要工具。

中央政府还寻求在国有银行的这部分鼓励商业性的经营。1994 年成立了三个政策性银行，就是为了使四个最大的国有银行能够集中于商业性信贷。1995 年 5 月 10 日全国人大常委会通过《商业银行法》，并于 7 月 1 日生效。

最后，金融改革计划努力恢复四大国有银行的账面平衡。第一步，如上面已提到的，在 1998 年秋季注入 2700 亿元的资本。1999 年国家又建立了四个国有资产管理公司——信达、华融、长城和东方，以处理四个最大国有银行的呆账。这些公司由发行政府债券获得的资金支持，按照面值购买银行呆账，而换取在负债企业的股权。这些资产管理公司将通过清产核资、拍卖、处理抵押物、卖出股票、合并和扩建，以及将债券直接销售给法团投资人等方式，竭尽可能地收回资金。尽管国有资产管理公司被认为是在大致模仿美国的处置信托公司（Resolution Trust Company），但最初的迹象表明，这些公司更多依靠出售来自原始公共资金的股份来收回资金，而不是像处置信托公司那样，依靠持股经营收回资金为主，尤其在拍卖和清产核资中更是如此。

制度约束

尽管中国银行体制改革借鉴了别国的经验，但是其制度环境的某几个特点可能导致其结果不能像诸如美国处置信托公司那样令人满意。首先，中国的破产程序存在深刻的缺陷。法律规定银行和其他债权人对破产企业清产核资的所得享有最高的优先权。但为了保证执行清产核资企业工人的养老金及社会福利规定，债权人收回资金的余地大约为10%到15%。其后果是，银行很少动用破产程序。

制度约束还会导致信达和其他国有资产管理公司所购资产的回收率降低。信达在负债企业获得大额的等值股票，以换取企业的银行债务被注销。信达所期望的是，在三至五年内对这些企业进行重组和调整之后，它将通过在上海或深圳股市使这些企业上市，而把所持股票卖给投资者。然而至少在第一年的运作中，信达看来还未能通过在这些企业安排有强烈盈利动机的经理人和指定监管企业的独立董事，而真正实施其所有权。事实上，第一家企业的经理在缔结一项债务换取股权的协议时表示，信达虽拥有其70%的股权，却无力改变企业的管理。在未能进行重大重组的情况下，当这些公司在中国的股市上市时，其市值会被压低。

会导致低的资金回收率的第二个制度约束是，中国缺少大的养老基金、共同基金和保险公司；它们可以提供多样化和职业化的管理，有利于大规模增加家庭持有的股权，而家庭看来是国有资产管理公司将要售出的公司股票的最终持有者。

最后，国内政府债券市场不发达，会阻碍政府对金融体系重新资本化的战略。最初，信达以及其他国有资产管理公司向银行发行债券以换取银行债权，然后转换为企业的股权。但是由于从股权获得的最终收益不可避免地会掉到远低于债券面值，最后财政部将不得不发行债券以补上这一差额部分。另外，财政部将不得不建立基金以恢复非银行金融机构乃至四大银行之外的其他银行的账面平衡。为了提供使中国金融得以恢复所需资金而必须发行的国债数额，大约会有国内生产总值的30%或更多。

尽管近几年政府债务存量的增长迅速，但不清楚市场是否会轻易吸收总计将超过现有国债存量一倍以上的增加量。90年代中期以来，财政部已由拍卖市场转而发行债券，并优先发行利息比同样期限的银行固定存款还高的债券；债券的期限大大压缩；并且很大部分国库券是不能买卖的。简而言之，中国缺乏一个深度的、高度流动性的政府债券市场，以利于债券发行的迅速增长，而后者对于提供其金融体系重新资本化所需资金是必需的。

财政的可持续性

即使可以克服上面所分析的制度障碍，而且国有资产管理公司进展顺利，银行的重新资本化以及相关改革还将会在财政上向中国的中央政府提出巨大的挑战。这和其他分析家的判断有所不同。例如，摩根斯坦利的首席经济学家和全球经济学主任 Dean Witter 相信，"中国的呆账问题可以被很恰当地看作政府支付能力的问题——而由于政府债务在今后5年内从任何角度看来都不大会超过 GDP 的50%，所以，政府支付能力几乎不会成为问题。"这种观点由于漏掉下述四个因素而不能成立：政府收入相对于国内生产总值很低；近年来国债有了巨大增长；国债之外的其他政府债务的巨大存量仍在保持和增长；以及这样一种可能性，即大规模的银行和其他金融机构的重新资本化能够获得资金，新出现的呆账仍会成为最终使国家财政能力不堪承受的负担。

收入

从 1978 年开始改革到 90 年代中期,政府收入相对国内生产总值的比例长期在下降,从 1978 年的 28.4% 降至 1995 年的 10.7% 之低。1994 年开始的财政体系大改革带来某种回复,但是 1998 年各级政府总的财政收入仅有国内生产总值的 12.4%,且预算内部分在 1999 年只占国内生产总值的 12.9%。在大多数新兴市场经济国家中,政府税收的份额大约是这个数字的两倍。即使在转轨中的俄罗斯,虽然 1998 年秋天无法偿付其国内债务,但其政府财政收入相对国内生产总值的比例,仍稳定在中国的两倍水平上。

1998 和 1999 年,中央政府在增加收入时遇到一些困难。有两个问题——燃油税和利息收入税。财政部建议修改《高速公路法》,以每升柴油 1 元人民币和每升汽油 1.2 元人民币的国内统一税收代替由省和地方政府收取的机动车和公路的特别收费。基于当时这些燃油的消费水平计算,由此项改革产生的税收可增加到 1000 亿元人民币,略多于政府预算收入的 10%。这一提案在 1998 年 10 月下旬由全国人大常委会首先提出。直至 1999 年 10 月 31 日,全国人大才最终通过了高速公路法的提案。提案之所以得以通过,部分是由于补充了免除农民汽油税的条款。更多的困难使这项税收的实行拖延至预期的 2000 年初之后。利息收入税由于无损地方政府的收入,1999 年提案一读即获通过。但预期从利息收入税得到的收入相对有限。

政府债务

在收入增长滞后于支出增长的情况下,经济改革头 20 年的大部分时候,政府预算持续陷于赤字状态。最初,赤字的大部分由来自中央银行的借贷来填补。但自 1994 年始,政府不再以此借贷来填补预算赤字。1995 年《中央银行法》生效。结果,年均国库券的发行量由 1991—1993 年的不足 400 亿元人民币,跃升至 1994—1996 年的 1500 亿,1997—1998 年更达到 3000 亿。于是，为填补预算赤字而发行的未偿付国债的存量稳步攀升，由1991年的1060亿元人民币或者说国内生产总值的4.9%，增至1998年末的7260亿元人民币或说国内生产总值的9.1%。此外，作为重新资本化计划的一部分，政府于1998年针对四大国有银行发行了2700亿元30年期的"特别国库券"。尽管这些债券不被计入正式的国债，但它们显然应被视作政府债务的一部分，从而使政府债务的总额在1998年末增至9960亿元人民币，或说国内生产总值的12.5%。

在1993到1998年间，中央政府对借债以应付支出的依赖程度显著增加了。净的国债发行量占含利息支付在内的政府支出的比重，从1993年的19%增加到1998年的46%。1998年，国债利息的支付额估计已达573亿元，较之1992年，5年间增加了10倍。

国债之外的政府债务

除了财政部为四大国有银行提供额外资本而发行的国库券和特别国库券之外，90年代建立的国有政策性银行的债务，由于几个原因而可以被合情合理地认为是政府债务。首先，在三个政策性银行中，迄今最大的国家开发银行，只负责由国家发展计划委员会和其他中央政府机构确定的投资项目。其次，国家开发银行的运作并无实际资本。如此，它对其贷款项目的亏损加以吸收的能力就极其有限。其三，政策性银行发行的债券作为其借贷项目的首要资金来源，却并未通过市场卖给愿意购买者。毋宁说，债券是"配置"给国有大银行的，在较小程度上，也"配置给其他更新更小的银行。配置看来是必要的，因为债券的利息未包括与资金所迁就的投资目标相适应的风险补贴，尤其对国家开发银行而言是如此。国家开发银行的借贷既然是政策性的，若在拍卖市场上，想必会导致国债的明显风险补贴。几乎不用怀疑，在任何一家政策性银行不对其债务负责的情形下，债券持有者会指望国家就其损失对其予以赔偿。或者，可能有人争论说，为使金融机构保持债券，不需要任何风险补贴，因为它们是有中央政府事实上的担保的。在两种情况下，结论都是一样的——国家开发银行和其他政策性银行的债务可以被合理地认为是中央政府的债务，与国库券类似。

至1998年末，政策性银行发行的未偿付债券是5117亿元，或者说是国内生产总值的6.4%。这样算来，加上国库券，1998年发行用来为银行的重新资本化提供资金的特别国库券，以及国家开发银行及其他政策性银行的金融债券，到1998年末，政府债务是15070亿元。也就是国内生产总值的18.9%，是1993年这一比重的3倍多。这一估计未包括由国有制造业企业发行的公司债券，也未包括其他未定的和隐形的政府债务。这些包括由国有银行予以延期的呆账，政府和国有企业的退休金欠账，以及政府和国有企业在职人员养老基金的欠账。其中也未包括地方政府的隐形债务，诸如对建设项目的担保以及从信托公司、农村信用社、农村信用基金和城市信托协会所举借的债务。1999年秋，财政部长就地方政府债务问题发出警告说："在某些地区债务危机开始清晰地显现出来，并变成了地方政府的沉重负担。"

近年来，新的公司债券的发行大大萎缩，部分原因是一些国有企业未能兑现到期债券。但是到1998年末，未清偿的公司债券仍有564亿元，这数额等于国内生产总值的0.7%。

据世界银行1999年的估计，隐含的政府养老金欠账大约是国内生产总值的50%。由于国有企业的金融状况从那以后每况愈下，越来越多的企业不再或延迟向地方养老基金缴纳资金。结果，1997年中国的养老金筹措体系出现自1984年以后的首次赤字。1999年末，企业的社会保险总欠账，包括对养老金和失业保险基金两项的欠账，达到330亿元。为了解决这问题，以减轻其对政府预算的压力，1999年，国务院规定，对不按要求向养老金和其他社会基金交款的企业予以更多处罚。

按照世界银行的估计，90年代中期，国有企业所有房产的市值大体等于其未支付的养老金欠款。这表明，在一时期内，企业尚可出售房产以补上当时养老金欠款。这会使得缴纳基金的流量得以维持而不至间断，而这一流量历史上是用于为终身制的养老金制度提供资金的。这种流量可用以清偿巨额的政府养老金欠账，从而配置给现有工人已备有基金的养老金计划。

但是现在看起来，在绝大多数城市，国有企业拥有的这一大笔房产，被以大大补贴过的价格售出，以至于只换得有限的收入，而且即使这些收入也未被用于完成缴纳养老金的义务。早在 1995 年，全部城市家庭的 29% 是生活在住房改革开始后他们购自工作单位的单元房里。但是，这些家庭的十分之九以上是以平均低于市场价格四分之一的补贴价买到房子的。据传在 1999 年底以前，许多城市的大部分公房会以大大补贴过的价格出售。这样看来，国有企业拥有的房产价值如今要下跌到大大低于这些企业的未支付养老金欠账了。

这样一来，从世界银行的广泛研究之后，养老金问题的严重程度显著增加了。由于政府税收收入被固定用于支付一部分国有公司的养老金，所以，有力的证据可以将中国的隐形养老金欠账纳入中央政府的直接责任当中。不过，在下面提出的、检视中国银行要恢复账面平衡所面临的财政持续性问题的情境中，并没有就这样做。

各种情境

与以后五年中任何时候政府债务不大会超过国内生产总值 50% 的论点相反，下面的分析认为，任何对中国的金融体系进行重新资本化的严肃努力，都会使政府的债务大大超过产出的 50%。在底线情境中的关键性假定如下：

政府收入的份额保持在 1998 年占国内生产总值 12.4% 的水平上，同时中央和地方政府收入的各自份额保持不变；

不含利息支付、对现有项目的政府预算支出保持在国内生产总值 12.7% 的水平上，与 1998 年一样；

每年通过政府预算支付的利息，等于前一年末清偿国债的 6% 加上 1998 年发行的 2700 亿元特别国库券的利益；

每年的预算赤字全部由增发的国债填补；

政策性银行净发行的债券与国内生产总值的比例，以 1996—1998 年间平均的比例值持续下去，且这部分债务的利息费用继续由其发行者承担，而不是直接归于政府预算；

对金融体系进行重新资本化的费用，等于1998年末所有金融机构未收回贷款的25%加上从2000年开始新贷出款项数值的20%；

贷款持续增加，使得未收回贷款与国内生产总值的比值按照1995—1998年的速度增长。

这一组假定是为抓住像1998年后半年呈现的那种金融情况一样的关键因素而提出的。

从预算平衡、全部债务与国内生产总值的比值以及利息与中央政府收入的比重这三者的时间序列数值来看，只简单化地对金融体系进行资本化而不在金融和财政体系上作出其他改变，是注定要失败的。在底线情境中，2008年，预算赤字与国内生产总值的比例几乎增加至5倍数值，负债率更是从最初国内生产总值的19%爆炸式地增长到109%，且仍呈急剧增长之势。国债和特别国债的利息与中央政府收入的比例急剧增加，从基年的12%增加到2008年的76%且仍继续增长。这一情境显然在财政上是不可持续的。

在第一种可能情境中，政府成功地做到了以1995—1998年所取得的相同的速度，提高其收入占国内生产总值的比例。在此种情境中，政府收入占国内生产总值的比例至2008年几乎增加了一倍半。不过，增加的收入不被认为会引起政府预算赤字的严格对应的减少。收入增长的超额部分的一半被用来增加世界银行认为是急需的健康、教育、缓解贫困、养老金、社会保险、基础设施以及环境的预算费用。与底线情境相比，债务与国内生产总值的比率的升高要温和些，未偿付国债和特别国债的利息支出增加得慢的多，在10年期间的最后为45%。但是，总体路线在财政上可能是不可持续的。虽然预算赤字在2000年之后减少了，负债在2008年还是超过了国内生产总值的90%并继续上升。利息负担在2008年也仍在上升。不论是出于收入占产出比例不能无限持续下去，还是出于政府可能不得不对政策性银行的债务承担某种直接责任，预计这笔债务到2008年可达到国内生产总值的1/5，总之，这种路线也不会是可持续的。

两种可能情境中的第二种，与底线情境不同，它假定在1999年末首次对金融机构重新资本化之后，银行将按照逐步推进的商业化模式运作。这样，需要被认定为呆坏账的贷款数量，无论是在国有资产管理公司收购银行坏账后余下的银行贷款存量中最后变坏的，还是在新增贷款中变坏的呆坏账将迅速下降，至2007年，所有贷款损失都可以通过贷款损失储备金而被吸收，而且不会影响银行的资本充足度。

在此情境中，债务与国内生产总值的比例接近80%，到2008年处理债务所需资金超过中央政府收入的一半。更重要的是，预算不平衡的程度和债务比例，至2008年都仍在缓慢上升，表明第二种可能情境也不是财政上可持续的。

最后一种情境是前两种的组合——在10年期间，政府收入的份额增长了一半，政府支出以此数目的一半上升，而银行从2000年开始越来越在商业基础上运作。在这种环境的幸运组合之下，预算到2008年基本平衡；债务与国内生产总值的比例在2005—2006年间达到大约2/3的最高峰，并从此减少；国债的利息负担在2001年达到不足中央政府收入40%的最高峰，并从此缓慢减少。这样的路线显然是财政上可持续的。

这些设想的情境表明，对中国的金融体系进行成功的重新资本化，需要强大的收入的支撑，以及在国有资产管理公司吸收银行体系呆账、并做出取消其他金融机构无效资产的安排之后，将来银行运作方式的显著改变。仅有来自收入的支撑是不够的。仅仅是银行运作的商业化也同样不够。

当然，这些结果都只是推测的。它们表明，只改变政府收入与国内生产总值之比和银行体系的调节效率这两个变量中的一个，会有何种效果。所有其他参数和假定都保持不变。对必须注销的银行坏账的数目、政策性银行对其迅速增长的债务存量继续支付利息的能力、政府在何种程度上需要对国有企业的养老金提供资金，以及诸如此类的前提另行假定，就会得出不同的结果。在这些前提中，最重要的是设定多大的经济增长率，以及政府为售出债券而必须支付的利息率。在各种情境中，它们被设定为等于6%，以集中分析收入增长和资金调节效率的不同走向的后果。如果政府能够保持高过实际利息率的增长率，那么，所有的结论将会更倾向于支持财政上的可持续性。

不过，对底线情境的灵敏度分析表明，政府若能够以较低的实际利息率偿付其国债，其所得也是有限的。例如，对底线情境加以改变，使实际利息率仅有3%，到2008年，预算赤字则降低2.4%，负债率则降低95%，利息负担则降低34%。但它们都仍在升高，说明即使这样有利的情境下，长期内也还是不可持续的。

各种情境都并未检验支持对国有银行进行重新资本化的政策的不同会带来的影响。例如，如果财政改革不足以使收入与国内生产总值的比例持续上升，也许出售国有资产可以提供资金以支付银行重新资本化的预期费用。1997和1998年，通过在中国和香港股市售出国有公司股份，国家平均筹集到等于国内生产总值1.5%的资金，比收入增加情境中假定的财政收入增长的两倍还多。

创造信用文化

改革的压力可能已经迫使银行在其借贷时变得更具选择性，从而刺激着商业主导的借贷活动的发展形成。世界银行就持有这种观点，认为"到1997年……银行的管理者在借贷给亏损企业时变得更顾虑重重了"。有关媒体关于信用保证程序在加强的报道也屡见不鲜。

很难评价金融体系的商业文化在多大程度上已经开始涌现。我们所搜集的、关于无论在银行资产质量还是在银行资本回报率方面都继续恶化的证据，并不是决定性的，因为它只是简单地反映出先前已经存在的贷款存量的恶化，而较少反映新近作出的借贷决策的错误。

制度上和经验上两个方面的其他证据表明商业信用文化的形成正处于其早期阶段。从制度方面看，尽管国家已有几年之久在强调银行对其赢亏负责的重要性，但显然，银行自身并未显出已将这一点接受为其首要目标。除了中国银行之外，几大国有银行在其年度报告中，鲜有提及借贷中的选择性，或加强选择性之后导致金融活动改善的任何指标的。这些报告倒是继续强调存贷款的增长，而不是强调资产回报率、资本回报率、贷款项目表中呆账的比例、或其他任何经营效率的指标。

即使是一些一般被认为更具商业导向的新成立的银行，也暴露出同样的问题。例如，在上海银行的1998年年度报告中，行长的咨文只顺带提及收益率，而集中谈银行吸收存款和贷出业务的数量与增长，以及银行在这些业务中在本市七家大银行中的份额。

在数量方面，也有几个指标值得研究，它们反映了商业导向的借贷在多大程度上被付诸实践。首先，贷款额与国内总产出之比在持续快速增长，这表明商业信用文化已经在出现。1999年，贷款存量增加了10846亿元，12.5%的贷款增长率远高于官方报道的7.1%的经济增长率。正如别处讨论的，贷款的这种迅速增长，其相当部分，看来是被用于抵补那些售出产品不足以支付其成本的企业的亏损了。贷款被用于支付生产的投入、工人工资、退休人员的养老金，以及增加的存货。

可以反映大型国有银行发展商业信用文化的进展缓慢的第二个数量指标是，国有和集体所有企业贷款规模持续增长，而私有个体企业贷款仍占少数。到1998年7月底，中国工商银行给予私人个体企业的有效资本贷款共75.98亿元，占银行对工商企业有效资本贷款存量的0.49%。商业信用文化的进一步发展，想来会导致对私人部门借贷的显著增加，从而缓解目前看来压制金融体系成长的金融约束。这将需要在信贷技术和风险管理方面的训练。

也许，证明金融改革迄今尚未在创造信用文化方面取得成功的最有意思的证据是，对90年代中期出现的通货紧缩作出的政策反应。在1997年秋，零售价格开始下降。资本品的价格下降得更早，是在1997年元月。到1998年，反映价格走向的最宽泛的指标——国民生产总值平减指数，也自60年代以来首次走低。

政府的反应是，降低存款和贷款的利息率以鼓励消费和投资，组织卡特尔以削减产出，并对许多供给过剩的产品提出价格底限。没有哪种方法显示是达到预期效果的。消费和投资对利率降低只有很迟钝的反应，政府也未能就大多数商品坚持其价格底限。

针对通货紧缩问题的另一项管理方案，国家经贸委于1999年夏规定，禁止将向严重过剩的 201 种商品追加固定资产投资，其中涉及钢铁、石化、医药、建筑材料、机械、电子、轻工业、纺织和造船业等 16 个部门。这一命令意味着，国有银行不但仍然在发展商业信用技巧方面任重道远，而且也许更意味着，它们仍受到政府和党的官员的压力而发放不符合商业标准的贷款。

其他政策也可能压制商业信用文化的形成。例如，国家已通报国有银行，必须自负盈亏，自通报发出之日起，产生的呆坏账将由银行自身负责。然而与此同时，国家却以"封闭贷款"方式要求银行对指定企业发放贷款。为严重负债而资金无法周转的企业特定的可赢利活动提供资金。按照这种建议发放封闭贷款，会进一步降低银行贷款的质量。

会破坏银行商业信用文化的中央政府政策的第二个例子是，国家经贸委 1999 年初为鼓励银行贷款给中小企业而推行的信用保证体系。贷款保证计划，是政府采取鼓励中小企业发展的政策步骤之一。但保证银行借贷给中小企业，会严重破坏银行在信用可靠的基础上贷款的积极性。如果贷款是被保证了的，那为什么还要把稀缺的资源投入信用分析呢？最后，这个贷款由省市政府提供，暗示这计划是滥用银行贷款的公开邀请，从而破坏着近年来在借贷决策中将银行与地方政治和政府权威隔离开来的努力。

结论

除非现有金融机构的账面平衡得以恢复，商业信用文化开始起作用，中国的金融体系不大会更有效地配置资源，并为持续的经济增长作出贡献。本文力求说明前者在财政上的挑战之大，以及确认那些看来会潜在地破坏后者成功的政府政策。在得出更确定的结论之前，需要进一步的研究，有些情况下是需要更好的数据。在最基本的层面上，判断银行和银行之外的金融机构呆账数量和这些呆账可能的回收率，则信息是不够的。1998 年，中国银行开始引入更密切的基于国际标准的、更现实的贷款分级体系，但是尚无以这个新的体系来度量的关于呆账的、成系统的信息可得。类似地，关于政府对国内债务支付的利息费用，系统和及时的信息也不可得。中国的资产泡沫有多大？国有资产管理公司在企业取得主要或压倒性所有权份额之后，要重建企业时，它们的权威如何？通过股票上市加速出售国有资产，尤其是出售活动涉及剥夺国家所有权和实行真正的公司治理，而不是仅仅将少数份额售给私人，其前景如何？近些年私人部门成长的源泉何在？以及这种成长会一直持续下去的可能程度如何？国有企业，尤其是当银行被允许并能够发展其商业贷款活动时，那些将被迫急剧萎缩或者破产的国有企业，国家为了满足为其养老金准备基金，可能还需要多少额外的财政资源？以及通过改善税务管理、扩大增值税范围或其他方式赢得收入上的浮力，其前景又如何？要对这些问题作出评价，还需要更多扎实的研究。这里的每个问题，无论是对于重建银行体系和国有企业的最终费用而言，还是对于政府筹集资金以支付这些费用的能力而言，都有重要的意义。

中国的金融深化：顺序性与难题[*]

[美] 麦金农 著　吴晓灵　谢 平　李 飞 译[**]

一、中国金融体制存在的最大问题

主要有三个：

1. 政府从税收中得到的建设资金太少了，所以许多基础设施建设都必须依靠银行出资，这样使银行行为扭曲了。

2. 大量亏损的国有企业要靠银行贷款支持，这就把有限的信贷资金的相当部分投向了无效率的企业。由此会造成两种后果：一是银行本身收入减少，限制银行的发展；二是"挤出效应"，大量有活力的非国有企业得不到外源融资，不利于经济发展。

3. 长期的低利率政策。实际上，中国目前 M_2 占 GNP 的比率值在 1991 年已达 65%，接近发达国家，说明金融发展也达相当程度。但是，低利率一方面限制了存款，另一方面也限制了贷款，使资金供求不能平衡。

---

[*] 本文原载于《经济社会体制比较》，1992 年 8 期。吴晓灵、谢平、李飞整理。

[**] 麦金农（1935—2014），美国斯坦福大学教授，当代金融发展理论奠基人。吴晓灵，中国人民银行原副行长，全国人大财经委副主任委员。谢平，中国投资有限责任公司原副总经理。李飞，《经济社会体制比较》杂志原编辑。

二、金融体制改革应建立在财政体制改革基础上

如果没有一个健全的税收体制，如果在改革中不能保证政府财政的平衡，不能保证政府有足够的收入，就会在诸多方面限制金融改革。

1. 在财政困难的条件下，政府很难也不应该放弃对银行的直接控制，政府必须在四个方面依靠银行：（1）基础设施建设；（2）对国有企业（特别是亏损企业）的信贷支持；（3）财政赤字的弥补；（4）银行利润收入。所以，中国目前还难以推进对银行的分权制度改革。

2. 在财政不能平衡的情况下，贸然推进金融自由化改革，很可能出现失控，出现恶性通货膨胀。在拉丁美洲、在前苏联，均出现了这种状况。以俄罗斯为例，本来国家财政极端不平衡，存在庞大的赤字，在价格由市场自由定价的同时就推出了金融自由化，结果，现在俄罗斯一下子冒出了近200家小银行，我们称之为"野猫银行"，这些都是很不健全的小商业银行，大部分成了企业私存利润的庇护所，从而使中央银行完全失去了对银行业的监督与控制，整个金融、信用制度崩溃了。在这种情况下，财政对企业的监督也无法进行，财政收入上不来，财政状况就更恶化了。

3. 在中央财政未能平衡之前，如果放开自由借贷市场和资本市场，政府本身的资金需求会迫使利率不正常的上升，不仅政府本身的筹资成本很高（如国债利率很高），而且对整个经济发展不利，整个资本市场运行会不规范。

三、银行的综合经营与分业管理

美国吸收金融危机教训而制定的分业管理原则是非常重要的。分业管理首先要把商业银行、投资银行和保险分开管理，特别要把有开支票功能的银行与投资银行分开，要保证支付系统的安全。各种金融业务均分业管理，最大的优点是各业之间有一种监督机制，防止金融机构作弊欺骗客户。

这里我还想请你们注意的一点是银行绝不可以直接经营房地产，否则风

险太大。最现实的例子是日本的银行拥有许多房地产公司的股份，这次股票下跌，房地产市场萧条使银行资本金受到很大损失，迫使银行收缩信贷。当然银行可以间接地投资房地产，即贷款给做房地产生意的私人或机构。这时候银行必须谨慎地进行管制，其办法就是对存款期限和贷款期限进行合理搭配。银行给房地产公司的贷款是一种长期贷款，一定要有长期的存款。德国的银行是综合经营，它们一般发行多少长期债券，才发放多少长期贷款。当然，银行经营房地产有两种情况是例外：一是银行可以投资自己用的房产，一是以房产进行抵押贷款的公司破产了，房产转给银行，但按规定在几年内一定要转让出去。

关于期限搭配还有一种形式，即如果出现一边有许多长期贷款，而另一边却是许多非常短期的存款，这种情况就是使银行具有了投资银行的性质。例如，银行贷出的20年的房屋贷款，但银行里的存款却是短期的。这时候，银行应马上把房产贷款单卖掉，或者卖给保险公司，或者卖给养老基金会，这样银行只是中介机构。这种意义上的银行为投资银行，并且符合期限搭配的原则。

美国的库存银行发生危机，往往是因为它把两种银行混在一起，即它又是投资银行，又是吸收存款的银行，结果就坏事了。

四、发展中国家怎样运用金融手段支持政府的产业指导

我始终认为，有一个政策性银行是有必要的，但首先是要分清银行的职能和财政的职能。要把国有企业中的盈利企业与亏损企业分开，由银行负责对盈利性企业的贷款，政策性亏损企业则由财政负责。政府要建立良好的税收政策，特别要注重增值税，以简化税种，扩大税基，避免企业利用"零利润"政策逃避税收。政府的税收多了，就不会让银行做财政应该做的事了。中国金融深化较快，其中有些不好的因素是银行替财政做了许多事。例如中国的中央银行还要对许多国有企业进行补贴，这些都是对中央银行行使职能的很大限制。

发展中国家的政府与中央银行分不开会造成许多问题，1972年时，我做哥伦比亚政府的顾问，在此以前，我一直认为外国中央银行与美国的中央银行一样，是独立于政府的，但我发现哥伦比亚完全不是这么回事。哥伦比亚中央银行也设董事会，但其董事长只是记录长，因为所有的董事都是各部部长，这些部长们经过谈判决定中央银行的贷款如何分配，而董事长——即中央银行行长只是做记录，当出纳，给这个部长多少，那个部长多少，跟成熟的市场经济体制下的银行完全不一样。这对中央银行发挥职能很不利。还有，对于中国目前的政策性贷款，我主张通过价格改革和销售体制改革来解决农副产品收购问题，而对于基础设施、基础产业的投资，应主要靠良好的税收政策来筹集资金。只要税收上来了，这些产业最好用财政拨款，而不是银行贷款。

五、适当放开非银行金融机构

我建议中国可以适当放开非银行金融机构的利率，但与此同时加强对他们的风险管理。要严格地把银行金融资产和非银行的金融资产区分开来，银行的特征就是可以创造货币。1990年越南发生了银行危机。越南银行一直是国营体系，而在1990年突然又允许建立一个没有管制的、利率可以自由浮动的合作银行，公众按照惯例以为这个银行也是由政府保险，并且有非常高的银行利率，于是大量资金从国营银行逃出，存入这家合作银行，结果整个银行系统就崩溃了。

中国要避免这种情况，必须建立管制非常严格的银行体系，因为银行是可以创造货币的，可以开支票。非银行的金融资产，如债券、股票绝对不能有一个工具使得它们可以类似支票。墨西哥就犯过一个错误，政府发行了一种储蓄债券，后者听起来是一个非银行金融资产，但政府却保证其资本金额在任何时候都可以变成现金，这实际上与开支票一样。在银行和非银行金融资产严格区分的条件下，放开的问题不大。当然在这一过程中，需要审计和监督，以防止腐败现象。

中国的信用社能开支票，有银行的功能，千万不能在国家银行很死的时候，让信用社的利率自由浮动。当然除了利率以外，也许可以在其他方面放宽对信用社的限制，不过对非银行金融机构的利率可以放开，因为它用的是不同的金融工具。

也许中国不会像那些发展中国家那样，中国金融深化比一些发展中国家要深得多，中国特别需要发一些长期债券。

在经济发达国家也有真正的信用社，就是一些人把钱放在一起，互相帮助，完全建立在自愿的基础上。在美国或者世界其他地方有许多会、社等，把钱筹在一起，某人有用再贷出去，这种性质的机构，政府是不给保险的。在美国也有许多名称是信用社，但实际上不是。在我看来，是否是银行要看两条，一是是否可以开支票，一是是否给予保险，二者是连在一起的。

在美国信用社也跟银行差不多，只是最终没有股东，存款人就是股东，存款人收到红利，但它与利率是一样的，税收上也是一样对待。在正式的意义下，区别是存款开户的时候，你要压上10元钱作为基金，这样你会收到一个选票，选谁做董事。信用社在名义上是股东的，但实际管理上是一样的。

六、利率自由化问题

在中国目前条件下，还不能完全放开利率，使之自由化。因为整个银行体制、价格体制、金融市场体系都还不具备这种条件。实际上，许多欧美国家、发展中国家与地区、韩国、台湾等地利率都是长期受政府控制的。只是近几年才利率自由化。利率水平高低是一回事，利率受不受控制是另一回事。即使是利率水平已达到市场均衡利率，也同样存在着控制或不控制的问题。

在许多发展中国家，由于金融市场的发展还不成熟，利率水平相当高，存贷款利率都保持正利率，甚至接近市场均衡利率，但仍受政府控制。之所以这样，主要是为了避免利率的过大波动，避免造成"信任"危机，避免银行随意抬高利率的"不利选择"行为，避免利率大幅度波动造成的风险涉及企业预期的不稳定。所以，我认为中国的利率政策可作如下选择：第一，提高存、贷利率水平，使利率基本能反映资金稀缺的程度，这样可以提高信贷资金的使用效益，也可以保证银行体系的稳步发展。同时，可以防止利率"计划价"与"市场价"差距过大而引起的套利、寻租等行为。最起码，这样可以防止"补贴性"贷款所造成的不利后果。

第二，在利率水平较高的情况下，政府仍保持对利率的最终控制权。同时，对于一些小信贷机构、非国有企业的贷款等有风险的借贷行为放开利率，让这些小信贷机构通过自由利率来自求资金平衡，自由决定放贷行为，政府对这部分利率不控制。实际上，当有控制的利率水平已接近市场均衡利率时，这部分利率的放开并不会造成差距很大的"利率双轨制"，而只会使这部分利率真正反映出风险差别。因为反映资金总供求的利率总水平已经比较真实了。中国真正的问题是利率水平太低，从而整个资金供求极度不平衡，这种情况下金融改革、金融市场发展等都难以进行。

国家目标、政府信用、市场运作[*]
——我国政策性金融机构改革探讨

李 扬[**]

一、市场经济仍然需要政策性金融和政策性金融机构

从世界各国的情况来看，改革传统的政策性金融和政策性金融机构已成趋势，也就是抛弃那种仅仅着眼于"社会效益"，不强调经营业绩，不按照市场规律运作，以及过分依赖财政性补贴和行政性运营的模式，转而让政策性金融机构和政策性金融活动在市场上寻求自己的安身立命之地。毫无疑问，我国政策性金融及政策性银行的改革，应当顺应这一世界潮流。

目前社会上关于改革政策性金融和政策性金融机构的各种讨论，比较多地集中在为商业性金融和政策性金融"划分地界"上：人们总是希望能有一种明确的界定，让商业性金融机构和政策性金融机构各负其责，各安其位。我们认为，这种划分当然有一定的必要，但是，考虑到我国经济的市场化改革逐步深入，以及几乎所有的投资领域的"准入"均已放开的具体条件，要

---

[*] 本文原载于《经济社会体制比较》，2006年第1期。本文的写作得到了中国社会科学院金融研究所杨涛博士的帮助。

[**] 李扬，中国社会科学院原副院长、教授。

清楚地找到这种界限恐怕十分不易。因此，在推动政策性金融机构转型的过程中，或许更需要讨论的是：完备的政策性金融体系究竟应当实现怎样一些功能，以及这些功能应当如何顺应市场经济体制的发展来寻找其适当的形式和载体？只有认真回答了这样一些问题之后，政策性金融的转型才有依据，否则仍有不得要领之虞。

我们认为，一个完备的政策性金融体系应当包括四个要素，即：开发性金融、支持性金融、补偿性金融和福利性金融。

所谓开发性金融，就是通过政府发起设立的金融机构的活动。一方面，以政府信用来弥补市场信用缺失、体制不完善、储蓄转化为投资的渠道不畅等"市场失灵"的缺陷；另一方面，依据商业性金融的原则来实施政策性金融活动，以最大限度地淡化传统政策性金融的行政化色彩，避免"政府失灵"。在中国面临体制转轨和经济增长双重任务的时期，开发性金融应当主要定位于关系经济增长、国计民生与社会进步的基础设施建设、环境可持续发展、城市化与市政融资、居民住宅市场发展、推进科技发展、技术创新及其产业化等方面。

所谓支持性金融，就是通过政策性金融机构的活动，充分反映出政府期望促进发展经济体系中的特定部分、特定领域等的政策意图。支持性金融与开发性金融的定位有所不同：后者着眼于弥补各种客观存在的"市场失灵"，而前者则致力于实现政府对经济社会发展的总体利益取向。根据国际经验和我国国情，我国的支持性金融发展应当更多地考虑进出口业务、支持我国企业"走出去"的经济活动、高新科技产业化和中小企业发展等领域。

所谓补偿性金融，就是通过政策性金融机构的活动，来弥补某些弱势或幼稚产业的不足，并对特定弱势群体的经济活动进行利益补偿。补偿性金融与开发性金融的定位有所不同，后者强调了通过政策性金融手段来全面促进整体经济效益的提高，而前者则更强调对因产业结构的非均衡所造成的效率损失进行弥补，并以此来促进这些弱势产业的发展。在这个意义上说，补偿性金融是国家财政政策的有力补充。从目前情况来看，我国的补偿性金融应当集中于利用各种手段来促进"三农"问题的解决。

所谓福利性金融，就是指政府通过政策性金融手段，促进居民生活水平的普遍提高，为实现共同富裕奠定基础。与前三种政策性金融的职能相比，福利性金融更强调的是市场经济条件下的公平问题，即政府通过政策性金融手段来弥补主要追求效率的市场竞争带来的社会福利损失。例如，设立专门的政策性金融机构，为特定人群，如失业下岗人员、退伍军人、伤残者等弱势群体的再就业提供资金支持，鼓励其创业，以缓解基本社会保障体系的压力。

如果从上述角度来认识政策性金融的功能，那么，正确的命题就显然不应是随着社会主义市场经济的发展而逐步取消政策性金融，而应是在新的条件下推动政策性金融转型，使之成为市场经济条件下多样化金融体系中的一个有机组成部分。

为推进我国政策性金融及政策性金融机构转型，我们不妨分析一下国内外的两个案例。

二、案例一：美国政策性住宅金融体系的发展

在人们的印象中，美国是一个市场化程度最高的国家，因此，在那里，根本不应有任何政策性金融和政策性金融机构的存在。这是一个极大的误解。事实上，在美国，只要涉及国计民生（如农业、居民住宅）和国家对外发展战略（如进出口、对外投资）的领域，都有十分强大的政策性金融体系或政策性金融活动存在着。限于篇幅，以下我们仅以住宅金融为例来做说明。

众所周知，住宅市场是一个特殊的市场。一方面，住宅在性质上属于"私人物品"，因此，从理论上说，公民应当使用自己的收入来购买或租用住宅，以满足自己的住宅消费需求；另一方面，住宅又是基本的民生品，"居者有其屋"因而成为每个公民的基本权利，国家有义务保障公民的这一权利。基于这种多重性质，在世界各国，住宅市场均成为政府积极参与和干预的市场之一，因此，住宅金融也顺理成章地成为各国政策性金融机构活动的主要领域。

各国政府之所以积极地参与和干预住宅市场的运行,还因为住宅市场是一个蕴含多种风险的市场。其中的主要风险包括:信用或违约风险、抵押物或财产风险、流动性风险、期限"不匹配"风险和提前支付的风险等。应当说,这些风险或多或少为所有的金融活动所共有,然而,由于住宅金融(特别是抵押贷款)具有规模大、期限长的特点,流动性风险便成为其最大的风险。因此,通过政策性金融活动来稳定市场,通过一系列金融创新来提高抵押贷款的流动性,便成为防范和化解房地产金融风险的主要任务。提高抵押贷款流动性的根本途径,是为抵押贷款创造发达的二级市场。美国的经验显示:开拓抵押贷款二级市场的最富有创造性的制度和工具创新,就是推行抵押贷款证券化。所谓抵押贷款证券化,就是将缺乏流动性但其未来现金流可预测的住房抵押贷款进行组合建库,以贷款库内资产所产生之现金流作为偿付基础,通过风险隔离、资产重组和信用增级,在资本市场上发行住房抵押贷款债券的结构性融资行为。

鉴于"让每一个美国家庭拥有体面的住房"是公民的基本权利,而住房市场又是个风险极大的市场,美国政府便把促进并稳定住房市场作为其政策性金融活动的重点领域之一,并为此设计了一套精巧的制度安排,且投入了巨资。

早在1938年2月,美国政府就在"重建金融公司"的旗下,由政府全资出资1000万美元成立了联邦国民抵押贷款协会(FNMA,房利美),专事抵押贷款的买卖和抵押贷款证券化业务。用任何标准来衡量,房利美都是一个典型的政策性金融机构。在最初运行的几十年里,该公司扩充资本金的主要来源有二:一是向财政部发行无投票权的优先股;二是向私营机构发行普通股。上个世纪中期以后,发行债券则成为另一个主要的资金来源。

为了稳定住宅市场,房利美在抵押二级市场中最初的运作便集中于贷款的批发买卖,继而集中于抵押贷款的证券化。房利美在抵押贷款市场上的买卖活动与一般商业性机构不同,它是"逆风向而动"的:当市场利率走高、私人住宅信贷机构资金短缺时,房利美便以债务融资方式筹集资金并购进抵押贷款,由此而向金融机构注入流动性;而当市场利率下降、金融机构资金充裕时则出售抵押贷款，以抵押贷款买卖的差价来清偿债务。历史事实显示，房利美的有效活动使美国住宅抵押贷款市场的流动性得以大大提高，市场波动也大大降低。而且，由于资金规模大、期限长、成本低等优势，房利美很快就成为一个获利丰厚的政府设立的金融机构。

特别地，通过房利美上述买卖抵押贷款及相应的证券化活动，美国政府创造出一种通过间接手段来调控房地产市场的有效机制。这归因于房利美的特殊的运行模式。同一般私营机构相反，房利美的经营模式是"逆风向而动"，其经营方式则类似中央银行的公开市场操作。即在市场萧条时，它通过自己的购买行为向市场"注入"资金；而在市场繁荣时，则通过自己的销售活动从市场中"抽回"资金。基于这种经营模式，房利美便有了调控房地产市场的独特功能。理论上，这种功能与中央银行在整个金融市场中的"最后贷款人"功能有异曲同工之妙。

由于政府机构的先导作用，美国的住房抵押市场有了长期稳定的发展。从 1970 年代开始，大量私营金融机构逐渐进入抵押贷款二级市场，它们主要致力以大额住房贷款为基础进行抵押贷款证券化。

顺应住宅市场及住宅金融体系的发展变化，美国政府"与时俱进"，从 1970 年代初期开始，对有政府背景的抵押贷款证券化公司进行了较大的改革。其内容主要包括：第一，根据《住宅与城市发展法》，房利美被分拆为两大公司：一个是政府全资的公司——政府国民抵押贷款协会（GNMA，吉利美），另一个是以赢利为目的的私营股份制公司，但仍沿用房利美的名称；第二，1970 年，根据《紧急住宅金融法》，美国又成立了联邦住宅抵押贷款公司（FHMLC），该公司通过发行无投票权普通股筹集资本金，主要负责节俭型机构住宅抵押贷款的证券化。

经过多年的发展，目前美国的住宅抵押二级市场便形成了三足鼎立的市场格局，即：政府机构（GNMA，专营政府担保的抵押贷款证券业务）、两家政府发起设立的私营机构（FNMA、FHMLC，专营常规抵押贷款证券）和私营机构（专营大额抵押贷款证券）。截至 2003 年底，全美国住房抵押贷款证券余额为 53091 亿美元，其中，政府国民抵押贷款协会（GNMA）占 11.1%；

联邦国民抵押贷款协会（FNMA）占42.3%；联邦住宅抵押贷款公司（FHMLC）占31.1%；各私营金融机构占15.3%。显然，政府机构和准政府机构在市场中占据绝对统治地位，其市场总份额达到84.7%。

特别值得注意的是：FNMA和FHMLC虽然在产权上已成为私人机构，但依然享受着政府提供的一系列优惠政策。例如，两公司发行的抵押贷款证券可减免美国证券交易委员会的登记审批，收益可减免州和地方税；两大公司发行的证券是联邦监管机构合法的投资工具；它们的证券可以获得央行提供的记账、发行、清算服务；两公司发行的证券的风险资本权重为零等，尤其重要的是，在必要的情况下，两大公司可以分别得到最高达到25亿美元的财政资金支持。换言之，尽管已经基本上在产权上完成了从纯粹的政府金融机构向私人金融机构的转变，这两家公司依然是美国政府的政策性金融机构。

这种政策性主要体现在：与政府持续提供一系列政策性支持相对应，这两大公司必须完成政府设定的三大住宅政策目标：一是为中低收入家庭住宅信贷服务。在这两大机构每年购买的抵押贷款中，购房者收入等于或低于当地中等收入水平的贷款应占一定的比率。该比率由联邦住宅与城市发展部审定，1993—1995年，中低收入户贷款所占比率为30%；1996年为40%；1997—1999年为42%。二是为特定地区的住宅信贷服务。所谓特定地区，是指少数居民聚集且私人抵押信贷拒绝率较高的地区。政府要求两大机构增加购买和持有这类贷款的比重。这类贷款占公司业务的比重在1993—1995年为30%；1996年为21%；1997—1999年为24%。三是为特殊群体实现可支付住宅目标服务。两大公司按规定购买的住房贷款中，低收入住宅抵押贷款和低收入多户出租房屋贷款应占一定的比例。其中，低收入住宅抵押贷款中，借款人收入等于或低于当地中等收入60%和80%的贷款应占一定的比例。

从美国住宅金融体系演变的经验中，我们可以得出一些重要启示：

第一，为了推动抵押贷款的证券化，借以实现"让每一个美国家庭都有体面的住房"的政府目标，美国政府直接创造出一种政府通过间接手段来调控抵押贷款市场的有效机制。而这种间接调控机制的关键之点，在于依法设立若干由政府出资或有政府背景的金融机构。

第二，由于这些机构是以政府信用为背景的，这使得它们能够以最优惠的条件从市场上筹集必要的资金；这种机构又是完全按照市场原则来经营的，它像一般的金融机构那样在市场上从事正常的经营活动，并从中获取应有的利润；这种机构的经营又是服从国家总体目标的，那就是，其市场运作完全以为全体公民获得体面住宅的国家目标服务。

三、案例二：国家开发银行的转型

恐怕无人否认，即便用纯商业性的标准来衡量，国家开发银行都是一家"好银行"。在我们看来，国家开发银行之所以成为"好银行"，关键在于它比较早地意识到传统政策性银行的弊端，并且比较好地实现了向现代政策性银行的转型。为了实现这种转型，国家开发银行在如下六个方面的努力是值得称道的：

第一，全面推行现代银行的一套经营理念、经营机制以及组织体系。这是一个非常突出的方面。长期以来，在我国传统的银行管理中，受到强调的是两张表，即资产负债表和损益表，据我们所知，正是国家开发银行率先在两个表的基础上引进了现金流量表，而现金流量表对于现代金融机构的运行来说，其重要性无论怎样强调都不过分。还有，在中国的金融机构中，国家开发银行率先引进了以风险管理为核心的管理理念，并以此来统领各项业务。我们知道，从 1961 年开始到 1998 年的几个巴塞尔协议（其中最著名的是 1988 年的《关于统一国际资本衡量和资本标准的协议》和 1998 年的《资本计量和资本标准的国际协议：修订框架》），以及 2002 年我国银行监管当局提出的银行管理的新理念，都是以管理金融风险为核心的。但在中国绝大多数银行那里，以风险管理为核心的管理理念，直至今天还不能说已经牢固地树立，更遑论成为银行管理的核心。而国家开发银行早在上个世纪末便引入了风险管理理念，并较早地建立了以管理风险为核心的管理机制，不能不说是走在了我国银行业改革的前列。

第二，在整个经营过程中加强制度建设，特别强调信用制度建设。银行的任务不应只是贷款，而应是通过贷款，推动贷款对象的制度变革。特别是在中国条件下，后一任务可能更为重要。认识及此，开发银行十分注意对项目的评估，并且很早就确立了一套针对借款性质、用途和使用情况相对应的偿还机制。不仅如此，透过贷款安排，该行还致力于帮助借款者熟悉这套理念和机制。这种做法也值得称道。

第三，贷款的对象紧紧扣住中国工业化和城市化过程中最主要的经济领域。无论是"两基一支"，还是城市基础设施的建设，都是中国工业化、城市化过程中最主要的经济内容。由于容易受到经济周期的强烈影响，这些领域中的融资活动风险既大，融资安排也相当复杂。历史显示，在这些领域中，依然是开发银行率先进入。当然，自2002年底以来，这些领域已经炙手可热，有人更据此认为开发银行占据了商业银行的领地。对于这些批评我们不愿置评。但是，回顾历史应当能够看到这样的事实：在开发银行大规模进入这些领域时，几乎没有商业性金融机构介入，也是一个不可否认的事实。

第四，坚持按市场规则在市场上筹集资金。众所周知，国家开发银行的主要资金来源于其发行政策性金融债券的收入，尽管发行政策性金融债券最初是一种排他性的行政性安排，有一定的优惠含义，但毕竟我国债券发行利率的市场化改革是从开发银行的债券市场上起步的。

第五，充分挖掘政府在整个信用体系建设中的作用。从理论上说，政府比较多地介入金融活动不应成为我们的目标模式。但是，如果考虑到中国的国情，考虑到政府管理经济的格局恐怕再有10年、20年都很难改变的前景，我们就必须充分认识到，在保证企业守信和构建地方诚信体系的过程中，我们必须设法让各级政府发挥积极的正面作用。这意味着，在今后的一个相当长时期中，主动、积极并及时地同各级政府进行沟通，利用他们对地方经济的熟悉和管理能力来控制融资过程中的风险，应当是各类金融机构花精力去探讨的重要事情。

第六，不断推动融资技术的创新。在过去一段时期，在融资技术创新方面，开发银行在国内也是走在前列的。例如，在对地方政府的基础设施贷款中推行"打包贷款",就是在中国特殊制度条件下的一项金融创新。尽管对这种业务活动至今仍有诸多争议,但是,如果从现代金融学的观点出发,从"打包"的安排下所体现的"结构性金融"的理念出发,我们就应当承认,这是一种值得肯定的具有中国特色的金融创新。须知,打包贷款以及类似的安排,正是体现了现代金融中所谓"结构金融"的要点,它通过一个"贷款池"的安排,对各单个贷款的风险和收益特征进行了重组,从而从根本上保证了贷款的整体安全和流动性。正是诸如此类的创新,使得开发银行得以进入一个潜力极大的融资领域。如果考虑到在我国目前的体制条件下,一些在市场经济国家中惯常的融资工具(如市政债券)不能被采用的具体情况,这种创新就更有意义了。

我们认为,国家开发银行在1998年以来的实践中,在组织上强调现代治理结构的完善,在贷款对象选择上紧紧扣住国计民生,在内部管理上强调风险管理为核心,在资产负债业务中较早进入市场化的轨道,在融资技术上突出金融创新等等,使得它事实上已经开始并部分地完成了从传统政策性金融机构向现代政策性金融机构的转型。他们的经验是值得肯定的。

四、国家目标、政府信用、市场运作:政策性金融机构改革的方向

通过以上例证,我们已经对我国政策性金融机构的转型方向及主要内容进行了探讨。

我们主张用"国家目标、政府信用、市场运作"来概括市场经济条件下政策性金融和政策性金融机构的改革方向。所谓国家目标,指的是政策性金融活动和政策性金融机构不应像商业性金融机构那样以股东利益为立足点,从而也不应以利润最大化为其经营目标,而应以政府设定的着眼于全社会的结构调整、经济发展、社会安定和金融安全为立足点,以追求社会利益最大化为目标。所谓政府信用,一方面指的是政策性金融活动和政策性金融机构

的信用地位是从政府那里自然衍生而来的情况,另一方面也指的是它们不应像纯粹商业性金融机构那样完全在市场上竞争性地取得资金,而应有公共的资金来源,或者,依托政府的信用去获取低成本的商业性资金。所谓市场运作,指的是它们的管理应当完全脱离开政府行政管理的轨道,而应像一般商业性机构那样,建立完善的内部管理机制,并按照市场经济规律去开展各类业务。

在确认上述基本原则的基础上,我们认为,推动我国政策性金融和政策性金融机构的改革,至少需要解决好如下三个方面的问题:

其一,政策性金融发展的领域。借鉴世界各国政策性金融体系发展演变的经验,考虑到我国今后一段时期工业化和城市化发展的需要,我们认为,我国政策性金融发展的主要领域似可包括:"两基一支"贷款、资产证券化和抵押贷款证券化、市政建设贷款、中小企业贷款、高新科技产业融资、支持"走出去"的金融安排、"三农"专项贷款、教育助学贷款、再就业贷款、环境卫生贷款、金融稳定业务、国际金融合作业务等。

其二,政府信用保证。为了保证政策性金融机构完成上述国家目标,需要继续给予它们以政府信用的支持。当然,支持的形式不应仅限于,而且不应主要依赖财政拨款,应当全面鼓励政策性金融机构面向市场筹资。但是,政策性金融机构面向市场筹资,应当获得国家信用等级。这是因为,政策性金融机构是政府设立的机构,是完成国家特殊任务的特殊公法法人机构,其信用自然是国家信用或国家信用的一部分。而且,如果政府希望这些机构从事那些商业性机构不愿意从事的金融活动,同时又不愿意直接出资给予支持,若不在信用上对这些机构给予支持,将会使得这些机构陷入无法运转的窘境,最后还是需要国家出面用公共资金来解困。

其三,法律保障。从发达市场经济国家的惯例看,政策性金融机构尤其需要法律的规范和保护,而且,对于政策性金融机构而言,应该施行"一行一法"。对于政策性金融机构的立法,需要分别在它们的定位、宗旨、性质、任务和义务、资本构成及补充机制、资金来源与资金运用、赋税减免和其他优惠、内部治理机制、主要领导人的任免、董事会的组成与权力、与政府各相关部门的关系、外部监督等等方面，给予明确且具体的规定。值得说明的是，在"一行一法"的体制下，将政策性金融机构等同于一般商业性机构进行监管，可能是不合理的安排。因此，建立专门针对政策性金融机构的监管框架，也是我国政策性金融和政策性金融机构改革的内容之一。

关于中国的银行与企业财务改革的建议[*]

刘遵义　钱颖一[**]

1994年1月以来，中国的外汇改革和财税改革进展顺利，比较成功。不过，这些成就也使银行改革和企业改革显得滞后，成为整个改革过程的主要障碍。为了试图解决中国的经济政策决策者当前关心的一些问题，我们提出了现阶段可以实施的银行与企业改革的一些方案。首先，我们提出的一个方案，能够处理专业或商业银行资产平衡表中大量呆账所引起的一些问题，以及与此有关的专业银行注资不足问题。其次，在银行的财务重组的同时，我们也提出了对负债沉重的国有企业实行财务重组、而不实行大规模直接破产的一种方法。第三，为了实现上述两个目标，我们提出建立一个政府的信托基金，称为"企业银行重建基金"，以利于企业与银行的财务重组。第四，我们提出一个一揽子银行改革方案，以同时实现商业银行的分权化和中央银行职能的集权化。我们建议，在中国人民银行现有分支网络的基础上，建立一些由同一经济区中几个毗邻省份联合控制的区域性商业银行，同时，以类似于美国的联邦储备银行的方式建立一个新的具有跨省份大区分行系统的中央银行体制。

---

[*] 本文原载于《经济社会体制比较》，1994年第4期。
[**] 刘遵义，香港中文大学讲座教授；钱颖一，清华大学经管学院院长、教授。

一、解决呆账问题的三条基本原则

1. 为了使银行与企业自由运转,并根据商业原则和市场原则加以评价,必须解决呆账问题。

2. 由于债权人(国有银行)和债务人(国有企业)最终由一个"人"(即国家)所拥有,所以,原则上容易讲简单注销债务即可。但中国面临的真正挑战在于,需要制定一种方案,能同时满足三个利益集团(银行、企业和财政部)的非常不同、有时相互冲突的部门利益。

3. 解决这一问题有三条基本原则:

(1)首先应当解决银行的问题,因为银行的数目较少,因而较容易控制,还因为在银行重组后,它们处在帮助企业实行重组的最佳位置。

(2)应该明确区分旧的呆账存量和新的有问题贷款的流量,并区别对待。呆账存量是过去的事情,从银行的账面上注销是一种会计做法;而对流量则必须制止或限制,不再使存量增加继续。

(3)最重要的是在重组中,政府必须明确无误地向银行和企业表明,这样的重组和重新资本化是一次性的,以后不会再有第二次,从而不会使银行和企业因此有不良行为的诱因。

二、建立"企业银行重建基金"

4. 我们建议建立一个政府的信托基金,可以称之为"企业银行重建基金",唯一的目的是促进银行和受呆账问题影响的企业进行财务重组。该基金可直属国务院,也可属财政部。

5. 重建基金的主要职能:

(1)作为解决存量问题的第一步,该基金作为一个中介机构向银行发行债券,以冲减呆账造成的损失;

(2)作为替代银行的"政策性贷款",该基金向有问题的国有企业以发行债券形式提供补贴，弥补经营性净亏损，从而解决流量问题。

三、银行的财务重组和重新注资

解决银行的贷款呆账问题，最简单的办法是由"企业银行重建基金"将这些呆账全部买进。但是，这样做成本极高。另一方面，确实可以有办法使当期成本减少。比如，由企业银行重建基金通过发行各种期限的、不可转让的、无息票债券来买进这些贷款呆账。例如，该基金可以向银行发行50种、每种20万元的，每一种在50年内的不同年到期的无息票债券，以买进价值1亿元（＝50×200万元）的贷款呆账。这些债券的利息将在今后50年中到期时支付。由于这些债券不可转让，因此不会对债券市场产生明显影响。

7. 然而由企业银行重建基金通过发行债券全部买进贷款呆账有其他问题：（1）该基金没有或仅有极小可能再从呆账中收回任何东西；（2）银行是唯一有能力向企业收回贷款的人，但它们在这种情况下不再有任何积极性去做了；（3）这样重新组建以后，银行可运用的资金不会有真正增加。

8. 为抵销呆账而必须发行的债券总额可以通过下列方法减少：（1）以市场价值全面重新估价银行的资产负债即"按市场价值重估"；（2）由银行向公众发行新的优先股（即没有投票权的股票）。由银行发行没有投票权的优先股不但可以给银行注入新的资金而且国家又不会丧失控制权。

银行发行优先股的成本一般低于发行长期债券，而且不必付本金。一般来说，发展中国家的人们更喜欢银行股票，认为银行股票是"热门股票"。在目前，银行发行优先股票也许有助于使眼下"不景气的"中国股票市场起死回生。

9. 在银行"按市场价值重估"时，一年以上的贷款呆账被定值为零。如果银行所有的不动产或其他资产在过去有极大增值的话，那么这些银行的资产重估价净值也许很高，就可以部分用于抵销贷款呆账的减记或注销，也就减少了所需政府债券总量。

10. 即使全部重新估价也许还不足以抵销贷款呆账带来的损失，为了恢复银行的资产负债表，以达到国际清算银行的资本标准，即8%的资本与资产比率，对银行必须重新注资。下列公式给出所需的重新注资金额：0.08×全部资产（＝负债）－按市场价的现有资本净值[①]

这个公式表明为什么"按市场价值重估"非常重要。按此数额注资后，银行的资本净值正好会等于其全部资产（＝负债）的市场价值的8%。

11. 我们在此区别两种情况：（1）按市场价的资本净值是非负数；（2）按市场价的资本净值是负数。

12. 如果银行的资本净值是非负数，我们建议（不可转让的）债券和优先股票可各占新注资额的一半。因此，"企业银行重建基金"分配给每个银行的不可转让的债券总额应等于：

0.5×（重组后的按市场价的资本净值－重组前的按市场价的资本净值）

银行向公众发行的优先股票总额是同样的。

13. 重组后的资本净值大约等于全部资产的8%。每股股票价格就是用重组后的资本净值除以股票总数（包括普通股、优先股和已发行的股票）。

14. 但是，发行优先股票要求银行要先公司化（而不必是私有化），同时，国家以持普通股的形式对银行持全部控制权，这些普通股反映了国家对银行的原始所有权，以及为重新注资，通过企业银行重组基金发行不可转让的债券。

15. 如果银行的资本净值为负数，那么原则上，这家银行就没有市场价值了，其优先股的价格也无法确定。我们建议，第一步，由企业银行重建基金将不可转让的无息票债券转让给银行以使其资本净值恢复到零；第二步，向公众发行优先股其数额可为满足国际清算银行要求的资本净值数的80%。而另外的20%的普通股的形式发行给企业银行重建基金，以交换同等价值的额外的债券。这样所需政府债券总额就等于：

[①] 在这里，我们假定（0.08×全部资产－现有资本净值）为正数。

0.2×（重组后按市场价的资本净值） -（重组前按市场价的资本净值）

注意，最后一项是负数。

16. 在资本净值为负数情况下，我们之所以用 80∶2 的比例是考虑到两方面，一是为减少企业银行重建基金的财务负担并增加银行可用的新资金来源。二是国家持有的普通股占全部股的比例也不应太少。

17. 因此，在以上的建议里，如果在重组之前市场资本净值是正数，那么，普通股就应多于优先股；反之，若在重组之前市场资本净值为负数，那么优先股就多于普通股。但是由于优先股没有投票权，其股票的发行与银行的控制和管理权无关。该控制和管理权唯有国家所有。

18. 以每股资产净值对公众发行优先股，就使银行不会通过高估或低估他们的贷款呆账总额而高估或低估他们在重组之前的市场资本净值中得到好处。因为如果他们高估他们的贷款呆账，他们每股的资本净值或资产净值将被低估，那么他们的股票卖得太便宜，又不得不给优先股东支付固定股息，优先股东就会占银行的便宜。如果银行低估他们的贷款呆账，那么即使重组之后，仍会遗留下贷款呆账。

19. 最后，银行 50% 的贷款呆账一刀切转到企业银行重建基金，以承认该基金在银行重新注资中所贡献的债券。至此，银行重新注资结束。

20. 在银行重新注资结束时，银行将持有企业银行重建基金发行的债券，而且，尽管贷款呆账在账面上全部注销，但为账务原因，银行仍保留 50% 的其贷款呆账的所有权。因为这 50% 的利益，银行就会有积极性努力尽可能收回贷款呆账，银行每收回一元就带回 0.50 元的利润。企业银行重建基金将作为被动投资者持有银行的普通股和 50% 的银行呆账。因此这样对半分担，基金也可从银行任何呆账收回中受益。

21. 让我们考虑两个具体例子。在第一个例子中，假设重组之前资本的市场净值是非负数，那么重组之前和之后的资产负债表如下。

重组之前按账面价值的资产负债表

资　产		负　债	
有效益贷款	250	存款	270
贷款呆账	50	从中央银行贷款	50
在中央银行存款	30	股东资本	40
政府债券	20		
不动产	10		
资产总额	360	负债总额	360

重组之前按市场价值的资产负债表

资　产		负　债	
有效益贷款	250	存款	270
贷款呆账	0	从中央银行贷款	50
在中央银行存款	30	养老金负债①	5
政府债券	10	股东资本	5
不动产	40		
资产总额	330	负债总额	330

重组之后按市场价值的资产负债表

资　产		负　债	
有效益贷款	250	存款	270
贷款呆账	0	从中央银行贷款	50
在中央银行存款	30	养老金负债	5
政府债券	21.5	股东资本	28
不动产	40	其中，优先股	11.5
库存现金	11.5②	普通股	16.5
资产总额	353	负债总额	353

① 这是无基金的未来养老金负债的现值。
② 由发行优先股而来的现金。

在这个特殊例子中,资产重估价净贡献占15,政府债券贡献11.5,优先股贡献11.5。

22. 在第二个例子中,假设重组之前资本的市场净值是负数。如果贷款呆账是100,而不是第一个例子中的50,而有效益贷款是200,而不是250,那么资产负债表应改为如下:

重组之前按市场价值的资产负债表

资　产		负　债	
有效益贷款	200	存款	270
贷款呆账	0	从中央银行贷款	50
在中央银行存款	30	养老金负债	5
政府债券	10	股东资本	−45
不动产	40		
资产总额	280	负债总额	280

重组之后按市场价值的资产负债表

资　产		负　债	
有效益贷款	200	存款	270
贷款呆账	0	从中央银行贷款	50
在中央银行存款	30	养老金负债	5
政府债券	60.6	股东资本	28
不动产	40	其中,优先股	22.4
库存现金	22.4	普通股	5.6
资产总额	353	负债总额	353

在这个例子中,资产重估净贡献15,政府债券贡献50.6,优先股贡献22.4。

四、企业的财务重组

23. 首先我们说明,我们在此仅涉及那些有贷款呆账问题的国有企业,而不涉及那些非国有企业或是没有呆账问题的企业的重组问题,我们建议企业的财务重组包括四个步骤。

24. 第一步:在银行的监督下,重新编报企业的年度账务账目。

这里包括两层步骤:(1)在主管银行的监督下将企业所有的资产和负债按照市场价格重新估价(包括过时的存货,对雇员的无基金现期和远期养老金负债,土地使用权力,无形资产如专利权、信誉以及企业内部债务或三角债)。这当中,银行债务无论是有效益贷款或是呆账都应详细地估价。(2)重新编报企业每年当期的营业账目以展示出企业核心经营业务的真实的可运行性。计算是不把利息、债务还本付息、付税、折旧、其他资本和非周期性项目、奖金(合法和非法的)以及给福利基金的付款打入成本。

25. 第二步:将企业分类。

在我们的建议里,我们将给所有的企业以继续经营的机会和自动进行财务重组。因此,每位现任的经理在银行的监督下要继续管理企业经营。之后在第一步结果的基础上,根据企业重报的资产负债表(存量)和营业账目(流量),将所有企业按目前状况分成下列四类:

(a)市场资本净值为非负数,重报的营业净利也为非负数;("可正常化的企业")

(b)市场资本净值为负数,但重报的营业净利为非负数;(也是"可正常化的企业")

(c)市场资本净值为非负数,但重报的营业净利为负数;("潜在可正常化的企业")

(d)市场资本净值和营业净利均为负数;("试用察看的企业")

26. 第一类企业(a)是基本正常的企业,一旦它们解脱债务负担,并重新注入新的资本,它们就能够按照商业和市场的原则正常地经营。对于这类企业，银行对其重组的监督应给较宽范围，银行在监督重组时可在较宽范围内制定重组方案，比如，允许企业卖出资产、进行债务资产互换和债务股本互换，目的就是在重组结束后，该企业将摆脱过重的债务，足够地重新注资以经营有利润的核心业务。这样重组之后，这类企业就将成为正常的企业，它们在管理自主权方面和进入国际市场方面都应获得特权。

27. 第二类企业（b），也基本上是正常的。尽管它们不能清偿它们所有的债务并为它们全部远期负债提供资金，但一旦它们摆脱这些负担，并假定它们能够足够地重新注资，它们也会按照商业和市场原则正常进行生产经营。适当有效地重新组织和重新注资，包括通过卖售资产、回租合同、债务资产互换和债务股本互换、免偿部分债务、给企业较优惠的贷款再筹资金，由国家承担对过去的雇员的远期养老金负债，发行优先股，等等。这样，这些企业也会成为正常企业。

28. 第三类企业（c）基本上是不正常的——尽管它们能够清偿它们所有的债务，并为它们所有的负债提供资金，但是从长远来看，即使它们摆脱了这些负担也仍没有生存能力。不过，由于这些企业有资产，所以它们可以承担几年其当期营业损失，在此期间想办法投资于新工厂或是进入到其他更加有活力的行业中去。如果这些企业可以成功地做到这些，在重组的几年后，它们可以按照商业和市场原则正常经营。对这些企业的重组，贷款银行监督企业重组时可在较大范围内考虑企业制度改革方案。在这方面，应当优先给过去和现在雇员的远期养老金负债提供资金。

29. 第四类企业（d）被称为"试用察看"的企业。政府还应继续给这些企业年度补贴以使它们在现有状况下得以生存。这些企业应限制它们的生产经营和借款能力。但是并非所有这些企业都需要破产清理，许多企业可能在重组之后创造利润，最终它们可能成为正常企业。

30. 第三步：处理资产负债表。

在我们的建议中，企业的呆账将不会被自动取消，而由银行和企业共同制定出对双方均有利的安排以解决历史遗留问题。银行应该会有积极性去做这件事，因为它们将得到今后全部贷款收回的50%。企业也应积极解决这些旧的债务问题，因为只要它们不被认为是正常企业，它们的生产经营就会受到限制。只有那些经过多次尝试仍不能重新组建的企业才应该申请破产清盘。

31. 第四步：处理年度经营净亏损。

在我们的建议中，企业银行重建基金将通过不可转让、无息票债券向那些"试用察看"的企业提供固定数额的半永久性补贴。使这些企业用以在规定的年限内，得到事先确定的补贴，以弥补这些企业每年的经营净亏损，用以取代以前银行贷给的"政策性贷款"。有了这些补贴，属于"试用察看"的企业能够继续生产而不必立即大批解雇人员。这里的关键是使补贴透明并且在固定的时间内（尽管时间足够长）终止。这样就给企业和政府赢得一些时间以找出更彻底和更满意的解决方法。

32. 然而，为了避免这些"试用察看"企业的经营净亏损不断增加，必须对这些企业实施严格的财务控制。同时，这些企业虽然有资格获得银行的流动资金贷款，但是银行必须警惕地防止（1）将流动资金贷款挪用为固定资产投资、不动产和证券市场投机以及其他未经授权的目的。（2）将流动资金贷款用于生产那些没有市场销路的产品。因此银行必须保证这些流动资金贷款的确支付于所需要的用途。

五、建立新的区域性商业银行，增加竞争，改进服务

33. 为了增加商业银行间的竞争，改进服务，就必须要有更多的商业银行和商业银行更分散的决策权。建立新的区域性商业银行将会对创造竞争环境、调动地方积极性起到巨大作用，并且有助于地方经济的发展。新组建的区域性商业银行有以下优势：（1）它们没有呆账问题；（2）它们有新的所有权和治理机构；（3）它们没有发放政策性贷款的义务；（4）它们比任何其他人都更了解本地区的情况。

34. 我们提出一个方案，能够以最快方式发展新的区域性商业银行，具体地说，将人民银行现有的分支机构转换为新的跨省的区域性商业银行，这些新的商业银行是由邻近的几个省共同所有和控制。这个方案，可以使那些在

现有人民银行分支机构没有充分发挥作用的宝贵资源和人才找到最好的用武之地。我们进一步建议，所有或大多数现有的人民银行的各省、市、县的分支行都转到新的区域性商业银行的分支行中去。这样的话，每个区域性商业银行一夜之间就有了巨大分支网络为该地区的顾客服务。

35. 区域性商业银行的资本构成将是：（1）真实不动产份额，包括人民银行分行拥有和控制的不动产（包括住房）和设备作为实物资本给新区域性商业银行的投入，在按市价估值之后，将发行普通股并转让给该地区内的各省政府；（2）公开发行没有投票权的一定数额的优先股，发行额不得超过资本总额的80%。优先股每股的资产净值与普通股相同。

36. 这些地区性商业银行的明显特点是，它们（至少是大多数）股份由属于该区域的省所有和控制。但是，它们的业务经营并不仅限制在它们本地区内。对于国家商业银行的各种银行业务法规同样适用于区域性商业银行。特别要注意的是，要通过法律制止地方保护主义。

六、加强中国人民银行的货币控制功能

37. 将大部分人民银行分支行转换为新的区域性商业银行的分支机构的一个好处是使人民银行更加有效率、减少多余的雇员，并能够集中其注意力对全国的货币和信贷实行更紧的控制。

38. 转换支行后重新组建人民银行的一个有效方法是建立跨省的大区分行体制，我们建议用跨省的大区分行体制来代替目前人民银行省分行体制，就像美国联邦储备银行体制一样。一种可能性是按现在的大军区一样划定大区，其他安排也可以。

39. 中国过去的经验已经表明，地方政府对当地人民银行分行的压力是造成货币和信贷扩张和不稳定的主要原因。我们提出的人民银行重组方案将减弱地方对信贷和货币政策的影响。作为交换，如我们已在第五部分中建议的，各省则对在它们本地区的区域性商业银行有更大的控制权。

40. 在重组计划实施中，可以采取几种措施以增强有利的效果和方便大

众。首先，人民银行大区分行的行长们可以成为人民银行总行货币委员会的成员。第二，各省和市分行的现有雇员应可选择去区域性商业银行还是人民银行的大区分行。第三，为满足地方的现金需求，人民银行可指定某些商业银行和专业银行的县支行，包括那些新的区域性商业银行，作为现金存储库，为地方需要服务。

关于设置货币政策委员会的构想与建议*

魏加宁**

经过十多年来的改革，我国的中央银行体制已初步形成，中央银行的地位得到了逐步提高。在宏观调控格局从"大财政，小银行"转变为"大银行，小财政"的过程中，中央银行的宏观调控作用日显突出。然而，由于中央银行体制尚不十分完善，因而其宏观调控的效果也常常不尽人意。为了尽快改变这种状况，从近期来看，有必要，也有可能从改善货币政策决策机制方面入手，迈出较大的步伐。

一、设置货币政策委员会的必要性、紧迫性和可能性

建立货币政策委员会的根本意义在于：(1) 明确谁有权参与决策（即参加"游戏"的人是谁），并力图使参与决策的人员尽可能广泛代表有关各方的利益（名额分配合理）；(2) 确立决策的程序和少数服从多数的投票表决方式（即所谓"游戏规则"）；(3) 在前两项的基础之上，明确决策的责任（即所谓"游戏结果的评判"）。只有这样，才有可能提高我国货币政策的决策

---

* 本文原载于《经济社会体制比较》，1996年第4期。
** 魏加宁，国务院发展研究中心宏观经济研究部，研究员。

质量。

多年来，我国经济大起大伏，究其原因，在相当大的程度上是由于缺乏健全的货币政策制定、实施和监督机制。

1995年3月全国人民代表大会上通过的《中国人民银行法》中，对于我国货币政策的决策、实施机制做出了如下规定："中国人民银行在国务院领导下，制定和实施货币政策"（第二条）。又曰："中国人民银行在国务院领导下依法独立执行货币政策"（第七条）。可见，在执行机制上，对于责任和权力的规定已经十分明确。相比之下，有关货币政策决策机制的责权规定就显得有些尚不够具体，不够清晰，缺乏明确的责任制。如不对此做进一步完善的话，很可能在实施过程中形成权责分离的局面。

一种可能出现的情况是：在货币政策制定过程中，中国人民银行实际上拥有相当大的发言权；然而，一旦在实践中出了问题，即实践证明货币政策有误（甚至可能根本不是决策上的失误，而是执行过程中正确的货币政策未能得到认真的贯彻执行）时，下面可以将责任上推至国务院。另一种可能的情况则恰好相反。显然，这两种情况都不符合责权统一的原则，不利于形成一个科学、高效的货币决策机制。

因此，设置货币政策委员会，有利于明确货币政策制定的程序、权限和责任，也有利于建立起有效的监督机制。

在《中国人民银行法》中，有关货币政策委员会的职责、组成和工作程序等事项已经简化为"由国务院规定，报全国人民代表大会常务委员会备案"，但时至今日未见动作。随着我国经济生活日益复杂和金融形势日趋严峻，建立和完善我国货币政策的决策——执行——监督机制已成为当务之急。

另外，从可能性方面来讲，当前正是解决这一问题的较好时机。因为，在"换届"以前来矫正我国的货币政策决策机制，建立起有效的约束机制，一般来说对于本届政府的利益影响不大，所以，阻力不会太大。如果错过时机，拖过"换届"，不仅不能有效地防止因"换届现象"再次造成银根大松动，还关系到"九五"期间乃至"九五"以后，我国的经济发展是否拥有一个较为科学的货币政策决策机制做保障。

二、发达国家货币政策决策机制的主要类型

目前，发达的市场经济国家的货币政策决策机制主要有两种类型：

（1）决策机构与执行机构相统一，由中央银行的最高权力机构行使国家的货币政策决策权。如，美国的联邦储备委员会、英国的英格兰银行理事会等。

（2）决策机构与执行机构相分离，单独设置货币政策决策机构。譬如，日本的货币政策最高决策机构是日本银行政策委员会，执行机构是日本银行理事会；德国的货币政策最高决策机构是中央银行委员会，执行机构是联邦银行执行局；法国的货币政策最高决策机构是国家信贷委员会，执行机构是法兰西银行理事会；意大利的货币政策最高决策机构是"部际信贷与储蓄委员会"，执行机构是意大利银行。

在发达国家，是否另设货币政策委员会，形成何种货币政策决策机制，似乎与该国中央银行的主要特征（诸如资本结构、隶属关系、行长的任免权）并无明显的直接关联，只是与中央银行的独立程度存在着一定的关系。一般来说，中央银行独立性较大的国家，多采取第一种形式，即货币政策的决策机构与执行机构相统一，由中央银行的最高权力机构行使国家的货币政策决策权；而中央银行独立性属于中等程度或较小的国家，一般都另设有货币政策委员会之类的机构作为决策机构，实行决策机构与执行机构相分离。只有德国是个例外，尽管其中央银行的独立性很大，但仍然分设有货币政策委员会性质的决策机构。

是否另设货币政策委员会，形成何种货币政策决策机制，似乎主要地还是取决于该国市场经济的类型。

有关市场经济的类型划分，不同的学者根据不同的标准，可以有不同的结论。世界经济合作与发展组织在1991年《转换到市场经济》的研究报告中将"成功的市场经济"分为三种主要模式，即：（1）美国的消费者导向型市场经济模式；（2）法国、日本的行政管理导向型市场经济模式；（3）德国和

北欧一些国家的社会市场经济模式。(参见马洪主编:《什么是社会主义市场经济》,中国发展出版社,1993年)也有人将其分为:(1)美国模式=传统的市场经济模式;(2)莱茵模式=政府的宏观调控作用比较大;(3)日本模式=政府主导型市场经济模式。

表1 发达国家中央银行的特征与货币政策委员会的形式

国别	资本机构	隶属关系	行长任免	独立程度	决策机制
美国	股份制	国会	总统提名,参议院同意	大	统一
英国	国有	财政部	政府推荐,国王任命	(大)	统一
加拿大	国有		总督同意,理事会任命	大	统一
法国	国有	财政部	总统任命	中	分设
德国	国有	国会	政府提名,总统任命	大	分设
日本	公私混合	财政部	内阁任命	(中)	分设
意大利	股份制	财政部	理事会提名,总统任命	小	分设

注:关于中央银行独立程度的判断存在着一定的主观因素影响。这里所使用的分类,主要来自于美国哈佛大学1990年的一项有关"中央银行独立性与通货膨胀和经济增长情况"的研究。该研究中,将中央银行的独立性用指数形式来表示,分为:(1)"非常高",(2)"比较高",(3)"比较低",和(4)"非常低",共4个等级。(参见:蒋超良、金钟主编《商业银行与西方金融运作——中国银行业改革的前车之鉴》,中国发展出版社,1994年,P.393。)

这里,为简化起见,我们将(1)、(2)两项合并为"大",(3)为"中",(4)为"小"。并且,将英国从"中"调至"大";将日本从"大"降至"中"。这主要是由于:英国的中央银行体制形式上弱而实际上强;而日本则相反,是形式上强而实际上弱。

首先看英国。虽然根据英格兰银行法,财政部有权向英格兰银行(中央银行)发布命令,但是财政部实际上从未行使过此项权力。英政府一贯尊重英格兰银行的意见。因此,英格兰银行实际上的独立性比法律规定的要大得多。

但是,日本则相反,其中央银行制度中存在着一些假象,有许多"习惯性的东西"和"不成文的规定",其独立性并非像指标所显示的那样。实际上,与美国等国相比,日本银行的独立程度相差甚远。

譬如,日本银行的总裁实际是由大藏省(相当于财政部)和日本银行"轮流坐庄"。这在其他国家还是少见的。近年来,日本出现的一系列金融事件亦与此有很大关系。

这里,为了分析方便起见,我们将市场经济的模式做进一步简化,把市场经济归为两种类型:一是"政府作用较弱型",也就是以美国、英国为代表的传统的市场经济模式;二是"政府作用较强型",就是将前面两种分类方法中的(2)、(3)两项合并(即:行政管理导向型+社会市场经济;或者是"莱茵模式"+"日本模式"),以德国、日本为代表。

一般来说，在"政府作用较弱型"的市场经济发达国家，其中央银行具有较强的独立性，其货币政策决策机制多采用第一种形式，即由中央银行的最高权力机构直接行使国家的货币政策决策权。

譬如，美国联邦储备银行的联邦储备委员会即是美国金融货币政策的决策机构，其决策权是独立的，不须经过总统批准。美国总统虽然有权指派两名理事分别担任委员会的主席和副主席，但是在任命该委员会的全部7名理事时，须经参议院的同意。该委员会的独立性之大，由此可见一斑。

但是，在"政府作用较强型"（或曰计划性较强）的市场经济发达国家，中央银行与中央政府的关系比较密切，因而多采取第二种类型，即单独设置货币政策委员会之类的机构作为国家货币政策的最高决策机构，作为中央银行与中央政府之间进行沟通的"桥梁"和双方进行"政策磨合"的场所。

譬如：日本，在其中央银行——"日本银行"设有政策委员会，作为其货币政策的决策机关。该委员会由日本银行总裁、政府代表2人（大藏省和企划厅各1人）、任命委员4人（城市银行、地方银行、工商业和农业4个方面各出一名代表），共计7人组成。其任命委员的任命方式是：在征得众、参两院的同意之后，由内阁加以任命，任期4年，可以连任。其一决策方式是：2政府代表委员不拥有表决权，决策由委员会的总裁和任命委员（共5人）以少数服从多数的形式进行表决。从理论上讲，其委员会的会长应当在拥有表决权的5名委员中互相选举产生，但是，迄今为止，作为一种不成文的"惯例"，实际上一直是由日本银行总裁担当这一职位。

但是，在发展中国家以及新兴工业化国家或地区，我们看到的情况可能是刚好相反：像东亚"四小龙"这样的"政府作用较强型"的市场经济多采取的是国家的货币政策决策机构与中央银行的最高权力机构合二而一的方式，甚至是连中央银行与政府财政金融主管部门都是合二而一的，如新加坡。这可能与这些国家或地区所辖面积较小有关。而在其他一些政府作用较弱的发展中国家，情况则不尽相同。有的国家是分设机构，有的国家是合二而一。

表2　主要发达国家和新兴工业化国家或地区的货币政策决策机制分类

	决策与执行相分离机制（另设货币政策委员会）	决策与执行相统一机制（不设货币政策委员会）
政府作用较强型市场经济	日本、德国、法国	韩国、台湾、新加坡、香港
政府作用较弱型市场经济		美国、英国、加拿大

三、关于设置我国货币政策委员会的备选方案

关于我国货币政策委员会的设置，有以下几种方案可供选择：

方案一：在中国人民银行内设置货币政策咨询委员会，作为中国人民银行理事会（或行长）的专家咨询机构。

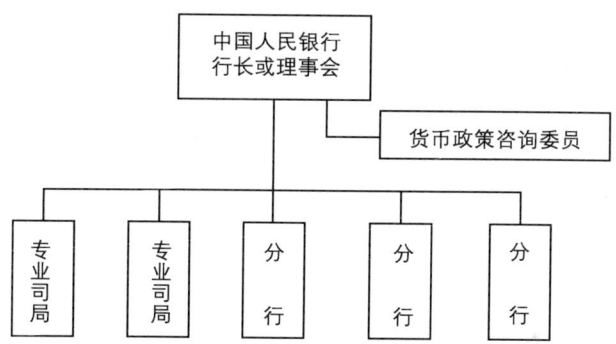

组成：其人员构成主要是金融专家和经济学者。

优点：组建起来比较容易，阻力不大。

缺点：由于不是决策机构，所发挥作用十分有限。

方案二：两会合一，由中国人民银行理事会行使货币政策委员会的职能。

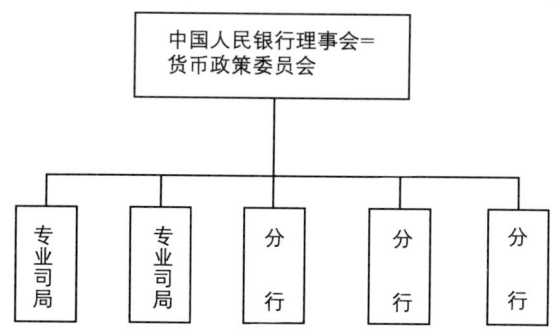

组成：其成员为中国人民银行的行长、副行长，各大区分行行长。

优点：决策者为中央银行领导层，有利于保持中央银行的独立性。

缺点：不利于实行货币政策决策机制与执行机制相分离的原则，缺少政府对于货币政策制定的参与，与现行《中国人民银行法》所确定的"中国人民银行在国务院领导下，制定和实施货币政策"的基本精神不符。

方案三：在中国人民银行内设置货币政策委员会，与政府有关部门参加；并另设中国人民银行理事会。

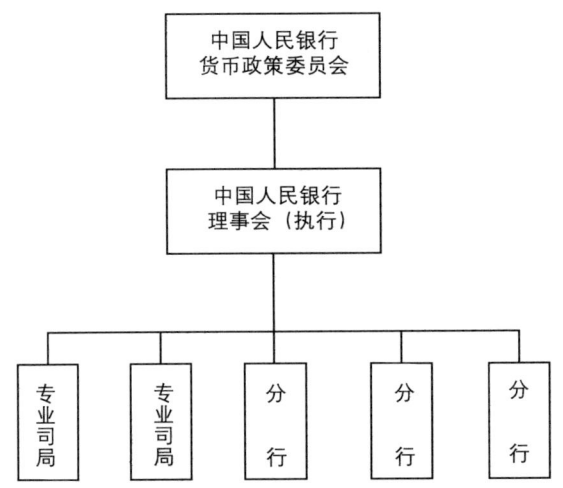

组成：决策者以中央银行领导层为主（包括：总行领导和各大区分行行长）；此外，还有政策性银行、商业银行的代表，以及农、工、商业界代表；政府有关部门（如国家计委、经贸委、财政部）可派代表列席会议，但无表决权。

优点：符合现行《中国人民银行法》所规定的"中国人民银行设立货币政策委员会"的条款；并且，中央银行在制定货币政策时可以听取和参考政府有关部门的意见。

缺点：政府对于货币政策的制订只具有影响力，而缺少参与决策的权力，难以体现《中国人民银行法》中所规定的"中国人民银行在国务院领导下，制定和实施货币政策"的精神。

方案四：在国务院下面设置（国家）货币政策委员会。

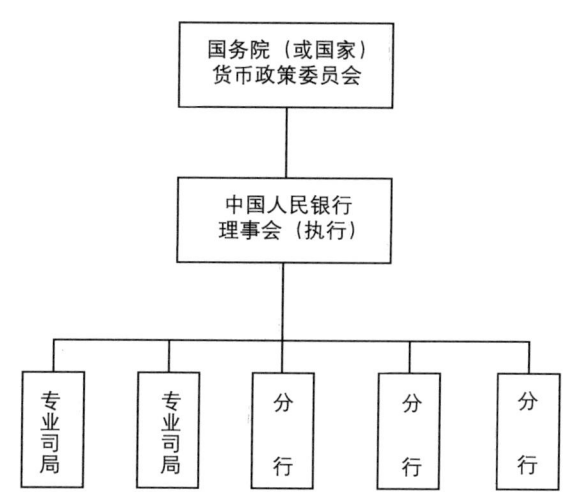

组成：中央银行正副行长，大区分行的代表；政府部门（如：国家计委、经贸委、财政部）不仅要派代表参加，而且拥有同样的表决权；此外，还有政策性银行、商业银行的代表，以及农、工、商业代表，以及专家、学者代表。

优点：符合现行的《中国人民银行法》有关货币政策决策权的基本规定，加强了政府在货币政策决策中的作用，有利于加强货币政策决策过程中的部门间协调。

缺点：中央银行的独立性相对较弱。并且，与现行《中国人民银行法》所规定的"中国人民银行设立货币政策委员会"条款不符，需对该法进行必要的修改。

方案五：成立国家金融政策委员会，全面负责金融政策（包括：货币、证券等方面的政策）的制定。

组成：由国务院主管金融工作的副总理牵头，成员有：国家计委主任、经贸委主任、财政部部长；中央银行正副行长；证券监督委员会正副主席；政策性银行、商业银行以及非银行金融机构的代表；农、工、商业界代表；以及专家、学者代表。

优点：有利于统一、协调地制定我国的金融政策。

缺点：除与方案四有相同的缺点外，还由于参加决策人员过多，协调工作比较困难。

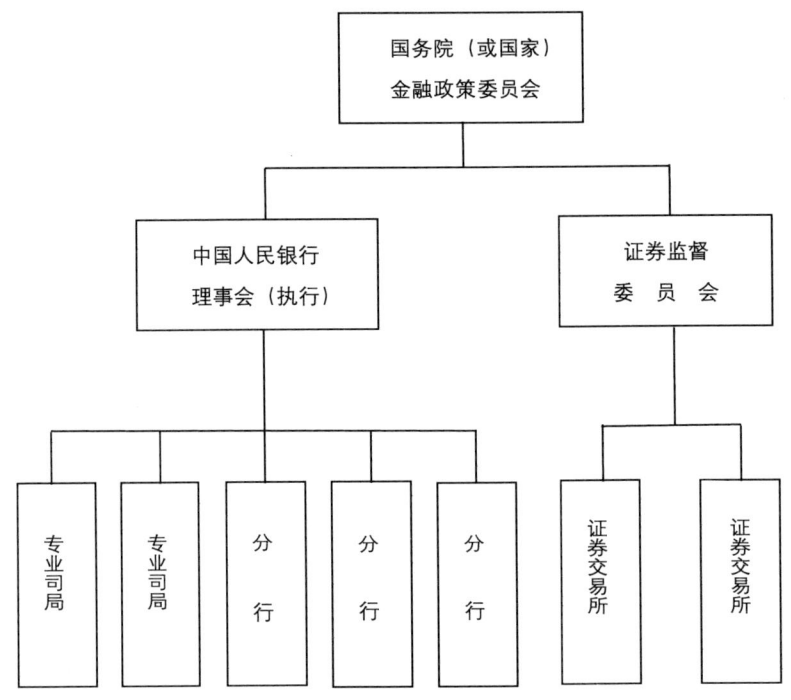

倾向性意见：中国是一个大国，即使是实行市场经济，在近期内也仍然要在一定程度上重视发挥政府的宏观调控作用，因此，至少在目前情况下不宜采取方案二（即两会合一）的形式。

而方案一又容易使货币政策委员会形同虚设。在中国的现实情况下，仅作为咨询机构而成立货币政策委员会根本起不了什么大的作用，所以，意义不大。

如根据"在国务院领导下"制定货币政策的精神，目前似乎是采取方案四或方案五的形式为宜，即在国务院下设置国家货币政策委员会或国家金融政策委员会；并辅之以一个货币政策咨询会议（即方案一），作为决策辅助机构，隶属在货币政策委员会之下。待我国市场经济较为发达和成熟之后，再考虑转为方案三的形式，即：在中央银行内设置货币政策委员会，以增强中央银行在制订货币政策过程中的分量，加强中央银行的独立性。

如根据现行《中国人民银行法》所规定的，在"中国人民银行设立货币政策委员会"的条款，则应采用方案三，但需做若干调整，以体现出货币政策的制定是在"国务院领导下"进行的。

中国应对国际金融危机的评价与体制机制优势的比较[*]

胡鞍钢　王大鹏[**]

2008年,国际经济形势突变,美国次贷危机引发的国际金融危机愈演愈烈,全球重要原材料和运输价格大幅跌落,各国实体经济和贸易大幅下降,而中国几乎是一个例外。危机如同一次全球大考,也是各国应对危机体制的一次重大检验。中国应对国际金融危机的成功出乎国际社会的预料,它不仅对中国来说十分重要,对世界其他国家也十分重要。本文透过中国与其他国家应对危机措施与结果的基本经验,分析了中国内在体制机制的比较优势。

一、中国应对之策:中国新政

(一)中国迅速应对国际金融危机

目前,中国已经形成了较为完善、高效的宏观经济决策机制:首先,每

---

[*] 本文原载于《经济社会体制比较》,2011年第4期。
[**] 胡鞍钢,清华大学国情研究院教授;王大鹏,清华大学国情研究院博士后。

年年底召开中央经济工作会议,分析当前国际国内经济形势,确定下一年经济发展方针和主要目标;其次,每年3月召开"两会",通过《政府工作报告》,批准当年经济发展目标和主要政策。并且通过稳健性决策、适应性管理、灵活性调整,不断对决策进行调整,充分发挥社会主义制度决策高效、组织有力、集中力量办大事的优势。

2008年11月5日,在美国金融危机爆发后不久,国务院总理温家宝主持召开国务院常务会议,针对第三季度经济增长从上半年的9.9%迅速下降至7.2%的严峻形势,决定部署进一步扩大内需、促进经济平稳较快增长的措施。确定了进一步扩大内需、促进经济增长的十项措施,提出"初步匡算,实施上述工程建设,到2010年底约需投资4万亿元"。中国率先在世界推出一揽子经济刺激计划,实施积极的财政政策和适度宽松的货币政策。

同年12月,在中央经济工作会议上,胡锦涛总书记在深入分析了当前国际国内经济形势之后明确判断:"2009年可能是21世纪以来我国经济发展最为困难的一年,也是蕴含重大机遇的一年"。胡锦涛总书记对国际经济形势做出基本判断:世界经济增长格局会有所变化,但经济全球化深入发展的大趋势不会改变;政府维护市场正常运行的职责会有所强化,但市场在资源配置中的基础性作用不会改变;国际货币多元化会有所推进,但美元作为主要国际货币的地位没有发生根本改变;发展中国家整体实力会有所上升,但发达国家综合国力和核心竞争力领先的格局没有变。他提出了关于2009年经济工作的总要求,其基本目标是:把保持经济平稳较快发展作为首要任务,把扩大内需作为保增长的根本途径,把加快发展模式转变和经济结构转变作为保增长的主攻方向,把深化重点领域和关键环节、提高对外开放水平作为保增长的强大动力,把保民生作为保经济增长的出发点和立足点,同时也要稳定外需。

2009年3月,温家宝总理在十一届全国人大二次会议上所作的《政府工作报告》中确定2009年的宏观经济目标为:"国内生产总值增长8%左右,经济结构进一步优化;城镇新增就业900万人以上,城镇登记失业率4.6%以内;城乡居民收入稳定增长;居民消费价格总水平涨幅4%左右;国际收支状况继续改善"。"今年的政府工作，要以应对国际金融危机、促进经济平稳较快发展为主线，统筹兼顾，突出重点，全面实施促进经济平稳较快发展的一揽子计划。大规模增加政府投资，实施总额 4 万亿元的两年（政府）投资计划，其中中央政府拟新增 1.18 万亿元，实行结构性减税，扩大国内需求；大范围实施调整振兴产业规划，提高国民经济整体竞争力；大力推进自主创新，加强科技支撑，增强发展后劲；大幅度提高社会保障水平，扩大城乡就业，促进社会事业发展"。确立了四大基本原则：扩内需、保增长；调结构、上水平；抓改革、增活力；重民生、促和谐。同年 5 月 21 日，国家发展和改革委员会公布总规模 4 万亿元的"一揽子"政府投资构成。

为了防止中国经济加速下滑，实现"保证 8% GDP 增长率"的目标，加快产业结构升级步伐，进一步优化工业经济结构，国务院陆续出台了十大产业振兴规划，这些产业包括：纺织业、钢铁业、汽车业、船舶业、装备制造业、电子信息产业、轻工业、石化产业、物流业、有色金属业和新能源业。后来又提出文化产业、旅游产业、林业振兴计划，现在还在着手提出节能环保产业振兴计划。

面对突发性的大规模的国际金融危机，中国政府反应迅速，决策果断，投入力度大，执行能力强，逆势而上，率先在全球推出"中国新政"，推出总额达 4 万亿元人民币（合 5860 亿美元）的扩大内需计划。为此，国家扩大财政赤字，扩大发行国债规模，从而也带动了"全球新政"。从内部条件看，中国是可以实现这一目标的，虽然中国不会在全球性金融危机中"独善其身"，但是中国将会"独树一帜"，率先实现经济复苏（温家宝，2009）。这也给了全国乃至世界更大的信心，诚如亚洲开发银行行长黑田东彦所言：这一揽子计划将有效地提振中国经济，中国政府提出 8% 左右的经济增长目标，在金融危机席卷全球的形势下，是一个令人振奋的经济增长预期。

（二）以"4 万亿"撬动"50 万亿"

可以看出，中国新政具有"中国特色"，它是以政府投资为导向，起着

"领头羊"的作用，带动了全社会的投资。2009年，我国全社会固定资产投资为22.5万亿元，2010年为27.8万亿元，两年全社会固定资产投资总规模达到50.3万亿元，相当于7.7万亿美元，这是迄今为止世界上最大规模的新政投资。不过，政府的4万亿元在整个50.3万亿元中仅占7.95%，主要集中在以民生为主的公共服务消费、以基础设施为主的公共投资领域；用4万亿元政府投资来撬动和带动的46.3万亿元非政府的社会投资，主要提供私人产品、私人服务。这两类产品和服务性质不同，提供或生产主体不同，两者之间不是替代关系，而是互补关系，不是挤出效应，而是互动效应。

从政府投资方向来看，重点锁定在关注民生、关注"三农"，搞好基础设施建设，加强生态环境保护，做好节能减排工作，同时，加快调整经济结构、转变经济发展方式。这是本届政府执政理念的延伸和深化，是"以人为本"的具体体现，也是中国长远发展的必然要求。4万亿投资的具体构成比例是：民生工程占投资的44%，包括保障性安居工程、农村民生工程、农村基础设施建设和教育、卫生、文化事业投资；重大基础设施的建设投资占23%，自主创新、结构调整和节能减排、生态建设占16%；汶川地震的灾后恢复重建资金占14%；其他公共支出占3%；在扩大内需的中央投资中，用于民生工程的投资占比超过50%，同比大幅增长。在世界其他主要经济体仍旧纠结于经济增长、财政赤字与高失业率的当下，中国"风景这边独好"。根据2011年3月温家宝总理所作的《政府工作报告》，中国基本完成了"十一五"规划确定的主要目标和指标。在22个经济社会发展主要量化指标中，除服务业增加值比重、服务业就业比重和研究与试验发展经费支出占国内生产总值比重3个指标没有完成之外，其余19个指标均完成或提前完成。

二、中国在全球经济格局中的重大变化

经过这场国际金融危机之后，几乎所有的发达国家都不同程度地受到重创，而中国在世界经济中的地位发生了重大变化，与欧盟、美国和日本三大经济体的实力对比发生了重大变化，已经超出了人们的预期。

(一) 中国经济总量在世界上的排位上升为世界第二位

中国与美国之间的 GDP 差距 (汇率法) 迅速缩小, 由 2006 年的 4.94 倍缩小至 2009 年的 2.95 倍; 中国与日本之间的 GDP 差距也迅速缩小, 由 2006 年的 1.6 倍缩小至 2008 年的 1.1 倍, 2009 年实际上已经超过了日本 (见表 1)。若按照购买力平价 (ppp) 方法计算, 根据 Maddison 提供的最新数据, 2008 年美国的 GDP 仅比中国高出 6.5%, 由于美国经济增长率 2009 年为 -2.6%, 2010 年为 2.9%, 而中国均超过 9%, 再考虑到使用购买力平价方法的时候增长率按照 7.7% 的方法计算, 那么 2009 年中国 GDP (ppp) 已经超过了美国。

表 1　G20 国家主要宏观经济指标 (2009 年)　　　　单位:%

国家	GDP 增长率	CPI 增长率	失业率	财政赤字占 GDP 比重
中国	8.7	-0.6	4.3	2.8
印度	6.5	10.7	10.7	8
印度尼西亚	4.6	4.8	8.1	1.4
澳大利亚	0.9	1.8	5.3	3.8
阿根廷	0.7	6.3	8.4	0.6
韩国	0.5	2.7	4.8	4
沙特	0.2	5	n.a.	3.2
巴西	-0.3	4.9	6.8	3.4
南非	-1.8	7.1	24.3	6
法国	-2.2	0.1	10	7.9
美国	-2.5	-0.4	9.7	9.9
加拿大	-2.5	0.3	8.1	3.1
欧盟	-3.9	0.3	10	6.3
英国	-4.7	2.2	7.8	12.2
意大利	-4.8	0.8	7.8	5

续表

国家	GDP 增长率	CPI 增长率	失业率	财政赤字占 GDP 比重
德国	-4.9	0.4	8.2	3.2
日本	-5.3	-1.4	5.1	7.4
土耳其	-5.9	6.3	13	5.4
墨西哥	-6.8	5.3	4.8	2.3
俄罗斯	-8	11.7	8.2	7.2

资料来源：The Economist, Feb. 20th – 26th 2010, pp. 89 – 90.

（二）中国制造业上升为世界第二位

联合国工业发展组织（UNIDO）《2010 年国际工业发展统计报告》显示，按 2000 年美元价格计算，2007 年中国在世界制造业生产总值中份额达到 11.24%，排在美国（为 23.85%）和日本（为 16.50%）之后，到了 2009 年，中国的比重上升至 15.6%，超过日本（为 15.4%），居美国（为 19%）之后。OECD 报告预测，根据目前的趋势，中国制造业产出很可能在今后的五年至七年内超过美国，成为全球领先的制造国（OECD，2010）。

（三）中国进出口贸易上升为世界第二位

2010 年，我国进出口总额 29727.6 亿美元，2001 年为 5096.5 亿美元，2010 年比 2001 年增长 4.8 倍，从全球第六跃居全球第二大贸易国。其中，出口增长 4.9 倍，从全球第六跃居全球第一大出口国；进口增长 4.7 倍，从全球第六跃居全球第二大进口国。2009 年，我国服务贸易达 2868 亿美元，2001 年为 719 亿美元，2009 年比 2001 年增长 3 倍，位居世界第五位，其中出口和进口分别位居世界第五位和第四位。

（四）中国国际专利申请数跃居世界第四位

从国际视角看，中国居民发明专利申请量居世界第二位。自 2005 年以来，中国国际专利申请数年均增长率 36.5%，与发达国家之间的相对差距在迅速缩小。与日本之间的相对差距明显缩小，从 2005 年的 10.24 倍缩小到 2010 年的 2.61 倍，与美国之间的相对差距从 2005 年的 18.40 倍缩小到 2010 年的 3.64 倍。根据世界知识产权组织（WIPO）（2011 年 2 月 9 日）报告，2010 年国际专利申请数比 2009 年增加了 4.8%，来自中国的国际专利申请增长了 56.2%，总数达 12339 件，超越韩国，排在美国、日本和德国之后，由排名第十位跃居第四位。

三、中国内在体制机制的比较优势

关于中国战胜国际金融危机的体制机制的比较优势，本文认为主要有如下四个方面。

（一）一个"大脑"

所谓一个"大脑"，即具有中国特色的国家能力。国家能力可以定义为一个国家能够将自己的意志和目标转化为现实的能力，是一个国家综合国力的重要组成部分和核心能力（王绍光、胡鞍钢，1993：3）。由于各国的国家能力不同，在同一次国际金融危机中的表现是大为不同的。从中国情况来看：

第一，高效率的国家决策能力。2008 年 11 月，国务院常务会议提出关于一揽子经济刺激方案，中央经济工作会议正式批准一揽子经济刺激方案，全国人大会议正式批准政府工作报告。在发挥投资对经济增长拉动作用的同时，不断出台政策鼓励和扩大消费需求，有效挖掘居民特别是农民的消费潜力，以扩大内需补充出口贸易减少带来的损失。中国不是危机发生国，而是危机影响国,还赶在美国之前出台政策,做出了适应性的调整,从而带动了全球的投资新政。这些新政包括由从紧的货币政策到适度宽松的货币政策,由相对从紧的财政政策到积极的财政政策。中国属于挑战、应战类型国,"化危为机,危中求机"(胡锦涛,2009),一方面增强忧患意识,充分认识2009年国际经济环境的严峻性和复杂性,另一方面注重从变化的形式中捕捉和把握难得的发展机遇、在逆境中发现和培育有利因素,统筹好国内国际两个大局,善于从国际国内条件的相互转化中用好发展机遇、从国际国内资源的优势互补中创造发展条件,在危机中争取机会和机遇。

第二,强大的政治动员能力。在应对危机促进发展的过程中,各级政府密切跟踪形势、及时反馈,建立经济形势监测预警机制,加强舆情跟踪监测,并根据本地区实际情况提出相应的政策建议,形成上下联动的工作机制。最大限度的告民以实情,最大限度的组织动员社会各种力量,最大限度调动人民的积极性和创造性。

第三,日益增强的国家财政能力。1998年第一次亚洲金融危机时,我国财政收入占GDP比重是11.7%,2008年超过了20%,并且财政赤字仅占GDP的0.4%,远低于世界其他国家。全球金融危机爆发前夕,中国在世界上拥有骄人的财政状况。2008年下半年,中国出口出现了大幅度下降,鉴于此,中国政府采取了较许多OECD国家更为有力的货币和财政政策手段。这次中国政府的财政刺激计划的规模,无论是绝对量和相对量,都明显大于许多OECD国家做出的财政反应(OECD,2010)。强有力的国家财政能力使中国政府制定了一系列财政支出目标,并通过对企业进行减税等减轻企业负担,创造更多就业,将来可能还要进一步扩大减税的范围及带动的效果。

第四,国家的社会治理能力,即建立良好的社会秩序,保持社会基本稳定的能力。在本次经济危机中,中国给予了弱势群体大量的补助,支持在相关领域进行的或需要进行的社会改革,包括教育、福利援助、养老金和医疗保健。更多的公共支出(特别是在教育方面)能够提高生产力,和缩小收入差距(OECD,2010)。这充分反映了中国已经从"先富论"阶段进入了共同发展、共同分享、共同富裕的阶段,特别是共同分享,改革开放30年的巨大成果一定要由全体人民共同分享。

(二) 中国的"两只手"机制

中国确实走出了一条独特的经济改革道路。这条道路我们称之为是从"一只手"到"两只手"（温家宝，2008）。1996 年世界银行《世界发展报告：从计划到市场》，是指 28 个经济转型国家都是从计划经济到市场经济，可以称之为从"一只手"到"另外一只手"。但是中国的经济体制改革之路是从"一只手"到"两只手"，从计划之手到计划和市场、有形和无形之手。健全的市场机制，有效的宏观调控，都是社会主义市场经济体制不可或缺的重要组成部分。面对国际金融危机的严重冲击，温家宝总理明确指出，市场机制和政府调控相辅相成，"看得见的手"和"看不见的手"都不能少，而且两只手都要硬（温家宝，2008）。充分发挥我国社会主义制度决策高效、组织有力、集中力量办大事的优势，迅速稳定市场预期，提振社会信心，扩大即期需求。"十二五"规划就是一个运用"两只手"的典型规划，经济指标的比重只有 12.5%，且大都是预期性指标，而非经济指标提高到 87.5%，涉及公共服务、人民生活以及环境、资源的指标相当部分是约束性指标，强化政府的责任。中国坚持尊重市场规律，坚持政府调控和市场机制的有机统一，既着力弥补市场失灵，又注重激发市场活力，同时运用"两只手"，"两只手"都要硬。这就是中国的经济改革经验，这也是中国成功秘密之所在。

(三) 中国的"两条腿"走路

随着金融危机在全球的蔓延，世界各国经济实体均受到不同程度的冲击，我国企业也未能"独善其身"，但中国经济在 2008 年四季度小幅下降后，迅速企稳回升离不开"两条腿"走路。改革开放以后，伴随公有制为主体、多种所有制经济共同发展作为一条基本经济制度被确定下来，非国有企业从无到有，取得了飞速的发展。作为社会主义市场经济的"两条腿"，国有企业和非国有企业相辅相成，在应对国际金融危机中，发挥了重要的作用。国有企业作为公有制主体和支撑经济发展的主力，在对国家经济政策的执行中，更为坚定，更为有力，充分发挥了对经济的主导作用。2002年到2009年，中央企业的资产总额从7.13万亿元增加到21万亿元，年均增长16.74%；营业收入从3.36万亿元增加到12.63万亿元，年均增长20.8%；实现利润从2405亿元增加到8151亿元，年均增长19%。2008年上述指标中，我国国有企业只有利润总额一项出现16.0%的下降，但仍实现大额盈利，2009年迅速回到上升趋势。非国有制经济作为国有经济的有益补充，在工业总产出中的比重，已经由1998年的50.4%，上升为2009年的73.35%，所占比例不断扩大，已经逐步成为我国工业产出的主要来源和国民经济不可或缺的重要力量。金融危机之时，非国有企业更多的发展了灵活性和机动性，因势而动、因时而动。2008年，非国有企业在工业产出中所占比例由70.5%上升到71.6%，成为中国工业增长的主要动力。

（四）中国的"两个积极性"

中国之所以能够成功应对世界金融危机，就在于充分发挥了中央和地方的"两个积极性"。中国人口众多，地域广阔，国际金融危机对各地区的影响大为不同，同时中国也具有"东方不亮，西方亮"的大国优势。发挥"两个积极性"，特别是发挥地方的自主性、创造性、积极性就显得尤为重要。在应对国际金融危机中，中央领导人深入调查研究，广泛听取地方的意见和建议，及时有效地帮助和指导各地解决改革发展中遇到的矛盾和问题，提高决策的科学性和有效性；地方各级政府坚持从大局出发、贯彻中央各项决策和部署，因地制宜，创造性地开展工作，形成了共克时艰的强大合力。过去的几年，中央财政加大了对地方的转移支付，财政转移支付总额由2008年的2.3万亿元增加至2010年的3.2万亿元，净增加9405亿元，相当于同期中央财政收入新增量的96.0%；中央财政转移支付占中央财政收入比重由2008年的68.3%提高到2010年的76.2%，表现为"国家投资，地方办事"。国家的公共投资最重要的是全国性公共产品，像大江大河的治理、高速铁路、港口建设等跨区域性投资，地方政府投资越来越多的是其他公共服务项目。例如灾后重建，是国家决策，国家支持，包括财政支持和政策支持；地方主导，特别是省级政府作为总负责，市、县级政府作为具体实施主体；人民广泛参与；市场驱动；社会捐赠；对口支援；争取国际合作等。目前，两年的建设已经大大超过震前水平。中央和地方逐渐形成激励相容、互利共赢的财政转移支付机制，既是受益者，也是主要的参与者。

本次金融危机的发生恰逢中国改革开放 30 年，是对中国最大的检验，也是最大的考验。成功应对危机表明，过去 30 年中国的经济发展是实实在在的，的确按照邓小平同志所说的，每几年（即五年）一个台阶，每十年一步，而且每个台阶比上一个台阶高得多，每一步又比上一步大得多，我们称之为渐进性与累积性现代化路线图。1980—2010 年期间，在世界 190 多个国家和地区中，中国既创造了长达 30 年的 9.8% 的增长纪录，也是唯一未出现经济负增长的经济体。像韩国、台湾地区和新加坡都曾出现过负增长。这表明：第一，中国具有较高的经济增长潜力和惯性；第二，中国经济增长的强大动力没有衰竭，打破了经济学认为一个经济体随经济规模增长而增长率逐步下降的现象。美国学者弗朗西斯·福山最近发表文章称赞：中国之所以能够成功地应对金融危机，是基于她的政治体制能力，能够迅速地作出重大的、复杂的决策，并有效地实施决策，至少在经济政策领域是如此。相比较而言，美国却不具有应对危机的体制能力，它变得更加刚性（Francis Fukuyama，2011）。在事实面前，这是他对 20 年前发表的《历史的终结》的部分自我修正或自我否定。中国属于典型的"挑战—应战"，"化危为机（遇）"的模式，充分利用危机，有效利用具有中国特色的经济体制机制的比较优势，恰恰在国际金融危机中深刻地改变了世界经济、贸易和科技版图。对中国而言，这不仅极大地增强了经济实力和综合国力，而且还极大地增强了软实力和国际影响力。

参考文献

胡鞍钢,2010:《中国政治经济史论(1949—1976)》,北京:清华大学出版社。

胡锦涛,2009:"在中央经济工作会议上的讲话",《人民日报》,2009-12-08。

王绍光、胡鞍钢,1993:《中国国家能力报告》,沈阳:辽宁人民出版社。

世界银行驻华代表处,2010:《中国经济季报》,2010,4。

世界银行,2010:《2010年世界发展报告:发展与气候变化》,北京:清华大学出版社。

温家宝,2008:"在中央经济工作会议上的讲话",《人民日报》,2008-12-11。

——2009a:"政府工作报告",《人民日报》,2009-03-6。

——2009b:"在中央经济工作会议上的讲话",《人民日报》,2009-12-08。

——2010:"政府工作报告",《人民日报》,2010-03-06。

[美]约翰·奈斯比特,2009:《中国大趋势》,魏平译,北京:中华工商联合出版社。

Francis Fukuyama, 2011. "Why China Does Capitalism Better than the U. S." *Time*. 3.

OECD,2010a:《2010年代的中国重新平衡增长和加强社会安全网络》,中国发展高层论坛。——2010b:《全球化与新兴经济体》。

World Bank, 2010. World Development Indicators. Washington D. C.: World Bank Publication.

进一步加强中国金融系统的稳定性[*]

黄海洲　　王水林　著　　蒲宇飞　译[**]

一、金融危机的频率、成本和不可预测性

1. 金融危机日益频繁

金融风险能够导致突发危机,而且自20世纪70年代以来金融危机发生的频率在不断加大(Caprio, Gerard & Patrick Honohan, 2001)。世界银行1999年的一项研究(Caprio, Gerard & Klingebiel, 1999)记录了1979—1999年间发展中国家和发达国家的69次危机。最近的另一项研究(Eichengreen, Barry & Michael Bordo, 2001),比较了1914年前21个被称为工业化国家或新兴工业国家的金融危机以及1973年后56个国家的危机,发现了几件有意思的事情。首先,在1914年前随机选择一年,在这一年里再随机选择一个国

---

[*] 本文原载于《经济社会体制比较》,2003年第5期。本文仅为作者个人观点,不代表供职机构。作者感谢李剑阁先生对本文提出的许多宝贵意见。

[**] 黄海洲,国际货币基金组织金融界高级经济学家;王水林,世界银行高级经济学家、高级银行家。蒲宇飞,国家发改委就业司司长。

家，其爆发危机的概率是5%。自1973年以来，相应的概率提高了一倍。其次，1914年前和1972年后发生银行危机的频率大致相同，但是，在20世纪的最后25年里货币危机的发生频率高出了许多。结果，货币危机和银行危机的发生越来越频繁。第三，危机造成的产出损失占累积增长损失的比率在1914年前大约是10%，1972年后平均大约是8%。不管是当时还是现在，新兴工业国的产出损失都要大于工业化国家。

2. 金融危机造成的损失远远大于非典

国际经验表明，金融危机对经济和社会造成的损失一般要远远大于类似非典这样的自然灾害的冲击。经济损失体现在银行倒闭、企业破产、大量裁员、为挽救银行而形成的沉重财政负担、外汇储备大量流失，以及GDP锐减等。比如，英格兰银行的最近一项研究（Hoggarth, Glenn & Victoria Saporta, 2001）发现，日本（1992—1998）和韩国（1997—2000）为挽救银行所形成的财政损失分别是其GDP的21.5%和14.7%。自1990年以来，斯堪的纳维亚国家由于银行危机造成的损失在三到四年的时间里占了GDP的10%到30%。在最近的金融危机中，印度尼西亚受到的损失甚至更大：挽救银行的财政支出（1997—2000）占GDP的比例高达55%。金融危机造成的GDP损失平均为8%，新兴国家的比例要更高，都大大高于类似地震和非典这样的自然灾害。

而且，金融危机对整个社会和经济造成的负面影响，无人能幸免。对社会的损害可能反映为政治不稳定、收入分配恶化以及贫困加剧。在这点上，印度尼西亚又是一个例子。该国的金融危机导致了社会动荡，暴乱以及不同种族、宗教和社会集团之间的冲突频繁发生。在危机前的30年里，印尼在减少贫困方面成绩斐然，成为世界银行号召其他发展中国家学习的榜样。然而，金融危机在很大程度上摧毁了它在减少贫困方面已取得的成就，几百万人重新陷入贫困。印尼金融危机还导致政权瓦解。阿根廷和土耳其最近发生的危机再次提醒我们这种高昂的社会代价。历史多次证明：自然灾害可能会促使人心凝聚，但是金融危机却往往导致大众对政府的信心瓦解。

中国经不起这种金融危机,它将一夜之间毁坏过去20年来改革和发展所取得的巨大成就。如果中国爆发大规模的金融危机,几乎可以肯定会出现我们最不愿意看到的局面:货币贬值、银行挤兑、企业破产、职工失业,外汇储备消耗殆尽,西方国家袖手旁观甚至落井下石,国内社会动荡不安。那要远比非典危机更加严重。

3. 金融危机难以预测并能迅速产生破坏作用

防范金融危机很难,难就难在不易预测,包括金融政策制订者和专业金融人员在内,很少人预见到了1929年的危机。实际上,1997—1998年的亚洲金融危机,1998年的俄罗斯危机,甚至更近的阿根廷危机(2000年)、土耳其(2001—2002)危机以及巴西(2002)危机都没有真正被预测到(虽然有一些分析家事后宣称曾经预见到)。如果不能及时防范或有效控制金融危机,它将会很快扩散到整个金融体系并对经济造成严重损害。当危机爆发时,金融当局可能没有足够时间做出反应。根据Charles Goodhart的观点,金融当局通常最多只能有48个小时来决定怎样采取措施①。因此,金融危机的可控时间极短,肯定比控制非典等卫生危机更加急迫。

金融危机之所以很难预测,是因为许多国内外因素都有可能引发金融危机。在国内,金融危机的起因可以是经济基本面太差、宏观经济失衡,以及因为缺乏有效监管和监管协调造成的金融体系脆弱。国外因素即外部冲击,它们通过资产转移、银行联系和货币市场等金融渠道传染危机(黄海洲,2000)。中国经济尚处于转轨和发展阶段,因而应特别注意这些问题。

4. 金融不稳定性与不可预测性日益增加的原因

金融不稳定性在增加,危机的预测越来越难,这些问题与国际金融体系的两个变化有关。首先,20世纪70年代初布雷顿森林体系崩溃,造成国际货币市场和金融市场日益动荡。其次,世界金融体系正处于人类历史上最大的

---

① 格兰银行前首席经济学家,金融问题权威,这就是所谓处理金融危机的"48小时法则"。

资产泡沫破灭的余波中。这一空前巨大的损失还没有被世界金融市场完全吸收，许多成熟市场的大金融机构已经损失了多年积累起来的大部分缓冲资本。

此外，发达国家和发展中国家努力推动的金融自由化政策，也加速了金融全球化浪潮，从而进一步加剧了市场动荡。中国已经是全球经济的一个重要组成部分，并将日益融入一体化进程。因此，中国要完全避免外部金融风险的冲击是相当困难的。

二、进一步增强中国金融的稳定性

在此，我们提出六项涉及监管机构、央行及其他政府部门之间的职责和关系的政策建议。

1. 明确职能、增强责任

中国金融监管体系的基础是垂直型的分业监管。为了使这种垂直型的分业监管真正发挥效用，非常重要的一点是要清晰界定各机构的职责，减少并消除利益冲突和职能交叉。三个机构的主要职责是在各自领域实施以监督和管理风险为基础的措施。

由于被监管的金融机构（银行、保险公司和其他金融机构）不仅仅是国有企业，也有其他所有制企业，包括外资金融企业，因此，保护国有资产的任务尽管重要，但应该交给另外的专门机构承担（如国有金融资产管理委员会），以避免与监管机构的职能相冲突。这不仅可以防止对国有金融机构的偏袒和庇护，提高外资、民营金融机构对监管当局的信心，而且对防止监管者被收买、控制也是非常重要的。至于整体金融改革方案的制订和实施，应该在国务院的领导下主要由中央银行负责。国有金融机构的改革不宜由各自的监管机构主持和推动。

2. 加强监管协调

金融创新使银行、证券和保险业之间的界限日益模糊，从而给监管者带来了严峻挑战。尽管中国并未实行混业经营，但是，银行、保险和证券之间的界限却越来越模糊。

特别是，进入中国市场的外资金融机构受利益驱动、也有能力跨越日渐模糊的行业界限进行混业运作。例如，银行信贷衍生产品可将风险转移到保险公司，许多外国保险公司已经因此而受损。ING 银行最近被评级机构降低了评级，原因就是它向 ING 保险注入了资本来弥补后者在贷款衍生产品上的损失。

为了加强中央银行、金融监管部门以及政府部门的协调，我们建议以某种组织形式，作为加强信息交换、增强政策协调，并采取联合行动的良好工作框架。

其他国家和地区也有类似的做法。比如英国1997年设立了金融服务局来负责一体化的金融管理和监督。同年，英格兰银行、金融服务局和财政部签署了一项谅解备忘录，确定了三方共同维护金融稳定的有效合作机制。英格兰银行为金融稳定投入了大量人力并设立了金融稳定部门。在欧盟，金融管理由各国的当局负责，欧洲中央银行的唯一作用是实施货币政策。尽管欧洲央行可能无法成为最后的贷款者，它在本质上与金融稳定密切相关，最近专门设立了金融稳定总局，并与欧盟各成员国金融监管部门和中央银行签署了谅解备忘录。

3. 建立、健全危机的应急处理机制

金融危机很难预测，会危及到整个金融体系的稳定，并对经济造成严重损害。因此，需要制订相应的应急措施和危机处理制度，以控制突发事件的发生，化解重大金融危机。

我们建议国务院指定专门机构从现在起在不长的时间里完成国家金融危机应急预案的制订工作，建立应对不同类型、范围和程度的金融危机的快速反应机制。一旦危机发生，就能立即启动一整套的危机处理预案，做到胸有成竹，临危不乱。

健全的应急措施和危机处理制度是化解重大金融危机的关键。美国上个

世纪二三十年代在经历了多次金融危机后,研究和制订了一整套危机的应急处理制度机制。例如,1987年美国股票市场崩盘时美联储立即启动应急机制,宣布保证为所有的金融机构,包括银行、投资银行和证券公司提供无限的流通性,无须任何抵押。这一机制平息和化解了股市崩盘所带来的重大金融危机。"9·11"事件发生时,即便格林斯潘不在美国,同样的机制立即生效。美联储副主席按照应急制度下令为所有的金融机构,包括投资银行和证券公司提供无限的流通性。具体操作则由一名司长负责。美联储纽约分行启动备用计算机系统继续进行公开市场交易。这就凸现了48小时法则的重要性。

应急措施和危机处理制度也是化解其他领域重大危机的关键。例如,美国在遭受了"9·11"袭击后,不仅成立了国土安全部,加强了各相关部门之间的协调和整合,特别是规划了针对不同层次恐怖事件的应急措施和危机处理制度,包括不同警戒级别的各相关部门之间的协调动作。正是因为"9·11"后的一场炭疽病恐慌,美国健全了控制传染病的应急制度,所以今年年初发生的全球萨斯危机,美国各方面表现镇静,适时启动了相应措施,有效控制了疫情,做到了零死亡率。

4. 进一步完善金融信息的报告和管理制度

各监管机构之间、监管机构与央行之间以及与被监管机构之间高效、及时的信息共享与报告经济社会体制比较是一个重要问题,需要进一步加强。由于央行要对整个金融体系的稳定负责,因此我们建议各金融机构在向其主管监管机构报告的同时,应将同样的信息同时呈报给中央银行。

央行在充分掌握各种金融信息的基础上,应能做到对经济、金融形势进行全面的分析和监控,及时发现影响金融稳定的潜在风险,并采取正确的行动。央行还应进一步开发早期预警系统。

5. 提高央行维持金融稳定的能力

作为中国的中央银行,人民银行应把经济增长和金融稳定作为其并驾齐驱的两大重要职责。在银行、保险、证券监管职责剥离后,人民银行似乎只剩下了实施货币和外汇管理的职责。但是，央行即使不直接介入金融监管，也必定扮演维持金融稳定的重要角色。例如，在英国，虽然金融服务局从英格兰银行分离出去了，但是英格兰银行仍保留了300人从事金融稳定方面的工作，要比货币与汇率部门的工作人员多得多。

无论是银行还是其他非银行金融机构发生了问题，央行都是最后的贷款者，央行在保证金融稳定方面具有不可推卸的责任。美联储在1987年美国股票市场崩盘时进行及时干预，以及它在1998年挽救长期资本管理公司（LTCM）所起的作用都表明，央行能在整个金融体系的稳定方面发挥最关键作用。

为进一步发挥稳定金融的职能，人民银行应确保支付体系的稳定性和可靠性。进一步发展市场基础设施，严密监视银行和非银行金融机构以及金融市场的运作，对整个金融系统中的风险、尤其是系统性风险进行及时的评估和防范。

而且，我们建议人民银行定期向社会发布金融稳定报告。人民银行领导的金融稳定委员会这一体系的设立，以及监管机构之间、监管机构与央行之间信息共享系统的不断完善，将为该报告的发布提供必要条件。参加"IMF/世界银行金融部门评估计划（FSAP）"符合中国本身的利益。准备和发布金融稳定报告将是朝该方向迈出的重要一步。

6. 加强对金融稳定的研究

最后，我们建议要加强政府部门和学术机构在金融问题、尤其是金融稳定方面的研究。人民银行、各监管机构以及政府宏观经济部门需要扩充现有的研究力量，提高研究质量和研究能力，并对如何明确各监管部门及相关机构的职能、增强责任；如何加强监管协调；以及如何建立、健全危机的应急处理机制，从根本上加强金融的稳定性等问题进行研究。

政府部门要积极支持和鼓励学术机构对金融问题的研究。这不仅仅是因为这些研究机构有较强的学术研究能力，更重要的是它们可以就一些难点问题、前瞻性问题进行广泛和深入的研究，而且在选题上具有更大的灵活性，可以补充政府部门从事的研究工作。学术研究机构还是国内外进行学术交流的重要渠道。

参考文献

Caprio，Gerard 和 Patrick Honohan，2001："金融与增长：动荡条件下的政策选择"，世界银行政策研究报告。

钱颖一、黄海洲，2001："中国加入 WTO 后的金融稳定与发展"。

Caprio，Gerard 和 Klingebiel，1999："系统性金融危机与非系统性金融危机"，世界银行研究报告。

Eichengreen，Barry 和 Michael Bordo，2001："今昔危机比较：上个世纪金融全球化的教训"，加州大学伯克利分校研究报告。

Hoggarth，Glenn 和 Victoria Saporta，2001："银行体系不稳定的成本：一些实证研究"，《英格兰银行金融稳定评论》，2003 年 6 月，第 10 期。

黄海洲，2000："金融传染：ABC 渠道"，IMF 研究报告，2000 年 9 月。

图书在版编目（CIP）数据

金融市场与金融体制改革 / 丁开杰主编. —北京：中央编译出版社，2015.11
ISBN 978-7-5117-2834-0

Ⅰ. ①金…
Ⅱ. ①丁…
Ⅲ. ①金融改革－中国－文集
Ⅳ. ①F832.1-53

中国版本图书馆CIP数据核字（2015）第261978号

金融市场与金融体制改革

出 版 人：	刘明清
出版统筹：	贾宇琰
责任编辑：	霍星辰
责任印制：	尹 珺
出版发行：	中央编译出版社
地　　址：	北京西城区车公庄大街乙5号鸿儒大厦B座（100044）
电　　话：	（010）52612345（总编室）　　（010）52612333（编辑室）
	（010）52612316（发行部）　　（010）52612317（网络销售）
	（010）52612346（馆配部）　　（010）55626985（读者服务部）
传　　真：	（010）66515838
经　　销：	全国新华书店
印　　刷：	北京金瀑印刷有限责任公司
开　　本：	787毫米×1092毫米　1/16
字　　数：	376千字
印　　张：	25.75
版　　次：	2015年11月第1版第1次印刷
定　　价：	78.00元

网　　址：	www.cctphome.com	邮　　箱：	cctp@cctphome.com
新浪微博：	@中央编译出版社	微　　信：	中央编译出版社（ID: cctphome）
淘宝店铺：	中央编译出版社直销店（http://shop108367160.taobao.com）　　（010）52612349

本社常年法律顾问：北京嘉润律师事务所律师　李敬伟　问小牛
凡有印装质量问题，本社负责调换，电话：（010）55626985